Martin Sökefeld (Hg.)
Aleviten in Deutschland

MARTIN SÖKEFELD (HG.)

Aleviten in Deutschland

Identitätsprozesse einer Religionsgemeinschaft in der Diaspora

[transcript]

Bibliografische Information der Deutschen Nationalbibliothek
Die Deutsche Nationalbibliothek verzeichnet diese Publikation in der Deutschen Nationalbibliografie; detaillierte bibliografische Daten sind im Internet über http://dnb.d-nb.de abrufbar.

Umschlaggestaltung: Kordula Röckenhaus, Bielefeld
Lektorat & Satz: Martin Sökefeld
Druck: Majuskel Medienproduktion GmbH, Wetzlar
ISBN 978-3-89942-822-3

Gedruckt auf alterungsbeständigem Papier mit chlorfrei gebleichtem Zellstoff.

Besuchen Sie uns im Internet: *http://www.transcript-verlag.de*

Bitte fordern Sie unser Gesamtverzeichnis und andere Broschüren an unter:
info@transcript-verlag.de

Inhalt

Einleitung: Aleviten in Deutschland – von *takiye* zur alevitischen Bewegung

MARTIN SÖKEFELD

Einleitung

Seit gut vier Jahrzehnten, seit dem Beginn der Arbeitsmigration aus der Türkei, leben Aleviten in Deutschland, aber erst seit wenigen Jahren genießen sie eine begrenzte Wahrnehmung in der Öffentlichkeit. Den wohl endgültigen Durchbruch zu größerer Bekanntheit erreichten die Aleviten erst zum Jahreswechsel 2007/08, als sie mit einer Großdemonstration in Köln, vielen kleineren Veranstaltungen im ganzen Land, mit Klagen und Presseerklärungen unübersehbar gegen einen „Tatort"-Krimi protestierten, den die ARD am 23.12.07 ausgestrahlt hatte. Die Öffentlichkeit reagierte auf den Protest überwiegend mit Unverständnis. Man sah die Freiheit der Medien und der Kunst in Gefahr, und verschiedentlich wurden die Ereignisse mit den weltweiten Protesten von Muslimen gegen die Mohammad-Karikaturen verglichen, die im Herbst 2005 von der dänischen Tageszeitung Jyllands-Posten veröffentlicht worden waren. Auch der Protest der Aleviten war nicht auf Deutschland beschränkt. An der Kölner Demonstration nahmen Aleviten aus ganz Europa teil, in der Schweiz reichten Aleviten Klage gegen den NDR ein, der den Film produziert hatte, und auch in der Türkei gab es Proteste und Demonstrationen. Warum waren die Aleviten über den Krimi so empört, dass es ihnen gelang, über 20.000 Menschen – die Veranstalter sprachen gar von 40-50.000 Teilnehmern – für die Demonstration am 30.12.07 in Köln zu mobilisieren?

Das Problem war, dass der Krimi genau die verleumderischen Vorwürfe reproduzierte, mit denen sich Aleviten seit Jahrhunderten auseinandersetzen müssen, und gegen die sie sich seit Ende der 1980er Jahre auch öffentlich zur Wehr setzen. Es geht um den Inzest-Vorwurf, der in der islamischen Welt häufig von der jeweiligen Mehrheit erhoben wird, um als „heterodox" geltende Minderheiten zu diskreditieren und ihnen die Zugehörigkeit zum Islam abzusprechen, denn „Muslime tun so etwas natürlich nicht." Unter Sunniten in der Türkei – und auch unter sunnitischen Migranten in Deutschland – kursiert die Vorstellung, dass im alevitischen Ritual cem zu einem bestimmten Zeitpunkt die „Kerzen gelöscht" werden (mum söndürmek), und dass dann in der Dunkelheit inzestuöse Orgien gefeiert werden, in denen auch vor Geschlechtsverkehr mit der eigenen Mutter und Schwester nicht zurück geschreckt wird. „Ana bacı tanımaz" lautet die gängige Formulierung, „sie kennen weder Mutter noch Schwester." Dass diese Vorwürfe – außerhalb der fehlgeleiteten Imagination mancher nicht-Aleviten – jeglicher Grundlage entbehren, sollte eigentlich nicht mehr extra betont werden müssen. Der Plot des inkriminierten Tatorts aber scheint genau auf der Grundlage dieser Vorwürfe geschrieben worden zu sein: Es geht um eine alevitische Familie, in der die ältere Tochter Selbstmord begeht, weil sich der Vater an seiner jüngeren Tochter vergangen hat. Die jüngere Tochter ist, deutlich sichtbar durch das Kopftuch, das sie trägt, zum sunnitischen Islam konvertiert, um den Nachstellungen ihres Vaters zu entgehen. Die Geschichte scheint das Klischee zu bestätigen: Aleviten treiben Inzest, und dem können sie nur entkommen, indem sie sich zum „richtigen" – sunnitischen – Islam „bekehren". Der Protest gegen den Krimi hatte nichts mit der Verletzung religiöser Gefühle oder mangelnder Toleranz gegenüber einem kritischen Umgang mit Religion zu tun. Daher führt der Vergleich der Aleviten – die man in Deutschland ja gerade schätzt, weil sie unauffällig sind und keine „Probleme" machen – mit den Protesten gegen die Mohammad-Karikaturen in die Irre. Die Alevitische Gemeinde Deutschland verklagte den NDR wegen Volksverhetzung, wegen der verleumderischen Darstellung der alevitischen Gemeinschaft, nicht wegen Blasphemie oder etwas Ähnlichem. Peter Michalzik verglich in der Frankfurter Rundschau vom 29.12.07 den NDR-Tatort mit dem – hypothetischen – Beispiel eines Krimis, in dem sich ein jüdischer Mörder als geiziger Brunnenvergifter entpuppt. Man kann sich den Sturm der Entrüstung nach einer solchen Geschichte vorstellen. Aus alevitischer Perspektive ist dieser Vergleich durchaus nicht abwegig. Es geht darum, dass Jahrhunderte alte Verleumdungen gegenüber einer Minderheit in einem Fernsehkrimi plötzlich wieder aufgegriffen und gleichsam bestätigt werden.

Die Ereignisse rund um den „Tatort" zeigen aber nicht nur, wie sehr solche alten Geschichten noch wirkmächtig sind. Sie zeigen auch, dass es die Aleviten geschafft haben, in zwanzig Jahren von einer nicht wahrgenommenen Minderheit zu einer gut organisierten und europaweit vernetzten gesellschaftlichen Gruppe zu werden, die sich selbstbewusst in den öffentlichen Raum in Deutschland einmischt. Aleviten in Deutschland betonen, Teil der deutschen Gesellschaft zu sein und ihr nicht als „Ausländer", als „Fremde" gegenüber zu stehen. Das ist nicht nur als beschreibende Aussage gemeint, sondern auch als Anspruch, am öffentlichen Leben und seinen Auseinandersetzungen gleichberechtigt teilzuhaben – und entsprechend von gesellschaftlichen und politischen Institutionen anerkannt zu werden.

Die jahrzehntelange „Nicht-Wahrnehmung" der Aleviten in Deutschland hatte eine doppelte Ursache: Einerseits wurden Einwanderer in Deutschland nur sehr undifferenziert und verallgemeinernd betrachtet, als „Ausländer", als „Türken", oder ganz einfach als „Fremde", andererseits waren aber auch Aleviten selbst lange bemüht, gerade nicht als eine besondere Gruppe unter den Einwanderern aus der Türkei in den Blick zu geraten. Aleviten praktizierten *takiye*, das Verbergen der eigenen Zugehörigkeit. *Takiye* ist eine defensive Strategie, die das Ziel hat, nicht aufzufallen und die verwendet wird, um in einer ablehnenden und potentiell feindlichen Umwelt, die Verleumdungen für bare Münze nimmt, möglicher Verfolgung zu entgehen. Die Furcht der Aleviten vor Verfolgung kam nicht von ungefähr. Sie war das Ergebnis der Jahrhunderte langen Erfahrung, im Osmanischen Reich als „Ungläubige" abgestempelt zu werden. Erst am Ende der 1980er Jahre gaben Aleviten takiye weitgehend auf. In der Türkei und in Deutschland entstand gleichzeitig eine alevitische Bewegung, die sich gegen die Diskriminierung der Aleviten zur Wehr setzte und ihre Anerkennung in Staat und Gesellschaft einforderte.

Dieser Band bietet eine Bestandsaufnahme der alevitischen Bewegung in Deutschland und ihrer Konsequenzen. In gewisser Weise ist er selbst eine Folge dieser Bewegung, denn mit der alevitischen Bemühung um Anerkennung setzte auch verstärkt eine sozial- und kulturwissenschaftliche Auseinandersetzung mit Aleviten ein, zunächst bezogen auf die Türkei, später aber auch in Bezug auf Aleviten in Deutschland. Die alevitische Bewegung hat eine grundlegende Transformation des alevitischen Selbstverständnisses und der alevitischen Praxis hervorgerufen, ohne die die meisten der in diesem Band besprochenen Themen nicht denkbar wären. So ist die alevitische Bewegung verknüpft mit neuen Formen von Erinnerungskultur, und die Bewegung hat dazu geführt, dass wieder in nennenswertem Maße alevitische Rituale praktiziert werden. Die Nutzung von Medien und das Bestreben nach alevitischen Religionsunterricht sind zwei zentrale Elemente alevitischer Anerkennungspolitik in Deutschland. In Folge der Bewegung wächst erstmals eine Generation junger Aleviten auf, für die es normal ist, sich als Aleviten zu bekennen und die nie die Erfahrung von *takiye* gemacht haben. Im Rahmen der Bewegung findet eine – stark umstrittene – Neubestimmung des Alevitentums statt, welche die Diskussion um eine Loslösung vom Islam einschließt. Die alevitische Bewegung hat auch das Leben derjenigen Aleviten verändert, die sich ihr nicht direkt zurechnen und die etwa keine Mitglieder alevitischer Vereine sind. Schließlich ist die alevitische Bewegung in Deutschland auch von engen Beziehungen zur alevitischen Bewegung in der Türkei gekennzeichnet. Dabei ist sie nicht einfach ein Anhängsel gesellschaftlicher Prozesse in der Türkei, sondern stellt eine eigenständige Entwicklung dar, die stark vom politischen und gesellschaftlichen Kontext in Deutschland geprägt ist. Die in der Migrationsdebatte dominierende Auffassung, dass sich „Heimatorientierung" und „Integration" gegenseitig ausschließen, wird vom Beispiel der Aleviten widerlegt. Die fortschreitende Integration und Anerkennung des Alevitentums in Deutschland (und auf europäischer Ebene) hat Ressourcen zur Verfügung gestellt, die genutzt werden, um die Bemühungen der türkischen Aleviten um Anerkennung in der Türkei zu unterstützen.

Historischer Abriss: Das Alevitentum seit vorosmanischer Zeit

Aleviten führen die Entstehung des Alevitentums – und den Namen „Alevi" – auf Ali zurück, den Schwiegersohn und Cousin des Propheten Mohammed, und damit auf den Streit um die Nachfolge des Propheten. Aleviten teilen mit Schiiten die Auffassung, dass Ali der rechtmäßige Nachfolger des Propheten war, vom Propheten selbst eingesetzt und durch eine spirituelle Qualität vorherbestimmt. Die drei Kalifen, die sich in den Auseinandersetzungen um die Nachfolge durchsetzten und die sunnitische Tradition begründeten, werden dagegen nicht anerkannt, sondern als Usurpatoren gesehen. Wie die Zwölfer-Schia betrachtet das Alevitentum Ali als den ersten in einer Kette von zwölf Imamen. Und ebenso wie für die Schiiten spielt das Gedenken an die Schlacht von Kerbela eine zentrale Rolle, bei der im Jahr 680 der Imam Hüseyin[1] mit seinen Getreuen von den Gefolgsleuten des Kalifen Yezit getötet wurde.

Aleviten teilen die Ursprungsgeschichte und zahlreiche Glaubensvorstellungen (nicht aber die rituelle Praxis) mit der Schia. Als eine eigenständige religiöse Tradition entstand das Alevitentum (türkisch: *Alevilik*) jedoch seit dem 13. Jahrhundert in Anatolien, einer Region, die damals von Migrationsströmen und Machtkämpfen geprägt war, und in der sich verschiedene – auch nicht-islamische[2] – religiöse Einflüsse und Traditionen mischten. Die Entstehung des Alevitentum lässt sich hier nicht – etwa anhand einer eindeutigen Stifterpersönlichkeit – auf ein bestimmtes Jahr oder einen engbegrenzten Zeitraum datieren. Stattdessen gibt es einen ausgedehnten zeitlichen Rahmen, in dem sich in einem komplexen politischen und religiösen Feld in der *longue durée* eine religiöse Weltsicht entwickelte, auf die das heutige Alevitentum zurückgeführt werden kann (Dressler 2002). Undogmatische Lehren verschie-

1 Ich verwende in diesem Beitrag die türkische Schreibweise arabischer Namen, also Hüseyin statt Hussain, Yezit statt Yazid, usw.

2 Mélikoff verweist besonders auf schamanistische Einflüsse und bezeichnet das Alevitentum als einen islamisierten Schamanismus (Mélikoff 1998).

dener Sufis verbanden sich dabei mit sozialrevolutionären Ideen zu einem explosiven Gemisch und ließen ein Milieu entstehen, das den jeweils herrschenden Dynastien große Probleme bereitete. So wird der im 13. Jahrhundert von Baba İlyas geführte Aufstand gegen die seldschukische Macht in Konya ebenso in die Geschichte des Alevitentums eingeordnet wie die mit Scheich Bedrettin in Verbindung gebrachten Aufstände des 15. Jahrhunderts und die Kızılbaş-Aufstände des 16. Jahrhunderts gegen die Osmanen. Eine zentrale Rolle bei der Ausformung des Alevitentums wird Hacı Bektaş Veli (13. Jahrhundert) zugesprochen, einem Mystiker der sich aus dem Osten kommend in Anatolien niederließ und auf den sich der Orden der Bektaşi zurückführt. Seiner Lehre, die etwa die Gleichheit der Geschlechter und den Vorrang der Vernunft gegenüber dem Dogma betonte, werden zahlreiche Sprichwörter und Merksätze zugeschrieben, die für die Aleviten heute eine zentrale Rolle spielen.

Zu den Vorläufern des heutigen Alevitentums werden in besonderem Maß die anatolischen Kızılbaş („Rotköpfe") des 16. Jahrhunderts gezählt. Bis ins 20. Jahrhundert hinein wurden Aleviten in der Türkei überwiegend als „Kızılbaş" bezeichnet. Kızılbaş waren die durch ihre rote Kopfbedeckung gekennzeichneten Anhänger des Safawiden-Ordens, einer militanten Sufigemeinschaft, die im 13. Jahrhundert im dem Gebiet des heutigen Aserbaidschan entstand. Ursprünglich handelte es sich dabei um einen streng sunnitischen Orden, der jedoch mehr und mehr schiitische Elemente annahm, bis der Ordensführer Ismail im Jahr 1501 zum Herrscher von Persien wurde und die Schia dort zur Staatsreligion erklärte. Safawiden und Osmanen waren sich in einem erbitterten Machtkampf um die Vorherrschaft in Ostanatolien verbunden und die osmanischen Sultane betrachteten die Kızılbaş Anatoliens als gefährliche Anhänger ihrer Gegner. Als Sultan Selim 1514 in der Schlacht von Çaldıran die Truppen von Schah Ismail besiegte und damit seine Herrschaft über die Region konsolidieren konnte, wurden die Kızılbaş weitgehend vom Kontakt zu ihrem spirituellen Führer abgeschnitten. Dennoch setzten die Kızılbaş ihre Aufstände gegen die Osmanen fort. Die Aufstände wurden niedergeschlagen und die Kızılbaş massiver Verfolgung ausgesetzt. Diese Verfolgung wurde durch zahlreiche *fetwa*s (islamische Rechtsgutachten) religiös legitimiert, in denen Kızılbaş zu Apostaten und für vogelfrei erklärt wurden (Allouche 1983: 110ff.).[3]

Als Konsequenz dieser Verfolgung zogen sich die Kızılbaş überwiegend in unwegsame Berggegenden Anatoliens zurück. Dressler spricht hier von der „innerosmanischen Emigration" (2002: 100ff.), die zu einer Abschließung der Kızılbaş geführt hat: Sie wurden zu einer endogamen, durch Abstammung definierten Gemeinschaft, die von einigen Autoren auch als „ethnische

3 Zur Verfolgung der Kızılbaş siehe auch Imber 1979 und Sohrweide 1965.

Gruppe“ bestimmt wird. Der Rückzug hat auch dazu geführt, dass über diese Zeit kaum Quellen vorliegen, so dass über die Geschichte des Alevitentums seit dem 16. Jahrhundert weniger bekannt ist, als über die früheren Jahrhunderte. In der Zeit der Abschließung entwickelte sich vermutlich auch die Bindung der alevitischen „Laien“ (genannt *talip*, Schüler) an als heilig anerkannte Familien, die *ocak* (Herd) genannt werden, deren Abstammung auf die Imame zurück geführt wird und denen die als religiöse Spezialisten und Lehrer fungierenden *dede*s entstammen. Die Bindungen zwischen *talip*s und *dede*s sind erblich. *Dede*s leiten die Rituale der Aleviten, kontrollieren die Einhaltung sozialer und moralischer Normen und sind für die (mündliche) religiöse Unterweisung ihrer *talip*s verantwortlich. Das religiöse Leben der Aleviten fand fortan im Verborgenen statt. Außenstehende wurden bis vor wenigen Jahrzehnten zu alevitischen Ritualen nicht zugelassen. Aleviten bemühten sich, in der nicht-alevitischen Öffentlichkeit nicht als solche erkennbar zu werden.

Ein Teil der Aleviten akzeptierte den Bektaşi-Orden und vor allem die Nachfahren Hacı Bektaş Velis als oberste spirituelle Autorität. Der Bektaşi-Orden wurde von Balım Sultan Anfang des 16. Jahrhunderts institutionalisiert und entwickelte sich zu einem Auffangbecken für „heterodoxe“ Strömungen im osmanischen Reich. Dabei wurde der Orden durchaus von den osmanischen Machthabern gefördert und entwickelte sich sogar zur spirituellen Autorität für das Janitscharen-Heer. Es wird vermutet, dass die osmanischen Sultane versuchten, nicht-konformistische Gruppierungen zu kontrollieren, indem sie die Bektaşis an sich banden, und machtkritische politischen Bestrebungen in eine religiöse Dynamik transformierten (Mélikoff 1999: 18). Die staatsnahe Rolle der Bektaşis, die von heutigen Aleviten durchgängig für das Alevitentum reklamiert werden,[4] durchbricht das Bild der Aleviten als einer grundsätzlich oppositionellen, machtkritischen Gruppierung. Die Bektaşis expandierten stark, in enger Verbindung mit den Janitscharen, und begründeten so auch zahlreiche Ordenszentren in den europäischen und einige in den arabischen Gebieten des Osmanischen Reiches.

Ihre enge Bindung an das staatliche Zentrum machte die Bektaşis in Zeiten des Umsturzes verwundbar. Als im Jahr 1826 von Sultan Mahmud II das Janitscharen-Heer aufgelöst und durch eine „moderne“ Armee ersetzt wurde, wurde auch der Bektaşi-Orden für aufgelöst erklärt und seine Besitztümer, einschließlich des Ordenszentrums in der zentralanatolischen Kleinstadt Hacıbektaş enteignet bzw. dem Nakşibendi-Orden übertragen. Einige Zeit später konnte sich der Bektaşi-Orden jedoch re-etablieren.

4 In der Regel werden das Alevitentum und das Bektaşitum als eine Einheit verstanden, so ist auf Türkisch sehr häufig generell von *Alevilik-Bektaşilik* die Rede.

Zu Beginn des 20. Jahrhunderts wurden die Bektaşis selbst zu einer modernistischen Kraft. Sie unterstützten die Jungtürken und die Gründung der türkischen Republik durch Mustafa Kemal (Küçük 2002). 1919 kam es zu einem sagenumwobenen Besuch Mustafa Kemals, des späteren Atatürk, beim Çelebi, dem Leiter des Bektaşi-Ordens im Ordenszentrum Hacıbektaş, bei dem er sich der Unterstützung derjenigen Aleviten, die den Çelebi als religiöse Autorität anerkannten, für seine politischen Ziele versicherte. Dieser Besuch trug dazu bei, dass der spätere Atatürk von einigen Aleviten selbst zu einer religiösen Heilsgestalt verklärt wurde (Dressler 1999).

Die Gründung der türkischen Republik mit ihren Reformen wie der Abschaffung des Kalifats und der Scharia und der Einführung des „Laizismus" wurde von den Aleviten einhellig begrüßt und mit der Hoffnung verknüpft, dass nun die Diskriminierung und Verfolgung ein Ende haben würden. Diese Erwartungen erfüllten sich jedoch nur teilweise. Auf der einen Seite wurden Aleviten zwar nun zu vollberechtigten Bürgern der Türkischen Republik, auf der anderen Seite lässt vollständige Religionsfreiheit jedoch bis heute auf sich warten. Der türkische Laizismus impliziert keineswegs die Trennung von Religion und Staat und das Recht auf freie Religionsausübung. Laizismus bedeutet in der Türkei im Gegenteil, dass die Religion vom Staat durch die 1924 geschaffene Religionsbehörde (Diyanet İşleri Başkanlığı, Präsidium für religiöse Angelegenheiten, abgekürzt DİB) kontrolliert wird. Religion ist nur im durch diese Behörde gesetzten Rahmen und in der von ihr sanktionierten Form erlaubt (Kara 1999). Das DİB bestimmt die „Orthodoxie" in der Türkei und schließt gleichzeitig „abweichende" Formen von Religionsausübung wie das Alevitentum aus. 1925 wurde das *Tekke ve zaviye yasası* (Gesetz über Konvente und Ordensgemeinschaften) verabschiedet, das „heterodoxe" religiöse Organisationen, vor allem die Sufi-Ordensgemeinschaften, zu denen auch der Bektaşi-Orden gezählt wurde, explizit verbot und „heterodoxe" Praktiken unter Strafe stellt. Als Mindeststrafe bei Zuwiderhandlungen wurden drei Monate Haft oder 50.000 Türkische Lira Geldstrafe festgesetzt (Küçük 2002: 234). Das religiöse Leben der Aleviten konnte weiterhin nur im Verborgenen stattfinden. Dennoch wurden viele Aleviten strikte Anhänger des Kemalismus.[5]

Das religiöse und soziale Leben der Aleviten in der Türkei veränderte sich vor allem nach 1950, ausgelöst durch generelle gesellschaftliche, ökonomische und politische Entwicklungen. In den 1950er Jahren setzte eine massive Land-Stadt-Migration aus den östlichen Landesteilen in die im Westen gelegenen urbanen Zentren ein. Dieser Bewegung konnten sich auch die Aleviten nicht entziehen und vor allem in Istanbul und Ankara leben inzwischen zahl-

5 Bozarslan (2000) zufolge ist die enge Bindung vieler Aleviten an die Ideologie Atatürk erst das Ergebnis eines alevitischen „Neo-Kemalismus", der sich seit den 1960er Jahre entwickelte.

reiche Aleviten. Dörfliche Sozialstrukturen lösten sich in vielen Fällen auf. Davon waren auch die erblichen Beziehungen zwischen *talip*s und *dede*s betroffen, welche die soziale Grundlage für das rituelle Leben der Aleviten darstellten. In der Stadt konnten Riten nicht praktiziert werden und Aleviten fühlten sich verstärkt gezwungen, *takiye* zu praktizieren und sich äußerlich an die als feindlich eingeschätzte dominante Gesellschaft anzupassen. Tatsächlich waren in der Türkei negative Stereotypen über Aleviten Allgemeingut, vor allem die zu Beginnn dieses Kapitels erwähnte Auffassung, im Rahmen der alevitischen Rituale würde inzestuöse Promiskuität praktiziert. Die Langlebigkeit und Wirkmächtigkeit solcher Vorurteile lässt sich auch daran ablesen, dass noch in einer Neuauflage eines Deutsch-Türkischen Wörterbuchs von 1998 das Wort „Blutschande“ als *kızılbaşlık* übersetzt wird (Steuerwald 1998), also als „das, was Kızılbaş tun.“

Anfang der 1970er Jahre schlossen sich viele junge Aleviten der linken Studentenbewegung an und engagierten sich in der Folge in linksrevolutionären Organisationen. Die linksrevolutionären Aleviten übernahmen für ihren politischen Kampf einige Symbole aus dem Alevitentum, vor allem den Dichter/Heiligen Pir Sultan Abdal, der im 16. Jahrhundert in der Region Sivas einen Aufstand anführte und dafür hingerichtet wurde. Als Religion lehnten die linken Aleviten das Alevitentum aber insgesamt ab. Die linke Bewegung denunzierten *dede*s als Ausbeuter des Volkes und trug erheblich dazu bei, dass das rituelle Leben der Aleviten in vielen Gebieten nahezu vollständig erlosch. Diese Entwicklung der siebziger Jahre unterbrach die mündliche Weitergabe alevitischen Wissens und resultierte in einer Art kultureller Amnesie, die bis heute nachwirkt und zur Folge hat, dass der jüngeren Generation fast jedes Wissen über das Alevitentum fehlt.

Die wachsende rechts-links Polarisierung der türkischen Politik kulminierte nicht nur im Militärputsch von 1980, sondern in den Jahren 1978 – 1980 auch in massiven Gewalttaten gegen Aleviten, die von rechten Türken als Kürt *Kömünist Kızılbaş* (Kurden, Kommunisten, Kızılbaş) beschimpft wurden. In den Städten Sivas, Çorum und Maraş fielen zahlreiche Aleviten pogromartigen Gewaltausbrüchen zum Opfer.[6]

Erst seit Anfang der 1990er Jahre geben Aleviten in der Türkei vermehrt *takiye* auf, gehen offensiv gegen negative Stereotype vor, organisieren sich, und fordern die Anerkennung des Alevitentums ein. Damit entstand in der Türkei gleichzeitig zur Entwicklung in Deutschland die alevitische Bewegung.[7] Der Erfolg der Bewegung in der Türkei muss ambivalent bewertet werden. Einerseits ist es heute möglich, sich offen zu organisieren und alevitische Rituale zu praktizieren, andererseits ereigneten sich auch in den 1990er

6 Zum Maraş-Massaker siehe Sinclair-Webb 2003.

7 Zur alevitischen Bewegung in der Türkei siehe Kehl-Bodrogi 1992, Vorhoff 1995, 1998.

Jahren weitere Gewalttaten. Im Juli 1993 wurde ein alevitisches Kulturfestival in der Stadt Sivas von einem sunnitischen Mob angegriffen; diesem Angriff fielen über dreißig Menschen zum Opfer. Dieses Sivas-Massaker ist eins der wichtigsten Ereignisse der jüngeren alevitischen Geschichte. Es hat dazu geführt, dass sich mehr und mehr Aleviten organisierten und der alevitischen Bewegung anschlossen. Im Mai 1995 kam es zu weiterer Gewalt im Istanbuler Stadtteil Gazi: Nach einem Attentat auf ein von Aleviten frequentiertes Café eskalierten Auseinandersetzungen zwischen protestierenden Aleviten und der Polizei. Die Polizei schoss in die Menge und tötete zahlreiche Menschen (Marcus 1996). Auch die alltägliche Diskriminierung der Aleviten gehört nicht der Vergangenheit an und nicht jeder Alevit in der Türkei wagt, sich als solcher erkennen zu geben. Aleviten beklagen auch fortgesetzte Diskriminierung von staatlicher Seite. Sie fühlen sich einem massiven Assimilierungsdruck ausgesetzt. Nach dem Militärputsch wurde die „türkisch-islamische Synthese" als neue Nationalideologie proklamiert, die dem sunnitischen Islam eine zentralere Rolle im nationalen Selbstverständnis zuweist und die Aleviten damit ausschließt. So wurde der Religionsunterricht für alle Schüler verpflichtend gemacht, in diesem Unterricht wird aber nur der sunnitische Islam gelehrt.[8] In alevitischen Dörfern werden, finanziert von der Religionsbehörde, Moscheen errichtet, obwohl die wenigsten Aleviten Moscheen besuchen. Ein fast fertig gestelltes alevitisches Kultur- und Gebetshaus wurde dagegen 1994 in Istanbul von der Stadtverwaltung, der damals der heutige Ministerpräsident Tayyıp Erdoğan als Bürgermeister vorstand, mit der Begründung abgerissen, es gäbe dafür keine korrekte Baugenehmigung (Massicard 2001). Es ist kein Fall bekannt, dass mit einer ähnlichen Begründung jemals eine Moschee abgerissen worden wäre.

Bis heute ist das Alevitentum in der Türkei nicht formell anerkannt. Offiziell gelten Aleviten in der Türkei einfach als Muslime, wobei kein Unterschied zum dominanten sunnitischen Islam gemacht wird. Es gibt für sie also keine besonderen Vorkehrungen, wie das Beispiel des Religionsunterrichts zeigt. Das sehr große Budget der Religionsbehörde, das auch aus den Steuern der alevitischen Bürger finanziert wird, kommt allein sunnitischen Einrichtungen und Moscheen zugute. Diese Praxis wird offiziell damit begründet, dass Aleviten eben Muslime seien und dass Muslime Moscheen besuchen sollten.

Trotz einiger Lockerungen werden Politik und Recht in der Türkei bis heute von der Idee einer unitaristischen, homogenen Nation dominiert, in der es keine Minderheiten wie etwa Kurden oder Aleviten gibt. Bis heute gilt ein Vereinsgesetz, das Selbstorganisation auf der Basis religiöser, ethnischer oder

8 Zuvor konnte man sich von der Teilnahme am Religionsunterricht befreien lassen.

regionaler Minderheiten als Separatismus unter Strafe stellt. Dieses Gesetz hat zur Folge, dass die wenigsten alevitischen Vereine in der Türkei formell alevitische Vereine sind. Die meisten Organisationen firmieren unter dem Namen von Heiligen wie Hacı Bektaş Veli oder Pir Sultan Abdal. Erst in jüngerer Zeit haben neu gegründete Vereine sich ihrem Namen und in ihrer Satzung explizit auf das Alevitentum bezogen. Gegen sie wurden auf der Basis des Vereinsgesetzes Verbotsverfahren eröffnet. Es ist vor allem der kritischen Beobachtung durch die Europäische Union im Rahmen des türkischen Beitrittsgesuchs geschuldet, dass diese Verbote von höheren Instanzen zumeist wieder aufgehoben wurden (Sökefeld 2003b).

Die türkischen Aleviten, die Schätzungen zufolge bis zu zwanzig Prozent der Bevölkerung der Türkei ausmachen und von denen etwa ein Drittel kurdisch ist, leben in einem rechtlich prekären Rahmen, in dem zwar de facto vieles möglich, aber eben nicht rechtlich sanktioniert und formell anerkannt ist. Diese marginale, ambivalente Stellung des Alevitentums in der Türkei lässt sich deutlich an Hacıbektaş ablesen, der Kleinstadt in der Nähe von Nevşehir in Zentralanatolien, die nach Hacı Bektaş Veli benannt ist und die zentrale *tekke*, den Konvent des Bektaşi-Ordens beherbergt. Jedes Jahr im August findet dort ein großes Festival zum Gedenken an Hacı Bektaş Veli statt, zu dem nicht nur Aleviten aus der ganzen Türkei, sondern auch aus dem Ausland anreisen. Das Festival ist ein nationales Ereignis, zu dessen Eröffnung viele wichtige Politiker anreisen.[9] Häufig hält der türkische Staatspräsident die Eröffnungsansprache, ohne dabei aber das Wort „Aleviten“ in den Mund zu nehmen und von einem alevitischen Festival zu sprechen. Die tekke von Hacıbektaş ist offiziell ein Museum, das dem türkischen Kulturministerium untersteht. Für die Aleviten ist sie jedoch vor allem eine Pilgerstätte, an der sie das Grab des Heiligen besuchen. Bis vor wenigen Jahren mussten alevitische Pilger auch während des Festivals Museumseintritt bezahlen, um am Grab von Hacı Bektaş Veli beten zu können.[10] Seit die *tekke* nach 1826 kurzzeitig vom Nakşibendi-Orden übernommen worden war, gibt es in ihr eine Moschee, von deren Minarett fünfmal am Tag zum Gebet gerufen wird, obwohl die *tekke* formell ein Museum ist und obwohl das muslimische Gebet für die meisten Aleviten keine Rolle spielt. Der alevitische Ritus *cem* darf im *cem*-Haus der *tekke* aber bis heute nicht durchgeführt werden.

9 Hacı Bektaş Veli wird nicht nur von Aleviten verehrt, sondern ist als wichtiger historischer Autor der türkischen Sprache auch eine Art „Nationalheiliger“. Viele nicht-alevitische Politiker kommen auch deshalb zum Festival, weil die Aleviten eine wichtige Wählergruppe darstellen.

10 Seit 2005 muss man jedoch für den Besuch des „Çilehane“ Eintritt bezahlen, einer kleinen Höhle auf einem nahegelegenen Hügel, in die sich Hacı Bektaş von Zeit zu Zeit zurückgezogen haben soll.

Ethos und rituelle Praxis: Das Alevitentum als das Andere des sunnitischen Islam

Es ist problematisch, vom Glauben „der“ Aleviten zu sprechen. Einerseits ist dem Alevitentum jede Form des Dogmatismus fremd, so dass Glaubensvorstellungen sehr heterogen sein können, zum anderen spielt für viele Aleviten – auch als Nachwirkung der linken Bewegung seit den 1970er Jahren – im eigentlichen Sinne religiöser Glaube keine Rolle. Zahlreiche Aleviten betrachten das Alevitentum eher als eine „Kultur“ denn als eine „Religion“, wobei der Unterschied zwischen Kultur und Religion gerade im Glauben gesehen wird (Sökefeld 2004a). Trotzdem lassen sich gewisse Grundüberzeugungen benennen, die dem „kulturellen“ und dem „religiösen“ Alevitentum gemeinsam sind, und die man als ein alevitisches Ethos oder als alevitische Weltsicht[11] bezeichnen könnte. Dazu gehört die Grundüberzeugung, dass das Alevitentum „das Andere“ des sunnitischen Islam ist. Häufig definieren Aleviten das Alevitentum tatsächlich rein negativ und zählen das auf, was Aleviten im Unterschied zu Sunniten nicht tun oder glauben. Vor allem unter den Aleviten, die seit der Unterbrechung der mündlichen, alevitischen Tradition aufgewachsen sind, ist das Bewusstsein für die Differenz zu „den Anderen“ viel stärker ausgeprägt als der Bezug auf einen eigenen Glauben.

Kern des alevitischen Ethos ist ein besonderes Menschen- (und Gottes-) Bild. Der Mensch steht im Zentrum des Alevitentums, wird häufig gesagt – und nicht Gott, wäre zu ergänzen. Anders ausgedrückt, Gott ist im Menschen zu suchen und zu finden, nicht in etwas Außermenschlichem wie einer Schrift oder einem Glaubenssatz. Markus Dressler (2002: 17) unterscheidet daher die „Charismaloyalität“ des Alevitentums von der „Schriftloyalität“ des „orthodoxen“ sunnitischen Islam. Während im schriftorientierten Islam die höchste Autorität dem Koran als Gottes eigener Offenbarung zukommt, spielt im Alevitentum, wie auch in verschiedenen Sufi-Strömungen und anderen „heterodoxen“[12] Formen des Islam die Verehrung für menschliche Vorbilder und Leitfiguren eine zentrale Rolle. Der Mensch wird als ein Wesen betrachtet, das sich auf dem Weg zu Gott befindet, und auf diesem Weg unterschiedlich

11 Ich verstehe hier Ethos oder Weltsicht als sehr inklusive Konzepte, die im engeren Sinn religiöse Überzeugungen einschließen.

12 Die Unterscheidung von „Orthodoxie” und „Heterodoxie” ist höchst problematisch, weil sie immer eine normative Unterscheidung darstellt, die von einer dominierenden Position aus getroffen wird. Aus alevitischer Perspektive müsste man die Bezeichnungen eher umkehren, da aus dieser Sicht Aleviten „das Rechte“ glauben und Sunniten „das Andere“. Mangels alternativer Bezeichnungen verwende ich die Termini hier im konventionellen Sinne, möchte aber betonen dass damit keine Abwertung von Glaubensüberzeugungen impliziert ist, sondern dass sich die Unterscheidung allein an Mehrheitsverhältnissen orientiert.

weit vorangekommen sein kann. Das Ziel ist der „vollkommene Mensch" (*kamil insan*), der letztlich die Einheit mit Gott erreicht. Ähnlich wie der Sufismus unterscheidet das Alevitentum vier Stufen auf dem Weg zu Gott, die als Stufen der Erkenntnis gedacht werden.[13] Auf diesem Stufenweg können Menschen unterschiedlich weit voran kommen, und Aleviten gehen davon aus, dass sie die erste Stufe, die Scharia (türk.: *şeriat*) bereits überwunden haben. Für sie gilt also der legalistische Islam nicht mehr. Während der „orthodoxe" Islam Gott und die Menschen klar von einander trennt, gibt es eine solche Trennung im alevitischen Verständnis letztlich nicht, bzw. das Ziel des alevitischen Weges (*Alevi yolu*) ist es gerade, diese Trennung aufzuheben. Hintergrund ist die Auffassung von der Einheit von Gott und Schöpfung, von der mystischen Einheit allen Seins (*vahdet-i vücut*).

Von dieser Auffassung leitet sich Respekt für alle Teile der Schöpfung ab. Dazu gehört eine Sozialethik, die die Gleichheit aller Menschen und Respekt vor jedem Einzelnen einfordert. Aleviten betonen die Gleichheit der Geschlechter und sehen auch darin einen Unterschied zum sunnitischen Islam (Kaplan 2004: 89f.). Ebenso werden andere Formen der Diskriminierung abgelehnt, wobei sich die Aleviten auf Hacı Bektaş Veli berufen, der gesagt hat: *72 millete bir nazarla bak!* Betrachte alle 72 Völker gleich! Kern der alevitischen Sozialethik ist die Kontrolle des eigenen Selbst, die dazu führt, dass Konflikte mit anderen verhindert werden. Diese Norm hat Hacı Bektaş Veli bündig formuliert: *Eline diline beline sahip ol!* Hüte deine Hände, deine Zunge, deine Lenden!

Niedergelegt ist das alevitische Ethos in kurzen Merksätzen und Sprichwörtern, wie den hier zitierten Sätzen Hacı Bektaş Velis, oder in Form von Lyrik, die zur Langhalslaute *saz* gesungen wird. Diese Medien waren besonders zur mündlichen Tradierung des Alevitentums geeignet. Schriftliche Quellen spielten bis vor wenigen Jahren nur eine sehr untergeordnete Rolle.

Die Zentralität des menschlichen Gegenübers für das alevitische Ethos drückt sich auch im alevitischen Ritual *cem* aus. Dieses Ritual kann als eine Antithese zum islamischen Gebet (*namaz*) aufgefasst werden. Während ein (sunnitischer) Muslim fünfmal am Tag beten soll, möglichst in einer Moschee, kommen alevitische Gemeinden nur wenige Male im Jahr zum *cem* zusammen. Das sunnitische und schiitische Gebet ist zur Kaaba in Mekka ausgerichtet, während im *cem* die Gläubigen in einem Kreis sitzen, so dass idealerweise jeder den anderen ins Gesicht schauen kann. *Benim Kaabem insandır* – Meine Kaaba ist der Mensch, sagte Hacı Bektaş Veli. Traditionell fand *cem* im Wohnhaus einer Familie statt. Nur in Pilgerzentren gab es eigene *cem*-Häuser (*cem*evi). Erst in jüngerer Zeit errichten alevitische Vereine *cem*-

---

13 Diese Stufen sind *şeriat* (Scharia), *tarikat* (der mystische Weg), *marifet* (das Wissen) und *hakikat* (die Wahrheit).

Häuser als Gemeindezentren. Ein zentrales Element des *cem* (und der alevitischen Sozialethik) ist *rızalık*, das gegenseitige Einverständnis. So muss der *dede*, der das Ritual leitet, das Einverständnis der Gemeinde erfragen, bevor der Ritus beginnen kann. Ein wichtiger Teil des Ritus besteht darin, dass *rızalık* auch innerhalb der Gemeinde hergestellt werden soll. Dazu sollen im *cem* Konflikte offengelegt und die Konfliktparteien miteinander versöhnt werden. Wenn diese Versöhnung nicht erreicht werden kann, müssen die Streitenden den Ritus verlassen, sonst kann er nicht fortgesetzt werden. Als weiteres gemeinschaftliches Element endet *cem* mit einem gemeinsamen Mahl, zu dem jeder etwas beiträgt und bei dem streng darauf geachtet wird, dass jeder gleich viel erhält. Männer und Frauen nehmen gemeinsam am *cem* teil. Im Ritus spielen Musik – Hymnen, die von der Laute *saz* begleitet werden – und der rituelle Tanz *semah*, der von Männern und Frauen gemeinsam getanzt wird, eine zentrale Rolle. All dies sind Elemente, die im islamischen *namaz* schlechterdings undenkbar sind.

Aleviten sehen die meisten der „fünf Säulen" des Islam nicht als verbindlich für sich an. Sie beten nicht fünfmal am Tag, pilgern nicht nach Mekka und fasten nicht im Ramadan. Aleviten haben eine eigene Fastenzeit im Gedenken an das Martyrium des Imam Hüseyin und seiner Gefährten bei Kerbela im Monat Muharrem. Tatsächlich halten aber nur sehr wenige Aleviten dieses Fasten ein. Anstatt eines mehr oder weniger formalen Gebots, *zakat* (Almosen) zu geben, sehen sich Aleviten eher generell verpflichtet, Ungerechtigkeit zu verhindern.

Alevitische Migration nach Deutschland

Aleviten kamen zunächst als Arbeitsmigranten, als sogenannte „Gastarbeiter", in der Folge des deutsch-türkischen Anwerbeabkommens nach Deutschland. Da das Alevitentum weder in der Türkei noch in Deutschland eine amtliche Kategorie darstellt, wurden die Aleviten in der Migration nicht gesondert erfasst, es gibt also auch keine Statistiken über die alevitische Einwanderung nach Deutschland. Eigene Erhebungen, die ich unter den Mitgliedern alevitischer Vereine in Hamburg durchgeführt habe, zeigen jedoch, dass man drei Phasen der Migration unterscheiden kann. Der Phase der ersten Einwanderung, die nach dem Anwerbeabkommen von 1961 begann und mit dem Anwerbestopp von 1973 endete, folgte eine zweite Phase in den späten 70er und frühen 80er Jahren, die vor allem politisch motiviert war und aus dem Engagement meist junger Aleviten in den politischen Auseinandersetzung in der Türkei resultierte. Ihren Höhepunkt erreichte diese Migration 1980, im Jahr des Militärputsches. Nicht alle, die damals nach Deutschland einreisten, kamen formell als politische Flüchtlinge und Asylsuchende, da häufig bereits in Deutschland arbeitende Aleviten ihre politisch aktiven Kinder im Rahmen der Familienzusammenführung kommen ließen. Vom Ende der 80er Jahre bis in die frühe 90er Jahre gab es eine dritte Migrationsbewegung, die weitgehend parallel zum eskalierenden Kurdenkonflikt verlief, und in der vor allem kurdische Aleviten nach Deutschland kamen (Sökefeld 2008). In vielen Fällen nahm die Migration der Aleviten die Form einer Kettenmigration an, d.h. ein ins Ausland emigriertes Familienmitglied zog häufig weitere Verwandte nach. Als Arbeitsmigranten kamen Aleviten vor allem in die industriellen Zentren Westdeutschlands. Der Raum Stuttgart, das Rhein-Ruhr-Gebiet, Berlin und Hamburg sind Regionen mit größerer alevitischer Bevölkerung. In Westdeutschland leben Aleviten aber auch in zahlreichen Kleinstädten. In der Regel wohnen Aleviten nicht in eigenen Stadtteilen oder Nachbarschaften sondern in Stadtteilen mit einem generell höheren Anteil von Migranten. Die Form der Migration und Ansiedlung der Aleviten unterscheidet sich also nicht von der Form der Migration der Einwanderer aus der Türkei insgesamt. Es gibt keine Untersuchungen zum sozio-ökonomischen Profil der Aleviten in Deutschland, aber auch hier kann man davon ausgehen, dass es hier keine signifikanten Unterschiede zur Situation der Einwanderer aus der Türkei insgesamt gibt. Allerdings weisen Aleviten eine deutlich höhere Einbürgerungsquote in Deutschland auf, als die türkisch-stämmige Bevölkerung insgesamt.

Die Entwicklung zur alevitischen Bewegung in Deutschland

In Deutschland setzten die alevitischen Einwanderer *takiye* zunächst fort und gaben sich öffentlich nicht als Aleviten zu erkennen. Für die einheimischen Deutschen war der Unterschied zwischen Aleviten und Sunniten ohnehin unbekannt und irrelevant; alle Migranten aus der Türkei wurden einfach als Türken, und damit gleichzeitig als Muslime wahrgenommen. Aber auch ihren türkischen Kollegen und Nachbarn gegenüber identifizierten sich Aleviten in der Regel nicht als Aleviten, denn auch in Deutschland fürchteten sie Beschimpfung und Stigmatisierung von sunnitischer Seite. Ich habe viele Geschichten darüber gesammelt, wie einander unbekannte Aleviten in Deutschland feststellten, ob der Kollege oder die Kollegin womöglich auch Alevit ist oder nicht. Wenn man einen anderen Menschen aus der Türkei neu kennen lernte, dann fragte man den anderen in der Regel zunächst nach seiner Heimatregion. Wenn dann bestimmte Provinzen genannt wurden, etwa Sivas, Erzincan oder Tunceli, dann war die Wahrscheinlichkeit, dass der Gegenüber ebenfalls Alevit war, schon recht groß. Trotzdem kann man nicht ohne weiteres direkt danach fragen. Erst in tastenden Gesprächen, z.B. über musikalische Vorlieben, konnte man weiteren Aufschluss gewinnen. Auf der familiären Ebene ging *takiye* so weit, dass manche Eltern nicht einmal ihren Kindern sagten, dass sie Aleviten sind. Ich habe Erzählungen von jungen Aleviten aufgenommen, die berichten, dass sie von sunnitischen Mitschülern als Aleviten identifiziert wurden, beispielsweise weil sie nicht fasteten oder nicht zum Gebet in die Moschee gingen, und erst daraufhin bei ihren Eltern nachfragten.

Takiye bedeutete aber auch, dass sich Aleviten in Deutschland genauso wie in der Türkei nicht als Aleviten organisierten. Während sunnitische Migranten aus der Türkei recht bald nach der Ankunft in Deutschland Moscheevereine gründeten, taten Aleviten nichts dergleichen. Aleviten engagierten sich dagegen in politischen Organisationen von sozialdemokratischer oder später, Ende der siebziger Jahre, linksrevolutionärer Ausrichtung, in denen sie aber weder die einzigen Mitglieder waren, noch explizit als Aleviten auftraten. Die linke Ideologie forderte ja gerade, Religion abzulehnen und alle Differenzen, die nicht dem Klassenunterschied entsprachen, als „falsches Bewusstsein" zu eliminieren. Für die linksrevolutionären Aleviten spielte die Exilorganisation *Dev Yol* („Revolutionärer Weg") eine zentrale Rolle. Viele Beziehungen zwischen Aktivisten der alevitischen Bewegung heute gehen auf das gemeinsame Engagement bei Dev Yol zurück. Die einzigen Vereine, die damals spezifisch von Aleviten in Deutschland gründet wurden, waren der *Amele Birliği* (Arbeiterverein, in München) und der *Yurtseverler Birliği* (Patriotenverein), die in den 1970er Jahren von Sympathisanten der türkischen alevitischen Birlik Partisi (Einheitspartei) gegründet wurden. Beide traten aber nach außen nicht explizit als alevitische Organisationen auf und hatten zunächst nur lokale Bedeutung.

Dies begann sich 1979 zu ändern. Im Dezember 1978 waren bei dem Massaker in der südostanatolischen Stadt Maraş über hundert Aleviten getötet worden. In der türkischen Öffentlichkeit wurde dieses Ereignis als Gewalt zwischen rechten und linken politischen Gruppierungen dargestellt, wobei die Linken Aleviten waren. Alevitische Mitglieder des türkisch-sozialdemokratischen Vereins HDF (Halkçı Devrimci Federasyonu, Föderation revolutionärer Volksvereine) in Deutschland, der Auslandsorganisation der damaligen Regierungspartei CHP (Cumhuriyet Halk Partisi, Republikanische Volkspartei), forderten ihren Vorstand auf, bei der türkischen Regierung gegen das Massaker an Aleviten zu protestieren. Dabei ging es auch darum, das Massaker als Massaker an Aleviten und nicht einfach als generelle politische Gewalt anzuerkennen. Der Vorstand verweigerte diesen Protest, weil er nicht die eigene Regierung kritisieren wollte.[14] Daraufhin trat eine größere Gruppe

14 Die damalige Nicht-Anerkennung der Aleviten zeigt sich auch darin, dass dieser Konflikt in Ertekin Özcans Geschichte der Türkischen Immigrantenorganisa-

von Aleviten in Berlin und Hamburg aus dem HDF aus und zum Yurtseverler Birliği über. Patriotenvereine wurden in verschiedenen Städten gegründet und es gab auch einen kurzlebigen Dachverband. Diese Organisationen kann man als Vorläufer der alevitischen Bewegung betrachten, auch wenn die meisten dieser Vereine nicht lange aktiv blieben. In ihrem Umfeld fanden zum ersten Mal dezidiert alevitische Aktivitäten statt. Aktivisten des Yurtseverler Birliği organisierten in Hamburg erstmals einen öffentlichen *cem*. An diesem *cem*, der in einer Schulaula stattfand, nahmen ca. tausend Menschen teil. Es gab also ein großes Interesse an solchen Veranstaltungen.

Die alevitische Bewegung entstand in Zusammenhang mit einem globalen Paradigmenwechsel der (linken) Politik von der Klassenpolitik zur Identitätspolitik, der sich in den 1980er Jahren ereignete. Sozialistische Ideen verloren ihre Überzeugungskraft und das Ziel der (ökonomischen) Gleichheit für alle wurde ersetzt durch das Ziel der Anerkennung von Differenz, der Anerkennung von eigenständigen Identitäten. Die politische Philosophie spricht daher auch vom Wechsel des Paradigmas der Umverteilung zum Paradigma der Anerkennung (Fraser und Honneth 2003). „Identität" wurde mehr und mehr zu einem globalen Schlagwort, das Menschen für politisches Handeln mobilisierte. In der Türkei kann man etwa die Kurdenbewegung in diesen Paradigmenwechsel einordnen. In Deutschland spielte die Idee des Multikulturalismus eine wichtige Rolle, die davon ausging, dass sich „Ausländer" nicht einfach assimilieren, sondern ihre eigene „Kultur" und „Identität" „bewahren" sollten. Der Paradigmenwechsel beschränkte sich nicht allein auf die linke Seite des politischen Spektrums, denn gleichzeitig wurden in Deutschland auf der rechten Seite Überfremdungsängste artikuliert und die Bedeutung deutscher „Kultur" und „Identität" betont.[15] Rechte und Linke teilten dabei ein sehr ähnliches, essentialistisches Konzept von Kultur und Identität. Die multikulturalistische Perspektive dominierte zunächst in Großstädten wie Frankfurt, Berlin oder Hamburg und wurde hier institutionalisiert.

In Hamburg wurde seit Anfang der achtziger Jahre in Stadtteilen mit einem höheren Migrantenanteil ein Netzwerk von sogenannten Deutsch-Ausländischen Begegnungsstätten etabliert. In vielen dieser Begegnungsstätten waren Aleviten aktiv, die sowohl aus sozialdemokratischen als auch aus linksrevolutionären Organisationen kamen.[16] Einige waren angestellte Sozialberater,

tionen nicht erwähnt wird, obwohl Özcan dem HDF, deren Vorsitzender er war, breiten Raum gibt (Özcan 1992).

15 So veröffentlichte bereits 1981 eine Gruppe von fünfzehn national-konservativen Professoren das „Heidelberger Manifest", in dem sie die „Überfremdung" Deutschland beklagten und den Schutz der deutschen Identität einforderten (von Dirke 1994).

16 Unter den linksrevolutionären Aleviten in Hamburg war der marxistische Elan bis zur Mitte der 1980er Jahre merklich abgeflaut, während gleichzeitig das Bedürfnis nach Anerkennung von Differenz wuchs. 1986 wurde Dev Yol auf-

andere engagierten sich ehrenamtlich in den Trägervereinen der Einrichtungen. Der Diskurs um Gleichberechtigung und die Anerkennung der kulturellen Identität von Migranten in Deutschland, der in diesem Rahmen geführt wurde, bot auch den Nährboden für eine Debatte über alevitische Identität. Einige alevitische Akteure kamen zu dem Schluss, dass es nicht nur um türkische oder kurdische Identität gehen dürfe, sondern dass auch etwas für die alevitische Identität getan werden müsse. Zwölf Hamburger Aleviten trafen sich im Dezember 1988 und gründeten die Alevitische Kulturgruppe. Man war sich schnell einig, endgültig mit dem Verstecken des Alevitentums Schluss zu machen und ein öffentliches alevitisches Festival zu veranstalten. Die Gruppe traf sich regelmäßig und wuchs schnell an. Das Festival fand im Oktober 1989 als Alevitische Kulturwoche in der Universität Hamburg statt. Die Kulturwoche umfasste Diskussionen über das Alevitentum, ein Konzert mit bekannten alevitischen Musikern aus der Türkei und eine *cem*-Feier.[17]

Diese Veranstaltung, die nach Angaben der damaligen Veranstalter von etwa 5.000 Menschen aus ganz Deutschland besucht wurde, wirkte wie ein Paukenschlag: *Takiye* war kollektiv und öffentlich gebrochen worden. Der Anspruch auf Anerkennung wurde mit der „Alevitischen Erklärung", die im Rahmen der Kulturwoche verbreitet wurde, explizit gemacht. Die Forderungen dieser Erklärung bezogen sich zu einem großen Teil auf die Türkei. Religionsfreiheit wurde für die Aleviten in der Türkei gefordert, damit sie ihre spezifischen religiösen Praktiken ausüben können, sowie die Öffnung der staatlichen Religionsbehörde, die einzig auf den sunnitischen Islam ausgerichtet ist und die Existenz des Alevitentums negiert. Mehrere Absätze der Alevitischen Erklärung bezogen sich aber auch auf die Situation von Aleviten in Deutschland. Hier wurde zunächst eine ganz ähnliche Diagnose gestellt: Auch in Deutschland werde das Alevitentum nicht anerkannt. So würden Forschungen und Debatten über Migranten aus der Türkei allein den sunnitischen Islam berücksichtigen. Gleichzeitig wurde festgehalten, dass aufgrund der gesellschaftlichen Freiheit in Deutschland die Möglichkeit bestehe, das Alevitentum zu leben und sunnitische Landsleute ebenso wie die deutsche Öffentlichkeit über das Alevitentum aufzuklären. Die Erklärung forderte jedoch nicht nur die Anerkennung des Alevitentums als etwas Eigenes ein, sie betonte gleichzeitig Gemeinsamkeiten mit deutscher Kultur. Formuliert wurden

gelöst, weil das Ziel der Organisation, die Revolution in der Türkei, in unerreichbare Ferne gerückt war. Einige ehemalige Mitglieder begannen daraufhin, sich in der Migrationspolitik zu engagieren. Sie gaben eine Zeitschrift namens *Göçmen* (Migrant) heraus, in der sie über gesellschaftliche Benachteiligung von Einwanderern berichteten und Gleichberechtigung für Migranten forderten. Es ist die Zeit nach den ersten rassistisch motivierten Morde an Einwanderern in Deutschland: In Hamburg wurden 1985 die Türken Mehmet Kaynakcı und Ramazan Avcı von Skinheads umgebracht.

17 Zur Geschichte der Aleviten in Hamburg siehe auch Sökefeld 2003a.

diese Gemeinsamkeiten als von Aleviten und Deutschen geteilte Unterschiede zur sunnitischen Kultur. Aleviten erscheinen in dieser Erklärung als eine Gruppe, die zwar eine eigenständige Kultur besitzt, die aber zahlreiche Werte der deutschen Gesellschaft teilt – besonders solche, die sich auf Säkularismus, Demokratie und die Gleichberechtigung der Geschlechter beziehen.[18]

Da die Alevitische Kulturwoche in Hamburg die erste öffentliche Veranstaltung im Namen des Alevitentums war, betrachte ich sie als den Startpunkt der alevitischen Bewegung in Deutschland. Kurz zuvor waren schon in einigen Städten Vereine von Aleviten gegründet worden (in der Regel als „Bektaşi-Vereine"), deren Ziele vor allem nach innen, auf die jeweilige alevitische Gemeinde selbst bezogen waren. Nun entstanden Vereine, die es als ihre Aufgabe ansahen, nach außen, an die Öffentlichkeit zu gehen, das Alevitentum bekannt zu machen und für seine Anerkennung zu werben. In Hamburg ging aus der Alevitischen Kulturgruppe das Alevitische Kulturzentrum Hamburg e.V. hervor. Ähnlich ausgerichtete Kulturzentren entstanden in kurzer Zeit in allen Städten Deutschlands mit größerer alevitischer Bevölkerung.

Die alevitische Bewegung in Deutschland seit den 1990er Jahren

Einen Höhepunkt erreichte die alevitische Selbstorganisation in Deutschland nach dem Angriff auf das alevitische Kulturfestival in Sivas im Juli 1993. Veranstaltungen zum Gedenken an das Massaker bilden seither einen Fixpunkt im Veranstaltungskalender alevitischer Organisationen. Dazu mehr im Beitrag von Béatrice Hendrich. Das Sivas-Massaker bedeutete einen großen Mobilisierungsschub für die alevitische Bewegung in Deutschland. Wenige Tage nach dem Massaker demonstrierten 60.000 Aleviten aus ganz Deutschland und den Nachbarländern in Köln gegen die Gewalttat. Immer mehr Aleviten in Deutschland schlossen sich den Vereinen an oder gründeten neue Organisationen. Allein im Jahr nach dem Massaker entstanden in Westeuropa über hundert alevitische Vereine neu. Eine wichtige Folge des Sivas-Massakers für die alevitische Bewegung in Deutschland und Europa war die Neuorganisation eines Dachverbandes, der zuvor schon von den Bektaşi-Vereinen gegründet worden war. Nach dem Massaker traten die Alevitischen Kulturzentren dem Verband bei und übernahmen seine Führung.

18 Die türkische Fassung der Alevitischen Erklärung, die *Alevi Bildirgesi*, war schon im Sommer 1989 vor der Kulturwoche veröffentlicht worden und hatte zur Folge, dass in der Türkei eine ähnliche Erklärung verfasst wurde. Im Rahmen der Alevitischen Kulturwoche wurde eine leicht veränderte deutsche Fassung verbreitet. Die türkische Originalfassung wurde in einer Geschichte des Alevitischen Kulturzentrums Hamburg wieder veröffentlicht (HAKM 1999: 14).

Damit wurde der Dachverband zu einer Organisation, die offensiv an die Öffentlichkeit ging und für die Anerkennung des Alevitentums in Deutschland und in der Türkei eintrat. Dieser Dachverband, der unter wechselnden Namen operierte[19] und seit einigen Jahren als Alevitische Gemeinde Deutschland firmiert, ermöglichte trotz zahlreicher interner Konflikte und einiger Abspaltungen die Kontinuität der alevitischen Bewegung und ist ihr zentraler Akteur.

Die alevitische Bewegung ist von zahlreichen Konfliktlinien durchzogen, die von ethnischen Bindungen, unterschiedlichen Verständnissen des Alevitentums oder divergierenden Auffassungen über das Verhältnis zum türkischen Staat herrühren. Auf lokaler Ebene ereigneten sich zahlreiche Spaltungen, so dass vor allem in den Großstädten meistens mehrere alevitische Vereine nebeneinander existieren. In Hamburg gab es etwa zeitweise acht alevitische Vereine, von denen einige inzwischen aber nicht mehr aktiv sind.

Die der PKK nahe stehende kurdische Bewegung betrachtete in Deutschland die Gründung alevitischer Vereine zunächst als eine Gefahr, da sie die postulierte Einheit der Kurden in Frage stellten. Schon die Gründung des Alevitischen Kulturzentrums in Hamburg wurde daher von kurdischen Aktivisten behindert. Später gingen alevitische Aktivisten der kurdischen Bewegung dazu über, in verschiedenen Städten eigene kurdisch-alevitische Vereine zu gründen. Insgesamt entstanden ca. zwanzig kurdisch-alevitische Vereine in Deutschland, die einige Jahre einen eigenen Dachverband namens FEK (Federasyon Elewiyen Kurdistani, Föderation der Aleviten Kurdistans) hatten. Die Gründung explizit kurdisch-alevitischer Vereine bedeutet jedoch nicht, dass die anderen alevitischen Vereine keine kurdischen Mitglieder hätten.

Eine weitere Konfliktlinie betrifft das Verhältnis zum türkischen Staat. Während die meisten der in der Alevitischen Gemeinde Deutschland zusammengeschlossenen Vereine (und der Dachverband selbst) dem türkischen Staat gegenüber sehr kritisch eingestellt sind und etwa eine symbolische Identifizierung mit der Türkei mittels türkischer Fahnen oder Bildern Atatürks ablehnen, fordern andere Vereine genau diese Identifizierung ein. Zum Teil

19 Der ursprüngliche Verband der Bektaşi-Vereine hieß *Alevi Birlikleri Federasyonu* (Föderation der Alevitengemeinden) und wurde 1994, nachdem auch Vereine aus anderen europäischen Ländern aufgenommen worden waren, in *Avrupa Alevi Birlikleri Federasyonu* (Föderation der Alevitengemeinden in Europa) umbenannt. Nach einer weiteren Reorganisation, bei der die nicht-deutschen Vereine eigene nationale Föderationen gründeten, wurde der Name 1998 in *Almanya Alevi Birlikleri Federasyonu* (Föderation der Alevitengemeinden in Deutschland) geändert. Der türkische Name besteht bis heute, bei einer Satzungsänderung im Jahr 2002 wurde der deutsche Name jedoch in *Alevitische Gemeinde Deutschland* geändert. Unter Aleviten ist der Verband vor allem unter seiner türkischen Abkürzung „AABF“ bekannt.

stehen diese Vereine der CEM-Vakfı, einer eher staatsnahen alevitischen Stiftung in Istanbul nahe. CEM-Vakfı unterhält mit einem Büro in Essen auch eine eigene Vertretung in Deutschland. Man kann diese staatsnahe Perspektive jedoch nicht auf Vereine außerhalb der Alevitischen Gemeinde Deutschland reduzieren. Viele Aleviten verstehen sich als strikte Kemalisten und so gab es auch innerhalb des Dachverbandes jahrelang erbittere Auseinandersetzungen über die Verwendung der türkischen Nationalflagge. Der Vorstand der Alevitischen Gemeinde wurde für seine kritische Haltung in den Jahren 2000 und 2001 in einer verunglimpfenden Kampagne von der türkisch-nationalistischen Tageszeitung *Hürriyet* angegriffen (Sökefeld 2004b). Mit der dritten Konfliktlinie, die die Frage der Zugehörigkeit des Alevitentums zum Islam betrifft, beschäftige ich mich in einem eigenen Beitrag in diesem Band.

Heute sind über hundert lokale alevitische Vereine in der Alevitischen Gemeinde Deutschland zusammengeschlossen. Daneben gibt es etwa zwanzig bis dreißig alevitische Vereine außerhalb des Dachverbands. Zu den regelmäßigen Aktivitäten der Vereine gehören die Durchführung von Ritualen, vor allem *cem*, und Kulturveranstaltungen, das Angebot von *saz*- und *semah*-Kursen vor allem für Jugendliche, sowie gesellige Veranstaltungen. Zum Teil, abhängig von den verfügbaren Ressourcen bieten die Vereine auch Deutschkurse, Hausaufgabenhilfe, Sozialberatung und ähnliches an und sind häufig auf lokaler Ebene im interreligiösen Dialog aktiv. Teilweise haben die Vereine aber auch mit einem Mangel aktiver Mitglieder zu kämpfen, zum Beispiel weil die Mitglieder der zahlreichen Konflikte überdrüssig geworden sind, oder weil die alevitische Bewegung nicht mehr dieselbe Mobilisierungskraft hat, wie vor einem Jahrzehnt.

Integration und die Politik der Anerkennung

Das zentrale Motiv der alevitischen Bewegung ist die Forderung nach Anerkennung des Alevitentums in Deutschland und in der Türkei. Im Gegensatz zur gängigen Strategie von Einwanderergruppen, ihre Identität durch die Betonung des Unterschieds zur Mehrheitsbevölkerung zu definieren und die Anerkennung dieser Differenz einzufordern, betonen Aleviten in Deutschland, vor allem aber die in den Organisationen aktiven Aleviten, den Unterschied zu sunnitischen Türken. Indem Aleviten die Unterschiede des Alevitentums zu einem weitgehend „fundamentalisierten“ Bild des sunnitischen Islam herausstellen, betonen sie gleichzeitig die Kompatibilität von deutscher und alevitischer Kultur. Zentrales Symbol ist hier, wie überhaupt im Integrations- und Islamdiskurs in Deutschland, das Kopftuch. Und so werden Aleviten nicht müde zu betonen, dass alevitische Frauen kein Kopftuch tragen. Tatsächlich gleichen sich der dominante alevitische und der dominante deutsche Islamdiskurs bis aufs Haar: In beiden wird die potentielle oder tatsächliche Gefährlichkeit des Islam herausgestellt und Islam häufig mit Islamismus gleichgesetzt.[20]

Da im öffentlichen und politischen Diskurs in Deutschland türkische/muslimische Migranten weitgehend undifferenziert wahrgenommen und dargestellt wurden, war die Betonung des Unterschieds zu sunnitischen Türken zunächst die wichtigste Strategie der Anerkennung der Aleviten in Deutschland. Die zweite Strategie besteht in dem, was ich „institutionelle Integration" nenne. Ich verstehe darunter den Aufbau kooperativer Beziehungen zwischen alevitischen Organisationen und deutschen zivilgesellschaftlichen, religiösen oder staatlichen Einrichtungen auf verschiedenen Ebenen. Institutionelle Integration ist selbst ein Ausweis für die Anerkennung, dafür, dass die alevitischen Vereine als Partner anerkannt werden. Diese institutionelle Integration findet sowohl auf lokaler Ebene statt, getragen von lokalen Vereinen, als auch auf der Bundesebene, wo die Alevitische Gemeinde Deutschland der zentrale Akteur ist. Auf lokaler Ebene engagieren sich alevitische Vereine zum Beispiel in der Stadtteilarbeit und im interreligiösen Dialog. Sie pflegen Kontakte zu Gewerkschaften[21] und Parteien, zu Kirchengemeinden und natürlich zur jeweiligen Stadtverwaltung. Ich möchte hier vor allem die institutionelle Integration auf der Ebene der Alevitischen Gemeinde diskutieren.

Schon in den 1990er Jahren zeigte die Alevitische Gemeinde großes Interesse an institutioneller Integration und lud etwa regelmäßig Politiker zu ihren Veranstaltungen ein. Die Zusammenarbeit war damals jedoch eher punktuell, da auf alevitischer Seite die nötigen Ressourcen fehlten. Aufschwung nahm die institutionelle Integration am Ende des Jahrzehnts, nach der Bildung der Rot-Grünen Koalition, die mehr Mittel für Integrations- und Anti-Rassismus-Arbeit zur Verfügung stellte, und nachdem im Jahr 2000 in der Alevitischen Gemeinde ein neuer Vorstand gewählt wurde, dem mehrere engagierte jüngere Mitglieder in verantwortlicher Position angehörten. Verschiedene Projekte wurden nun initiiert. Das erste Projekt war eine Kampagne unter dem Titel „Förderung der Einbürgerung". Diese Kampagne informierte über das neue Staatsangehörigkeitsrecht, das im Januar 2000 in Kraft getreten war, die Einbürgerung erleichterte und den Anspruch auf Einbürgerung ausweitete. Die Alevitische Gemeinde Deutschland publizierte eine zweisprachige Broschüre über das neue Gesetz, die veränderten Bedingungen für die Einbürgerung und die rechtlichen Folgen einer Einbürgerung für den Rechts-

20 Der zweite, eher untergeordnete Strang im deutschen Islamdiskurs, der Toleranz betont und beispielsweise das Kopftuch nicht rundheraus als „Unterdrückung" ablehnt, ist unter Aleviten kaum zu finden.

21 Vermutlich sind Aleviten die einzige religiös definierte Gruppe, die regelmäßig bei den 1. Mai-Demonstrationen auftreten.

status in der Türkei. Daneben veranstaltete die Alevitische Gemeinde in Köln Multiplikatoren-Seminare über das neue Staatsangehörigkeitsrecht und über den institutionellen Aufbau der Bundesrepublik, an denen Vertreter der lokalen Alevitenvereine teilnahmen. Diese Multiplikatoren veranstalteten in der Folge etwa fünfzig Seminare zum Gesetz in ihren Ortsgemeinden. Die Einbürgerungskampagne der Alevitischen Gemeinde Deutschland wandte sich an eine Gruppe von Migranten, die in hohem Maße zur Einbürgerung bereit war – und diese zum großen Teil bereits vollzogen hatte. Schon in den 1990er Jahren hatten sehr viele Aleviten die deutsche Staatsbürgerschaft angenommen. Fast alle Teilnehmer der Multiplikatorenseminare in Köln waren bereits Deutsche. Ende 2002 befragte ich die Mitglieder von sieben alevitischen Vereinen in Hamburg zu ihrer Staatsbürgerschaft und stellte fest, dass bereits 55,6 Prozent von ihnen die deutsche Staatsbürgerschaft besaßen. Das alevitische Kulturzentrum Hamburg hatte bereits Mitte der 1990er Jahre seine Mitglieder zur Einbürgerung aufgerufen. Die meisten der Hamburger Aleviten hatten die Einbürgerung daher auch schon vor in Kraft treten des neuen Rechts vollzogen. In den letzten Jahren war die Einbürgerungsrate sogar rückläufig – jedoch nicht, weil der Wille zur Einbürgerung abgenommen hatte, sondern weil nicht mehr viele Vereinsmitglieder übrig waren, welche die Voraussetzungen für die Einbürgerung erfüllten, aber noch nicht eingebürgert waren. Nichts spricht dagegen, diesen Hamburger Befund der Tendenz nach auf die Aleviten in Deutschland insgesamt zu übertragen.

Ein anderes Projekt der Alevitischen Gemeinde Deutschland zielte auf die Integration benachteiligter Jugendlicher in den Arbeitsmarkt. Junge Menschen wurden hier in einem Internetprojekt ausgebildet. Etwa achtzig Prozent der Teilnehmer fanden anschließend einen Ausbildungsplatz. Im Jahr 2003 wurde auf Initiative und organisiert von der Alevitischen Gemeinde Deutschland die „Multireligiöse Studiengruppe“ (MUREST) gebildet, an der neben den Aleviten Vertreter der evangelischen und katholischen Kirche sowohl verschiedener sunnitischer Organisationen teilnahmen. Die Multireligiöse Studiengruppe befasste sich in einer Reihe von Workshops mit verschiedenen Themen, die zunächst aus den Perspektiven der beteiligten Gruppen dargestellt und schließlich gemeinsam diskutiert wurden. Zu den besprochenen Themen gehörten beispielsweise Autoritätsstrukturen in den Religionen, Gebet, das Geschlechterverhältnis, der Umgang mit Gewalt und Tod und Begräbnis. Die Ergebnisse wurden kürzlich in einem Handbuch veröffentlicht (MUREST 2006). Im Jahr 2005 wurde ein Projekt zur Förderung der Verständigung zwischen alevitischen und sunnitischen Jugendlichen begonnen, das im Rahmen eines Programms des Bundesfamilienministerium gefördert wurde. Dabei arbeiteten alevitische und sunnitische Jugendlichen in Workshops und Rollenspielen zusammen. Außerdem wurden Experten beider

Religionsgemeinschaften zu Unterschieden und Gemeinsamkeiten im Selbstverständnis und im Umgang miteinander befragt. (Öztürk und Kaplan 2006).

Eine wichtige Rolle spielen in der Anerkennungspolitik der Alevitischen Gemeinde Deutschland kulturelle Großveranstaltungen, die eine große Zahl von Aleviten zu einer sichtbaren Gemeinschaft zusammenbringen und bestimmte Aspekte des Alevitentums präsentieren. Im Mai 2001 fand in Köln eine Veranstaltung unter dem Titel *Bin Yılın Türküsü* (offiziell übersetzt als „Das Epos des Jahrtausends") statt, bei der die Geschichte des Alevitentums als Geschichte von Unterdrückung, aber auch von Emanzipation und Aufklärung dargestellt wurde. Diese Veranstaltung wurde im Herbst 2003 in Istanbul auf die Bühne gebracht und damit die Brücke zurück in die Türkei geschlagen. Im April 2004 wurde in Oberhausen das „Epos der Frau" (*Kadınlar Türküsü*) aufgeführt, das die gleichberechtigte Stellung der Frau im Alevitentum betonte und die Geschichte der Emanzipation nachzeichnete. Im Juni 2006 wurde, wieder in Köln, das Gedenken an das Sivas-Massaker mit einer Großveranstaltung unter dem Titel *Ağıttan Umuda* („Von der Klage zur Hoffnung") zelebriert. Diese Veranstaltungen finden stets vor einem Publikum von weit über 10.000 Zuschauern statt. Wichtiger noch für die Organisatoren ist, dass sehr viele Menschen aktiv in das Geschehen eingebunden sind. So haben bei *Bin Yılın Türküsü* tausend junge Aleviten ein riesiges *saz*-Ensemble gebildet und viele hundert weitere Jugendliche *Semah* getanzt. Auch wenn die Außenwirkung dieser Veranstaltungen eher begrenzt ist, weil wenige Nicht-Aleviten daran teilnehmen und das Echo in der deutschen Medienlandschaft eher begrenzt war, sind diese Veranstaltungen doch von zentraler Bedeutung für die Selbst-Anerkennung der Aleviten, da hier eine alevitische Gemeinschaft – vor allem für die beteiligten Jugendlichen – unmittelbar erfahrbar wird. Besonders *Bin Yılın Türküsü* in Istanbul wurde sehr häufig mit dem *cem*-Ritual verglichen, und so kann man diese Veranstaltungen in der Tat als säkularisierte Großrituale interpretieren, welche die alevitische Gemeinschaft erneuern.

Das wichtigste Projekt der institutionellen Integration und der Anerkennung ist jedoch die Bemühung um die Einführung alevitischen Religionsunterrichts in verschiedenen Bundesländern. Nachdem in Hamburg auf Betreiben des Alevitischen Kulturzentrums das Alevitentum in den Lehrplan des interreligiösen „Religionsunterrichts für Alle" der Stadt aufgenommen wurde und in Berlin unter der Verantwortung des Kulturzentrums Anatolischer Aleviten seit 2002 an Grundschulen alevitischer Religionsunterricht erteilt wird, begann mit dem Schuljahr 2006/07 auch der alevitische Unterricht an zwei Schulen in Baden-Württemberg. Die Bundesländer Nordrhein-Westfalen,

Hessen und Bayern sollen ab 2008 folgen.[22] Projekte wie der Religionsunterricht und der interreligiöse Dialog zeigen, wie wichtig der Stellenwert der Religion in der alevitischen Politik der Anerkennung ist, trotz der bereits angesprochenen – und keineswegs abgeschlossenen – Auseinandersetzung darüber, ob das Alevitentum überhaupt an erster Stelle als Religion zu verstehen sei, und obwohl die meisten der alevitischen Vereine „Kultur" und nicht „Religion" im Namen tragen und sich viele alevitische Aktivisten nach wie vor als Atheisten verstehen.

Unbeschadet dieser nach wie vor starken Stellung eines „kulturellen" Alevitentums in Deutschland kann man sogar eine formelle Neudefinition des Alevitentums als Religionsgemeinschaft konstatieren. So verabschiedete die Alevitische Gemeinde Deutschland im September 2002 eine neue Satzung, in der sich der Dachverband nun als „Glaubensgemeinschaft im Sinne des Grundgesetzes" definiert.[23] Zuvor hatte der Dachverband noch im linken Jargon als „demokratische Massenorganisation" firmiert. Diese Neudefinition geht jedoch nicht unbedingt auf eine neue Religiosität der Aleviten zurück, auch wenn vor allem bei alevitischen Jugendlichen ein neues Interesse an Religiosität beobachtet werden kann, sondern ist vor allem der institutionellen Struktur der deutschen Gesellschaft geschuldet. „Kultur" ist im Gegensatz zu „Religion" nämlich keine Kategorie der Anerkennung im rechtlich-institutionellen und diskursiven Kontext in Deutschland. Es gibt keine formelle rechtliche Anerkennung als „kulturelle Gemeinschaft". Religionsgemeinschaften, vor allem die beiden großen christlichen Kirchen, sind dagegen rechtlich, politisch und gesellschaftlich als Körperschaften akzeptiert. Sie genießen den juristischen Status von Körperschaften öffentlichen Rechts, der ihnen wichtige Rechte verleiht. Weiter wird Religion aufgrund der Existenz mehrerer christlicher Gemeinschaften weitgehend unproblematisch als Pluralität gedacht, während kulturelle Pluralität in vielen Fällen immer noch als problematisch und nicht erstrebenswert betrachtet wird, man denke an die Debatte um die „Leitkultur" und die aktuelle Kritik am „Multikulturalismus". Die Möglichkeiten der Anerkennung von Aleviten als kulturelle Gemeinschaft in Deutschland wären im Gegensatz zur Anerkennung als Religionsgemeinschaft sehr gering.[24] Die Alevitische Gemeinde Deutschland hat, ebenso wie

22 Diese unterschiedlichen Startdaten sind durch die verschiedenen rechtlichen Bedingungen für den Religionsunterricht im föderalen Bildungssystem bedingt.

23 Interessanterweise ist in der Satzung (Paragraph 2, Abs. 1) nicht von „Religionsgemeinschaft" sondern von „Glaubensgemeinschaft" die Rede. Diskutiert wurde die Satzung auf Türkisch, und das türkische Wort für Religion, *din*, ist zu sehr mit dem Islam assoziiert, als dass es unter Aleviten als Selbstkonzept mehrheitsfähig wäre. Das Wort für Glauben, *inanç*, hat dagegen eine viel offenere Bedeutung.

24 Damit stützt der Fall der Aleviten die These von Yasemin Soysal, dass die Form der Organisation von Migranten nicht durch „mitgebrachtes kulturelles Gepäck"

einige muslimische Verbände, einen Antrag auf Verleihung des Status einer Körperschaft öffentlichen Rechts gestellt. Während die entsprechenden Anträge des Islamrats oder des Zentralrats der Muslime in Deutschland relativ rasch abgelehnt wurden, ist der Antrag der AABF seit 1995 bei der Landesregierung in Nordrhein-Westfalen anhängig, und es wurde von den Aleviten bereits als Erfolg gewertet, dass er bislang nicht zurückgewiesen wurde. Mit der Zulassung des alevitischen Religionsunterrichts für die Länder Nordrhein-Westfalen, Hessen, Bayern und Baden-Württemberg wurde die Alevitische Gemeinde Deutschland rechtlich als Religionsgemeinschaft anerkannt.

Die Politik der Anerkennung der deutschen Aleviten ist jedoch nicht auf Deutschland beschränkt. Ebenso zentral sind die Bemühungen der Aleviten in Deutschland um die Anerkennung des Alevitentums in der Türkei. So weisen sämtliche alevitischen Organisationen in zahllosen Presseerklärungen und Publikationen immer wieder auf die Nicht-Anerkennung des Alevitentums in der Türkei hin, und die Entwicklungen in der Türkei werden genauestens verfolgt. Im Gegensatz zur in Deutschland vorherrschenden Auffassung, dass „heimatorientierte" Vereine der Integration entgegen wirken würden, ist im Fall der Aleviten jedoch zu beobachten, dass die fortschreitende institutionelle Integration neue Ressourcen erschließt, die auch für die transnationale, auf die Türkei gerichtete Politik der Anerkennung verwendet werden können. Um dem Dualismus von „Heimat" und Migration zu entgehen, und anzuerkennen, dass für die meisten Aleviten Deutschland längst zur Heimat geworden ist, spreche ich anstelle von „Heimatorientierung" lieber von „transnationaler Orientierung" (Sökefeld 2005). Ressourcen für die transnationale Politik der Anerkennung haben die Aleviten vor allem auf europäischer Ebene entwickelt, denn die institutionelle Integration beschränkt sich nicht auf den deutschen Rahmen. Vorangetrieben vom deutschen Dachverband, haben sich Aleviten auch auf europäischer Ebene zusammengeschlossen und im Sommer 2002 die Konföderation der Alevitengemeinden in Europa gegründet (Avrupa Alevi Birlikleri Konfederasyonu, AABK), der neben der Alevitischen Gemeinde Deutschland auch die jeweiligen Dachverbände Frankreichs, Dänemarks, Österreichs, Hollands, Belgiens und der Schweiz sowie Einzelvereine aus Norwegen und Schweden angehören. Vermittels des europäischen Dachverbandes hat sich die Alevitische Gemeinde Deutschland ganz erheblich und erfolgreich darum bemüht, die Situation der türkischen Aleviten im Rahmen der Beitrittsverhandlungen der Türkei zur Sprache zu bringen. So werden die Aleviten seit dem Jahr 2000 in den jährlichen Türkei-Fortschrittsberichten der EU-Kommission erwähnt und ihre Gleichstellung und Anerkennung angemahnt (Sökefeld 2007).

---

bestimmt wird, sondern durch die Struktur der Aufnahmegesellschaft (Soysal 1994).

Die alevitische Bewegung und die Transformation alevitischen Lebens in Deutschland

Nur ein Teil der Aleviten in Deutschland ist Mitglied in einem alevitischen Verein und damit im engeren Sinn der alevitischen Bewegung verbunden.[25] Die Ursachen für die Nichtbeteiligung an der Bewegung sind vielfältig. Viele Aleviten zeichnen sich vor allem dadurch aus, dass sie am Alevitentum generell nicht interessiert sind. Andere stehen der Bewegung deshalb skeptisch oder ablehnend gegenüber, weil sie die Bewegung als zu „politisch" und zu wenig „religiös" einschätzen. Die Tatsache, dass nur eine Minderheit der Aleviten an der Bewegung direkt beteiligt ist, bedeutet jedoch keineswegs, dass die Bewegung für die übrigen Aleviten bedeutungslos wäre, denn die alevitische Bewegung hat die Parameter für das Leben von Aleviten in Deutschland insgesamt radikal verschoben. Das Alevitentum ist öffentlich geworden, es hat sich neu organisiert und eine vor Beginn der Bewegung kaum vorstellbare öffentliche Anerkennung erreicht. Aleviten fühlen sich nicht mehr gezwungen, ihre Zugehörigkeit zu verbergen und damit haben sie erstmals in einem positiven Sinne die Wahl, ob sie sich mit dem Alevitentum identifizieren möchten oder nicht. Die Rede zur Eröffnung der Alevitischen Kulturwoche in Hamburg im Jahr 1989 schloss mit der Forderung: „alle, die es möchten, [sollen] sagen können, ‚Ich bin Alevit'!" (Kaplan 1989). Diese Forderung wurde zweifellos inzwischen eingelöst.

Die Beiträge in diesem Band analysieren verschiedene Aspekte dieses neuen alevitischen Lebens in Deutschland. Das Kapitel von Béatrice Hendrich untersucht die Erinnerungskultur von Aleviten in Deutschland. Sie geht von der Tatsache aus, dass die gegenwärtige Diskussion um alevitische Identität eng mit bestimmten Vorstellungen über die historische Verwurzelung des Alevitentums verknüpft ist und fragt danach, welche Ideen über die Ge-

25 Die der Alevitischen Gemeinde Deutschland angeschlossenen Vereine haben insgesamt ca. 20.000 Mitglieder. Die unabhängigen Vereine eingeschlossen kann man recht großzügig gerechnet von insgesamt 25.000 Vereinsmitgliedern ausgehen. Wiederum großzügig gerechnet kann man zu jedem Vereinsmitglied drei Familienmitglieder hinzurechnen, die nicht selbst Mitglied des jeweiligen Vereins sind (tatsächlich ist diese Zahl wahrscheinlich zu hoch gegriffen, da in vielen Fällen mehrere Angehörige einer Familie formelle Vereinsmitglieder sind). Insgesamt käme man damit auf ca. 100.000 Aleviten, die der Bewegung enger verbunden wären – wobei hinzugefügt werden muss, dass Vereinsmitgliedschaft nicht unbedingt die aktive Beteiligung am Vereinsleben impliziert. Schätzungen der Zahl der Aleviten in Deutschland bewegen sich zwischen 400.000 und 600.000. Man kann also grob geschätzt davon ausgehen, dass ein Sechstel bis ein Viertel der Aleviten in Deutschland der alevitischen Bewegung mehr oder weniger verbunden ist.

schichte des Alevitentums auch diejenigen Aleviten, die nicht als Aktivisten oder Funktionäre der alevitischen Vereine in diese Diskussion eingebunden sind, reproduzieren. Sie zeigt auf, dass biographische Erinnerung und Geschichtsbilder eng miteinander verknüpft sind. Der Beitrag von Robert Langer stellt alevitische Rituale vor. Der Bereich der Rituale war in den letzten Jahrzehnten besonders starkem Wandel unterworfen. Nachdem alevitische Rituale als Folge von Migration und ideologischer Linksorientierung kaum noch durchgeführt worden waren, haben sie in den letzten zwei Jahrzehnten eine grundlegende Revitalisierung erfahren. Der mit der Revitalisierung verknüpfte Transfer der Rituale vom Land in die Städte und aus der Türkei in die europäische Diaspora hat zahlreiche Veränderungen bedingt, die Langer systematisch herausarbeitet. Kira Kosnick untersucht am Beispiel des Offenen Kanals in Berlin alevitische Strategien der Selbstrepräsentation in den Medien. Sie arbeitet zentrale Elemente der Selbstdarstellung heraus, stellt dar, wie Motive, die in der Türkei negativ gewertet wurden, im deutschen Kontext eine positive Bedeutung annehmen und schlussfolgert, das beide Kontexte zusammen betrachtet werden müssen. Der Beitrag von Hülya Taşcı fragt vor dem Hintergrund ethnologischer Ethnizitätstheorie danach, wie AlevitInnen der zweiten Generation in Deutschland das Alevitentum als Religion bestimmen und welche Differenzierungen sich aus der Überschneidung alevitischer Identität mit verschiedenen sprachlichen Zugehörigkeiten ergeben. Die Autorin zeigt auf, dass religiöse Motive für die Selbstidentifizierung bei der von ihr interviewten Gruppe an Bedeutung verlieren, und dass auch sprachliche Identitäten von Auflösungserscheinungen betroffen sind. Zentrales Merkmal alevitischer Identität bleibt jedoch auch in der zweiten Generation die Abgrenzung vom sunnitischen Islam. Halil Can entwickelt das Thema der Folgegenerationen weiter und zeigt am Beispiel einer Familie, wie alevitische Identität in der Auseinandersetzung zwischen den Generationen vermittelt wird. Er geht von den Ausgrenzungserfahrungen aus, die der Enkel der Familie in Deutschland macht und die ihn nach mehreren misslungenen Versuchen, im deutschen sozialen Umfeld Anerkennung zu finden, dazu bringt, sich dem Alevitentum zuzuwenden. Dies führt zur Auseinandersetzung mit den Eltern, die dem Alevitentum distanziert gegenüber stehen. Can arbeitet an seiner Fallstudie deutlich die Verwicklungen von Assimilationsdruck, Ausgrenzung und Identitätssuche heraus, die damit zusammenhängen, dass Mehrfachzugehörigkeiten kaum anerkannt werden, und die schließlich zu Selbstethnisierung führen können. Im nächsten Beitrag untersuche ich die in den alevitischen Organisationen derzeit erbittert geführte Debatte über die Zugehörigkeit des Alevitentums zum Islam. Während vor allem Funktionäre der Vereine das Alevitentum als eigenständige Religion darstellen, gehört es für andere fraglos zum Islam und gilt manchen sogar als „der wahre Islam". Ich lege dar, dass die wachsende Abwendung vom Islam nur vor dem Hintergrund der besonderen Anerkennungsbedingungen in der deutschen Migrationsgesellschaft verstanden werden kann; dass sich im Zuge wachsender Europäisierung und Transnationalisierung die gesellschaftlichen und politischen Kontexte von Deutschland und der Türkei kaum vollständig auseinander halten lassen. Im abschließenden Beitrag greifen David Shankland und Atila Çetin, ausgehend von der Untersuchung der Migranten aus einem alevitischen Dorf in Zentralanatolien, verschiedene Aspekte der Diasporasituation der Aleviten in Deutschland auf und führen sie zu einer Gesamtschau zusammen, die eine Erfolgsgeschichte gelungener Integration ergibt.

Literatur

Allouche, Adel (1983): *The Origins and Development of the Ottoman-Safavid Conflict 906-962/1500-1555*. Berlin: Klaus Schwarz Verlag.

Bozarslan, Hamit (2000): „Araştırmanın Mitosları ya da Aleviliğin Tarihsel ve Sosyal Bir Olgu Olarak Değerlendirilmesinin Zorunluluğu Üzerine", in: İsmail Engin/Erhard Franz (Hg.), *Kimlik ve Tarih. Aleviler/Aleviten*, Bd. 1. Hamburg: Orient Institut, S. 23-38.

Dressler, Markus (1999): *Die civil religion der Türkei. Kemalistische und alevitische Atatürk-Rezeption im Vergleich*. Würzburg: Ergon Verlag.

Dressler, Markus (2002): *Die Alevitische Religion. Traditionslinien und Neubestimmung*. Würzburg: Ergon Verlag.

Fraser, Nancy; Axel Honneth (2003): *Redistribution or Recognition? A Political-Philosophical Exchange*, London: Verso.

HAKM (Hamburg Alevi Kültür Merkezi) (1999): *Onların Öyküsü*, Hamburg: HAKM.

Imber, Colin H. (1979): „Persecution of the Ottoman Shiʿites According to the Muhimme Defteri", 1565-1585, *Der Islam* 56, 245-274.

Kaplan, Ismail (1989). *Eröffnungsrede zur Alevitischen Kulturwoche Hamburg* (unveröffentlichtes Manuskript).

Kaplan, Ismail (2004): *Das Alevitentum. Eine Glaubens- und Lebensgemeinschaft in Deutschland*, Köln: Alevitische Gemeinde Deutschland e.V.

Kara, Ismail (1999). „Eine Behörde im Spannungsfeld von Religion und Staat: Das ‚Präsidium für religiöse Angelegenheiten' (Diyanet İşleri Başkanlığı)", in: Günter Seufert/Jacques Waardenburg (Hg.), *Turkish Islam and Europe. Europe and Christianity as Reflected in Turkish Muslim Discourse*, Istanbul: Steiner, 209-240.

Kehl-Bodrogi, Krisztina (1992): „Vom revolutionären Klassenkampf zum ‚wahren' Islam. Transformationsprozesse im Alevitentum der Türkei nach 1980", *Sozialanthropologische Arbeitspapiere* 49, Berlin: Verlag Das Arabische Buch.

Küçük, Hülya (2002): *The Role of the Bektashis in Turkey's National Struggle,* Brill: Leiden.

Marcus, Aliza (1996): „‚Should I shoot you?' An Eyewitness Account of an Alevi Uprising in Gazi", *Middle East Report* 26, Nr. 1999, 24-26.

Massicard, Elise (2001): „Alevismus in der Türkei: Kollektive Identität ohne starken Inhalt?“, in: Werner Rammert/Gunther Knauthe/Klaus Buchenau/ Forian Altenhöhner (Hg.), *Kollektive Identitäten und kulturelle Innovationen. Ethnologische, soziologische und historische Studien*, Leipzig: Leipziger Universitätsverlag.

Mélikoff, Irène (1998): *Hadji Bektach: Un mythe et ses avatars. Genèse du soufisme populaire en Turquie*, Brill: Leiden.

Mélikoff, Irène (1999): „Le problème Bektaşi-Alevi : quelques dernières considérations“, *Turcica* 20, 7-18.

MUREST (Hg.) (2006): *Handbuch interreligiöser Dialog. Aus katholischer, evangelischer, sunnitischer und alevitischer Perspektive*, Köln: Alevitische Gemeinde Deutschland.

Özcan, Ertekin (1992): *Türkische Immigratenorganisationen in der Bundesrepublik Deutschland*, Berlin: Hitit.

Öztürk, Mürvet; Ismail Kaplan (2006): Glaubenselemente im alevitischen und sunnitischen Selbstverständnis. Eine Synopse, Köln: Alevitische Gemeinde Deutschland.

Sinclair-Webb, Emma (2003): Sectarian Violence, the Alevi Minority and the Left. Kahramanmaraş 1978“, in: Paul J. White/Joost Jongerden (Hg.), *Turkey's Alevi Enigma: A Comprehensive Overview*, Leiden: Brill: 215-236.

Sökefeld, Martin (2003a): „‚Wir sind auch da!‘ Aleviten in Hamburg und der Kampf um Anerkennung“, in: Angelika Eder (Hg.), *‚Wir sind auch da!‘ Über das Leben von und mit Migranten in europäischen Großstädten*, Hamburg: Dölling und Galitz, 243-266.

Sökefeld, Martin (2003b): „Alevis in Germany and the Politics of Recognition“, *New Perspectives on Turkey* 28/29, 133-161.

Sökefeld, Martin (2004a): „Religion or Culture? Concepts of Identity in the Alevi Diaspora“, in: Waltraud Kokot/Khachig Tölölyan/Carolin Alfonso (Hg.), *Diaspora, Identity and Religion: New Directions in Theory and Research*, London: Routledge, 143-165.

Sökefeld, Martin (2004b): „Über die Schwierigkeit, dem türkischen Nationalismus zu entkommen: Aleviten in Deutschland und *Hürriyet*“, in: Martin Sökefeld (Hg.), *Jenseits des Paradigmas kultureller Differenz: Neue Perspektiven auf Einwanderer aus der Türkei in Deutschland*, Bielefeld: transcript, 163-180.

Sökefeld, Martin (2005): „Integration und transnationale Orientierung: Alevitische Vereine in Deutschland“, in: Karin Weiss/Dietrich Thränhardt (Hg.): *SelbstHilfe. Wie Migranten Netzwerke knüpfen und soziales Kapital schaffen*, Freiburg: Lambertus, 47-68.

Sökefeld, Martin (2007). „Aleviten und Europa“, in: Gabriele Clemens (Hg.): *Die Türkei und Europa*, Münster: Lit, 171-187.

Sökefeld, Martin (2008): *Struggling for Recognition: The Alevi Movement in Germany and in Transnational Space*, Oxford, New York: Berghahn Books.

Sohrweide, Hanna (1965): „Der Sieg der Safawiden in Persien und seine Rückwirkungen auf die Schiiten Anatoliens im 16. Jahrhundert“, *Die Welt des Islams* 41, 95-223.

Soysal, Yasemin (1994): *Limits of Citizenship: Migrants and Postnational Membership in Europe*, Chicago: University of Chicago Press.
Steuerwald, Karl (1998 [1974]): *Almanca Türkçe Sözlük*, Istanbul: ABC Kitabevi; Wiesbaden: Otto Harrasowitz.
Von Dirke, Sabine (1994): „Multikulti: The German Debate on Multiculturalism“, *German Studies Review* 17, 513-536.
Vorhoff, Karin (1995): *Zwischen Glaube, Nation und neuer Gemeinschaft: Alevitische Identität in der Türkei*, Berlin: Klaus Schwarz Verlag.
Vorhoff, Karin (1998): „‚Let's Reclaim Our History and Culture!' Imagining Alevi Community in Contemporary Turkey“, *Die Welt des Islams* 38, 220-252.

Alevitische Geschichte erinnern – in Deutschland

BÉATRICE HENDRICH

Einleitung

Ansporn zu diesem Aufsatz war folgende Beobachtung: Die religionsgeschichtliche Verwurzelung und die kulturelle/ethnische/historische Zugehörigkeit stehen im Zentrum der Identitätsdiskussion der gegenwärtigen alevitischen Bewegung. Vereinsvorstände und religiöse Spezialisten, alevitische Autoren und Wissenschaftler haben in den vergangenen Jahrzehnten eine beachtliche Menge an Druckerzeugnissen zu diesem Thema hervorgebracht. Die Aussagen dieser Texte variieren erwartungsgemäß, und doch treffen sie sich in einem Punkt, wie ich später zeigen werde. Mir stellte sich die Frage, wie Aleviten, die – unterschiedlich weit – außerhalb dieser *community* der Aktivisten stehen, sich zu den Themen „alevitische Identität" und „Geschichte" äußern würden. Aber nicht nur das Wie interessierte mich, sondern grundsätzlicher noch das Ob – vielleicht spielten diese Themen kaum eine oder gar keine Rolle in der Weltsicht der Menschen, die sich als Aleviten begriffen ohne die alevitische Bewegung zu ihrem Lebensmittelpunkt zu machen?

Es lag also nahe, mit solchen Menschen qualitative Interviews zu führen und sie nach ihren Vorstellungen von „alevitischer Geschichte", aber auch nach autobiographischen Erinnerungen, und hier insbesondere nach Erinnerungen aus dezidiert alevitischen Lebenssituationen zu befragen, sie darüber erzählen zu lassen.

Da meine Interviewpartner alle seit vielen Jahren und Jahrzehnten in Deutschland leben, beschäftigte mich auch die Frage, ob dieser Umstand eine Auswirkung auf die Inhalte ihrer Erinnerungen habe, ob sich die Erinnerung an so lange zurückliegende Ereignisse tatsächlich in der Abhängigkeit von der aktuellen, eigenen Lebenswirklichkeit formen würde.

Erinnerung und Geschichte

Im allgemeinen Sprachgebrauch werden „Geschichte" und „Vergangenheit", „Gedächtnis" und „Erinnerung" meist unterschiedslos verwendet. Aber auch in den kultur- und sozialwissenschaftlichen akademischen Disziplinen ist, trotz heftiger Diskussion, die Verwendung der Begriffe nicht einheitlich geregelt. Weder der genaue Inhalt noch ihre Abgrenzung gegeneinander sind geklärt. Der Umstand, dass die Diskussion mehrsprachig geführt wird, macht das Problem nicht kleiner: Auch „*memory*" und „*remembrance*", „*histoire*", „*souvenir*" und „*mémoire*" werden mal gleichbedeutend, mal in differenzierender Absicht gebraucht. Doch auch wenn diese Diskussion nie zu einem Ende kommen wird, hat sie bestimmte grundsätzliche Einsichten hervorgebracht:

„Über die Disziplinen hinweg besteht weitgehend Einigkeit, dass Erinnern als ein Prozess, Erinnerungen als dessen Ergebnis und Gedächtnis als eine Fähigkeit oder eine veränderliche Struktur konzipiert ist" (Erll 2005: 7). Das Gedächtnis ist also kein Behälter, in den Informationen eingefüllt und aus dem bei Bedarf diese in unveränderter Form wieder entnommen werden. Das Gedächtnis ermöglicht dem Individuum und der Gesellschaft zu erinnern ohne das Ergebnis der Erinnerung vorzugeben; das Erinnern selbst ist eine aktive Anstrengung (auch wenn wir diese unbewusst vollziehen). Auch die Frage nach „richtigen" und „falschen" Erinnerungen stellt sich so nicht; sie macht überhaupt nur im Bereich des Welt- oder Faktenwissens Sinn. Sowohl individuelle Erinnerungen, also zum Beispiel autobiographische Erinnerungen, als auch kollektive sind direkt abhängig vom Ort und Zeitpunkt der Erinnerung, von der Erinnerungsgegenwart. Individuelle und kollektive Erinnerung unterscheiden sich hinsichtlich der materiellen Grundvoraussetzungen und der darauf beruhenden Abläufe und Stufen der Bildung von Erinnerung; natürlich gibt es kein „kollektives Gehirn". An seine Stelle treten Gedächtnismedien und manchmal ganze (bürokratische) Apparate, die an der Erinnerung in, von und für Kollektive arbeiten. Die Gegenwartsperspektivierung des individuellen und des kollektiven Erinnerns zeitigt allerdings verblüffende Ähnlichkeiten (sonst würden die bewussten Manipulationen des kollektiven Erinnerns wahrscheinlich gar nicht funktionieren). In George Orwells „1984" ist die nachträgliche Korrektur der (politischen) Geschichte zur Perfektion getrieben. Entsprechend der staatlichen Bedürfnisse in der Gegenwart werden Texte und Bilder retouchiert, so dass eine makellose Kontinuität entsteht und die Staatsführung stets Recht behält. Aber auch im Privatleben möchten wir gerne Recht behalten: Wenn ein Mensch uns plötzlich enttäuscht, erinnern wir uns mit einem Mal all der Ereignisse, die mit diesem enttäuschenden Ereignis in Deckung zu bringen sind und sagen: „Habe ich es doch gewusst!“ Dies ist keineswegs immer bösartige Absicht. Wir versuchen lediglich Ordnung in unser Weltbild zu bringen und vergessen frühere, abweichende Einschätzungen mit solcher Fraglosigkeit, dass selbst resonanzgebende Verfahren, wie sie in der psychologischen Erinnerungsforschung eingesetzt werden, keine „Lüge“ feststellen können (Kopelman 1999). Wir selbst glauben die neue Wahrheit.

Prozesshaftigkeit und Gegenwartsperspektivierung von Erinnerung gilt es im Blick zu behalten, wenn wir über Vergangenheit sprechen. Die Erinnerungen des Einzelnen, die hier im folgenden zur Sprache kommen werden, decken wiederum verschiedene Bereiche ab und treten in verschiedenen Formen auf. Auch das Individuum erinnert nicht nur seine persönliche Vergangenheit, eigene Erlebnisse, sondern auch vermittelte Vergangenheit; seien es Ereignisse, die zwar während seiner eignen Lebenzeit stattgefunden haben, aber nur durch die Erzählungen anderer oder durch die Massenmedien vermittelt zur Kenntnis gelangten, seien es noch weiter zurückliegende Ereignisse aus dem „kulturellen Gedächtnis“. Das autobiographische Erinnern ist bereits wieder ein gestaltender Vorgang, der gleichzeitig aufnimmt und ausschließt. Ausgeschlossen werden Bestandteile des eigenen Lebenslaufes, die sich zum Zeitpunkt der Erinnerung als nicht bedeutsam, nicht einfügbar oder auch (nicht mehr) akzeptabel darstellen. Aufgenommen werden hingegen Bestandteile, die gar nicht dem eigenen Lebenslauf entstammen, sondern dem umgebenden sozialen oder kulturellen Gedächtnis. „[Die Biographie] kann einen weit größeren Zeitraum umfassen, die Zukunft und Vergangenheit weit über die eigene Lebenszeit hinaus einschließt. Cellini z.B. beginnt seine Autobiographie mit Julius Caesar, dessen Nachkomme zu sein er beansprucht“ (Hahn 2000: 101). Aber nicht nur auf der Zeitachse überschreitet die Autobiographie die eigene Lebensspanne, sondern auch vermittelte Ereignisse, die sich während der eigenen Lebenszeit zugetragen haben, sowie komplett „erfundene“, können als eigene Erfahrungen in die Erinnerung eingebaut werden. (Welzer 2002). Spektakuläre Beispiele für „false memories“ sind die Erinnerungen an vermeintlichen sexuellen Missbrauch, was besonders in den USA zu einer umfangreichen Auseinandersetzung mit dem Thema führte, oder die Diskussion über die „Tiefflieger“ über Dresden, die nach der Aussage vieler Zeitzeugen die fliehenden Menschen durch die brennende Stadt hetzten, doch nach allen historischen Untersuchungen dort niemals geflogen sind (Schnatz 2000).[1] Andererseits kann Vergangenheit außerhalb des eigenen Erleb-

1 Siehe auch den Beitrag in http://www.zeit.de/zeit-wissen/2005/05/Autobiographisches _Gedaechtnis.xml

nisraums natürlich auch distanziert (und reflektiert) erinnert werden. Ein alevitischer Interviewpartner kann z.B. referieren, was ihm/ihr als „alevitische Geschichte" bekannt ist oder dargeboten worden ist, ohne diese Geschichte zum Teil der eigenen Geschichte, der eigenen Identität zu machen. Zusammenfassend kann man also sagen, dass sich im Fluss der Zeit Form und Ergebnis des Erinnerns ebenso unaufhaltsam verändern wie wir uns selbst, und dass Selbst und Erinnern dabei in einem unmittelbaren Zusammenhang stehen. In der Geschichtswissenschaft ist das der Hintergrund für eine ausgedehnte Diskussion um „Ereignis", „Faktizität" und „Wahrheit", ein veritables Problem. In der Erinnerungs-Forschung ist dies der fruchtbare Boden, aus dem alles wächst: Wenn wir erkennen, wie und was zu einem bestimmten Zeitpunkt, der durchaus in der Vergangenheit liegen kann, erinnert wird, erfahren wir Wesentliches über das Kollektiv oder den Einzelnen, der erinnert.

Ein Bereich, eine Form der Erinnerung, „eine symbolische Form des Bezugs auf Vergangenheit" (Erll 2005: 45), kann (die) Geschichte sein. Bisher habe ich diesen Begriff en passant verwendet, doch er muss geklärt werden. Der Begriff Geschichte wird oft als ein Kürzel verwendet für „Geschichtswissenschaft" oder „Geschichtsschreibung". Doch das ist hier, falls es nicht ausdrücklich erwähnt wird, nicht gemeint. Es geht hier einerseits um alevitische Reaktionen auf die explizite Frage nach „alevitischer Geschichte", ohne dass vorgegeben wurde, worum es sich dabei handeln solle. Es geht umgekehrt um nicht provozierte Darstellungen und – oft sehr kurze – Erwähnungen von Orten, Personen und Ereignissen, die in anderen Texten (Meistererzählungen[2]) als Bestandteile der alevitischen Geschichte aufgeführt werden. Schließlich geht es um eine Form alevitischer Geschichte, die erst noch öffentlich wahrgenommen und auch in dieser Form formuliert werden muss. Es ist die neuere Geschichte der Migration (speziell der Gastarbeit[3]) und ihre spezifischen Inhalte aus dem Erleben alevitischer Gastarbeiter und ihrer Familien.

Geschichte wird gedacht als ein in der Zeit ordnendes Vorstellen und Verarbeiten von Vergangenheit, ein wissenschaftlich untermauertes chronologisches System aus Ursachen und Wirkungen. Der Mythos hingegen wird häufig als Gegenstück der Geschichte betrachtet: Eine Erzählung aus den Urzeiten der Menschheit, der Nation oder der Ethnie, die oft genug fantastisch

2 Der Terminus „Meistererzählung" ist hier in dem Sinne gebraucht, wie er sich in der Geschichtswissenschaft ausgeprägt hat, als Geschichtskonstruktion mit identifikatorischer Absicht, die den historischen Diskurs einer bestimmten Zeit-Raum-Einheit („Nation") dominiert. Vgl. dazu Rüsen 1998, 23.

3 Ich verwende den Begriff Gastarbeiter im weiteren Text ohne typografische Einschränkungen, da er ein spezifisches Phänomen aus der Wirtschaftsgeschichte Deutschlands beschreibt, das sich von anderen Formen der Arbeitsmigration unterscheidet. Die semantische Problematik kann als bekannt vorausgesetzt werden.

anmutende, auf jeden Fall eher intuitiv als rational begreifbare Bilder enthält. Diese eindeutige Trennung zwischen Geschichte und Mythos ist jedoch in den erinnernden Erzählungen meiner Interviewpartner nicht die Regel.[4] Es wird im folgenden deutlich werden, dass die erzählenden Subjekte sich wenig an diese Kategorien halten und über einen eigenen Zugang zu und Umgang mit (alevitischer) Geschichte verfügen.

Geschichte und Identität

„In der Geschichte streben wir nicht nach Erkenntnis äußerer Dinge, sondern nach Erkenntnis unserer selbst"
(Cassirer 1990: 310)

Wenn die Erinnerung sich normal entfalten kann, also weder durch Krankheit noch durch Traumatisierung gestört ist, unterstützt sie unsere Orientierung im Alltag und im Rahmen unserer eigenen Biographie(-bildung). Erinnerung, die über den Abruf von erlernten Fähigkeiten (prozedurales Gedächtnis) und Faktenwissen (semantisches Gedächtnis) hinaus gehen, tragen entscheidend zur Sinnbildung und Identitätsgenerierung bei. Form und Medium der Erinnerung jedoch sind vom Kontext abhängig. D.h. die Form(ung)en der Erinnerung, die jeweils besonders populär sind oder adäquat erscheinen, und die Wahl des Mediums, durch welches die Erinnerung kommuniziert wird, wandeln sich entsprechend des kulturellen, sozialen und technischen Wandels, in der sie auftreten. Das eigene Kollektiv durch „die eigene Geschichte" zu definieren bzw. abzugrenzen, zu verstehen und in seinen (hegemonialen, territorialen, ökonomischen, kulturellen) Ansprüchen zu rechtfertigen, ist ein wesentlicher Bestandteil der symbolischen Arbeit, die der Konstruktion von Nationen dient. Die europäischen Nationalismen des 19. Jahrhunderts z.B. sind ohne die Berufung auf und die Konstruktion von Geschichte nicht vorstellbar (Dörner 1995: 123). Aber auch in der Gegenwart, d.h. seit dem Zusammenbruch der großen politischen Blöcke nach 1989, wird der orientierenden Funktion von Geschichte wieder ein hoher Stellenwert zugeschrieben: „So präsentiert sich der Renouveau von verbindlichen Geschichtsbildern, von nationalen Mythen in Ost und West nicht zuletzt in Form von historischen ‚Erzählungen', die mit dem Rekurs auf erfundene Traditionen [...] operieren; er macht deutlich, dass gerade im Augenblick, als man sich anschickte, vermeintliche Wertesysteme, das heißt bis dahin gültige, verbindliche Ideologien hinter sich zu lassen, die erinnernde Konstruktion eines in die Vergangenheit zurückprojizierten Wertekanons, als Surrogat gleichsam, zu einem wesentlichen Kriterium für die Konstruktion einer neuen kollektiven Identität gewor-

4 Zur kulturwissenschaftlichen Kritik an diesem antagonistischen Schema siehe Wodianka 2005.

den ist“ (Csáky 2004: 6). In der Republik Türkei war und ist Geschichte ein wesentliches Mittel zum Zwecke der Herstellung der nationalen Identität und wurde dementsprechend staatlich geformt, überwacht und propagiert.

Diese einführenden Bemerkungen über die Bedeutsamkeit von Geschichte im Rahmen der Gestaltung nationaler Identität machen deutlich, dass das Alevitentum der Gegenwart in einem Umfeld nach der eigenen Identität sucht, in dem Geschichte als Identifikator und Anspruchsbegründung ein akzeptiertes Mittel, wenn nicht gar eine Waffe, darstellt, und in dem parallel dazu einem Kollektiv ohne Geschichte das Selbstverständnis als Kollektiv, ein Partizipationsrecht am öffentlichen Raum und die kulturelle Anerkennung verweigert werden. In diesem Umfeld übernehmen auch Kollektive, die nicht nach einer nationalen, sondern einer religiösen, ethnischen etc. Identität suchen, die Strategie der Rechtfertigung durch Geschichte. Aus dieser Perspektive ist das Interesse alevitischer Organisationen und Autoren hinsichtlich einer alevitischen Geschichte leicht nachzuvollziehen. Auch die inner-alevitische Auseinandersetzung um die wahre Geschichte hat eine ihrer Wurzeln in diesem Umstand. Es sollte aber auch deutlich geworden sein, dass die Suche nach der historischen Realität und die Berufung darauf keinen „natürlichen“ menschlichen Reflex darstellt, sondern selbst historisch ist. Schließlich ist zu bemerken, dass gerade die lautesten Rufer nach der wahren Geschichte am ehesten bereit sind, von der (Unmöglichkeit der) Erkenntnis der historischen Realität abzulassen und dem kollektiven Wunschbild entsprechende Mythen an seine Stelle treten zu lassen.

Erwartungsgemäß finden sich die auf Geschichte basierenden Identitätsangebote der Institutionen und Organisationen auch in den Identitätskonstruktionen der Individuen wieder. Doch dazu später mehr. Zunächst einige Worte zum Geschichtsbild und den Geschichtskonstruktionen alevitischer Organisationen und Autoren.

Kanonisiertes Gedenken und Meistererzählungen

„Gewidmet dem heiligen Gedenken an die Märtyrern des [freien] Geistes, die am 2. Juli 1993 im Madımak-Hotel in Sivas von denen, die mittelalterliche und fanatische Gedanken haben, verbrannt worden sind, an ihre Seelen, die sich in einem *semah* aus Feuer weiterdrehen.“[5]

„Meistererzählungen“ (master narratives) ist die Bezeichnung für eine uns allen geläufige Darstellungsweise der Geschichte eines bestimmten Kollek-

5 „2 Temmuz 1993 günü Sivas Madımak otelinde çağdışı, yobaz düşüncelilerin yaktığı, düşünce şehidlerinin, ateşten semaha duran ruhlarının, kutsal anılarına ithaf olunur“, aus: İsmail Özmen, Alevi-Bektaşi Şiirleri Antolojisi, Bd. 1, Widmung.

tivs. Meistererzählungen erscheinen dem Konsumenten besonders attraktiv, da sie die Vergangenheit in eine eindeutige Form gießen, eine historische Kontinuität darbieten, die das Heute verständlich macht, und keine verwirrenden Fragen aufwerfen. Am Beginn jeder Meistererzählung steht die unausgesprochene Prämisse, dass das Kollektiv, von dem die Rede ist, überhaupt als solches, und genau als solches, existiert. In der Gegenwart werden verschiedene Auffassungen zum Thema Meistererzählung vertreten: Während die einen vom Ende der großen Meistererzählungen sprechen, erhoffen sich die anderen eine Festigung der europäischen Identität durch die Herstellung einer solchen Erzählung. Interessanterweise gibt es einen Bereich, in dem sich das Bedürfnis nach und die Herstellung von Meistererzählungen hartnäckig halten. Während man in der Kulturwissenschaft von der einen Darstellung der Vergangenheit, die alles erklären kann, abgekommen ist, und „der Mensch auf der Straße" meist nur über Bruchstücke aus geläufigen Erzählungen verfügt, haben für Interessensverbände und Vereine leichtverständliche Selbstdarstellungen ohne störende Relativierungen besondere Bedeutung. Als Mittel der Mobilisierung der Mitglieder und zur Stärkung der Wir-Identität sind solche Geschichtsbilder gut geeignet.

Die gesamte bektaschitisch-alevitische Bewegung der Gegenwart ist auf der Suche nach ihrer Meistererzählung und sieht sich mit dem Problem konfrontiert, dass es auch in diesem Bereich, genauso wie in Fragen der Glaubenslehre und der Rituale, an einer dogmatischen Instanz „mangelt". Also stehen sich der Wunsch nach einem identitäts- und einheitsstiftenden Geschichtsbild und die kreative Freiheit jedes alevitischen Individuums, ein persönliches Geschichtsbild zu entwerfen, anscheinend unversöhnlich gegenüber. Dieses Problem verhindert jedoch auf keinen Fall die private und öffentliche Diskussion zum Thema und hat eine Reihe von „Lösungsmöglichkeiten" hervorgebracht, die sich sowohl von den Inhalten als auch der Einordnung der Topoi stark unterscheiden. Selbst der Topos der kontinuierlichen Unterdrückung durch die Herrschenden, wie ihn Markussen im folgenden formuliert, wird zwar von den meisten, aber nicht allen Aleviten-Bektaschiten akzeptiert: „Both Alevi and Bektaşi identities are constructed on the basis of selected incidents from the past, interpreted within a general concept of suppression and marginality. They consider themselves parts of the same minority group in Turkey, but recreate their history through different versions of the past" (Markussen 2000: 5).

Die „Ereignisse von Sivas" (Sivas Olayları), die Brandstiftung von 1993 im Madımak-Hotel und die damit verbundenen menschlichen und politischen Katastrophen, gerieten zu einer Initialzündung für eine neue Phase des alevitischen Selbstverständnisses und Selbstdarstellung in der nichtalevitischen Öffentlichkeit. In der mittel- und langfristigen Perspektive hat sich der 2. Juni 1993 einerseits zu einem kanonischen Gedenktag im Kalender der alevitischen Organisationen entwickelt, darüber hinaus aber hat er unabhängig vom aktuellen Datum referentiellen Charakter entwickelt: Ereignisse an anderen Orten und zu anderen Zeiten werden, wenn man sie erzählt, ins Verhältnis gesetzt zu „Sivas". Handlungen kultureller und gesellschaftlicher Art werden be- und aufgewertet, indem man sie zum Gedenken an Sivas, im Gedenken an die Opfer, um der Verhinderung einer weiteren Katastrophe wie in Sivas willen begeht.

Die gegenwärtig gültige Meistererzählung des alevitischen Dachverbandes in Deutschland (AABF) liest sich zusammengefasst so:

> „Jedes Jahr Anfang Juli organisieren die alevitischen Vereine in Deutschland und in der Türkei Gedenkveranstaltungen zu ‚Sivas'. [...] Dabei wird Sivas mit anderen Gewaltverbrechen in eine Reihe gestellt, die im Laufe der Geschichte an Aleviten verübt wurden. An den Beginn dieser Kette wird stets Kerbela' gesetzt. [...] Auch die Verfolgung der anatolischen ‚Kizilbas', der ‚Vorläufer' der heutigen Aleviten durch den osmanischen Sultan Selim Yavuz im 16. Jahrhundert, wird in diese Reihe gestellt. Verschiedene Gewaltereignisse fanden Ende der 1970er Jahre in der Türkei statt. [...] Auch nach Sivas hörte die Gewalt nicht auf: Im April 1995 wurden bei einem Attentat mehrere Aleviten in einem Kaffeehaus im Istanbuler Stadtteil Gazi erschossen. [...] (Am Beginn der Veranstaltungen steht eine Schweigeminute.) Eine Schweigeminute in der an Alle (sic!) Verstorbenen gedacht und die über 1000 jährige Geschichte lebendig wird. [...] Wer seine Vergangenheit nicht kennt, kann seine Zukunft nicht erkennen" (Karahan 2006: 42).

Es ist wichtig, diese Darstellung als das zu begreifen, was sie ist: Eine Formulierung, eine Erzählung, einer bestimmten Institution zu einem gegebenen Zeitpunkt mit Blick auf den (zu erwartenden/intendierten) Adressaten. Völlig unabhängig vom „Wahrheitswillen"der Autoren kann sich die Erzählung den Determinanten „gesellschaftliches Umfeld" und „vorherrschendes Weltbild" nicht völlig entziehen. Allein schon die Auswahl der Ereignisse, die erwähnt bzw. nicht erwähnt werden, beeinflusst die Botschaft der Erzählung entscheidend. Leider existieren noch keine systematischen Untersuchungen zu alevitisch-bektaschitischen Selbstdarstellung oder Darstellungen der alevitischen Geschichte durch andere Autoren im historischen Wandel.

Eine der wenigen Arbeiten, die sich systematisch mit den Divergenzen und ideologischen Tendenzen der Geschichtsdarstellungen beschäftigen, ist die von Ismail Engin (Engin 1996). Engin führt darin, obwohl er sich in der Untersuchung auf den Zeitraum 1983-1995 beschränkt, sechzehn(!) verschiedene Versionen über den historischen Ursprung und Entwicklung des Alevitentums auf. Die Versionen unterscheiden sich in der Hauptsache in folgenden Punkten: 1. Mit welchem Ereignis oder zu welchem Zeitpunkt beginnt das Alevitentum? 2. In welchem Verhältnis steht das Alevitentum zu den großen Denominationen des Islam wie sunnitischer Islam und Schia? Damit im Zusammenhang steht die dritte Frage: Ist das Alevitenum eine eigenständige Religion, eine „Konfession" (*mezhep*) der islamischen Gemeinschaft, volkstümlicher Islam, ein islamischer Orden, oder eine Form aus der Familie der „schiitischen Übertreiber" (in ihrer Hingabe zu Ali, arab. *ghulat*)? 4. Welche sonstigen Religionen haben das Alevitentum geprägt? 5. Sind die verschiedenen nicht sunnitisch-orthodoxen, volkstümlichen, anti-osmanischen Strömungen des seldschukischen und osmanischen Anatoliens und seiner Ränder als verschiedener Ausprägungen eines Phänomens zu betrachten, oder handelt es sich um historisch und religiös distinkte Gruppen?[6]

Ich will hier nur zwei, relativ einflussreiche, Beispiele aus Engins Arbeit wiedergeben: Ethem Ruhi Fığlalı, Professor für islamische Theologie in der Türkei, und andere vertreten die Version derzufolge das Alevitentum Teil der sunnitisch-hanefitischen Glaubensrichtung sei, also genau der Ausprägung des Islam, die traditionell in der Türkei vorherrscht. Dabei stelle das Alevitentum „ein Ineinander der überwiegend auf der Literatur und Kultur des Bektaschismus fußenden ‚islamischen Glaubensform' und der ‚türkmenischen Kultur' dar, wobei in seinem ‚Kern' die Traditionen, Bräuche und Glaubensinhalte aus Mittelasien dem Islam angeglichen wurden" (Engin 1996: 697). Für Cemşid Bender hingegen ist das Alevitentum eine kurdische Glaubensphilosophie, entstanden „aus ‚dem kulturellen Widerstand des kurdischen Volkes' gegen die islamischen Besatzer, die mit Gewalt den Islam in Anatolien durchsetzen wollten" (Engin 1996: 704).

Die Beispiele zeigen die Spannweite der alevitischen Geschichts- und Identitätskonstruktionen auf; manche Versionen wie „Alevitentum als türkisch-nationale Religion" einerseits und „Alevitentum als kurdische Philosophie" andererseits scheinen keinen gemeinsamen Grundkonsens mehr aufzuweisen. Und doch werden aus dem Blickwinkel ihrer Darstellungsweise, ihrer narrativen Struktur, heraus Kongruenzen sichtbar. Die erste Gemeinsamkeit ist die der inneren Dynamik. In welchem kulturellen Referenzrahmen auch immer, die Konstruktion einer statischen oder fundamentalistischen Meistererzählung scheint nicht möglich zu sein. Stets werden Elemente unterschiedlicher Kulturen, Religionen oder Weltgegenden miteinander verflochten, aus denen dann, früher oder später, das Alevitentum in seiner heute bekannten Form hervorgegangen ist. Diese innere Dynamik steht nicht im Widerspruch zu einer weiteren strukturellen Übereinstimmung, nämlich die der Kontinuität. Kontinuität ist der Regelfall in historischen und biographischen Erzählungen. Durch die Auswahl der erzählten Ereignisse und ihre Anord-

6 Hier kann man den mystischen Orden der Bektaschi aufzählen, sowie die aus der Auseinandersetzung zwischen dem Osmanischen Reich und dem entstehenden schiitischen Iran im 15./16. Jh. hervorgegangenen Kızılbaş, die als Ethnie gehandelten Tahtacı u.a.m.

nung auf einem ungestörten Ereignisstrahl entstehen sinnhafte, identitätsstiftende Geschichtsbilder, die Handlungsorientierung verheißen. ;„Wenn mit dem Anspruch auf Wahrheit erzählt wird, ist historische Kontinuität gesetzt, und wenn historische Kontinuität gesetzt ist, wird mit dem Anspruch auf Wahrheit erzählt," formuliert der Philosoph Hans Michael Baumgartner (Baumgartner 1997: 318). Baumgartner führt das Bedürfnis nach der kontinuierenden Erzählung auf die Unfassbarkeit des Ganzen „Geschichte" zurück und auf die Fragmenthaftigkeit, in der uns die Vergangenheit vorliegt (ebd.: 340 ff.). Im uns hier speziell interessierenden Fall kommt hinzu, dass die Entstehung der zeitgenössischen alevitischen Historiographie überhaupt in direktem Zusammenhang mit der (Be-)gründung der türkischen Nation und der dazugehörigen Historiographie steht (Livni 2002). D.h. nicht nur die Begeisterung für die „eigene Geschichte" ist, wie am Anfang erwähnt, kennzeichnend für den Nationalismus im Allgemeinen und die Kulturpolitik der türkischen Republik im Besonderen, sondern gerade auch Geschichte als kontinuierliche und in ihrer Ausprägung für das jeweilige Kollektiv spezifische Form ist ein öffentlich anerkanntes Modell kollektiver Entwicklung in der Türkei (und in Deutschland). Kontinuität muss allerdings nicht als kontinuierliche Verbesserung von Kultur und Technik auftreten; auch die Kontinuität als von Gott/dem Schicksal/der Politik stets verfolgtem Kollektiv kann das Selbstbild stabilisieren. Gefährdet wird die kontinuierende Darstellung erst dann, wenn ein Ereignis, in der Regel ein Gewaltereignis, sich nicht mehr deutend interpretieren und in die Geschichte einfügen lässt, wenn sich das Ereignis der Sinngebung entzieht.

Unsichere Geschichte

Die eigene Identität auf einer gemeinsamen (alevitischen) Geschichte fußen zu lassen, ist eine Idee, die den alevitischen „Laien" in Deutschland nicht fremd ist. Oft genug wird eingefordert, es müssten Bücher verfasst und Vorträge gehalten werden, die die alevitische Geschichte endlich einmal richtig und verständlich präsentierten, also an die Stelle der vielen differierenden die eine wahre Geschichte setzten, damit man wisse, wer man sei. Doch im Gespräch zeigt sich dann, dass dieses Interesse deutlich im Konjunktiv verfasst ist. Existierende Fach- und Sachliteratur wird vielleicht noch gekauft, aber nicht gelesen, und in der Selbstdarstellung spielt eine bruchlose Meistererzählung „Kerbela-Sivas-Solingen" nur eine untergeordnete Rolle. Oft scheint das Interesse an der richtigen Geschichte in der Not zu wurzeln, anderen, Nicht-Aleviten, erklären zu müssen, welche die eigene religiöse bzw. kulturelle Identität sei. In Deutschland wird diese „Erklärungsnot" noch durch das negative Image des Islam und der Muslime insgesamt verstärkt:

Hier erweist es sich als der gesellschaftlichen Akzeptanz dienlich, eine deutlich Grenze zwischen Alevitentum und „sonstigem Islam“ zu markieren.

„Unsichere Geschichte“ lautet der Titel eines Buches von Hans-Jürgen Goertz (Goertz 2001), in dem der Autor aus der Perspektive der Geschichtstheorie darlegt, warum „die Bemühung um die Vergangenheit immer eine ‚unsichere Geschichte‘“ bleiben wird (ebd., 104). In den Gesprächen mit meinen Interviewpartnern zeigte sich ein ums andere Mal, dass die alevitische Geschichte zu den „unsichersten Bereichen“ des gegenwärtigen Alevitentums gehört. Dies soll hier nicht so verstanden werden, als stelle diese Unsicherheit einen Mangel dar. Denn um einen Mangel kann es sich nur handeln, wenn man die Prämisse setzt, ein Kollektiv benötige zur Erhaltung seiner Existenz ein geschlossenes Geschichtsbild. Statt mit dieser Prämisse zu hantieren, sollten wir genauer schauen, wie die Unsicherheiten formuliert sind, worauf sie basieren und wozu sie führen. Alle vier gleich genannten Interviewpartner sind, im Gegensatz zu vielen anderen, gläubige, wenn nicht sogar „praktizierende“ Aleviten. Sie stellen ihre religiöse Identität selbst nicht in Frage. Der Mangel an oder die Abwertung von historischem Wissen kann also nicht damit in Zusammenhang stehen und führt zu keiner identitären Verunsicherung.

Gülden, eine junge Frau mit mittlerem Bildungsabschluss, ist in Deutschland aufgewachsen. Da sie einer „*dede*-Familie“ angehört, also einer Familie, innerhalb derer das Amt des religiösen Spezialisten weitervererbt wird, hat sie ein vergleichsweise breites Wissen über das Alevitentum und kann ihren eigenen Standpunkt insgesamt sicher vertreten:

„Ja, die Lebensphilosophie in meinen Augen der Aleviten ist einfach das, dass vieles aus verschiedenen Kulturen, aus verschiedenen Religionsrichtungen wie Judentum, Christentum, auch gewisse, ja, Züge des Buddhismus und auch der Indianer, was mit den Schamanen auch zu tun hat, im Alevitentum auch vorhanden ist, was mich natürlich sehr freut, weil das mehrere Religionsrichtungen und ja, nicht Gottheiten, mehrere Richtungen ineinander vereint, und das ist schön. Nur das Traurige an der Sache ist, dass es kein Handfestes davon gibt. Jede Religion hat sein Buch, oder seine Schriften, dass man zumindest auch mehrere Schriften dazu hätte. Es ist einfach nur ne Weitergabe von dem, was die eigenen Eltern oder Großeltern mitbekommen haben. Dass man versucht, das umzusetzen. Und, das ist wiederum sehr sehr schön, weil man das wiederum der Zeit anpassen kann, in der man lebt. Dadurch ist das für mich doch die richtige Lebensphilosophie und die richtige Religion. Weil ich so für mich alleine einschätzen kann, was ich daraus entnehmen kann. Und da ich das zeitgemäß dann an meine Kinder wieder weitergeben kann, wie das deren Zeit erlaubt. Und das ist das Schöne an der Sache. Natürlich wäre es besser, wenn man ein Buch hätte, wo man sagen könnte, das gehört wirklich und wahrhaftig dazu, das ist idealer, das könnte man besser machen, dass man viel mehr bestrebt ist, aber trotz all dem kann man seine eigenen Erfahrungen noch mit hinein packen und weiterleiten."

Taki, 25, der ebenfalls in Deutschland die Schule besucht und mit dem Abitur abgeschlossen hat, sieht keinen Sinn darin, über das Alevitentum zu lesen:

„Was heißt lesen? Wie ich das auch gesagt habe, das ist alles Theorie. Ich möchte das in der Praxis sehen. Denn jeder versucht ja in der Theorie bzw. in der Schrift das zu geben, was er sich drunter vorstellt. Und, in der Praxis sieht das meistens anders aus. Deshalb möchte ich das in der Praxis sehen, nicht in den Büchern."

Ein größeres Gewicht schreibt Taki dem Medium „Bild" zu. Durch das visuelle Symbol kann das Vergessen des Wesentlichen verhindert werden. Die Kommunikation zu religiösen Themen wird angestoßen, ohne das Ergebnis vorzuschreiben:

„Dass man halt zum Beispiel, der Name Ali, der sagt ja was über, früher, damals gab's das Alevitentum und Sunnitentum nicht. Nachdem der Hazreti Ali da in der Moschee umgekommen ist bzw. da umgebracht worden ist, hat sich das Islam gespaltet, in Alevitentum und Sunniten, und der Name Alevi kommt von dem Namen Ali. Soweit ich das noch weiß. Es ist halt, dass man halt, wie soll ich das sagen? Dass man – dass man halt seine Religion nicht irgendwann mal vergessen soll, denn es könnte sein, wenn man irgendetwas nicht bei sich trägt, oder irgendetwas nicht im Haus hat, es könnte sein, dass ich das nicht vergesse, aber wenn ich mal Kinder haben sollte, und die Kinder kommen auf die Welt, und es existieren nicht solche Bilder, und es wird auch nicht dazu kommen, solange ich das meinem Kind nicht selbst beibringe, wird er auch keine Fragen stellen. Aber wenn er irgendwann selber die Bilder sehen sollte, dann wird er auch selbst das Interesse zeigen, dass er danach fragen wird, und ich möchte meinem Kind etwas über meine Vergangenheit bzw. meinem Kind etwas über meine Religion geben. Denn er soll ja halt, es ist, wie ich das gesagt habe, beim Alevitentum ist das kein Zwang. Nur, wenn, er soll trotzdem wissen, zu was er sich entscheidet. Aber normalerweise ist es auch so, ich möchte, dass er sich auch für das Alevitentum entscheidet. Denn, das ist eine Religion, was ziemlich frei erzogen ist, [...]"

Herr Pazar, der als Gastarbeiter nach Deutschland gekommen war und nun seit einigen Jahren als Rentner zwischen der Türkei und Deutschland pendelt, hatte nach eigenen Aussagen nicht die Möglichkeit sich historisches Wissen durch Lesen anzueignen, da ihm dazu die Bildung fehlte. Auf die Frage, wer denn das Alevitentum gegründet habe, erzählt er die Geschichte, wie er sie kennt. Auffällig ist der Wechsel im Tonfall: Während er in den Passagen, die er aus eigenem Antrieb gestaltet, sehr bestimmt und schnell spricht, erzählt er diese Geschichte im Tonfall eines Märchenerzählers:

„Nach dem, was unsere dingens erzählen, die Gründung des Alevitentums vor 400 Jahren – nach Abu Muslim ist ein Krieg ausgebrochen. Ist was-weiß-ich passiert. Bei der Gründung des Alevitentums. Warum haben die sich getrennt? Dieser Muaviya hat den Heiligen Ali umgebracht. Er bringt ihn um [während des] rituellen Gebets (*namaz*). Warum vollziehen die Aleviten nicht das rituelle Gebet? Weil das eine Beleidigung des Alevitentums wäre. [...] Er bringt ihn also um. Sagt zum Heiligen Ali: O du Ungläubiger. Der wusste, dass er ermordet werden würde. Wusste er es nicht? Dass Muaviya ihn von hinten erdolchen würde. Er sagte, stich doch zu, Muaviya. Er unterbrach sein rituelles Gebet nicht. [...] Ach unsere Aleviten, schau mal, danach stand Muaviya auf der einen Seite, und die dingens auf einer Seite. Von wem haben die denn den Islam übernommen? Der heilige Ali hat den Islam verbreitet, aber sie haben ihm [das Kalifat] nicht gegeben. Muaviya hat [das Amt] übernommen."

Herrn Pazars Ehefrau Hatice, die niemals eine Schule besucht hat, schließlich verweigert sich dem „historischen Konflikt" zwischen Aleviten und Sunniten:

„Früher gab es kein Alevitentum. Niemand kannte [die Unterscheidung] Alevi-Sunni. Bei Gott, bis ich nach Deutschland gekommen bin, kannten wir das nicht. [...] Mein Vater selig sagte immer: Wenn der Mensch von der Mutter geboren wird, dann bringt sie ihn nicht als Alevi oder Sunni zur Welt. [...] (das folgende im Märchenton) Der heilige Muhammad und der heilige Ali sind sowohl Cousins als auch Brüder. Äh, Schwiegersohn. Wie kann das sein [dass man zwischen ihnen einen Unterschied macht]? Man muss den heiligen Ali, äh, man muss auch den heiligen Muhammad lieben."

An anderer Stelle unterhalten wir uns über die korrekte Zubereitung der Fastenspeise Aşure, die aus zwölf Zutaten, eine Symbolik für die zwölf Imame der schiitischen Richtungen, zubereitet wird. Ich frage Frau Hatice nach der Bedeutung dieser Anzahl.

„Also die sind, zwölf sind zu Märtyrern geworden. Zwölf sind Märtyrer geworden, was weiß ich. Das sind zwölf, einer stirbt. Es sind zwölf, einer stirbt. [Nie] waren es elf. Was weiß ich. Manche sagen, die Sunniten haben ihnen kein Wasser gegeben. Der heilige Ali und (unverständlich), Bekir und Abu irgendwas. Was weiß ich. Mein Sohn kennt sich da gut aus."

Gülden formuliert zunächst den Mangel an Schriften, die alles historische – und auch rituelle – Wissen enthalten, wie alle andere sie besitzen. Aus der Außenperspektive konstatiert sie also einen Mangel. Aus ihrer eigenen Perspektive, für mich, liegt aber gerade in dieser grundlegenden Flexibilität, die Veränderungen im Geschichtsbild zulässt, die Attraktivität der Religion. Sie erlaubt es, veränderten Umständen, wie sie Migration und „Moderne" gleichermaßen hervorbrachten, Rechnung zu tragen und den Kindern eine zukunftsorientierte Weltsicht zu vermitteln. Auch Taki argumentiert mit der Zukunft seiner Kinder. „Ali“ ist hier eine visualisierte Chiffre, die die religiöse Identität in Erinnerung hält, kein historischer Verweis. Da, nach Takis Auffassung, das Alevitentum eine freie Religion ist, muss auch die Erziehung zum Alevitentum von dieser Freiheit geprägt werden. Das schließt die Freiheit ein zu entscheiden, ob man sich überhaupt für die Vergangenheit interessiert, denn „beim Alevitentum ist das kein Zwang“. Herr Pazar konzentriert sich in seinen Aussagen auf die Darstellung der traditionellen Ordnung in der alevitischen Gesellschaft, die früher besonders im *cem*, dem gemeinschaftlichen Gottesdienst, deutlich zu erkennen war. Erst auf meine ausdrückliche Bitte, einer Nicht-Alevitin zu erzählen, wie es zur Gründung des Alevitentums gekommen sei, formuliert er die zitierten Sätze. Bis zu diesem Zeitpunkt hatte er keine Notwendigkeit gesehen, eine historische Erläuterung zu geben. Sein Faktenwissen ist eher gering, was ihm selbst bewusst ist. Den Beginn des Alevitentums vermutet er „vor 400 Jahren“, ein Zeitraum, der in keiner der bekannten Meistererzählungen eine Rolle spielt. Herr Pazar erwähnt Abu Muslim, der als einer der alevitischen Heroen betrachtet wird,[7] ohne weiteres über ihn erzählen zu können. Auch die Ermordung Alis wird vor allem in Hinblick auf ihre moralische Dimension wiedergegeben, nicht als konkretes Ereignis in einem zeitlichen Kontinuum. Frau Hatice schließlich weist einen grundlegenden Bestandteil der (hegemonialen) kollektiven Identität einfach zurück: Die – historisch bedingte – Unterscheidung zwischen Aleviten und Sunniten kategorisierte sie als eine Erfindung der neuen Zeit. Worauf diese kategorische Ablehnung der Grunddifferenz besteht, wird im Interview nicht deutlich. Es ist zu vermuten, dass sie weniger auf dem erwähnten Vorbild des Vaters beruht als auf den Ereignissen in der Türkei der 70er Jahre, als u.a. sogenannte alevitisch-linke und sunnitisch-rechte Gruppen sich blutige Auseinandersetzungen lieferten. In Frau Hatices Biographie verknüpfen sich diese Ereignisse mit ihrer eigenen einschneidenden Bekanntschaft mit dem westdeutschen Industriezeitalter, ihrer Arbeitsmigration. Auf dieser Verknüpfung könnte ihre Ablehnung der alevitisch-sunnitischen Differenzierung als Erfindung der neuen Zeit beruhen.

Die vier zitierten Interviewpartner zeigen, warum Menschen – trotz eines Überangebots an Meistererzählungen – sich für ein Leben mit einer „unsicheren Geschichte“ entscheiden: Ein flexibles Geschichtsbild erlaubt die Weiterentwicklung des eigenen Standpunkts (Gülden und Taki), oder die persönliche kollektive Identität wird durch Fragen der Moral und der sozialen

7 Abu Muslim kämpfte zunächst im Namen der zweiten großen islamischen Dynastie, der Abbassiden, gegen die erste Dynastie, die Umayyaden. Nach der Machtübernahme der Abbassiden ließen diese ihn allerdings hinrichten (755 n.Chr.). Nach seiner Hinrichtung kam es zur Bildung weiterer mahdistisch („messianistisch“) orientierter Gruppen, die ihn als unsterblichen Führer verehrten.

Ordnung bestimmt, nicht durch historische Rechtfertigungen (Pazar). Zum letzten Punkt kann die Ablehnung einer Grundaussage der herrschenden Darstellung(en) hinzukommen, wenn z.B. das eigene Erleben diesen Vorgaben widerspricht (Hatice).

Geschichte als Mythos, Geschichtsmythen

Wenn ich in den Interviews explizit nach historischen, chronologisch-linearen Darstellungen fragte, also Fragen wie „Wann wurde das Alevitentum gegründet?“ oder „Wer war Ali?“ stellte, dann fielen die Antworten oft zögerlich aus, Stimme und Erzählweise machten durch die Frage ausgelöste Unbehaglich und Unsicherheit deutlich. Die Interviewpartner distanzierten sich von ihren Aussagen durch Marker wie „was-weiß-ich“ oder „nach dem, was die Anderen erzählen“. Keines expliziten Anreizes bedurfte es jedoch, um alevitische Mythen oder mythische Darstellungen zu hören. Die Mythen finden sich sowohl verflochten mit der persönlichen Biographie als auch als Darstellungsform von (Ausschnitten) der kollektiven alevitischen Geschichte. Ich werde mich im Folgenden auf gängige Topoi wie „Ali“, „Kerbela“ oder „Muaviya“ beschränken.

Mythos ist hier nicht im umgangssprachlichen Sinne von fehlerhafter, dem Verstand nicht zugänglicher oder mit Absicht verzerrter, ideologischer Darstellung zu verstehen, wie zum Beispiel der Ausdruck „der Mythos von der Stunde Null in der deutschen Geschichte“ in der Regel verstanden wird. Die mythische Darstellung, der mythische Erinnerungsmodus, unterscheidet sich von der historischen Darstellung vor allem in der Aufhebung die zeitlichen Struktur und der chronologischen Fixierung. So geht es nicht darum, dass ein Mann namens Ali ibn Abi Talib an einem bestimmten/bestimmbaren Zeitpunkt, vor 1400 Jahren geboren wurde, sondern es geht um die Wahrheit und die Wirksamkeit der Vorstellung von der Existenz einer Person mit alidischen Eigenschaften. Diese Wahrheit und Wirksamkeit reichen dann bis in die Gegenwart hinein, können durch die Erinnerung immer wieder neu aktualisiert, auch adaptiert werden. „Die Erinnerungs-Wahrheit des Mythos beruht nicht auf einem Vergangenheitsbezug, sondern auf einer sich ereignenden Gegenwart“ (Wodianka 2005: 215).

Der alle anderen an Bedeutsamkeit überragende alevitische Mythos ist der vom endlosen Kampf gegen die Ungerechtigkeit und von der Opferbereitschaft für eine gerechte Welt. Dieser Mythos findet seine konzentrierte Darstellung in Ali (Hazreti Ali), gefolgt von parallelen Erzählungen über spätere alevitische Helden.

Herr Turi (51 Jahre alt) erzählt – mit Blick auf den Glaubenstod Alis – von Muaviya, dem ersten Herrscher (661-680 n.Chr.) der Umayyaden-Dynastie, einer der Erzfeinde in der alevitischen Geschichte:

„Muaviya rief also alle wilden Tiere. Sie sollten alle gehäutet werden, an den Himmel getan, eine Sonnenfinsternis sollte kommen, denn [Muaviya dachte]: ‚Nunmehr [da ich Ali habe ermorden lassen] bin ich Gott und der Prophet gleichermaßen.' Zuerst rief er die Vögel. Zu denen gehört die Fledermaus. [...] Die Frau des Padischah wollte ein Federbett. Gleich kam die Fledermaus, schüttelte sich, warf ihre Federn ab. Ganz nackt. Dann kam die Reihe an die Eule."

Die Eule hatte aber Angst im Winter zu frieren. Für ihre Weigerung bestrafte Muaviya sie, indem er ihr als Nahrung jeden Tag zwei Mäuse zuteilte, die dritte würde ihr stets entkommen. Nach diesem Mythos über Muaviyas Machtmissbrauch und Selbstsucht fügt Herr Turi, und das ist das Entscheidende, seine Lesart des Mythos an:

„Der heilige Ali sagte nicht ‚Meine Frau soll in einem Federbett schlafen, ich will alle willden Tiere töten und an den Himmel spannen, also dass man die Sonne nicht sieht.' Deswegen haben die Armen Ali angebetet, gegen die Ungerechtigkeit. Sagen wir mal in der Türkei haben welche, weil sie Muslime sind, im [Monat] Ramadan dreißig, vierzig Leute umgebracht. Die Leute waren eh' schon tot, vom Todesfasten. Kann so jemand Muslim, kann so jemand Alevi sein? Da kämpfst du zum Beispiel zwanzig, 25 Jahre um ein Kind großzuziehen, und dann mit einer Kugel, oder zünde es an, damit es stirbt und weg ist."

Ali ibn Abi Talib, der vierte Kalif, erste schiitische Imam und Krieger für die Ausbreitung des Islam, ist als historische Figur nicht einfach in das „Gesamtkonzept Alevitentum" zu integrieren. Die offensichtlichen Diskrepanzen zwischen der historischen Figur einerseits und dem Ali der mystischen Strömungen und des heutigen Alevitentums andererseits sind der Grund für eine fortwährende Diskussion innerhalb der alevitischen Gemeinde. Weit verbreitet findet sich die Einstellung, dass es deutlich zu unterscheiden gelte zwischen dem islamischen Heerführer und dem mystischen Symbol, zwischen dem arabischen und dem anatolischen oder alevitischen Ali.

Herr Asrar, der als junger Erwachsener nach Deutschland kam, formuliert diese „Doppeldeutigkeit" so:

„Wenn man vielleicht die islamische Geschichte sich anguckt, die Rolle, die Ali bei den Kriegen gespielt hat, und die Ideologie von Aleviten, Frieden, friedlich, und ohne Unterdrückung, die anderen zu überzeugen, wenn man die beiden gegenüber stellt, dann ist das nicht für mich der Ali, der Chalif, sondern ein Symbol, in diesem Symbol versuchen wir unsere Ideologie zu verkörpern, festzulegen, also ein Ali, der gerecht ist, der eine Ali, der für seinen Glauben sogar sterben wird ohne die Leute anderer Glauben zu unterdrücken. Wenn man das so nimmt, würd ich auch sagen, der Ali, der arabische Ali in Mekka oder Medina, der hat mit unserem Ali nichts zu tun. Unser Ali hat eher so mystische Eigenschaften. Eeh die wir insgesamt dann als alevitische Glaube bezeichnen können. [...] und daher denke ich auch, wenn man eeh bisschen nachforscht, vor diesem Ali gab es noch andere Leute, die eher alevitische Ideologie verkörpern können als dieser Ali vierter Chalif."

Yüksel, zum Zeitpunkt des Interviews 18 Jahre alt, ist in Deutschland geboren und aufgewachsen. Für ihn ist Alevitentum neben der traditionellen Musik eine Lebenshaltung, eine Orientierung im Umgang mit sich und den anderen. Mit Details der Geschichte und der Glaubenslehre hat er sich bisher nicht auseinander gesetzt:

„[Ali] ist für mich ein Symbol, er verkörpert Alevismus, genau wie auch Hacı Bektaş Veli, die zwölf Imame, die verkörpern für mich Alevismus. Ich denk jetzt nicht sofort über geschichtliche Ereignisse nach, die natürlich auch sich mit diesen Personen - wo diese Personen auch vorkommen. Es ist für mich ein Symbol eher. Wobei ich sagen muss, das sind für mich keine Götter oder keine Menschen, die einen sehr, sehr hohen Wert haben. Es sind Menschen wie du und ich, aber es sind Menschen, die etwas versucht haben, den anderen Menschen etwas zu übermitteln, die in ihrem Leben für etwas gekämpft haben. Ich kannte die Person ja auch selber nicht, deshalb ist es schon bisschen schwer für mich, die als Person sehen."

Im Laufe des Gesprächs wird deutlich, dass Yüksel sich eine eigene historische Kontinuität geschaffen hat, die aus einer lange Reihe positiver Identifikationsfiguren besteht, Vorbilder, die zur Mythenbildung taugen – von Aristoteles über Ali bis Martin Luther King: „Wenn ich später ein eigenes Zimmer habe, ich bin ja noch im Zimmer meiner Brüder, dann werd ich auch ein Foto von Gandhi aufhängen."

Es ist allerdings auch möglich, den Ali des Mythos als den historischen Ali zu deuten, wie Herr Haluk es tut, der seine politische Prägung durch seine aktive Zeit in der türkische Linken erhalten hat und der zu den Interviewpartnern zählt, die gerne Namen, Chronologien und Zahlen in ihren Darstellungen verwenden. So sagt er:

„Heutzutage gibt es zwei Arten von Alevitentum. [...] Auf der einen Seite der heilige Ali, der die Gerechtigkeit bringt, mit der Waage der Gerechtigkeit in der Hand, auf der anderen Seite mit dem Schwert in der Hand, der für den Islam gekämpft hat. Welcher ist nun der Ali, der tatsächlich in Anatolien lebt? Meiner Meinung nach ist es, wenn wir es innerhalb des historischen Prozesses, des historischen Verlaufs betrachten, der Ali mit der Waage in der Hand."

Gastarbeit und Getto

„Zuwanderung oder Einwanderung scheinen in der Bundesrepublik noch nicht zu allgemein anerkannten Orten kollektiver Erinnerung geworden zu sein, sie befinden sich bestenfalls auf dem Weg dorthin“ (Alavi 2004: 199). Ein Teilaspekt der noch zu entdeckenden Geschichte, der Geschichte der Migration nach Deutschland im 20. Jahrhundert und insbesondere der Gastarbeit seit den 60er Jahren, wird sich vielleicht nur noch in Teilen rekonstruieren lassen. Es handelt sich dabei um die besondere Situation der alevitischen Migranten, die die Chancen der religiösen und politischen Freiheit, die Deutschland ihnen – im Vergleich zu der Situation in der Türkei – bot, erst relativ spät erkannten und zwei Jahrzehnte lang mit bzw. neben den sunnitischen Nachbarn und Kollegen lebten, unter dem Schutz einer angenommenen Identität, nämlich der sunnitischen. Aber nicht immer war diese Identität überzeugend genug, um vor Kränkung und Geringschätzung zu schützen. Andererseits war den Aleviten das Leben als marginalisierte Gruppe bekannt. Riten und Mythen boten eine seit langem erprobte Strategie, der Geringschätzung durch die Außenwelt das Bewusstsein der eigenen moralischen, religiösen und letztlich auch zivilisatorischen Überlegenheit entgegensetzen zu können.

Herr Zafer, heute vierzig Jahre alt, entstammt einer *dede*-Familie, weshalb er, im Gegensatz zu vielen anderen Menschen seiner Generation, sowohl als Kind noch in der Türkei als auch dann als Jugendlicher in Deutschland alevitischen Gottesdienst, *cem*, selbst erlebt hat. Im Folgenden beschreibt er einen der Gottesdienste, wie sie in Deutschland noch vor dem „alevitischen Erwachen“ hinter verschlossenen Türen stattfanden:

„[...] ist mein Großvater hierher gekommen, dann haben wir an einem Stück sieben Tage hintereinander *cem* gemacht, und natürlich, konnte man nicht alle Dinge machen jeden Abend, wir haben nicht jeden Abend ein Opfer gebracht, aber für uns war dann auch eine Gabel ein Opferessen, halt das, was jemand von sich aus gebracht hätte, ob das jetzt ein Apfel war, oder was Gekochtes, oder was Gebackenes oder Gebratenes [...] Und das haben wir sieben Tage lang gemacht, sieben Tage, sieben Nächte lang, Anfang so 19, 20 Uhr, dann haben wir das fünf, sechs Stunden gemacht. Ich kann mich an einen Abend sehr gut erinnern, [...], das ist 150 Meter an der anderen Ecke, das war früher eine große Wohnung, die renoviert werden sollte, und diese Wohnung hatte noch Fenster, also keine Rollläden. Wir haben dann vor dem *cem* alles abgeklebt. Wir haben auch am ersten Abend einen Wachposten nach draußen gestellt. In K.! Ich weiß nicht, welches Jahr das war. Ich meine so 81 oder 82. So um den Dreh herum. Die Angst war immer noch da, dass jemand von außen aus unsren *cem* sabotieren oder irgendwie zerstören könnte. Aber auch die Angst, dass irgendwie irgendwas rausging. Durch dieses Sazspiel, oder durch dieses Beten, und und und, deswegen haben wir gesagt, wenn es zu laut wird, kommt bitte und sagt uns Bescheid. „

Meltem, heute 30 Jahre alt, wuchs in einer westdeutschen Großstadt auf, als Kind einer kurdisch-alevitischen Familie, wobei die erwachsenen Familienmitgliedern den Kindern gegenüber die unter den ältesten tatsächlich gesprochene Sprache, das Zaza, und die Grundlagen des Glaubens und ihrer handlungsleitenden Normen, das Alevitentum, jahrelang nicht thematisierten oder auch nur benannt hätten. Auf meine Frage nach der Bedeutung der bunten Bilder in ihrem Zimmer, die standardisierte Darstellung der zwölf Imame, antwortet Meltem:

„Ich glaub, wenn ich anfange darüber zu erzählen, muss ich ein bisschen in meiner Vergangenheit anfangen. Und zwar, ich selber bin zum Beispiel, dort wo wir wohnen, das ist ne riesen Siedlung, und in der Siedlung wohnen auch ich sach ma viele Ausländer, und wir sind eigentlich die einzigen, was heißt eigentlich, die einzigen Aleviten, Kurden, die da leben, und ich bin halt wirklich nur mit Sunniten groß geworden. [...] Ich kann mich gut erinnern, wo ich dann aufs Gymnasium gegangen bin, da hab ich dann auch langsam, vielleicht auch durch die Änderungen in der Zwischenzeit, hab ich dann auch Kinder von [alevitischen] Bekannten meiner Eltern kennen gelernt. [...] Ich wusste gar nicht mal, was Aleviten sind. Was das Wort Aleviten überhaupt bedeutet. Ich hab immer nur gemerkt, zu Hause, he? Reden die Arabisch oder was machen die da, ne? Dann hab ich auch mal meine Eltern gefragt in dem Zusammenhang, was redet ihr da, und das einzige, was ich immer zu hören bekommen habe, ach, du musst dich nicht dafür interessieren jetzt, du bist noch zu jung. Also daran kann ich mich sehr sehr gut erinnern. [...] Das wurde geleugnet von meinen Eltern. Geleugnet in dem Sinne, viele Fragen, die offen geblieben sind, als Kind für mich jetzt, und für mich, ich war genauso gut ne Türkin wie alle anderen Kinder in dem Zusammenhang. Weil ich bin zu denen nach Hause gegangen, ich habe bei denen gegessen, für mich war alles gleich, bis auf das, dass mir halt aufgefallen ist, dass einige Mütter von unseren Nachbarn z.B. Kopftücher getragen haben."

Auch Figen, die erst mit zehn Jahren nach Deutschland kam, kann sich daran erinnern, zunächst ohne „alevitisches Bewusstsein" gelebt zu haben. Sie hatte allerdings stets das Empfinden, anders zu sein. Auch in Deutschland blieb dieses Gefühl, kein Teil der Mehrheitsgesellschaft zu sein, erhalten. Den Brandanschlag der Islamisten auf das alevitische Kulturfest in Sivas im Sommer 1993 setzt sie parallel zu ihrem eigenen Erleben als Ausländerin in Deutschland:

„Ich sag mal, die haben die Leute verbrannt, das hat wirklich mir weh getan. Konnt ich heulen für mich selber, weil das irgendwie gehört es zu dir. Die haben ja, ist egal, wenn da auch Deutsche drin gewesen wären, hätte mir weh getan. Aber das ist es, weil die Leute sich nicht kennen, und dadurch machen genauso hier die Skinheads und die Türken. Weil das immer das Negative, die werden nie über die Türken oder jemand sagen, die erzählen ja nur das Negative. Die sind schmutzig, die sind jenes, die sind das, und dadurch kommt das. Die nehmen unsere Arbeit, dadurch kommt das ja wie Solingen. Ist ja nix anderes als Aleviten und Islam. Das ist schwer, also das ist unheimlich schwer."

Herr Kahraman, der sich als Rentner und Autodidakt[8] für alle politischen und gesellschaftlichen Fragen interessiert, zeigt mit seiner Aussage deutlich, wie Fortschreibung und retrospektive Konstruktion in Abhängigkeit vom eigenen geographischen und mentalen Standort funktionieren:

„Die Umayyaden, die Abbassiden, die Seldschuken – über alle habe ich gelesen. Die Osmanen, habe ich alles gelesen. Ich bin hierher gekommen, da habe ich [angefangen zu] lesen. Es gibt viele negative Stellen, also viele Ungerechtigkeiten. So ist die Welt nun mal. Jetzt frage ich dich, da ich jetzt in Deutschland bin, warum sind die Christen mal protestantisch, mal katholisch, warum bringen die sich gegenseitig um, in England? Da gibt's das auch. [...] Das ist sehr traurig. Die Menschen – sind so."

Die Auseinandersetzung mit der Gegenwart kann allerdings auch dazu führen, einen bestimmten Teil der kollektiven Geschichte als Referenzpunkt bewusst abzulehnen. Frau Naciye, heute in Frührente, ist selbst als Arbeiterin, nicht im Rahmen des „Familienzuzugs", nach Deutschland gekommen. Sie musste nach wenigen Jahren bereits die Familie alleine ernähren und engagierte sich darüber hinaus in der Gewerkschaft und anderen sozialen Bereichen. Heute unterstützt sie den alevitischen Verein ihres Wohnortes, bewahrt sich allerdings zu allem eine kritische Distanz. Auf meine Frage nach ihrer Definition von „Alevi" zeichnet sie ein Weltbild, innerhalb dessen es keinen Sinn macht, längst vergangene Ereignisse in irgendeiner Weise als Referenzpunkt zu betrachten:

„Ich sage nicht, dass ich Alevitin wäre. Ich vergieße keine Tränen für die Familien von Propheten, die vor 1400 Jahren verstorben sind. Die gegenwärtige Unterdrückung, die namenlosen Opfer, die Menschen, die gefoltert werden, darüber empfinde ich größere Trauer. [Die Propheten damals waren Politiker und kämpften für ihre eigene Sache.] Obwohl die Welt sich entwickelt hat, trotz der elektronischen Revo-

8 In der aktuellen Diskussion um die „Integration" der Migranten wird in der Regel übersehen, welche „Integrationsleistungen" bereits erbracht wurden. Für Herrn Kahraman ist Deutsch schon die dritte Sprache, da Kurdisch seine Muttersprache ist und Türkisch seine Amtssprache, auch in Deutschland. Türkisch lesen und schreiben erlernte er während seiner Militärzeit, ein gründliches Studium der deutschen Sprache haben die Gesamtbedingungen in Deutschland nicht mehr ermöglicht.

lution, ist die Folter heute schlimmer als vor 1400 Jahren.“ An anderer Stelle führt sie die Nutzlosigkeit dieser Art von historischer Erinnerung weiter aus: „Man erzählt, die zwölf Imame hätten dies gemacht und das gemacht. Die Menschen [die im Verein oder im Gottesdienst zuhören] gähnen irgendwann, manche schlafen, manche schütteln den Kopf, denn es interessiert sie überhaupt nicht. Das ist nicht ihr Problem. [...] Diese Menschen haben eine Menge gesundheitlicher Probleme, eine Menge familiärer Probleme [...]. Solange man diese Probleme nicht lösen kann, bringen die zwölf Imame auch nichts.“

Geschichte hat für Naciye einen hohen Stellenwert, aber es sind die Zeitgeschichte und ihr eigenes Erleben, aus der sich diese Geschichte speist.

„Natürlich ist die Vergangenheit der Menschen sehr wichtig. Wie war ich denn, als ich 1969 hierher kam, wie bin ich jetzt? Diese Geschichte kennst du natürlich, erzählst du. Aber nicht, indem man nach 1969 zurückkehrt, sondern indem man daraus seine Lehren zieht. Das Gute, das Schlechte, was man noch machen müsste. [...] Deshalb musst du deine Geschichte kennen. Du musst sie der neuen Generation erzählen.“

Geschichtsrevolution?

„Die großen Errungenschaften einer Nation, einer gesellschaftlichen Klasse oder einer Zivilisation schaffen kaum soviel historisch definierte Zusammengehörigkeit und Identität, wie dies Trauma und Leiden, zumindest bei Erfüllung bestimmter Voraussetzungen, vermögen; dies erklärt vielleicht, warum die Opfer der Geschichte – wiederum nur unter bestimmten und gewiß nicht allen Voraussetzungen – in der Geschichte eine viel stärkere Verbündete für sich entdecken, als es die Sieger jemals könnten. Durch das gemeinsam erlittene Trauma verfügt die Gesamtheit über ein gemeinsames Fundament in einer tieferen Schicht der Realität, in die Glück und Freude nicht vordringen können“ (Ankersmit 1999: 133).

Die bisherige Geschichtspolitik auf der Führungsebene der alevitischen Bewegung scheint Ankersmits Aussage zu bestätigen. Unabhängig davon, ob es sich bei allen benannten Erinnerungsfiguren und Erinnerungsorten tatsächlich um spezifisch alevitische handelt, baute man in der bewegten und bedeutsamen Phase nach dem Brandanschlag in Sivas von 1993 zunächst auf der retrospektiv konstruierten Kontinuität auf, der zufolge die Aleviten, verkannt in ihrer moralischen und religiösen Überlegenheit, dem Leidensweg Alis und der Märtyrer von Kerbela durch die Geschichte hindurch folgen mussten. Aus dieser Perspektive ließ sich dem Drama von Sivas sogar noch ein historischer Sinn abgewinnen, es ließ sich in das alevitische Geschichtsbewusstsein integrieren.[9] Dieses Geschichtsbild der unaufbrechbaren Kontinuität des Leidens, das Beharren auf und Verharren in der Vergangenheit, wurde aber nicht von allen Aleviten akzeptiert. Schon 2001 auf dem alljährlichen Festival in Hacıbektaş forderte der Autor populärwissenschaftlicher Geschichtsdarstellungen, Reha Çamuroğlu, auf zum „Blick nach vorn". Auch meine Interviewpartner, nicht nur, aber verstärkt die jüngere Generation, wünschte sich das Ende der Leidensrolle und die aktive Gestaltung der Zukunft.

Gülden, die in Deutschland mit sunnitischen Freundinnen aufgewachsen ist, vergleicht die Bedeutung von Leiden und Feiern bei den Sunniten und den Aleviten: „Wenn *ramazan*[10] ist, dann sagen wir ‚ach ramazan, das gehört den Sunniten', und wenn irgendwas anderes kommt, alles, was fröhlich ist, gehört den Sunniten, und alles, was traurig ist, und was die wo wir weinen müssen, wo wir leiden müssen, das gehört den Aleviten, wieso, wieso können wir uns nicht an etwas erfreuen? Wieso müssen wir immer leiden um sagen zu können, wir sind Aleviten. Wir haben auch sehr schöne Tage. Sei es *cem*, sei es *kurban bayramı* [Opferfest], das sind so Sachen, die woran wir uns genauso erfreuen können, und das sind für mich Sachen, wo ich sage, ich brauche das."

Herr Kahraman vergleicht die alevitische Gemeinde mit einer Schafherde, der der Hirte abhanden gekommen ist. Alle strömen in verschiedene Richtungen und lassen sich von einigen wenigen frechen Ziegen durcheinander bringen. Seiner Meinung nach muss ein wahrer Alevit zwar bescheiden sein, verzeihen und in Frieden leben, doch ein gewisses Maß an Selbstverteidigung ist nicht verkehrt, ebenso wie Ali zwangsläufig sich mit dem Schwert verteidigen musste: „Da [die Aleviten] so weiche Menschen sind, schlägt sie jeder auf den Kopf. Entweder sagte er ‚nein, ich erhebe mich nicht gegen den Staat,' oder er sagte ‚nein, ich handele nicht gegen das Gesetz,' ansonsten wäre die alevitische Gesellschaft jetzt [so bedeutsam wie die armenische, die überall ihre Lobby hat]." Von den alevitischen Gemeindeführern und Religionsspezialisten erwartet er, dass sie ihrer Aufgabe (wieder besser) gerecht werden, um den Gemeindemitgliedern geben zu können, was diese für die Zukunft benötigen.

---

9 „Geschichtsbewußtsein ist die mentale oder geistige Antwort auf die Herausforderung der Kontingenz. [...] Geschichte setzt Kontingenz in eine narrative Ordnung von Zeitsequenzen, innerhalb deren sie Sinn und Bedeutung gewinnen, und mit diesem Sinn und dieser Bedeutung kann das menschliche Handeln auch und gerade angesichts des kontingenten Geschehens in einem kulturellen Orientierungsrahmen geschehen, in dem die Zeit ‚in Ordnung' ist" (Rüsen 2001: 150).

10 Der islamische Fastenmonat Ramadan.

Für Yüksel verhindert ein „Zuviel" an Vergangenheit die Integration der Aleviten in die in Deutschland lebende Gesellschaft, in der eben auch die „historischen Feinde" der Aleviten, die Sunniten, leben:

„Das ist schön, wenn ein Land Vielfalt hat an Kultur und so, deswegen bin ich der Meinung, erst Integration und danach sollte man die Religion ausüben, und ja, vorausguckend bin ich der Meinung, man sollte nicht zu sehr an der Vergangenheit rumhacken, man sollte nach vorne schauen, sollte versuchen zu vergessen, [...], also ich bin der Meinung, wenn ich sag, ich bin ein Alevite, und von Menschlichkeit, und von Menschenrechten und von Menschenliebe spreche, dann sollte ich auch für die Zukunft denken. Dann sollte ich nicht sagen, na ja, ihr habt uns umgebracht, ihr habt uns verbrannt, ihr habt das und das gemacht und die Menschen anfangen zu hassen, weil, dann widerspreche ich dem, was ich selber sage. Ich sach mal so, wenn Hacı Bektaş Veli, wenn die heute leben würden, würden die vielleicht selber sagen, vergiss die Vergangenheit und versuch, euch in der Zukunft besser zu verstehen, versucht, Frieden, weil die haben über Frieden gesprochen, die haben nicht diese Texte erfunden, damit man darüber in der Vergangenheit rumerzählt, sondern damit man dieses nutzt, um eine bessere Zukunft zu erreichen. Man sollte sozusagen mehr in die Zukunft schaun."[11]

Die aktuelle Geschichtspolitik der alevitischen Vereine zeigt Reaktionen auf dieses Bedürfnis nach offensiver Zukunftsorientierung. Die Kontinuität des Leidens als Konstitutiv der historischen Identität wird nicht aufgegeben, doch es wird ein Wendepunkt gesetzt, in der Regel „Sivas", nach welchem die alevitische Gemeinschaft aufgebrochen ist in die Öffentlichkeit mit dem Ziel einer selbstbestimmten Zukunft. Ein Beispiel für diese veränderte Selbst-Inszenierung ist die Großveranstaltung in Köln vom Juni 2006 unter dem Motto „Vom Klagelied zur Hoffnung". Das Ziel dieser Veranstaltung beschrieb der Vorsitzende der Alevitischen Gemeinde Deutschland so:

„Wir möchten uns diesmal mit unserer leidvollen Geschichte auseinandersetzen. Die Massaker an Aleviten in Maras, Çorum und Sivas können und dürfen nicht in Vergessenheit geraten. [...] Als ‚Alevitische Gemeinde Deutschland' werden wir von jetzt an unsere legitimen Rechte, mit uns allen zur Verfügung stehenden demokratischen und rechtsstaatlichen Mitteln, mit besonderem Nachdruck verfolgen" (AS 06/2006: 35).

11 Was ich hier nicht weiter ausführen kann, ist die strukturelle Ähnlichkeit des Redens über das Dritte Reich unter den Jugendlichen in Deutschland: Ja, bestimmte Dinge dürften nicht vergessen werden, aber die unschuldige Jugend müsste doch in die Zukunft schauen und sich frei machen dürfen vom Ballast der Vergangenheit.

Auch die schon rituellen Sivas-Gedenkveranstaltungen, in Sivas selbst und an vielen anderen Orten, stehen zunehmend unter dem Motto „Der Vorhang der Angst und der Dunkelheit ist vor dem Madımak[-Hotel] zerrissen“[12]. Erhalten bleibt die Grunderzählung, das kontinuierliche Leiden. Es handelt sich also in sofern nicht um eine Geschichtsrevolution, da das Alte nicht verworfen wird. Damit bleibt eine Diskrepanz zwischen dem Umgang mit Geschichte, wie ihn die zitierten Interviewpartner, „Laien“ unter den Aleviten, anstreben und die öffentlich Inszenierung des Alevitentums durch die professionals bestehen.

Jörn Rüsen beschreibt in vielen Arbeiten das Geschichtsbewusstsein und insbesondere die Bedingungen, unter denen es zur Veränderung desselben kommt. Er betont dabei die Auswirkung von Krisen und analysiert die Einbettung der Krise in das bisherige Geschichtsbewusstsein. Die Einbettung kann mehr oder weniger erfolgreich verlaufen, oder, im Falle eines traumatisierenden Ereignisses, völlig scheitern (Rüsen 2001: 156). Im Falle des alevitischen Geschichtsbewusstseins der Gegenwart sehen wir, dass wir Rüsens Analyse etwas modifizieren müssen: Die „Sivas-Krise“[13] wird zur produktiven Krise, da die politischen und gesellschaftlichen Umstände ein verändertes Handeln ermöglichen: Die spezifische Situation in Deutschland hinsichtlich der Religion(-sfreiheit), der politischen und gesellschaftlichen Möglichkeiten, die trotz aller Negativ-Faktoren wie alltäglicher Rassismus, strukturelle Schaffung und Benachteiligung von Minderheiten etc. bestehen, haben das alevitische Selbstbewusstsein – nicht nur in Deutschland – wesentlich befördert. Hier ist es möglich, einige Strategien und eine bestimmte historische Sinngebung, die einer marginalisierten Gesellschaft hilfreich waren, aufzugeben und sich dem Mainstream gesellschaftlichen Handelns anzunähern. Diese Veränderung vollzieht sich bei den jüngeren Individuen erwartungsgemäß schneller als in einem „Apparat“ wie der AABF, der seine Mitgliedsvereine und deren unterschiedliche Wünsche und Wahrnehmungen in sein Handeln integrieren muss.

---

12 Überschrift eines Artikels in AS 06/2006, S. 8 „Korkunun ve Karanlığın Perdesini (sic!) Madımak Önünde Yırtıldı.“

13 Ob es sich bei einem Ereignis um eine Krise bzw. einen Wendepunkt handelt, genauer gesagt, ob das Ereignis die Qualität „Krise/Wendepunkt“ annimmt, zeigt sich ohnehin erst in der Retrospektive, und ist in der Gegenwart wesentlich von der Vermittlung durch die Massenmedien abhängig: Keine Berichterstattung – keine Krise.

Fazit

Wenn ich meine Interviewpartner bat, mir die alevitische Geschichte zu erzählen, dann taten sie dies auch unter Rückgriff auf die eigene Biographie, und wenn ich sie nach ihrer eigenen Biographie fragte, fügten sie diese auch unter Einschluss von Sequenzen, Erinnerungsfiguren aus und Verweisen auf die alevitische Geschichte zusammen. Ein wesentlicher Unterschied zu den bekannten master narratives ist, dass historische Passagen und Narrative nie ohne Bezug zur eigenen Biographie vorliegen. Dort, wo historische Kontinuität dargestellt wird, verlässt sie den explizit alevitischen Bereich und umspannt Weltgeschichte, so, wie bei Herrn Kahraman, dessen Geschichtsbild von den Umayyaden bis nach Nordirland reicht, oder bei Yüksel, dessen Reihe von Vorbildern bei Aristoteles einsetzt und bei Martin Luther King noch nicht endet. Alevitische oder Weltgeschichte dient aber nicht immer als Referenzpunkt in den Ausführungen der Interviewpartner. Unabhängig vom Geschichtswissen können die Zeitgeschichte und das eigene Erleben das „kulturelle Gedächtnis“ an Bedeutung weit überragen, wie bei Frau Naciye.

Als „deutsche“ Besonderheiten der historisch-autobiographischen Darstellungen lassen sich zusammengefasst folgende Punkte ausmachen: 1. Spezifische Elemente der neuen Umgebung – Getto, Gastarbeiterstatus, aber auch sozialer Aufstieg – werden in die Erzählung ebenso aufgenommen wie Themen, die in den deutschen Medien präsenter sind als in den türkischen. Auffällig ist hier z.B. der Themenbereich „Drittes Reich, Nazis, Juden“. 2. Das Verhältnis zu den „historischen Feinden“, den Sunniten in Deutschland erfährt eine deutliche Modifikation. Als „Mit-Gastarbeiter“ sind ihr Alltag und ihre Erfahrungen in Deutschland denen der Aleviten oft näher als denen der deutschen Mehrheitsgesellschaft.[14] Das Zusammenleben und die notwendige Solidarität zwischen den Migranten erfordert, die Verfolgung der Aleviten durch die Sunniten zu relativieren oder als „vergangen“ aus dem kollektiven Gedächtnis herauszunehmen. 3. Das Leben in der Diaspora ist nicht nur durch die Erfahrung als Ausländer bestimmt, sondern auch durch die Existenz neuer Möglichkeiten. In diesem Fall ist eine Identitätskonstruktion als „ewiges Opfer“ nicht zweckdienlich und nicht mehr nötig. Die Leidensgeschichte kann ebenfalls als „vergangen“ abgehakt und in die Geschichte verschoben werden. Teilweise wird die Leidensgeschichte sogar in Frage gestellt und der Schwerpunkt der eigenen Identität auf ein „positives Alevitentum“ verschoben. Das heißt, Geschichte wird thematisiert, doch jede Geschichte ist eine individuelle. Das gegenwärtig entstehende „deutsche Alevitentum“ manifestiert sich auch in den historisch-autobiographischen Narrativen.

14 Zu diesem Thema vgl. Hendrich 2005.

Literatur

Alavi, Bettina (2004): „Geschichtsschulbücher als Erinnerungsorte. Ein Gedächtnis für die Einwanderungsgesellschaft?“, in: Jan Motte/Rainer Ohliger (Hg.), Geschichte und Gedächtnis in der Einwanderungsgesellschaft, Essen: Klartext Verlag, S. 199-212.

Ankersmit, Frank R. (1999): „Trauma und Leiden. Eine vergessene Quelle des westlichen historischen Bewußtseins“, in: Jörn Rüsen (Hg.), Westliches Geschichtsdenken. Eine interkulturelle Debatte, Göttingen: Vandenhoeck und Ruprecht, S. 127-146.

Baumgartner, Hans Michael (1997): Kontinuität und Geschichte. Zur Kritik und Metakritik der historischen Vernunft. Suhrkamp: Frankfurt am Main.

Cassirer, Ernst (1990): Versuch über den Menschen. Einführung in eine Philosophie der Kultur, Frankfurt am Main: S. Fischer [New Haven 1944].

Csáky, Moritz (2004): Die Mehrdeutigkeit von Gedächtnis und Erinnerung. Ein kritischer Beitrag zur historischen Gedächtnisforschung. Stand Juni 2004. Online verfügbar: http://www.vifaost.de/w/pdf/csaky-gedaechtnis.pdf (Zugriff 29.06.06).

Dörner, Andreas (1995): *Politischer Mythos und symbolische Politik*, Opladen: Westdeutscher Verlag.

Engin, Ismail (1996): „Thesen zur ethnischen und religiösen Standortbestimmung des Alevitentums. Türkischsprachige Publikationen der Jahre 1983-1995“, in: *Orient* 37, 4, S. 691-706.

Erll, Astrid (2005): *Kollektives Gedächtnis und Erinnerungskulturen. Eine Einführung*, Weimar, Stuttgart: J.B. Metzler..

Goertz, Hans-Jürgen (2001): *Unsichere Geschichte. Zur Theorie historischer Referentialität*, Stuttgart: Philipp Reclam.

Hahn, Alois (2000): *Konstruktionen des Selbst, der Welt und der Geschichte. Aufsätze zur Kultursoziologie*, Frankfurt am Main: Suhrkamp.

Karahan, Ali Haydar (2006): „Das Sivas Massaker“, in *Alevilerin Sesi* 95, S. 42.

Hendrich, Béatrice (2005): „Alevis in Germany after the 11th of September. Caught between a Rock and a Hard Place?“, in: Hege Irene Markussen (Hg.), *Alevis and Alevism. Transformed Identities*, Istanbul: Isis Press, S. 137-154.

Kopelman, Michael D. (1999): „Systems involved in generation of false memories/confabulations“, in: Daniel L. Schacter (Hg.), *Cognitive Neuropsychology* 16 (3/4/5), S. 197-214.

Livni, Eran (2002): *Alevi Identity in Turkish Historiography*. Draft of Presentation for Middle East History and Theory Conference. Center for Middle Eastern Studies. University of Chicago. May 10-11, 2002. Online verfügbar: http://cas.uchicago.edu/workshops/mehat/past_conferences/Livni.pdf (Zugriff 10.07.03).

Markussen, Hege Irene (2000): *Alevilik ve Bektaşilik. Religion and Identity Formation in Contemporary Turkey*, Unveröffnetlichte Abschlussarbeit, Religionswissenschaften, Universität Bergen.

Rüsen, Jörn (1998): „Für eine interkulturelle Kommunikation in der der Geschichte“, in: Jörn Rüsen/et al. (Hg.), *Die Vielfalt der Kulturen. Erinnerung, Geschichte, Identität*, Frankfurt am Main: Suhrkamp, S. 12-36.
Rüsen, Jörn (2001): *Zerbrechende Zeit: Über den Sinn der Geschichte*, Köln: Böhlau.
Schnatz, Helmut (2000): *Tiefflieger über Dresden? Legenden und Wirklichkeit*, Köln: Böhlau.
Welzer, Harald; Moller, Sabine; Tschuggnall, Karoline (Hg.) (2002): *Opa war kein Nazi. Nationalsozialismus und Holocaust im Familiengedächtnis*, Frankfurt am Main: Fischer Taschenbuch Verlag.
Wodianka, Stephanie (2005): „Mythos und Erinnerung. Mythostheoretische Modelle und ihre gedächtnistheoretischen Implikationen“, in: Günter Oesterle (Hg.), *Erinnerung, Gedächtnis, Wissen*, Göttingen: Vandenhoeck & Ruprecht, S. 211-230.

Alevitische Rituale[1]

ROBERT LANGER

Kontextfaktoren

Zeitgenössische Rituale der Aleviten, alevitische religiöse Praxis oder religiös konnotierte und generell auf eine – auch religiöse – alevitische Identität hin lesbare kulturelle Performanzen sind nach den demographischen und gesellschaftlichen Entwicklungen der letzten Jahrzehnte nicht losgelöst von ihrem Umfeld, sondern nur unter Miteinbezug der jeweiligen Kontexte, in denen sie ausgeübt werden, darstellbar. Gemeint sind hier Migrations- und Urbanisierungsprozesse sowie die Ausbildung städtischer Aleviten-Gemeinden in der Türkei und Diaspora-Gemeinden in Europa und in kleinerem Maßstab auch in Übersee. Dieser Beitrag zielt nicht auf eine normative Darstellung alevitischer Ritualistik, obzwar aus pragmatischen Gründen eine systematisch geordnete Beschreibung der alevitischen Rituale gewählt wurde.[2] Es soll entsprechend

1 Dieser Beitrag basiert auf zum Großteil noch nicht veröffentlichten Forschungsdaten des DFG-geförderten Projekts „Ritualtransfer bei marginalisierten religiösen Gruppen in islamischen Gesellschaften des Vorderen Orients und in der Diaspora", Sonderforschungsbereich 619 „Ritualdynamik", Ruprecht-Karls-Universität Heidelberg, Islamwissenschaft, Osmanistik (Laufzeit: 2002–2009). Ich danke meiner Kollegin Janina Karolewski, die umfassende inhaltliche und stilistische Korrekturen zu vorliegendem Text eingebracht hat, ohne die der Beitrag nicht in dieser umfassenden Form hätte verwirklicht werden können. Alle möglicherweise verbleibenden Fehler und Ungenauigkeiten sind von mir zu verantworten.

2 Es existiert bisher keine umfassende, systematische Darstellung alevitischer Ritualistik aus wissenschaftlicher Perspektive. Verschiedene Einzeldarstellungen oder allgemeine Monographien zum Alevitentum präsentieren ausgewählte Aspekte alevitischer Ritualistik. Sie können hier nicht im einzelnen aufgeführt werden. Für den Versuch einer systematischen Darstellung des *cem*-Rituals siehe

versucht werden, dort, wo es nötig und möglich erscheint, eine spezifische Kontextualisierung der beschriebenen Performanzen (‚Rituale‘) vorzunehmen.

Die Kontextfaktoren, in deren Rahmen ein Ritual, ebenso wie eine jede kulturelle Performanz, angesiedelt ist, veränderten sich im Falle der Aleviten durch die parallel ablaufenden kulturellen und demographischen Transferprozesse seit dem Ende des 19. Jahrhunderts. Diese Veränderungen sollen im folgenden kurz erläutert werden.[3]

Am augenfälligsten ist der geographisch-räumliche Wechsel, der viele Aleviten seit dem Zweiten Weltkrieg zunächst in die türkischen Großstädte wie Istanbul oder Ankara geführt hat. Parallel dazu – etwas zeitlich versetzt – begann ab den 1960er Jahren die Migration nach West-Europa (mit Schwerpunkt Deutschland). Viele Aleviten machten dabei für kürzere oder längere Zeit ‚Zwischenstation‘ in türkischen Regionalzentren wie Malatya, Erzincan oder Sivas, die in relativer Nähe zu ihren ländlichen Siedlungsgebieten liegen, bevor sie weiter nach Istanbul oder Ankara zogen. Viele, die weiter nach Europa migrierten, hielten sich zuvor in einer dieser türkischen Großstädte auf. Diese Entwicklung in der Türkei führte dazu, dass heute die Mehrheit der Aleviten in Istanbul und Ankara lebt. Daneben leben viele Aleviten inzwischen auch in anderen türkischen Städten außerhalb ihrer ursprünglich ländlichen Siedlungsgebiete in Mittel- und Ost-Anatolien. Dieser geographische Wechsel beinhaltete einen Wandel des ökologisch-ökonomischen Umfeldes. Alevitisches Leben spielte sich bis in die 1950er Jahre vor allem in einem ruralen Kontext ab, der von Viehzucht, Feld- und Gartenwirtschaft und teilweise auch noch von Transhumanz bestimmt war. Aleviten lebten in Dörfern, die nach Abstammungsgruppen (Klans, *lineages*) in Wohnsegmente unterteilt waren und die oftmals in verkehrstechnisch weniger erschlossenen Gebieten lagen.

In den Städten und in der europäischen Diaspora mussten sich die Migranten in den Erwerbs- und Zeitstrukturen einer industriellen Ökonomie und im urbanen Raum einrichten. In den türkischen Städten lebten sie zunächst in den in Randbezirken errichteten *gecekondus*. Ihre Kultur trat zwangsläufig in

---

Karolewski 2005. Einige Ritualhandbücher aus der Feder alevitischer Autoren unternehmen Versuche von Gesamtdarstellungen.

3 Die Kontextfaktoren einer kulturellen Performanz (‚Umfeld‘) beeinflussen ihre Ausführung, so dass es zu unterschiedlichen Transformationsformen z. B. eines Rituals kommt, die unter demselben Begriff subsumiert werden und v. a. von den Mitgliedern der kulturellen ‚Trägergruppe‘ (und analog auch von Forschern) als ‚dasselbe‘ Ritual angesehen werden. Umgekehrt können kulturelle Performanzen, wie Rituale, – durch die Ausführenden bewusst oder unbewusst eingesetzt – die jeweiligen Kontexte beeinflussen, beispielsweise bei politischer Instrumentalisierung ‚religiöser‘ Rituale. Zu dieser forschungsparadigmatischen Perspektive (‚Ritualtransfer‘) siehe: Langer, Lüddeckens, Radde und Snoek 2006.

Kontakt mit den kulturellen Formen der jeweiligen Mehrheitsgesellschaft, was zuvor wegen der zurückgezogenen ländliche Lebensweise nur punktuell der Fall gewesen war. Dies war in den türkischen Städten der sunnitische Islam und die von den nationalstaatlichen Institutionen der Republik Türkei propagierte säkulare, türkisch-nationale Kultur. Diese wurde mittels Medien und Erziehungswesen vor allem im Bereich einer standardisierten, lateinschriftlichen und mit Ausschließlichkeitsanspruch versehenen türkischen Sprache teilweise mit Gewalt durchgesetzt. Hier kam es zu Konflikten, da in manchen Regionen viele Aleviten Kırmâncî-(Kurdisch)- oder Zâzâ-Muttersprachler sind. Aber auch für manche Aleviten, wie die ‚Geistlichen', die auch schriftliche Texte für ihre Arbeit benutzten, bedeutete der Alphabetwechsel große Probleme bezüglich der Weitergabe ihres Wissens an eine neue Generation, die der alten Schrift nicht mehr mächtig war. Im historischen Kontext der Türkei ist mit Blick auf die Kontextfaktoren auch der wechselnde Bezugsrahmen vom politischen System eines pluralen Reichsverbandes, wie es das Osmanische Reich gewesen war, zum Nationalstaat zu sehen, der im Bewusstsein vieler ländlicher Bewohner der Türkei erst mit Verzögerung und durch die Migrationen aus den ländlichen Gebieten in die Städte wirksam wurde.

In Europa war es das kulturelle Umfeld einer säkularisierten, nominell-christlichen Kultur sowie die jeweiligen Landessprachen (Deutsch, Niederländisch, Französisch, Englisch, um nur die wichtigsten zu nennen), die auf die nach Europa gekommenen Aleviten und ihre Kultur zu wirken begannen. Gerade der Wechsel des sprachlichen Umfelds beginnt sich in den letzten Jahren auszuwirken: Die junge, sogenannte ‚dritte Generation' der Einwanderer in Europa verlangt zunehmend nach religiösem Angebot in den Landessprachen, die vor allem die gebildeten unter ihnen inzwischen besser beherrschen als ihre Muttersprache. Ist dieses Bedürfnis durch informative Texte noch relativ problemlos zu stillen, so ist ein großes Konfliktpotential gegeben, wenn es darum geht, ein alevitisches Ritual beispielsweise in deutscher Sprache zu veranstalten. Analog zu den genannten Migrations- und Akkulturationsprozessen veränderten sich die gesellschaftlichen Rahmenbedingungen im Kontext von beispielsweise politischen Bewegungen und sich wandelnden Geschlechterrollen.

Ein weiterer Faktor, der sich als Kontext des Rituals etabliert hat, sind die modernen Medien. Bereits Ende der 1960er Jahre entstanden in Istanbul die ersten alevitischen Zeitschriften, die schon damals Texte zu alevitischen Glaubensvorstellungen und Praktiken publizierten. Ab den 1980er und vor allem in den 1990er Jahren setzte eine rege alevitische Publikationstätigkeit ein, die alevitische religiöse Praktiken in verschiedener Form – bis hin zu

,Ritualhandbüchern'[4] –öffentlich machte. Nach der Liberalisierung des türkischen Medienmarktes folgten diesem konventionellen Medium des gedruckten Textes mit gelegentlich bildlichen, meist fotografischen Darstellungen, schon bald Radio- sowie Fernsehstationen, die von alevitischen Privatpersonen sowie später auch von Institutionen geführt wurden. Diese Medien begannen mit der Übertragung religiöser Rituale und sonstiger kultureller Performanzen, wie politische oder kulturelle Großveranstaltungen, z. B. Festivals. Alevitische Fernsehsender wurden in den letzten Jahren auch in Deutschland gegründet. Diese und die türkischen Stationen stellen heutzutage einen entscheidenden Vermittlungskanal alevitischen rituellen Wissens dar, insbesondere in der europäischen Diaspora. Hier wird schon schlaglichtartig deutlich, wie massiv der Wechsel des Kontextfaktors ,Medium' die religiöse Praxis von einer im Idealfall die ganze Dorfgemeinschaft unmittelbar einschließenden Praxis hin zu einer virtuellen Partizipation transformiert hat. ,Virtuelle Welten', über das TV-Medium hinaus, spielen inzwischen eine große Rolle, seien es die interaktiven Formen des *chats* in alevitischen Foren und E-Mail-Listen oder die zunehmende Präsenz gefilmter ritueller Performanzen im Internet, zunächst auf alevitischen homepages, mittlerweile aber auch auf dem Internet-Portal *YouTube*.

Nimmt man den Kontextfaktor der Geschichtsrezeptionen, -interpretationen und -konstruktionen in den Blick, so ergibt sich über die alevitische Geschichte der letzten gut hundert Jahre auch ein bemerkenswerter Wechsel von Fremd- und Eigenwahrnehmungen. Exemplarisch kann man das an den Gruppenbezeichnungen illustrieren, die von der vom Osmanischen Reich des 15. und 16. Jahrhunderts bis heute pejorativ-diskriminierend benutzten Fremdbezeichnung „Kızılbaş" – die damals zunächst noch eine ,Ehrenbezeichnung' für die Krieger-Anhänger des Ordens der Safeviyye war – über die (wieder-)angeeignete Bezeichnung „Alevî" (,Ali-Anhänger') – in Bezug auf die spezifische Gruppe eine Re-Invention des frühen 20. Jahrhunderts – zurück zum nun von manchen Aleviten offensiv als Eigenbezeichnung benutzten „Kızılbaş" führen.

Die Betrachtung des Kontextfaktors der Geschichts- und Identitätskonstruktionen, der sich weniger durch empirisch-sozialwissenschaftliche Studien als durch die Analyse der verschriftlichten historischen bis rezenten Diskurse erschließt, verweist auf die (Neu-)Konstituierung von Trägergruppen der rituellen Praxis. Dies hat insbesondere in Diasporakontexten zu einer Neuverortung und zu einem Revival alevitischer Religionsperformanz geführt. Hier ist besonders von Transferprozessen zu sprechen, ist es doch keineswegs als selbstverständlich anzusehen, dass migrierte Personen die traditionellen Praktiken ihrer Herkunftskontexte weiterführen, zumal es sich im Falle der Ale-

4 Vgl.: Sarıönder 2005.

viten um Praktiken handelt, die über die Jahrhunderte des neuzeitlichen Osmanischen Reiches (16.-20. Jahrhundert) in heterogener Form regional ausdifferenziert und in ganz unterschiedliche Tradierungs- und Hierarchiestrukturen eingebunden durchgeführt wurden. Das führt dann zu Problemen, wenn eine sich neu konstituierende Gruppe mit heterogenen Wurzeln, wie die Diaspora-Aleviten, versucht, eine einheitliche Identität über eine einheitliche, standardisierte Ritual-Praxis herzustellen. Da beispielsweise in Istanbul oder Deutschland türkischsprachige auf kurdische und Aleviten aus ost-anatolischen Gebieten mit einer safavidischen Tradition (‚Kızılbaş'/‚Ost-Aleviten'[5]) auf west- und mittelanatolische ‚Bektaşî-Aleviten' trafen, mussten diese Unterschiede miteinander in Einklang gebracht werden. Diese Vereinheitlichungen wurden insbesondere in der Türkei von alevitischen Organisationen, aber auch von einflussreichen Einzelpersonen getragen und im Sinne von Kanonisierung des Ritualbestandes und Standardisierung der Abläufe vorgenommen. Bedingt durch moderne Medien und Transportmittel ist im Laufe der letzten Jahre eine transregionale bzw. transnationale *community of practice* (Stausberg 2001) entstanden, die die städtischen Gemeinschaften in der Türkei und die Gemeinden in der europäischen Diaspora einschließt. Über persönliche Kontakte und über Medien wirken die innerhalb dieser *community of practice* erzielten Standardisierungen und Kanonisierungen wiederum massiv auf die verbliebenen Dorfgemeinschaften in den Herkunftsregionen zurück, welche damit nolens volens Teil einer übergreifenden, (*imagined*) *community* werden.

Wie die zuvor aufgezeigten Kontextveränderungen auf die rituelle Praxis einwirken, wird nun im Einzelnen in der folgenden Darstellung alevitischer ritueller Praxis zu zeigen sein. Zunächst sollen Grundmuster und Rahmungstechniken alevitischer Ritualistik als Grundlage komplexerer Performanzen in den Blick genommen werden. Wesentlich für das Verständnis der Struktur ritualisierter Handlungskomplexe ist darüber hinaus die religiöse ‚Infrastruktur', die ihnen zugrunde liegt und aus der heraus sie reproduziert werden. Die systematische Darstellung der Ritualhandlungen wird unterteilt in ‚liturgisch'-kollektive Performanzen, lebens- und jahreszyklusbasierte sowie fallbezogene Ritualanlässe.

5 Der Begriff „Ostaleviten" wurde von Hans-Lukas Kieser eingeführt. Er verwendet ihn in erster Linie für die von ihm untersuchten ‚kurdischen' Aleviten (Kırmâncî- und Zâzâ-Sprecher). Wenn man unter dem Begriff die zahlreichen turksprachigen Aleviten Ost-Anatoliens miteinschließt, die unabhängig vom Bektaşî-Orden („Bektaşiyye") eine ‚Kızılbaş-Tradition' beibehalten haben, dann erscheint diese Bezeichnung als sinnvolle Kategorie von den tatsächlich mehrheitlich türkischsprachigen ‚West-' oder ‚Bektaşi-Aleviten'. Siehe beispielsweise Kieser 2000.

Rituale

Grundmuster und Rahmungen (*framing*)

Ritualkulturen unterscheiden sich oftmals markant durch bestimmte Grundmuster und spezifische ‚Rahmungstechniken' (*framing*). So verweisen formelhafte Textelemente, aber auch bestimmte Objekte, auf spezifische ‚Inhalte' der religiösen Identität einer Gruppe, beispielsweise auf ihre Identifikation mit bestimmten als ‚heilig' angesehenen Figuren und auf mit ihnen verbundene narrative Muster. Umgekehrt lassen sich aus Ritualelementen, beispielsweise aus Strukturen der Rahmungsmuster, aus körperlichen und räumlichen Orientierungen während der Handlungen, aus zeitlichen Konfigurationen und aus der Einteilung der handelnden Gruppe in bestimmte Akteurseinheiten (Laien/Geistliche, Männer/Frauen) einerseits weitere Inhalte der religiösen Lehre ableiten (Geschlechtergleichheit, Solidarität etc.), andererseits (re)produzieren sie gemeinschaftliche Strukturen, wie Machtverhältnisse und Hierarchien. Letztgenannte Gemeinschaftsstrukturen sind selbstverständlich immer wieder Aushandlungsprozessen unterworfen und haben sich nicht zuletzt durch die massiven Veränderungen der alevitischen Gemeinschaften durch die oben angesprochenen Entwicklungen im 20. Jahrhundert stark verändert. Rituale können hier auch eine subversive und potentiell transformatorische Wirkung zeitigen.

Texte

Einem aufmerksamen Teilnehmer an alevitischen Ritualen, vom Tieropfer (*kurbân*) bis zum gemeinschaftlichen ‚Gottesdienst' (*ibâdet*), fällt die häufige Nennung bestimmter Namen auf, die in der Regel verbunden ist mit Gesten der Ehrenbezeugung, wie dem Legen der rechten Hand an die Brust, den Mund und/oder die Stirn. Zu erwähnen sind hier an erster Stelle die Trias von Hakk bzw. Allah, Muhammed und *Ali*. Hakk ist ein zentraler Begriff für das ‚göttliche Prinzip' und ist wörtlich als ‚Wahrheit' übersetzbar. Dieses göttliche Prinzip wird weniger personalisiert sondern vielmehr pantheistisch verstanden. Die Nennung von Muhammed impliziert einen Bezug zur islamischen Prophetentradition, wobei die Figur Muhammeds als notwendiger Vorgänger seines Schwiegersohnes und Neffen Ali angesehen wird. Von Ali ausgehend tritt die einzige Nachkommenslinie des Propheten Muhammed über Ali, seine Frau und Prophetentochter Fâtima und deren Söhne Hasan und Hüseyin hinzu, die innerhalb des schiitischen Islam als ‚Heilige Familie' angesehen wird. Der für diese Gruppe verwendete Begriff ist „Ehl-i Beyt", wörtlich: ‚die Leute des Hauses [des Propheten]'. Über Hüseyin verläuft dann die mit Ali beginnende Linie der ‚Zwölf Imame', die der durch die orthodoxzwölferschiitische Theologie kanonisierten Abstammungslinie entspricht. Die Zwölf Imame (*Oniki İmâm*) sind die nach der Trias Hakk – Muhammed – Ali am häufigsten angerufenen Personen, sei es, indem man kollektiv von „Oniki İmâm“ spricht, sei es, dass sie einzeln, der chronologischen Reihenfolge nach aufgezählt werden.

Erweitert wird das Spektrum an Namensnennungen durch verschiedene ‚Heilige‘, die historisch in das nachmongolische 13. und 14. Jahrhundert in Anatolien einzuordnen sind. Diese werden kollektiv als *Anadolu Erenleri* (‚die Erleuchteten von Anatolien‘; *Bacılar* im Falle von Frauen) bezeichnet. Am prominentesten ist hier sicher Hâccî Bektaş Velî, der Namenspatron der erst Anfang des 16. Jahrhunderts von Balım Sultan als Orden organisierten Bektaşiyye. Viele Aleviten fühlen sich der Führungsfamilie des Ordens, den *Dedegân*, verbunden, welche sich auf die Abstammung vom Ordenspatron berufen. Sie akzeptieren den *Dedegân*-Zweig als ihre spirituellen Führer (*pîr*) und als höchste Instanz in Streitfragen. Aber auch in alevitischen Teilgruppen, die sich nicht der Bektaşiyye untergeordnet haben, wird sein Name genannt. Demgegenüber steht der ‚Hauptheilige‘ der östlichen, nicht an die Bektaşiyye gebundenen Kızılbaş-Tradition, der Safeviyye-Ordensscheich und spätere Herrscher von Iran, Şâh İsmâîl, bekannt unter dem Dichternamen Şâh Hatâî. Zu nennen sind noch weitere alevitische Dichter-Sänger des späten Mittelalters und der frühen Neuzeit, am bekanntesten Pîr Sultân Abdâl, der häufig angerufen und mit Gesten verehrt wird. Letztlich kann man das Grundmuster der Namensnennung bis in die Gegenwart verfolgen, da jede alevitische Hymne bzw. jeder Liedtext die Nennung des Dichternamens in der letzten Strophe enthält. So kann die Ehrenbezeugungsgeste während des Liedvortrags einem erst jüngst verstorbenen ‚Volkssänger‘ (*âşık*, *ozan*) wie Mahzuni Şerif [Cırık] (Afşin 1939–2002 Köln), aber auch lokal bedeutsamen Lieddichtern des 20. oder 19. Jahrhunderts gelten.

Im Bereich der formelhaften Sprachelemente bewegt sich die alevitische Ritualistik zunächst noch auf gemeinislamischem Gebiet, wenn beispielsweise bei einfachen Ritualhandlungen, wie dem Schächten eines Opfertiers das *tekbîr* (wörtlich ‚[Allâhu] *ekber* ausführen‘; „Allâhu ekber“/‚Gott ist der Größte‘) und die koranische *besmelle*-Formel („bismillâhirrahmânirrahîm“) Anwendung finden. Aber schon die Abwandlung der Formel in „bismişâh“ (‚im Namen des Königs‘ – gemeint ist in der Regel Hüseyin, der ‚Herrscher der Menschen‘/„Şâh-i merdân“ – und die wesentlich häufigere Benutzung von „Hakk“ als Gottesnamen (anstelle von „Allâh“) lassen einen spezifisch alevitischen Kontext erkennen. Der Name „Allâh“ wird ebenfalls häufig verwendet, und zwar gerade in gedoppelter Form in der Verbindung „bismişâh, Allâh, Allâh“, wobei „Allâh Allâh“ meist als Antwort der Gemeinde auf jedes einzeln ausgerufene „bismişâh“ erfolgt.

Sind dies Formeln, die auch von Laien gekannt und benutzt werden, so fällt die Beherrschung längerer, formelhafter Texte heute weitgehend in den Kompetenzbereich der religiösen Spezialisten bzw. speziell religiös (Weiter)Gebildeten. Es handelt sich hier u. a. um die arabischsprachige Ali-Anrufung *Nâdi Aliyyan* sowie um *salavât* genannte Anrufungsformeln (auch zumeist in arabischer Sprache), die sich vor allem an die ‚Ehl-i Beyt' bzw. die ‚Oniki İmâm' wenden. Weitere Gebete – gemeint sind hier gesprochene Texte im Gegensatz zu gesungenen –, die vor allem in türkischer Sprache gehalten sind, können formelhaft verfasst sein, auf dichterische Formen zurückgreifen oder persönlichen Charakter tragen. Bezeichnungen für solche Gebetsformen sind *duâ*, *gülbâng*, *münâcât* oder *tercümân*, ohne dass jeweils einer der Begriffe eindeutig einer stilistisch-kontextualen Form zugeordnet werden könnte. Es ist leider nicht bekannt, in welchem Maße heutige Gläubige, insbesondere in der Diaspora, die von ‚Geistlichen' (*dede*) in Ritualhandbüchern empfohlenen Gebetsanlässe tatsächlich wahrnehmen oder ob dies früher zum Beispiel in einem anderen Maße als heute der Fall war. Vermutlich ist das Anführen solch normierter Gebetsanlässe teilweise dem Anspruch geschuldet, ein ‚vollständiges' Ritualhandbuch zu verfassen. Ritualhandbücher nennen als Anlässe für persönliche Gebete die Mahlzeiten, die Bitte um Hilfe in Not, den Antritt einer Reise und das Zubettgehen, wobei das Gebet zur Nacht bzw. vor dem Schlaf regelmäßiger als die anderen angeführt wird. Charakteristisch ist ein weiterer Formelkomplex: die ‚Bitte um Vergebung' (*tevbe* oder *tövbe*), die uns in den gemeinschaftlichen Ritualen unter der Leitung eines *dede* mit dem kollektiv ausgesprochenen „estâğfirullâh" (‚Gott möge verzeihen!') immer wieder begegnet. Eng verbunden ist dies mit dem Einholen von ‚Einverständnis' (*râzîlık*) durch die Frage „... râzî mısınız?", die auf das ‚miteinander im Reinen sein' der Teilnehmer untereinander und das Einverständnis der Gemeinde gegenüber dem Ritualleiter zielt, um das der Ritualleiter zu Beginn eines Rituals die versammelte Gemeinde bittet.

Komplexere Formeln sind meist nur durch den religiösen Spezialisten und im Wechselspiel mit ihm oder unter seiner Anleitung zu realisieren. Insbesondere in der Diaspora wird dies durch die abnehmenden Sprachkenntnisse verstärkt. Der Bereich, der den Laien durchaus offen steht und teilweise von ihnen dominiert wird, ist derjenige der religiösen Dichtung, zu dem Klagegedichte über die Ermordung Hüseyins in Kerbela (*maktel-i Hüseyin/makâtil*) und über die Leiden der ‚Zwölf Imame' (*mersiyye*) ebenso wie religiöse Lieder und Hymnen, die als *deyiş* (von *demek*, ‚sagen'), *nefes* (wörtlich ‚Hauch', ‚Atem') oder *düvâz*[*deh*] *imâm* (persisch für ‚zwölf Imame') bezeichnet werden, gehören. Einerseits erfordert es die Rolle der Kongregation im Ritual, religiöse Hymen, wie das *tevhîd* genannte ‚Einheitsbekenntnis' während des Rituals zu singen, was die Beherrschung von Texten und Melodien erfordert. In der Diaspora stellt dies aufgrund mangelnder Textkenntnis manchmal eine Schwierigkeit dar. Andererseits sind Laien oftmals als Lied-Dichter tätig oder interpretieren die religiösen Lieder vergangener Jahrhunderte mit großem Enthusiasmus, sei es im ‚säkularen' Kontext einer Kulturveranstaltung, im eher häuslichen Rahmen oder als musikalisch-gesangliche Begleitung des Geistlichen bei den Versammlungsritualen als sogenannter *zâkir*, der ‚Ausüber des *zikir*', des mystischen ‚Gottesgedenkens'. Die Funktion des *zâkir* kann auch vom *dede* selbst übernommen werden. Solche Dichtungen können Symbol-Charakter gewinnen, wenn die Texte und die damit verbundenen charakteristischen Melodien in anderen Kontexten, z. B. bei Festivals und im Radio, als Erkennungszeichen und Marker für *Alevîlik* (‚Alevitum') fungieren. Dies scheint insbesondere für die *tevhîd* genannten Hymnen zu gelten,[6] deren Texte nach indigener Sicht nicht als *âşık*-Dichtung klassifiziert werden können und die – soweit bisher beobachtet – in relativ textstabiler Form in jedem *cem*-Ritual vorkommen. In Deutschland finden sich mittlerweile ‚Dichter-*dede*', die alevitische *deyiş* in deutscher Sprache verfassen und vortragen. Bisher geschieht dies jedoch im Bereich der Gebetstexte im Ritual eher zögerlich, da das Türkisch der Ritualtexte bis zu einem gewissen Grad durchaus als ‚heilige Sprache' angesehen wird – oftmals jedoch eher mit nationalistischen als mit religiösen Untertönen, insbesondere, wenn die radikale Ideologie eines rassistischen Nationalismus ins Spiel kommt, die die Bewahrung und ‚Reinhaltung' der türkischen Sprache unter Gesichtspunkten des Schutzes der ‚türkischen Rasse' thematisiert. Dies und die Angst vor einem generellen Identitätsverlust durch Sprachwechsel sind sicherlich Gründe dafür, dass noch kein vollständiger Ritualtext oder auch nur ein Ritualhandbuch in deutscher Sprache vorliegt.[7]

6 Durch den Refrain einer dieser Hymnen, der unter anderem aus dem islamischen Bekenntnis des einen Gottes – „lâ ilâhe illâ 'llâh" – besteht, können sie über die alevitische Gruppe hinaus eine besondere Wirkung haben, da der Wiedererkennungswert dieser Wortformel in islamischen Gesellschaften sehr hoch ist, handelt es sich doch um den ersten Bestandteil des islamischen Glaubensbekenntnisses (*şehâdet*). Dies mag die Verbreitung dieser Lieder auch in Form von populären Liedern, gesungen durch alevitische Sänger, auf CDs erklären.

7 Insbesondere durch die jüngere Generation wird dies als Mangel empfunden. Einige Internet-Publikationen, vor allem die vom Bildungsbeauftragten der Alevitischen Gemeinde Deutschland e. V. (AABF), Ismail Kaplan, verfassten religions- und ritualbezogenen Abschnitte der AABF-Homepage kompensieren dies teilweise. Daneben existieren auch deutschsprachige Darstellungen, die sich allerdings eher an ein deutsches, nicht-alevitisches Publikum wenden, beispielsweise Kaplan 2004 und Das Paritätische Jugendwerk NRW; AAGB (Hg.) 2006, aber sicherlich von insbesondere jüngeren Aleviten als Referenzwerke benutzt werden.

Redistribution und Kommensalität

Ein weiteres wichtiges Grundmuster und gleichzeitig ein grundlegender ‚Rahmungsvorgang' alevitischer Kollektiv-Rituale ist das ‚Opfern'von Lebensmitteln vor der Ritualdurchführung, ihre Aufteilung und ‚Segnung' während des Rituals, ihre Verteilung in gleichen, ‚gerechten' Portionen sowie das gemeinsame Mahl nach dem Ritual.[8] Im ruralen Kontext erfolgt dies vor allem durch das Opfern eines Tieres (Schaf oder Rind bzw. Kalb), *kurbân kesmek*; der Zubereitung des in gleichgroße Stückchen zerteilten Opferfleisches in einem großen Kessel (*kazan*), der Segnung des im Kessel enthaltenen Opfermahles durch eine *duâ* und die Verteilung desselben in gleichen Portionen als *lokma*, wörtlich ‚Bissen', unter der Kongregation, wobei die Angehörigen der ‚Geistlichenkaste', die durch ihre Abstammung von der Prophetenfamilie einen höheren Status genießen, besondere Portionen des Opferfleisches erhalten. Zum vollständigen Mahl gehören auch andere Produkte der Landwirtschaft, wie etwa Joghurt für das Getränk Ayran und Weizen für Brot und Bulgur-Weizengrütze, die ebenfalls gespendet werden.[9] Diese Art der Versammlungsrituale kommt überhaupt erst zustande, wenn Gemeindemitglieder, die dazu wirtschaftlich in der Lage sind, ein Opfertier sowie weitere Lebensmittel zur Verfügung stellen und die ‚Aufwandsentschädigung' in Geldform an den *dede*, auch *hakkullâh*, ‚Anrecht Gottes' genannt, aufbringen. Hier wird die Funktion des Rituals als Redistributionsmechanismus zur gleichmäßigen Verteilung von Nahrungsressourcen innerhalb der Gemeinschaft deutlich.

Diese Redistributionsfunktion wird an den modernen, städtischen ‚Versammlungshäusern' (*cemevi*s) der Aleviten in der Türkei in modernisierter Form weitergeführt (Langer, im Druck). Teilweise in hohem Maße durchorganisiert werden hier in Ställen gehaltene, von Gläubigen gespendete Tiere geschlachtet, in Großküchen zubereitet und zusammen mit Bulgur und Ayran oder anderen Getränken verteilt. Zu diesem gemeinsamen Mahl kommen meist mehr Menschen, als an dem vorausgegangenen Gemeinde-‚Gottesdienst' Teilnehmende anwesend waren, darunter auch Bedürftige, die nicht direkt zur Gemeinde zu rechnen sind. Diese moderne Form der Armenspeisung ist weit verbreitet. In eine andere Richtung ging die Entwicklung in Deutschland: Einerseits legen Aleviten auch in der Diaspora Wert darauf, das Tieropfer korrekt zu realisieren und sorgen z. B. auch dafür, die Schlachtung des Tieres nach traditioneller Methode selbst oder mit der Hilfe kompetenter Gemeindemitglieder auszuführen. Andererseits werden von der jüngeren Generation oftmals dezidierte Ritualkritiken formuliert, die sich gegen das als brutal und ‚barbarisch' angesehene Tieropfer wenden und Ersatzhandlungen,

---

8 Siehe dazu Langer 2006b.

9 Durch diese verschiedenen Lebensmittel sind Produkte der Vieh-, Milch- und Feldwirtschaft im gleichen Maße repräsentiert.

z. B. den Verzicht auf Rauchen, empfehlen. Wie wichtig jedoch die Rahmung eines Gemeinschaftsrituals durch das ‚Opfern' von Speisen sowie ihre Segnung und Verteilung nach dem ‚Gottesdienst' auch für Aleviten in Deutschland ist, zeigen Substitutionsriten. So werden gekaufte[10] oder selbst zubereitete Speisen mitgebracht und nach dem Ritual entweder in gleichen Portionen verteilt oder in Form eines Buffets zur Speisung der Teilnehmer angeboten. Es bleibt also auch unter grundlegend veränderten Kontextfaktoren bei einer Rahmung durch Essensspende und Essensverteilung, zumal hierdurch die Ideologie des Teilens und der Solidarität sowie der Egalität aller Teilnehmer exemplarisch durch öffentlich sichtbar praktizierte Handlungen zum Ausdruck gebracht werden kann.

Körper und Räume

Betrachtet man die räumlichen Orientierungen und den Habitus der Teilnehmer in einem alevitischen *cem*-Ritual, so fällt die Ausrichtung der Gemeinde auf den leitenden ‚Geistlichen' ins Auge. Die Gemeinde sitzt dabei in einem Kreis um den *meydân*, wobei der Kreis durch den Sitzplatz des oder der *dede*s unterbrochen wird. Einerseits sind damit die Ritualteilnehmer auf den Leiter hin ausgerichtet. Andererseits können sich die Teilnehmer auch über den *meydân* hinweg gegenseitig ansehen. Die hervorgehobene Position des Ritualleiters soll nach moderner Lesart alevitischer Glaubensvorstellungen vor allem die Bedeutung des Menschen an sich als ‚Träger göttlichen Lichts' symbolisieren – der Mensch als ‚Gebetsrichtung'/ *kible* – und nicht etwa den *dede* als besonderen Menschen hervorheben. Das Sitzen im Kreis der Teilnehmer soll den Egalitarismus im Ritual betonen, da es hier – abgesehen vom *dede* – keinen hervorgehobenen, räumlich besonders markierten Platz einzelner Teilnehmer oder Teilnehmergruppen gibt. Allerdings wird der Kreis in der Regel in eine Männer- und Frauenabteilung unterteilt. Diese Geschlechtertrennung wird in der Diaspora oftmals nicht mehr eingehalten, nicht zuletzt, da dies der in der Moderne propagierten Geschlechtergleichheit nicht entspricht. Für frühere Zeiten kann aber sicherlich auch von einer explizit ausgedrückten Ehrerbietung gegenüber der ‚Familie des Propheten' bzw. Alis und Hüseyins in Person der Geistlichen ausgegangen werden, die sich auf Abkunft vom Propheten berufen. Dieser Aspekt ist heutzutage auch noch von Bedeutung, wenngleich er in den Selbstdarstellungen von Aleviten nicht gerne betont wird.

Im Bereich der Sensomotorik (Habitus, Haltung und Gestik) sind die schon oben als Bestandteil der performativen Grundmuster, die beispielsweise

10 Gekaufte, industriell gefertigte Lebensmittel, wie Kekse und Süßigkeiten, kommen inzwischen auch in der Türkei, sowohl in den städtischen *cemevi*s wie auch auf den Dörfern zum Einsatz.

bei ‚Anrufungen' ausgeführten Verehrungsgesten bei bestimmten Textpassagen, vor allem der Nennung von Namen religiöser Figuren, anzuführen. Sie bestehen aus dem allgemein im Vorderen Orient verbreiteten Grußgestus gegenüber Höhergestellten: das Führen der rechten Hand an die Brust und/oder den Mund bzw. die Stirn. Diese können durch weitere Gesten oder Bewegungsabläufe ergänzt werden, z. B. durch das mehrmals an bestimmten Stellen des *cem*-Rituals praktizierte Niederwerfen (Prostration, *secde*). In der vornübergebeugt knienden Stellung wird dann während eines vom *dede* gesprochenen Gebetes verharrt. Daneben gibt es aber auch stehende Gebetshaltungen. Das öffentliche Beten, z. B. bei Begräbnissen, verläuft nach mehrheitsgesellschaftlich sunnitisch-orthodoxem Muster im Stehen mit nach vorne gehaltenen mit den Innenflächen nach oben offenen Händen. Diese Gebetshaltung ist in den Fällen, wo gemeinislamische Gebete, wie die *fâtiha*, in den *cem* eingebaut wurden auch während dieses Rituals zu beobachten. Spezifisch alevitisch ist jedoch das auch in zarathustrischer Priesterpraxis bereits für vorislamische Zeit nachgewiesene Stehen mit der großen Zehe des rechten Fußes über der großen Zehe des linken Fußes, das sogenannte *ayak mühürleme* (‚Versiegeln der Füße'), welches beim ‚Stehen im *dâr*' (*dâra durmak*; wörtlich ‚am Galgen verharren') ausgeführt wird. Das ‚Stehen im *dâr*' wird in der ebenso bezeichneten Mitte des Ritualraumes auf dem *meydân* praktiziert, wenn man dem *dede* gegenübertritt, um einen Ritualdienst (*hizmet*) oder eine andere Rolle im Ritual zu vollziehen. Der Ausführende hat dabei zusätzlich zum ‚Versiegeln der Füße' noch die Hände vor der Brust verschränkt und den Oberkörper und Kopf leicht nach vorne geneigt. Dieser den ganzen Körper einbeziehende Gestus ist klar als eine Demutshaltung gegenüber einem Höhergestellten zu erkennen.[11]

Neben dem lockeren Sitzen (*rahât*) während weniger ritualisierter Phasen der Versammlungszeremonie, z. B. während des Vortrags eines *deyiş*, ist noch das aufrechte Knien anzuführen. In dieser Haltung bewegt man sich auch rhythmisch zu einigen Hymnen, in erster Linie während des gemeinsamen Singens der *tevhîd*-Lieder, wobei inzwischen ein Selbstgeißelungsgestus des an die Brust oder auf die Schenkel Schlagens zum Standard geworden ist. Dies ist oder war in den Dörfern zumindest nicht überall der Fall, wie eigene Feldforschungen und die Befragung älterer Dorfbewohner ergeben haben. Wir haben es hier also mit einer Standardisierung zu tun, die sich rasant über die ganze moderne, ‚transnationale' alevitische Gemeinschaft verbreitet und

11 Die alevitischen Diskurse zu dieser Haltung beziehen sich auf den mittelalterlichen arabisch-islamischen Mystiker Manṣūr al-Ḥallādj (857–922), der unter anderem wegen seines mystischen Gottesbildes als Ketzer an einen im türkischen Kontext als *dâr* bezeichneten ‚Galgen' (persisch ‚Holz', ‚Galgen'; im arabischen *ṣalīb*, ‚Kreuz') gehängt und hingerichtet wurde. Darum wird der *dâr* auch als *dâr-i Mansûr* bezeichnet.

Akzeptanz gefunden hat, wohl durch besonders eindrucksvolle Ritualinszenierungen im alevitischen Fernsehen, das über Satellit in jedes alevitische Wohnzimmer auch in Deutschland übertragen wird.

In Bezug auf den Körper gelten im Alevitentum keine religiös sanktionierten, ritualisierten Reinigungsvorschriften, die vor dem Ritual demonstrativ durchzuführen wären, wie die öffentliche ‚kleine Waschung' vor dem Gebet in einer Moschee. Jedoch verweisen zumindest moderne Ritualhandbücher generell darauf, dass man sauber gewaschen und mit guten, jedoch nicht auffällig prächtigen Kleidern zum ‚Gottesdienst' zu kommen habe. Zu erwähnen wären in diesem Zusammenhang noch Speisetabus: Im türkischen Kontext wird generell kein Schweinefleisch konsumiert, zumal es dort auch gar nicht zum normalen Nahrungsangebot zählt. Charakteristisch ist jedoch das sogenannte ‚Hasentabu' der Aleviten, das zu Spekulationen und mehr oder minder einleuchtenden Begründungen Anlass gegeben hat. Alkoholische Getränke (wie Wein und Schnaps) haben zumindest früher in einigen alevitischen Gemeinschaften im Ritual eine Rolle gespielt. Teilweise tun sie dies auch heute noch, wenn es sich um nicht-öffentliche Kontexte, insbesondere im Bektaşî-Umfeld handelt. Der Kontextwechsel in ein mehrheitlich sunnitisches Milieu in den Städten hat hier dazu geführt, dass dieses Element kein Revival erfahren hat und gruppenübergreifend bei allen modernen alevitischen Ritualen eliminiert wurde. Auch in Deutschland, wo man sich öffentliche Performanzen aus der Türkei zum Vorbild nimmt, gibt es keinen Einsatz von alkoholischen Getränken.

Die räumliche Struktur innerhalb alevitischer Gemeinderituale wird, neben der oben erwähnten Ausrichtung auf den *dede* hin, vor allem durch die Begrenzung von Ritualflächen bestimmt. So ist zunächst der Ritualraum (*cem salonu*), der, unabhängig von einem Gemeindehaus, prinzipiell in jedem ausreichend großen Raum, auch in Wohnhäusern, eingerichtet werden kann, dadurch abgegrenzt, dass man vor dem Betreten die Schuhe auszieht. Die Markierung ist zumeist die Schwelle einer Eingangstür. Darüber hinaus (be)findet sich an der entsprechenden Stelle einer der aus dem Kreis der Laien rekrutierten sogenannten ‚Diensthabenden' (*hizmetçi*, ‚der den Dienst/*hizmet* ausführt'), der auf die Einhaltung dieser Regel achtet und mit verschiedenen Begriffen bezeichnet werden kann (u. a. *iznikçi* oder *kapıcı*) Er überwacht den Zutritt der zum Ritual Zugelassenen und verweigert z. B. nichtinitiierten Gemeindemitgliedern und aus der Gemeinschaft Ausgestoßenen den Einlass. Insbesondere in früherer Zeit kam ihm auch die Aufgabe zu, die Versammlung zu warnen, sollten sich unvorhergesehen Nicht-Aleviten oder Vertreter der Staatsgewalt (Militärs, Polizisten etc.) der Ortschaft, speziell dem Ritualort nähern. Bis in jüngste Zeit kam es zu gewaltsamen Störungen alevitischer Rituale, die mit dem Vorwurf der ‚Ketzerei' durch sunnitische Muslime oder mit dem Vorwurf des Gesetzesverstoßes – gegen das Gesetz, welches unter Atatürk die Aktivitäten von mystischen ‚Orden' illegal machte – durch Polizisten durchgeführt wurden.

Hinter der Türschwelle ist der Raum oftmals durch speziellen Bodenbelag wie Web- oder Knüpfteppiche und um den *meydân* angeordnete Sitzkissen gekennzeichnet, was der Einrichtung eines traditionellen Wohnhauses entspricht. In Deutschland kommt es gelegentlich auch zum Einsatz von Stühlen, was in der Türkei jedoch weitgehend verpönt ist. In der Mitte des Ritualraumes befindet sich eine freie Fläche, auf der während des Rituals bestimme Handlungen von Laien-Diensthabende ausgeführt werden, insbesondere der *semâh* genannte Ritualtanz (s. u.). Diese Fläche wird analog zum zentralen Ritualplatz in Derwisch-‚Klöstern' (*tekke*) als *meydân* (‚Platz') bezeichnet. Der Ort der ‚Geistlichen' ist nicht nur durch die Ausrichtung der Gemeinde auf diesen hin hervorgehoben. Er wird auch durch besondere Sitzgelegenheiten hervorgehoben, wobei symbolisch das Fell eines früher geopferten Schafes (*pôst*) zum Einsatz kommt, das von einem Laien-Dienst (*pôstçu*) zu Beginn des Rituals gebracht und ausgelegt wird. In modernen *cemevi*s ist die pars-pro-toto *pôs*" genannte Sitzstelle des oder der *dede*s in der Regel durch eine podestartige Erhöhung wie eine Bühne charakterisiert: Hinter dem *pôst* finden sich an der Wand die Mehrzahl der modernen Dekorationsobjekte des Ritualraumes: Bilder der ‚Zwölf Imame', Darstellungen von ‚Heiligen' oder in der Diaspora oftmals ‚moderne', symbolträchtige Wandmalereien (*semah*-TänzerInnen, Friedenstauben, etc.).

Der *meydân* wiederum dient als Ritualort für Grußriten, die von Ritualteilnehmern gegenüber dem *pôst* ausgeführt werden, auch wenn dort noch kein *dede* Platz genommen hat. Diese Form der Niederwerfung, verbunden mit dem Küssen des *meydân*s oder *pôst*s wird als *niyâz* (‚Bitten', ‚Flehen'; im Derwischkontext die Ehrerbietungsgeste gegenüber einem Höherrangigen) bezeichnet. Solche Grußriten in Form einer Prostration werden auch während bestimmter Sequenzen des Rituals von Gläubigen durchgeführt, immer in Richtung auf das *pôst*, z. B. bei der Übernahme von Ritualdiensten oder bei eingeschobenen Ritualsequenzen wie einer Trauung. Werden solche ‚Grußriten' oftmals schon synchron kollektiv durchgeführt, so kommt es während des Rituals zu weiteren eindeutig kollektiven Körperkonfigurationen. Zum einen wird das oben erwähnte *râzîlık*, das Erklären des Einverständnisses mit den teilnehmenden Mit-Gläubigen, durch die Gemeinde durchlaufende Umarmungen oder Händeschütteln performativ umgesetzt. Besonders körperwirksam ist jedoch auch das gemeinsame Halten an den Händen, das im Stehen beim Singen eines Trauerlieds (*mersiyye*) ausgeführt wird, in dem die Ermordung von Hüseyin in Kerbela erzählt und reaktualisiert wird. Diese Performanz-Sequenz wurde jedoch nicht überall beobachtet, insbesondere nicht in Deutschland, wo der Ablauf durch mangelnde Praxis und beispielsweise durch den Einsatz von Stühlen, welcher auch die Niederwerfung nur in angedeuteter Form durch Vorlehnen des Körpers in Sitzhaltung erlaubt, ohnehin eher einen statischen Eindruck macht. Ein weiterer Aspekt der typischen Diaspora-Performanz des *cem* mit Stühlen ist eine Verkehrung der Hierarchiesymbolik: Der *dede* sitzt nach wie vor auf einem ‚traditionellen' *pôst* in Bodennähe, was seine eigentlich hervorgehobene Stellung als Ritualleiter gegenüber den auf Stühlen sitzenden Teilnehmern in gewisser Weise ‚herabstuft'.

Objekte

Neben den genannten raumspezifischen Dekorationsobjekten des modernen Alevitentums, wie Heiligengemälden und Wandmalereien, finden sich im Kontext alevitischer Rituale noch einige andere Objekte. Im Besitz der ‚Heiligen Familien' (*ocak*), aus denen sich die traditionellen religiösen Spezialisten rekrutieren, befinden sich einige Objekte, die hier als ‚Legitimationsobjekte' angesprochen werden können und traditionel teilweise hohe Verehrung durch die ‚Laien' erfahren haben. An erster Stelle stehen hier Bücher, die kollektiv oftmals als *buyruk* angesprochen werden, obzwar es sich im Einzelnen um verschiedene Texte handelt, nicht nur und ausschließlich um die Textgattung des ‚Befehls (durch einen religiösen Führer, Ordensoberen etc.)', der wörtlichen Bedeutung von *buyruk*. Diese Bücher gelten als Sammlungen alevitischer Religionsregeln, und de facto finden sich hier in erster Linie Regeln zu Vergehen und dazugehörigen Strafen. Sie dienen der Legitimation der *dede*s insofern, als sie damit in den Besitz der Regeln der Gemeinschaft gestellt sind, die durch Hinzufügung autoritativer Personennamen im Sinne eines Autors hervorgehoben werden (*İmâm Cafer Buyruğu*, *Şeyh Safî Buyruğu*). Obwohl diese Quellen aufgrund ihrer Abfassung in arabo-persischer Schrift heutzutage selbst den meisten *dede*s sprachlich nicht mehr zugänglich sind, werden diese Handschriften oftmals sorgsam bewahrt. Wie auch andere Dokumente und Bücher sind sie im Zuge der Migration teilweise nach Europa gelangt. Hierzu sind auch weitere Dokumente zu rechnen, v. a. Stammbäume (*şecere*) und (Beglaubigungs-)Urkunden (*icâzetnâme*). Erstere verweisen auf die Abstammung der *dede-lineages* von der Familie des Propheten über einen der ‚Zwölf Imame', häufig über Mûsâ al-Kâzım, und auf ihren Status als *seyyid*, als Abkömmling des Propheten über Hüseyin. Sie wurden den anatolischen *dede*s bei Besuchen an schiitischen Zentren wie Bagdad, Kerbela und Nadschaf von den ‚Verwaltern [der Listen] der Abkömmlinge des Propheten' (*nâkibü'l-eşrâf*) ausgestellt. Ähnlich wurde im Hauptort des Bektaşî-Ordens, in Hacıbektaş, verfahren, wobei hier noch Beglaubigungsurkunden über die Befähigung als *dede* durch die Verwalter des ‚Klosters' von Hâccî Bektaş Velî hinzutreten. Für die Rekonstruktion historischer

Ritualperformanzen enthalten diese Dokumente wenig Material, jedoch sind sie Bestandteil der für die alevitische Ritualistik relevanten ‚Infrastruktur'.

Diese Schriftobjekte, die auch der Legitimation der religiösen Spezialisten als kompetente Gemeinde- und Ritualleiter gegenüber den ‚Laien' dienen, treten nicht im Ritual in Erscheinung. Verwendet wurden jedoch früher die *tarîk* genannten Ritualstäbe, die analog zur ‚Derwischkeule' den Inhaber bzw. seinen Klan als wirkmächtig in spirituell-übernatürlichen Dingen auszeichneten. Diese *tarîk*-Stäbe wurden sorgsam, meist in Textilien gewickelt, aufbewahrt, zumal ihnen eigene Handlungsmacht und Wundertätigkeit zugeschrieben wurde. Nur bei Ritualen oder anderen besonderen Anlässen, wie etwa zum Zwecke von Heilungen, wurden sie enthüllt. Offenbar sind solche Objekte im Gegensatz zu Schriftdokumenten jedoch nicht in die Migrationsregionen gelangt. Viele dieser Ritualstäbe dürften im Zuge von Verfolgungen im 20. Jahrhundert oder durch ‚Modernisierer' vernichtet worden sein, nicht zuletzt bei der letzten ‚Missionierungswelle' durch Bektaşîs in Ost-Anatolien im Zuge des Ersten Weltkriegs und des ‚Befreiungskriegs', als Bektaşî-Führer sich explizit gegen die *tarîk*s als zulässiges Ritualinstrument – nicht aber gegen die mit ihm durchgeführten Handlungen, symbolische oder tatsächliche Schläge – wandten: Der *tarîk* symbolisierte in diesem Konflikt auch die Unabhängigkeit der alevitischen *seyyid-ocak*s vom Orden.

Gehören solche Ritualstäbe, abgesehen vom Holzstab, den der *gözcü* während seines Dienstes trägt, heutzutage nicht mehr zum Standard-Instrumentarium, so gibt es einige Objekte, die als ‚liturgische Instrumente' angesprochen werden können. Es handelt sich dabei zumeist um nicht speziell für das Ritual angefertigte Alltagsobjekte des traditionellen Lebens, was sie im Falle einiger obsolet gewordener Gegenstände jedoch zu speziellen Objekten im modernen Kontext macht, die man nicht ohne weiteres auf dem Konsumentenmarkt erwerben kann. Unproblematisch ist dies noch in Zusammenhang mit dem beim ‚Kehrritus' eingesetzten Handfeger (*süpürge*) sowie für Kerzenleuchter zum Entzünden der drei, Hakk, Muhammed und Ali zugeordneten Lichter. Das präparierte Schaffell (*pôst*) oder eine traditionelle Gebetsunterlage (*seccâde*) für den *dede* ist hingegen nicht ohne weiteres überall verfügbar. Auch die traditionelle Wasserkanne mit Becken für den Handwaschungsritus muss heute als Dekorobjekt im Souvenirgeschäft erworben werden, wenn keine traditionellen Objekte aus Familienbesitz zur Verfügung stehen.

Zentrales Objekt sowohl ritueller Praxis wie auch symbolischer Verehrung ist das während des Rituals eingesetzte Musikinstrument, die heute gemeinhin als *sâz* (von persisch für ‚Saiteninstrument') bezeichnete Langhalslaute (eigentlich: *bağlama*). Gängige Bezeichnung in der Diaspora ist auch der Ausdruck „Telli Kur'ân" (‚Koran mit Saiten'), der in jüngster Zeit in Deutschland geradezu ostentativ benutzt wird, im türkischen Kontext so aber nicht an prominenter Stelle begegnet. Dieses Musikinstrument ist emblematisch auf Logos, Plakaten oder Skulpturen zum Symbol des Alevitentums geworden. Ähnliches gilt für die Nachbildung des zweispitzigen Schwerts des Ali, ‚Zûlfikâr' genannt, die zwar im Ritual nicht zum Einsatz kommt – wobei die *tarîk*-Stäbe früher gelegentlich auch als ‚Zûlfikâr' bezeichnet wurden – jedoch von alevitischen Jugendlichen häufig als Zeichen ihrer religiösen Identität als Anhänger um den Hals getragen werden. Auch weitere solcher Devotionsobjekte kommen amulettartig zum Einsatz, wie beispielsweise Anstecker mit dem Bildnis von Ali oder anderen verehrten Personen. Eine traditionelle Amulettkultur, die vor allem durch amulettwertig verwandte Texte bzw. Buchstabenkombinationen in verschiedener materieller Realisierung charakterisiert war, scheint jedoch nicht mehr zu existieren, nicht zuletzt, da alevitische Geistliche, die potentiellen Produzenten solcher Amuletttexte, nicht mehr in der Lage sind, arabische Schriftzeichen zu verwenden, die eine geradezu zwingende Voraussetzung für die Produktion ‚heiliger Texte' im Vorderen Orient sind. Aus einigen in Heidelberg untersuchten Handschriften aus dem Besitz von *dede*-Familien, die amulettwertige, ‚magische' Texte oder Zeichen enthalten, wissen wir jedoch, dass *dede*s früher traditionelle Amulette für bestimmte Zwecke erstellt haben.

An spezifischen Substanzen, die während des *cem*-Rituals Verwendung finden, sind neben dem verdrängten alkoholischen Getränk und den Lebensmitteln, insbesondere dem Opferfleisch, vor allem das Wasser zu nennen, das einerseits zur symbolischen Handwaschung zu Anfang des Rituals dient, andererseits vom ‚Mundschenk' (der ‚Dienst' des *sakkâ*) nach der im Ritual integrierten Erzählung von den Dürstenden in der Wüste von Kerbela auf die Kongregation verspritzt wird. Schließlich wurde schon angesprochen, dass zu Anfang des Rituals drei Kerzen (*delîl*) unter Anrufung von „Hakk / Allâh, Muhammed, (ve) Ali" entzündet werden. Somit ist schließlich das Licht sowie seine Erzeugungssubstanzen, das Wachs (*mûm*) und früher wohl auch das Öl oder Tierfett für die Lampen (*çerâğ*), zu nennen. Heutzutage wird im städtischen Kontext oftmals elektrisches Licht verwendet. Aber gerade in der Diaspora beobachtet man gewisse Vorlieben für ‚traditionelle' Kerzenbeleuchtung. Das Auslöschen der Lichter (*mum söndürme*) am Ende des Rituals hat den Aleviten die Fremdbezeichnung der ‚Kerzenlöscher' eingebracht: Es wurde ihnen vorgeworfen, nach dem Ritual unmoralische Handlungen ‚im Dunkeln' auszuführen, wobei man ihnen vor allem inzestuöse sexuelle Verbindungen unterstellte.

Zeitliche Konfigurationen

Bedeutsam für die alevitische Ritualistik sind einerseits die traditionelle Einteilung des Tages im Vorderen Orient und andererseits historische bzw.

religiöse Kalender sowie die bäuerliche Einteilung der Jahreszeiten nach Abläufen der Feldarbeit oder der Arbeit mit den Viehherden. Der Tag beginnt im Vorderen Orient – entgegen der Tageseinteilung des westlichen Kalenders – mit dem Sonnenuntergang. Darum ist mitunter vom ‚Freitagabend‘ (*cuma akşamı*) die Rede, wenn der für Rituale bevorzugte Zeitabschnitt gemeint ist, der aus moderner Sicht der Vorabend des Freitags, sprich der Donnerstagabend des modernen Kalenders ist.

Historische Kalender, hier der orthodox-christliche *rûmî*-Kalender (julianisch, ‚alter Stil‘), der im Osmanischen Reich der offizielle, den Jahreszeiten entsprechende Sonnenkalender war, spielen eine Rolle bei der Terminierung einiger Feste wie dem Hızır-Fasten und *Hıdırellez* (s.u.). Daneben dient der islamische Mondkalender (*hicrî-kamerî*) zur Festlegung von Feiertagen wie dem ‚Opferfest‘ (*Kurbân Bayramı*). Da diese Kalender nicht mehr im Bewusstsein der allgemeinen Bevölkerung weitergezählt werden, sind Aleviten – wie im übrigen auch sunnitische Türken – auf die Benutzung von Kalendern, die durch das ‚Religionsamt‘ der Türkei (*Diyanet İşleri Başkanlığı*) herausgegeben werden, angewiesen. Die somit verfügbaren Kalenderdatierungen werden in mit spezifisch alevitischen Texten und gelegentlich auch Bildern angereicherte Kalender aufgenommen, wie sie von alevitischen Organisationen, aber auch Verlagen in der Türkei herausgegeben werden. In der westlichen Diaspora stehen die entsprechenden Ressourcen nicht zur Verfügung, so dass man zwangsläufig auf Materialien aus der Türkei angewiesen ist.

Zu nennen ist schließlich noch die landwirtschaftliche Einteilung des Jahres nach jahreszeitlichen Abschnitten. Traditionellerweise fanden die größeren Versammlungsrituale unter Leitung von führenden *dede*s, die zuweilen zu ihren Laien von weit her anreisen mussten, nach der für alle Beteiligten[12] arbeitsreichen Ernte- und Viehtriebssaison im Herbst, vor allem aber im Winter statt. Hier ist eine markante Veränderung durch Migration und Verstädterung sichtbar. Heute hat man in türkischen Städten vielerorts ein wöchentliches modernes *cem*-Ritual etabliert, das eine Kurzform der alten Performanzen darstellt. Seine wöchentliche Frequenz wäre unter traditionellen landwirtschaftlichen Bedingungen überhaupt nicht denkbar. Dies ist sicherlich mit als eine Reaktion auf die wiedererstarkende Bedeutung des sunnitischen Freitagsgebets zu interpretieren. In der Diaspora fehlt hingegen noch die personelle und sonstige Infrastruktur für die Durchführung auch nur monatlicher Rituale, so dass vor allem die wichtigen Festtermine Anlass für ein *cem*-Ritual bieten.

12 Auch die *dede*s mussten in der Regel ‚bürgerlichen‘ Berufen zum Haupterwerb nachgehen.

Akteursgruppen und Performanzstrukturen

Zu den Grundvoraussetzungen traditioneller alevitischer Ritualistik gehörte die Einteilung der alevitischen Gemeinschaft(en) in ‚Laien' (*tâlib*) und die ‚Geistlichenkaste' der *dede*, die in *ocak* (wörtlich: ‚Herd' im Sinne von ‚Haushalt', Klan) genannten Abstammungsgruppen (*lineages*) organisiert waren, weswegen ihre Mitglieder auch *ocakzâde* (‚aus einem *ocak* stammend') genannt werden. Diese ‚Kasteneinteilung' – nach traditionellen Heiratsregeln handelt es sich jeweils um endogame Gruppen, die aber im Sinne eines spirituellen Verhältnisses zwischen *tâlib*-Gruppen und ‚ihren' *dede*s jeweils erblich zugeordnet sind – ist jedoch nicht gleichzusetzen mit einer Einteilung in ‚religiöse Spezialisten' und ‚religiöse Laien'. Weder sind alle Angehörigen der ‚*dede*-Kaste' als *dede* tätig, noch ist das religiöse Spezialistentum (*dedelik*) für *tâlib*s völlig ausgeschlossen. Letzteres ergibt sich schon aus der Tatsache, dass ‚Laien' durch die oben erwähnten ‚Dienste' in das Ritualgeschehen während des gemeinschaftlichen *cem*-Rituals eingebunden sind und solche ‚Dienste' innerhalb von einzelnen Familien sogar von Generation zu Generation weitergegeben wurden. Insbesondere in der Funktion des *zâkir*, des ‚musikalischen Spezialisten', sind Laien in einer ‚professionalisierten' Form z. T. auch weit über ihre (Dorf-)Gemeinde hinaus tätig. Dieser rituelle Dienst setzt eine gewisse Spezialisierung in der Beherrschung des Saiteninstrumentes *sâz* (*bağlama*) und musikalische Improvisationstechniken voraus. Daneben ist für die Ausübung dieser Aufgabe auch die auswendige Beherrschung vieler Liedtexte notwendig. Entsprechend sind eine ganze Reihe von Musikern, auch im Sinne eines ‚Volksbarden' (*âşık* oder *ozan*), kreativ tätig, sei es bei der Improvisation mittels bekannter Melodien und Texte, sei es, dass sie selbst Lieder verfassen und vortragen. Sind solche Personen in der Türkei noch relativ leicht zu finden, so ist die Beobachtung gemacht worden, dass insbesondere bei musikalischen Spezialisten – auch im Bereich der Hochzeitsmusiker – offenbar ein Mangel in der Diaspora besteht.[13] Muss der *dede* (im Sinne von ‚praktizierender Geistlicher') oftmals auch selbst den musikalischen Part der Rituale beherrschen, wenn ihm kein *zâkir* zur Seite steht, so sind umgekehrt musikalische Spezialisten gefragte Personen, die in der Diaspora genauso wie die *dede*s über weite Strecken reisen, um die Gemeinden mit rituellen Diensten zu versorgen. Zu Anfang der Migration und bis in die 1980er Jahre wurden in den meisten Fällen sogar *dede*s, und gegebenenfalls Musiker, für kürzere Zeitabschnitte aus der Türkei eingeladen, da damals noch wenig qualifizierte Personen in den Migrationsländern zur Verfügung standen.

In türkischen Stadtgemeinden kommt es gelegentlich dazu, dass Personen, die selbst keine *ocakzâde* sind, Rituale wie den *cem* leiten, da sie über

13 Siehe umfassend Greve 2003, insbesondere 269-302.

Bekanntheit und ‚Charisma' verfügen und technisch dazu qualifiziert sind, indem sie einen umfangreichen Fundus an Liedtexten, zu denen dann natürlich auch noch die Gebetstexte treten müssen, beherrschen. Entsprechend nimmt in der ‚volksbildenden' Tätigkeit der vor allem in Vereinen organisierten Gemeinden die Ausbildung am Saiteninstrument *sâz* einen prominenten Platz ein. Die Versorgung der Gläubigen durch solche ‚Hilfspriester' ist jedoch keine wirkliche Innovation: Bereits in den anatolischen Gemeinden kam es de facto oder sogar ‚offiziell' zur Einsetzung von Stellvertretern aus dem Kreis der *tâlib*s. Die Dorfgemeinden konnten oftmals vom als spirituellen Führer (*pîr* oder *mürşid*) angesehenen *dede* nur ein bis zwei Mal im Jahr besucht werden, da er meist in weiter Entfernung wohnte und schon durch vormoderne Migrationen entstandene, teilweise in ganz Anatolien verstreute Gemeinden betreuen musste. Somit wurden während des Jahres die kleineren Ritualzusammenkünfte (*muhabbet*, mit Musik und ggf. auch mit *semâh*-Tanz durchgeführte rituelle ‚Bankette') von musikalisch-ritualistischen Laien-Spezialisten geleitet, wenn kein *dede* anwesen war. ‚Offiziell' wurden darüber hinaus teilweise ‚Hilfsgeistliche', die häufig als *rehber* bezeichnet wurden, vom entfernt wohnenden *dede* eingesetzt, die dann als sein Stellvertreter fungierten, insbesondere bei der Kontrolle der Einhaltung der moralischen Gebote und bei Streitschlichtung oder bei der Vorbereitung größerer ‚Prozesse' der innergemeinschaftlichen ‚Gerichtsbarkeit', die dann bei Eintreffen des eigentlichen *dede*s vor dem großen *cem*-Ritual durchgeführt wurden. Der *rehber* assistierte dann dem eigentlichen *dede* in den Ritualen.

Ein solches Muster des ‚Hilfsgeistlichentums' ist in den türkischen Stadtgemeinden und in der Diaspora nicht zu beobachten. In Istanbul oder Ankara werden beispielsweise entweder *ocakzâde* als bezahlte Teilzeitspezialisten an *cemevi*s eingestellt, wobei die Löhne nicht allzu hoch ausfallen. Es handelt sich daher zumeist um Männer im Pensionsalter. Oder es gibt, wie in Deutschland, Versuche, jüngere *ocakzâde* bei den Vereinen, den Landesverbänden oder bei übergreifenden Institutionen, wie der *Europäischen Alevitischen Akademie* oder der *Alevitischen Gemeinde Deutschland e. V.*, in Fern- oder Wochenendkursen als Ritual- und Gemeindeleiter zu qualifizieren. Insbesondere die *Alevitische Gemeinde Deutschland e. V.* Verfolgt hier ein Modell, das die ‚Kastengrenzen' durch Vergabe von ‚Geistlichenzertifikaten' unabhängig von der Abstammung zu überwinden sucht. Hierbei greift man letztlich auf das Modell des Bektaşî-Ordens (*Bektaşî Tarîkatı*) zurück. Danach gingen mit dem Orden verbundene Aleviten bei Ordensangehörigen, vor allem wohl bei den Angehörigen des *Dedegân*-Zweiges im ‚Mutterkloster' in Hacıbektaş oder in anderen, mit diesem Zweig verbundenen *tekke*s, ‚in die Lehre' und bekamen dafür ein ‚Zertifikat' (*icâzetnâme*).

Neben dem in Erbfolge aufgebauten *Dedegân*-Zweig der Bektaşî, der sich als von Hâccî Bektaş Velî abstammend betrachtet, besteht auch die Beitritts-

Derwischgemeinschaft der Bektaşî, der sogenannte *Bâbâgân*-Zweig. Dies ist ein klassischer Sufi-Orden, dem auch ‚Sunniten' beitreten können und deren *bâbâ*s also fast immer Nicht-*ocakzâde*s sind. Einige *bâbâ*s betreuen auch Aleviten-Gruppen, wodurch es im alevitischen ‚religiösen Feld' ebenso Vorbilder für eine religiöse Qualifizierung ohne Legitimation durch Abstammung gibt. Es könnte u. a. eine Reaktion auf die mangelnde rituell-religiöse Versorgung der Diaspora-Aleviten sein, dass gerade dieser Beitrittszweig und seine *bâbâ*s – die in der Hierarchie am höchsten stehenden nennt man *dedebâbâ* – eine zunehmende Attraktivität bei Aleviten in Deutschland erfährt. So werden *dedebâbâ*s oder und ihre Vertreter, die *halîfe*s, von in Deutschland ansässigen Aleviten, insbesondere von solchen, die sich von der Alevitischen Gemeinde Deutschland e. V. entfremdet haben, aus der Türkei eingeladen, um Rituale zu leiten. Einige in Deutschland lebende Aleviten haben sich dabei selbst in die verschiedenen Stufen des Ordens initiieren lassen. Demgegenüber gibt es auch in der Diaspora Versuche, die Rolle der *ocak*s wieder zu betonen,[14] nicht zuletzt als Abgrenzung zum Bektaşîtum, durch welches die Gemeinschaft der Aleviten, nach Meinung einiger Aleviten, in den letzten Jahrhunderten ungewollterweise kontrolliert worden sei. Diese Auffassung folgt nicht ganz ungerechtfertigt den Thesen mancher Wissenschaftler, die in der bis ins Jahre 1826 kontinuierlichen, staatlichen Unterstüzung des Bektaşîtums den Versuch der osmanischen Dynastie vermuten, die Aleviten Anatoliens zunächst, in der Folge der Kriege gegen die Kızılbaş-Safaviyye, zu pazifizieren und dann zu kontrollieren.

Geschlechterrollen und geschlechtliche Arbeitsteilung erscheinen im ‚Betrieb' des alevitischen Ritualwesens immer noch recht klar definiert. Obzwar das moderne, städtische wie auch ‚diasporische' Alevitentum in seinen programmatischen Verlautbarungen die Geschlechtergleichheit, nicht zuletzt unter Verweis auf die freie Teilnahme beider Geschlechter am gemeinschaftlichen Ritual, betont, finden sich dennoch keine weiblichen praktizierenden ‚Geistlichen'. Allerdings greift die *Alevitische Gemeinde Deutschland e. V.* auf den ‚Titel' der anatolischen *ana* zurück. Als *ana* bezeichnet man die verheirateten Frauen der *ocakzâde*-Familien, zumeist wohl diejenigen von bekannten praktizierenden *dede*s. Sie können durchaus rituelle Funktionen ausüben, allerdings in erster Linie im Bereich von Heil- und ‚Frauen'-Ritualen (siehe unten zu ‚Krisenritualen') und weniger im Versammlungsritual *cem*. Die Alevitische Gemeinde Deutschland e. V. Benennt ihr Geistlichen-Ausbildungsprogramm als „*dede*- und *ana*-Ausbildung" und tatsächlich nimmt

14 Siehe beispielsweise die Internet-Plattform www.sahibrahimveli.com, die von einem in Deutschland lebenden Angehörigen des namensgebenden Şâh İbrâhîm Velî Ocağı betrieben wird. Er sieht sich in der Kızılbaş-Tradition, die sich auf das alte safavidische Ordenszentrum ‚Erdebil' (Ardabîl in Iranisch-Aserbaidschan) hin orientiert.

wenigstens eine Frau an den erst jüngst begonnenen Kursen teil. Seit einigen Jahren ist außerdem eine aus einer *ocakzâde*-Familie stammende Frau Mitglied des „Alevitischen Geistlichenrats" der Alevitischen Gemeinde Deutschland e. V. Im Bereich der ‚Laiendienste' während des Rituals ist das Geschlechterverhältnis im modernen Kontext einigermaßen ausgewogen. So finden sich bei den ‚Diensthabenden' während der *cem*-Rituale heute zahlreiche Frauen und Mädchen. Für vormoderne Verhältnisse liegen jedoch keine Daten vor.

An dieser Stelle wäre noch auf das Generationenverhältnis einzugehen. Insbesondere in den Diaspora-Gemeinden sind teilweise sogar überwiegend Jugendliche in den aktiven Parts des *cem*-Rituals engagiert. Dies hat vermutlich damit zu tun, dass das Angebot der Vereine neben *sâz*-Kursen auch *semâh*-Tanzkurse umfasst, die in erster Linie von Jugendlichen besucht werden, und zu denen nun auch Kurse für die *cem*-Dienste (*hizmet*) hinzukamen. Aufgrund der sprachlichen Akkulturationen der dritten Einwanderergeneration werden von Jugendabteilungen der Vereine bzw. dem *Bund der Alevitischen Jugendlichen in Deutschland e. V.* *cem*-Rituale in deutscher Sprache gefordert und auf Vereinsebene auch selbst organisiert, woraus nicht selten Spannungen mit den jeweiligen Gemeindezentren entstehen.

Wie jedes Ritualsystem einer spezifischen Kultur ist auch das alevitische als komplexe Struktur anzusehen: Kleinere Einheiten (Riten, wie das Kerzenanzünden oder auch das Singen einer Lied-Hymne) werden zu größeren Sequenzen verbunden (Rituale, wie das Singen der Hymne zur Inauguration der ‚Dienste' zu Beginn des *cem*); mehrere Sequenzen verbinden sich wiederum zu noch größeren Einheiten, wie dem *cem*, der terminologisch einer ritualtheoretischen Klassifikation nach eher als ‚Zeremonie' zu bezeichnen wäre.[15] Aus sprachpragmatischen Gründen wird in diesem Beitrag jedoch nach wie vor von *cem* als einem ‚Ritual' gesprochen. Darüber hinaus gibt es auch in der alevitischen Praxis größere Abläufe, bei denen mehrere ‚Zeremonien' miteinander verbunden werden. Klassischerweise geschieht dies z. B. bei Hochzeiten, wenn einzelne Rituale oder Zeremonien über mehrere Tage verteilt stattfinden. Gleiches gilt aber auch für das vormoderne *cem*-Ritual mit vorgeschalteten Rechtssprechungs- und Schlichtungssequenzen, die einer ritualisierten Form folgten, oder für die modernen Festivals, wo einerseits Ritualelemente auf Bühnen öffentlich aufgeführt werden, andererseits Gebete durch *dede*s sowie vollständige *cem*-Rituale abgehalten werden. Offensichtlich ist hierbei auch eine ‚Interritualität' bzw. das Faktum von „rituellen Zitaten" nachweisbar.[16] So etwa das Zitieren von Riten-Sequenzen oder Ritualen in einem anderen Ritualkomplex oder das Vorkommen desselben

15 Siehe Snoek 1987 und 2006.
16 Siehe hierzu Gladigow 2004.

Ritus oder Rituals in unterschiedlich benannten Ritualen bzw. Zeremonien. Ein wichtiges Beispiel dafür ist der *semâh*-Tanz, der sowohl im *cem*, aber durchaus auch bei Hochzeiten, bei Festivals oder ‚medialisiert' in Film, Fernsehen und Internet-Kontexten performiert wird. Das Feld der emischen Klassifikation von ‚Ritualen' ist noch systematisch zu untersuchen. Insbesondere ist der Begriff *cem* einem Wandel unterzogen. Da die historischen Daten noch nicht ausreichend erschlossen sind und das ‚kulturelle Gedächtnis' tradierter Ritualformen und -terminologien durch die rezenten, einflussreichen indigenen Klassifikationsversuche einiger *dede*-Publizisten ‚gebrochen' ist, lassen sich hierzu noch keine eindeutigen Aussagen machen. Im Kontext von Migration und Diaspora ist jedoch festzustellen, dass der allgemeine Begriff des ‚Gottesdienstes' (*ibâdet*; aus dem Arabischen, im umfassenden Sinne von ‚devotionalen Handlungen')[17] inzwischen stark auf das *cem*-Ritual eingeschränkt ist. Dieser Begriff steht heute wiederum für ein regelmäßiges, in der Durchführungsfrequenz von den bäuerlichen Jahreszeiten und von der engeren Dorfgemeinschaft als Trägergruppe abgelöstes Gemeinschaftsritual, das im Kontext der türkischen Städte sogar im Idealfall wöchentlich am Vorabend des Freitags durchgeführt wird.

Der vollständige Begriff für das Gemeinschaftsritual ist *âyîn-i cem* (*âyîn* aus dem Persischen: ‚Regel', ‚Ritual'), der in den vormodernen Schriftwerken – beispielsweise *buyruk* – allerdings anscheinend in gleichem Maße – wenn nicht sogar stärker – auf die Gruppen-Regeln, die sich natürlich letztlich ‚im Ritual' verwirklichen, verweist, wie auf die reale Ritual-Performanz. Der Begriff des *görgü cemi* bezieht sich auf die Überprüfung der moralisch-gesellschaftlichen Regelkonformität der tâlibs durch die *dede*s, welche in Form eines ritualisierten ‚Gesehenwerdens der *tâlib*s' (*tâlib görünme* bzw. *görgü*) durch die *dede*s vonstatten geht und aus sozialreformerischer Perspektive politisch sozialistischen Traditionen anhängender Aleviten auch als ‚Volksgericht' (*halk mahkemesi*) verstanden wird. Heute gilt ein diese Sequenz beinhaltendes *cem*-Ritual für viele Aleviten als Ideal des historisch-vormodernen, dörflichen *cem*-Rituals, auf das sich häufig diskursiv bezogen wird und das sogar in einigen Fällen von außen initiiert wieder in Dörfern praktiziert wird. Im Allgemeinen weisen Daten aus der Aufnahme von *oral history* in einzelnen Dörfern darauf hin, dass diese Form in vielen Dörfern zumeist in den 1960er Jahren zum letzten Mal durchgeführt wurde. Beobachtungen bei *cem*s in Deutschland zeigen, dass Schlichtungsfunktionen während des Rituals zurückgewiesen werden, selbst wenn Ritual-Teilnehmer gegenüber dem *dede* darauf insistieren. Der ‚Geistliche', der in aller Regel die

17 Zu arabischen Begrifflichkeiten zum Bedeutungsfeld ‚Ritual', die auch im hohen Grade als Lehnworte im Türkischen präsent sind vgl. Langer 2006a.

internen Verhältnisse und Streitigkeiten der lokalen Gemeinde nicht kennt, sieht sich selten dazu in der Lage.

Infrastrukturen

Personal

Die religiösen Rollen sind, wie oben bereits besprochen, heute nicht mehr zwangsläufig zwischen den ‚Kasten' der *tâlib*s und der *dede*s klar verteilt. Neben der Auflösung tribal-segmentärer Verwandtschaftsverbände und der vormodernen Wirtschaftsweisen spielen hier auch Individualisierungsprozesse in den neuen Siedlungskontexten unter pluralen, industriegesellschaftlichen Verhältnissen eine Rolle. Trotz der Institutionalisierung alevitischer Religiosität in der Form von Vereinen bzw. ‚Gemeinden' mit teilweise eigenen Gebäuden ist es bisher zu keiner flächendeckenden Finanzierung von religiösen Spezialisten gekommen. Dies hat auch mit mangelnden Finanzmitteln zu tun, da weder in der Türkei über das „Religionsamt" staatliche Vergütungen, noch in Deutschland über eine zur Kirchensteuer analoge Einnahme regelmäßige Einkünfte zu Verfügung stehen. Umso mehr ist man in den Gemeinden auf Personen angewiesen, die ein starkes persönliches Engagement in die Ausführung religiös-ritueller Aufgaben einbringen. Insofern muss man manchmal in der Türkei auf Pensionäre und in Deutschland auf jüngere, stark engagierte Personen zurückgreifen, die zur Ausführung von Ritualen geeignet und gewillt sind. In einigen Fällen kann es sich dabei sogar um Mitglieder der *tâlib*-‚Kaste' handeln.

Heute ist der Begriff des *dede* zur Standardbezeichnung des alevitischen religiösen Spezialisten geworden. In deutschen Übersetzungen wird von den alevitischen Organisationen konsequent der Begriff ‚Geistlicher' verwendet. Das Amt soll nach dem Willen der *Alevitischen Gemeinde Deutschland e. V.* von seinem Geschlechtsexklusivismus (bisher nur männliche *dede*s), der Erblichkeit innerhalb der *dede*-‚Kaste' sowie letztlich dem Endogamiegebot für *dede*-Familien gelöst werden. Insofern spielt auch der Begriff *tâlib* nicht mehr dieselbe Rolle wie früher. Auch in Kreisen, die dem Erblichkeits- und Endogamiegebot treu bleiben und die die *ocak*-Strukturen wieder stärken wollen, soll dieser Terminus eher in der Bedeutung ‚Schüler' oder Adept eines spirituellen Meisters verstanden werden. Dies ist auch der ursprüngliche Kontext des Wortes, denn in der Grundbedeutung des ‚nach etwas Strebenden' bezeichnet es zunächst den Anhänger eines spirituellen Meisters, des *mürşid* oder *pîr*, im Rahmen der Strukturen eines Derwisch-Ordens.

Die Aufgaben eines alevitischen ‚Geistlichen' haben sich im Zuge der Modernisierungsprozesse stark gewandelt. Heutzutage ist er in erster Linie für die korrekte und ansprechende Durchführung des Gemeinschaftsrituals zuständig. Seine sozialen, ‚richterlichen' Funktionen sind dagegen nicht mehr gefragt, und wenn, so ist er wie bereits erwähnt hierzu nicht in der Lage oder nicht gewillt, diese auszufüllen. Eine ganz andere Aufgabe ist ihm allerdings durch die Öffnung der einstmals geheimgehaltenen Religion zugefallen: Er muss die Gemeinde und das ‚Alevitentum' insgesamt nach außen hin repräsentieren. Diese Aufgabe wird zwar stark von den Vereinsfunktionären beansprucht; allerdings sind ‚Geistliche' im Diaspora-Kontext bei Institutionen und Veranstaltungen des „Interreligiösen Dialogs" bevorzugt angefragte Teilnehmer.

Dementsprechend wird auch bei der Ausbildung von *dede*s (und *ana*s) durch Institutionen wie die *Avrupa Alevi Akademisi* („Europäische Alevitische Akademie") und die *Alevitische Gemeinde Deutschland e. V.* großer Wert auf die Inhalte gelegt, die für die Außenrepräsentation und Diskussionen mit Vertretern anderer Religionen für wichtig erachtet werden. Dies betrifft besonders das Gebiet religionsgeschichtlicher Fragen, einschließlich der Frage nach dem Verhältnis des Alevitentums zum ‚Islam'. Ritualpraktische Fragen sind in den Ausbildungsprogrammen der genannten Institutionen, die nur schleppend anlaufen oder im Falle der „Akademie" zeitweise gänzlich zum Erliegen gekommen sind, relativ unterrepräsentiert. In vormoderner Zeit geschah die Ausbildung in erster Linie durch das praktische Assistieren jüngerer *ocakzâde*s bei älteren *dede*s, die sie dann auch auf den Reisen zur Betreuung der *tâlib*s begleiteten. Neben dieser teilnehmenden, mimetisch-oralen Ausbildung wurden allerdings kleinere ‚Hausschulen' in manchen, von *dede*-Familien bewohnten Dörfern organisiert, in denen Schriftlichkeit vermittelt wurde, um in einem größtenteils von Analphabetismus geprägten Umfeld auch schriftliches Material verwenden zu können. Einige in Deutschland praktizierende und viele der in der Türkei lebenden *dede*s haben noch durch Teilnahme und Beobachtung ihre Fähigkeiten erworben. Einen beträchtlichen Teil des Kompetenzerwerbs bei potentiellen *dede*s macht nach wie vor das engagierte Selbststudium sowie die häufige Teilnahme an Ritualen aus. Vor der Einrichtung moderner *dede*-Kurse wurde die fehlende *dede*-Ausbildung für Deutschland zeitweise durch den Geistlichen, Privatgelehrten und Intellektuellen Mehmet Yaman aus Istanbul gefüllt, der in den 1990er Jahren insbesondere in Mannheim – aber in der Folge auch in anderen europäischen Städten, darunter in London – Kurse durchführte, die einen hohen ritualpraktischen Anteil aufwiesen. Die ‚Spuren' seiner Unterrichtstätigkeit lassen sich in den Performanzen einzelner deutsch-alevitischer *dede*s eindeutig nachweisen. Das von Mehmet Yaman erstellte Unterrichtsmaterial, beispielsweise Lied- und Gebetstexte, wird von manchen *dede*s und ihren musikalischen Begleitern in der Form eines ‚Gesangbuchs' im Ritual verwendet. Für einige Aleviten besteht hierin eine erhebliche Diskrepanz zu ihrem Idealbild eines *dede*, der nicht zuletzt wegen seiner Fähigkeit, alle

Ritualtexte auswendig zu beherrschen, hohes Ansehen genießt. Oft wird davon ausgegangen, dass das vormoderne Alevitentum eine mehr oder weniger vollständig orale Kultur gewesen sei, in der die Ritualspezialisten alle Teile des Rituals mittels oraler Memoriertechniken erlernten und dann ohne Hilfsmittel performierten. Die bisher erschlossenen Handschriftenbestände aus *dede*-Familienbesitz schränken diese Annahmen jedoch teilweise ein. So finden sich Textvorlagen, die u. a. zu Lernzwecken oder als Gedächtnisstützen und nicht zuletzt für eigene Gedichte verwendet wurden. Vermutlich absolvierten aber auch die *dede*s, die über schriftliches Material verfügten, ihre Rituale weitgehend ohne solches offen zu verwenden, da sie weite Strecke des Textmaterials tatsächlich auswendig beherrschten und um das Ansehen, das sie genossen, nicht zu schmälern. Es finden sich jedoch einige Textkompilationen in einem speziellen, handlichen Format (*cöng* bzw. *cönk*), das für den Transport auf Reisen und für die Benutzung während des Singens besonders geeignet ist.

Auch in vormoderner Zeit waren die *dede*s ‚Teilzeitpraktiker', die ansonsten ebenso wie die anderen Aleviten der Landwirtschaft nachgingen. Allerdings hatten ihre Familien in manchen Gebieten den Status eines *âğâ*s (wörtlich ‚Herr', bezeichnet Großgrundbesitzer), was sie wirtschaftlich unabhängiger machte. Ihre rituell-sozialen Dienste wurden ihnen, neben Naturalien, durchaus auch in Geldform vergütet, was *hakkullâh* (‚Anrecht Gottes') genannt wurde. Ihnen fielen auch besondere Teile der Opfertiere zu. Durch die zahlreichen Opfermahle in Verbindung mit von ihnen geleiteten Versammlungsritualen kamen sie relativ häufig in den Genuss von Fleisch, was in vormoderner Zeit im ruralen Bereich keine Selbstverständlichkeit war und zu einer besseren Ernährungssituation und damit höherer Lebenserwartung innerhalb der *ocakzâde*-Familien beitrug. Weder die Entlohnung in Naturalien, noch die direkte Geldbezahlung – im Sinne des Einsammelns von Geld bei ‚ihren' *tâlib*s – konnte zur Grundlage einer modernen Religionsökonomie genommen werden. Heute werden die *dede*s in den *cemevi*s der Türkei als Angestellte auf Teilzeitbasis oder mit einem Honorar pro abgehaltenem Ritual entlohnt. Die Musiker, die als *zâkir* tätig sind, sind oftmals professionelle Hochzeits- oder Studiomusiker. In der Diaspora werden nach Feldforschungsbeobachtungen die Reisekosten zuzüglich eines Honorars erstattet. Die dabei erzielten ‚Einnahmen' fallen in der Regel nicht allzu hoch aus, so dass es sich bei den in Deutschland praktizierenden *dede*s um durchaus engagierte Personen handelt, für die diese Tätigkeit – berücksichtigt man auch die zum Teil langen und mühsamen Anreisen – sicherlich keinen ‚einträglichen' Nebenerwerb darstellt.

Stätten

Die traditionellen Stätten der Ritualausführung waren ausreichend große Wohnhäuser, also das Haus des lokalen *âğâ*s oder sonstiger Notablen, oder die Häuser von *dede*s selbst. Einige Dörfer, insbesondere die Zentralorte der *ocak*s, hatten aber durchaus schon in vormoderner Zeit besondere Bauten für die Durchführung von Versammlungsritualen, entweder Bauten nach Art von Derwischkonventen in ‚Bektaşî'-Dörfern, wie am Heiligtum des Abdâl Mûsâ in Tekke Köyü bei Elmalı, oder aufwändig als Hügel getarnte, ‚unterirdische' Anlagen wie in Onar Köyü, die teilweise mehrere hundert Menschen fassen konnten. Die *dede*-Häuser von *ocak-dede*s waren durch die Tatsache besonders ausgezeichnet, dass in ihnen die *ocak*-‚Stäbe' (*tarîk*) aufbewahrt wurden.

Somit ist das heute in den türkischen Städten etablierte *cemevi* als Ritualort nicht wirklich eine völlig neue Innovation oder eine Übernahme aus anderen Kontexten. Allerdings hat sich insbesondere in Istanbul ein Typus eines *cemevi*-Komplexes herausgebildet, der aufgrund seiner transnationalen Ausstrahlung kurz beschrieben werden soll. Durch die Übernahme von Bektaşî-‚Heiligtümern' (Grabmäler/*türbe*s, Friedhöfe/*mezârlık*s, ‚Konvente'/*tekke*s) durch in die Stadt migrierte Aleviten als ‚ihre' ‚heiligen Orte' gelang es, ‚geschichtsträchtige' Orte zu besetzen. Dazu zählen etwa in Istanbul Garip Dede in Küçükçekmece, Erikli Baba in Zeytinburnu, Karacaahmet Sultan in Üsküdar und Şahkulu in Göztepe sowie Hüseyin Gazi in Ankara. In diesen Fällen sind jeweils eine ‚Heiligen'-*türbe* sowie teilweise die dazugehörenden historischen Gebäude in den Besitz von alevitischen Vereinen gelangt. Andere ‚heilige Orte', die mit vornehmlich im Bektaşîtum bzw. im schiitischen Islam als heilig angesehenen Personen in Verbindung gebracht werden, werden zumindest an bestimmten Terminen rituell genutzt, so z. B. Gräber an der *türbe* des Sünbül Efendi (Istanbul) am *Âşûrâ*-Tag. Somit haben sich die Aleviten in der Türkei ein Netzwerk an städtischen ‚Heiligtümern' erschlossen, die auch außerhalb ihrer Wohnviertel oder gar in Orten ohne nennenswerte alevitische Bevölkerung liegen. Solche Stätten wie auch die genannten *cemevi*-Komplexe sind als moderne Wallfahrtszentren auch für Diaspora-Aleviten – und für solche aus der ‚Provinz' – zu werten, führt diese ein Besuch in der alten Heimat doch in der Regel ohnehin über Istanbul oder Ankara, wo sie sich dann auch zeitweise bei dort wohnenden Verwandten aufhalten, bevor sie ihre Heimatdörfer besuchen bzw. dorthin zurückreisen.

Diese *cemevi*-Komplexe, und dies gilt auch für die modernen, eher funktional gehaltenen *cemevi*s ohne ältere Bausubstanz oder Gräber in den modernen Vierteln, sind durch einige besondere Einrichtungen charakterisiert. So findet sich zumeist bei den *türbe*s ein Buch- und CD-Laden mit angeschlossenem Devotionalienverkauf (Heiligenbilder, moderne Amulette und Anhänger). Charakteristisch sind die Verschläge für Opfertiere, ein Schlachtplatz oder gar ein als *kesimhâne* bezeichnetes ‚Schlachthaus', angeschlossene

Vorratsräume und Küchen für die Zubereitung der Opferspeisen, Speisesäle, die z. T. mehrere hundert Personen fassen können, sanitäre Anlagen, Gemeinschaftsräume, Unterrichtsräume für *sâz*- und *semâh*-Kurse, in einigen Fällen Räume der angeschlossenen Radio- oder Fernsehstationen sowie von Publikationsorganen (Bücher oder Zeitschriften, inzwischen oft als reine *online*-Publikationen), die Büroräume der jeweiligen Trägerorganisation (*dernek*), ein Zimmer für den oder die praktizierenden *dede*s sowie der eigentliche Ritualraum (*cem salonu*). Insbesondere letzterer ist durch spezielle Ausstattung (Bodenbelag, Sitzkissen, *dede*-‚Bühne') sowie durch spezifisches Dekor (Heiligen- sowie ggf. Atatürk-Porträts und Türkei-Fahnen) gekennzeichnet. Diese Ikonographie und Dekorpraktiken, die innenarchitektonischen Grundmuster in der Gestaltung der räumlichen Grundelemente sowie die Architektur der neugebauten Komplexe wäre ein eigenes Studienfeld in Bezug auf die Integration einer Migrantengruppe im städtischen Raum der Türkei, das noch in keiner Weise wissenschaftlich angegangen wurde. Hier ist nicht der Raum für eine detailliertere Beschreibung. Es soll genügen, auf die paradigmatische Bedeutung dieser zum Teil in den 1980er und 1990er Jahren gewaltsam von Anhängern islamistischer Parteien bekämpften alevitischen Zentren für das ‚transnationale Alevitentum' hinzuweisen. Solche Zentren alevitischen religiösen und kulturellen Lebens, die die geographisch, ökonomisch und demographisch marginalisierten alten *ocak*-Zentren in anatolischen Dörfern abgelöst haben, stellen den Idealtypus eines Gemeindezentrums für Aleviten weltweit dar. In der Diaspora ist man jedoch weit davon entfernt, solche Träume verwirklichen zu können. Hier muss man sich zumeist mit angemieteten Räumen in alten Industriegebäuden begnügen. In einigen Fällen ist lokalen Gemeinden der Kauf eines Gebäudes gelungen, was dann jedoch auch zumeist ein Funktionsbau der 1970er oder 1980er Jahre ist. Ausnahmen sind unter anderem eine Berliner alevitisches Gemeinde, die ein repräsentatives Zentrum, welches bezeichnenderweise in einem alten Kirchenbau untergebracht ist, unterhält sowie die *Alevitische Gemeinde Augsburg e. V.*, die jüngst ein großes, freistehendes und repräsentatives Gebäude errichtet hat.

Einige Funktionen, die von solchen städtischen Zentren in der Türkei ausgefüllt werden, benötigt man in der Diaspora (noch) nicht: Es handelt sich um Räumlichkeiten und Installationen für die Aufbewahrung der Leiche sowie die am Leichnam auszuführenden Begräbnisvorbereitungen, zu denen auch spezifisch alevitische Trauerrituale gehören. Früher wurden diese Vorbereitungen zwangsläufig auf städtischen Friedhöfen bei sunnitischen Moscheen durchgeführt, wo man sogar die Dienste eines sunnitischen *hoca* in Anspruch nehmen musste und dementsprechend die alevitischen Gebete und Trauerzeremonien nicht ungestört durchführen konnte. In der Diaspora ist die Notwendigkeit hierfür nicht in dem Maße gegeben, da die allermeisten Verstorbenen nach wie vor unmittelbar nach dem Tod zum Begräbnis in die

Türkei überführt werden. Da man in Deutschland für den Umgang mit der Leiche und für die Abwicklung der Überführung aus rechtlichen Gründen auf professionelle Bestattungsunternehmen angewiesen ist, gründete ein *dede* bereits in den 1980er Jahren ein alevitisches Bestattungsunternehmen in Deutschland. Er und seine Söhne und Enkel können durch ihre Qualifikation als praktizierende *dede*s ein rituell-korrektes ‚Komplettprogramm' anbieten, bis hin zur Organisation von Ritualen und *dede*s in der Türkei.

Durch die anhaltende Praxis der Bestattung in der Türkei bleiben die Dörfer die familiären Begräbnisorte und behalten auch für die inzwischen in Deutschland verwurzelten Aleviten ihre Bedeutung als Besuchsorte. Hinzu kommt oftmals ihre Bedeutung als Wallfahrtsort für die Abstammungsgruppe, da sich in den Dörfern manchmal auch die *türbe*s von lokalen Heiligen befinden. So hat sich in der Diaspora bisher keine eigene Grab- und Schreinkultur entwickelt. Überregionale oder gar nationale Wallfahrtsorte (wie z. B. Hacıbektaş) behalten deswegen auch für Diaspora-Aleviten große Bedeutung auf der ‚religiösen Landkarte'. Es gibt weder Substitutionsorte noch Substitutionsrituale für den Besuch des Heiligengrabes (*ziyâret*) in Europa. Dies drückt sich unter anderem in der Organisation von Wallfahrts(rund)reisen (*seyâhat*) durch alevitische Reiseunternehmer in Deutschland aus. Solche Rundreisen (*gezi*) zu ‚alevitischen' Stätten (westanatolische Karacaahmet-Heiligtümer, Hacıbektaş, Abdal Musa bei Elmalı und weitere) werden analog auch für Istanbuler Aleviten angeboten, wobei hier dann zumeist der Verein (*dernek*) die Organisation übernimmt.

Zu nennen wären hier noch die ‚virtuellen Räume', d. h. vor allem die Internet-Seiten, die sich mit bestimmten Dörfern samt ihrer ‚heiligen Orte' und ‚heiligen Familien' beschäftigen. Hier lassen sich virtuelle Besuche durchführen, allerdings steht eine umfassende Untersuchung alevitischen Internet-Verhaltens sowie der alevitischen Internet-Präsenz insgesamt noch aus. Die schon erwähnten Devotionalien, die in Dekor und Ikonographie in Ermangelung eigener dörflicher Traditionen zumeist bektaşîtischer oder allgemein-schiitischer Herkunft sind und an alevitischen Stätten verkauft werden, führen in einen weiteren räumlichen Bereich alevitischen Lebens, in dem sie neben ‚alevitischen Büchern' wichtige Dekorelemente darstellen: die Privaträume. Auch hier wäre eine Untersuchung lohnend, geschieht doch die Vermittlung religiöser Kenntnisse heutzutage oftmals über moderne Medien, in erster Linie über Fernsehprogramme. Entsprechend ist der Fernsehapparat und die Verbindung zu alevitischen Medien über die Satellitenantenne von nicht zu unterschätzender Bedeutung, wird doch der Fernsehapparat bei der Ausstrahlung von auch privat zahlreich aufgezeichneten oder live von Organisationen wie der CEM Vakfi übertragenen Ritualen gleichsam zum *meydân* im Privatraum. Die Klagen von alevitischen Mietern oder Miteigentümern in Deutschland für die Erlaubnis zur Anbringung von Satellitenantennen unter Berufung auf ‚Religionsfreiheit' legen davon beredtes Zeugnis ab.

Medialisierung und Vermittlung

Die traditionelle Vermittlung, Tradierung und damit Reproduktion alevitischer Ritualpraxis geschah auf verschiedenen Wegen. An erster Stelle stand und steht sicherlich das ‚mimetische' Lernen durch die aktive, performierende Teilnahme am Ritual. Dazu traten, wie auch in den modernen Ritualen in den Städten und in der Diaspora, die orale Vermittlung durch Erklärung, mündliche Ritualexegese sowie Belehrung (zumeist durch den *dede* oder aber andere Ritualleiter). Insbesondere der moderne *cem* wird oftmals etwas abwertend als *öğreti cemi* (‚Lehr-*cem*') bezeichnet, obwohl die Partizipationsmöglichkeit an anderen, ‚höherwertigen' Ritualen für die breite Masse gar nicht gegeben ist. Für den traditionellen *dede* standen in früherer Zeit auch noch ritualbezogene Handschriften als Lehr- und Nachschlagewerke zur Verfügung, die entweder in den Familien weiterkopiert wurden (was auch zu Textkorruptionen geführt hat) oder in Bektaşî-*tekke*s (Hacıbektaş, Bagdad, Kerbela u. a.) ‚erworben' bzw. abgeschrieben wurden. Diese Handschriften umfassen neben den schon erwähnten *buyruk*-Texten, die sich in erster Linie mit Gemeinschaftsregeln (und Strafen) befassen, regelrechte Ritualanleitungen (*erkânnâme*, v. a. aus Bektaşî-‚Produktion'), die schon erwähnten Textbücher (*cönk*) mit Lied- und Gebets- bzw. Hymnentexte, sowie weitere Werke, in denen beispielsweise Heiligenviten (*velâyet*- und *menâkıbnâme*) sowie v. a. die Erzählung von der Ermordung Hüseyins in Kerbela (*maktel-i Hüseyin*) weitergegeben wurden. Wie schon angedeutet geschah neben der Textweitergabe an Bektaşî-Konventen auch eine regelrechte Ausbildung von *dede*s, wenn diese bereit waren, sich und ihren *ocak* den Lehren und Regeln des Ordens unterzuordnen. Weiterhin ist zumindest in Einzelfällen auch mit einer sporadischen ‚externen' Bildung an öffentlich zugänglichen Bildungseinrichtungen wie *medrese*n und anderen, nicht-bektaşîtischen Derwisch-Konventen, später auch an modernen Schulen oder Hochschulen zu rechnen.

Der Übergang in die Republikzeit hatte einen massiven Abbruch der Transmission durch den Schriftwechsel zur Folge, der die alten Dokumente sprachlich völlig unzugänglich machte. Da die ältere Generation von *dede*s, die die arabo-persische Schrift lesen konnte, noch bis in die Zeit nach dem Zweiten Weltkrieg aktiv war, machte sich dieser Verlust erst ab den 1950er Jahren deutlich bemerkbar.

Einigen wenigen Angehörigen der Übergangsgeneration gelang es, hier eine Brückenfunktion zu übernehmen. Insbesondere zu nennen ist hier der schon erwähnte *dede* Mehmet Yaman (Istanbul), der an einer der in den 1960er Jahren neu eingerichteten „Islam-Hochschulen" studierte und dort wie auch im intensiven Selbststudium Arabisch-, Persisch- und Osmanischkenntnisse erwarb. Er bearbeitete einige alte Handschriften für das heutige Publikum neu und übertrug viele Privatdokumente für *dede*-Familien in die neue Schrift. Die Biographien, insbesondere die Ausbildungswege und die späteren Wirkungsgeschichten solcher einflussreicher Einzelpersonen – zu nennen wäre hier noch Seyit Derviş Tur, der in Deutschland ansässig ist – wären exemplarisch noch zu untersuchen.

Der Einfluss von Mehmet Yaman auf die Ausbildung junger *dede*s, gerade auch in Deutschland, wurde schon erwähnt. Neben solchen unregelmäßig stattfindenden ‚*dede*-Fortbildungen' stellen von den Vereinen veranstaltete Vorträge von Gästen aus der Türkei eine weitere Bildungsquelle dar, wobei es hier zumeist um historische Themen oder um Identitätsfragen geht. Ansonsten stehen Lernwilligen zahlreiche alevitische Bücher und Zeitschriften zur Verfügung. Relevant und einflussreich sind hierbei für die Ritualtätigkeit insbesondere einige Ritualhandbücher, wobei das von Seyit Derviş Tur in Deutschland verfasste und verlegte *Erkânname* (Tur 2002) inzwischen auch als Nachschlagewerk in *cemevi*s in der Türkei zu finden ist, was die Rückwirkungen aus der Diaspora auf die Herkunftsregion belegt. Daneben stehen dem interessierten Aleviten und potentiellen *dede* die vielen Internet-Publikationen – einschließlich bewegter Bilder von Ritualausführungen bei *YouTube* oder auf Seiten alevitischer Organisationen – und die genannten Radio- und Fernsehprogramme mit ihrem Angebot an medialisierten Performanzen zur Verfügung. Die Versuche, institutionalisierte Ausbildungswege zu schaffen, stecken noch in den Kinderschuhen. Aber die Anerkennung der Alevitischen Gemeinde Deutschland e. V. (AABF) als „Religionsgemeinschaft" in einigen Bundesländern sowie die Einführung von Pilotversuchen eines Religionsunterrichtsangebots wird hier möglicherweise über die Notwendigkeit, Kurse für Religionslehrer zu organisieren, eine eigene Dynamik in der Frage der *dede*-Ausbildungs schaffen. Die Einrichtung eines „Lehrstuhls für Alevitentum" an einer deutschen Universität, den sich einige Aleviten wünschen, ist allerdings noch nicht gelungen.

‚Liturgische', kollektiv-kongregationale Performanzen

Die hier ‚liturgisch'-kollektiv genannten Performanzen werden heute meist allgemein als *cem* bezeichnet. Es handelt sich um komplexere Rituale oder ‚Zeremonien', an denen neben einem oder mehreren *dede*s die ‚diensthabende' Laien sowie musikalische Spezialisten (*zâkir*) mitwirken, sollte nicht der *dede* selbst die Funktion des *zâkir* mit übernehmen. Eine informelle ‚Vorform' dieses Rituals ist das *muhabbet*, das keinen *ocakzâde-dede* erfordert, und das im privaten Rahmen den Charakter eines religiösen ‚Liederabends' mit ‚Bankett' – d. h. mit gemeinsamem ritualisierten Essen und Trinken – hat. Solche Rituale können auch an modernen *cemevi*s durchgeführt werden, vor allem wenn in der Zeit des Trauermonats Muharrem *mersiyye*-‚Gesangsabende' zum Gedenken an die Leiden der ‚Zwölf Imame' und insbesondere an die Ermordung Hüseyins abgehalten werden, an denen verstärkt Laien solche Trauerlieder vortragen. Hierzu kursieren Textbücher, die teilweise auch von Aleviten in Deutschland zusammengestellt wurden.

Die Sequenz der Rechtsprechung ist bei den heutigen Ritualen kaum mehr vorhanden. Gelegentlich wird eher symbolisch über kleinere Streitigkeiten verhandelt. Ansonsten wird natürlich kollektiv das allgemeine Einverständnis (*râzîlık*) aller Teilnehmer erfragt. Somit entfällt der dem traditionell einmal jährlich stattfindenden *cem* vorgeschaltete *görgü*-Teil, das ‚Gesehenwerden' der *tâlib*s durch den *dede* bzw. das Anhören von Zeugen in Streitfällen, heutzutage weitgehend. Auch die früher verhängten, mitunter drakonischen Strafen für Vergehen innerhalb der Gruppe, die bis zum Ausschluss aus der Gemeinde (‚Exkommunikation', *düşkünlük*) führen konnten, sind heutzutage nicht mehr durchsetzbar. Diese Sanktionen werden in *oral-history*-Befragungen noch erinnert. Gelegentlich wird dieser Verlust an sozialer Kontrolle nostalgisch bedauert.

Erhalten hat sich das Tieropfer (*kurbân*), das an *cemevi*-Komplexen geradezu ‚fließbandartig' abgewickelt wird. In den Dörfern, beim Besuch von Verwandten aus Europa, wie auch in Diaspora-Kontexten an wichtigen Festtagen wird es gelegentlich durchgeführt, wobei hier die ‚Opferherren' zuweilen recht distanzierte Positionen zum Blutopfer einnehmen, d. h. sie vermeiden, persönlich daran teilnehmen zu müssen. Der Begriff für ein solches von einem Tieropfer gerahmtes *cem*-Ritual (ohne Laienbefragung, sondern als reiner ‚Gottesdienst'/*ibâdet* verstanden), wird in der Regel als *Abdâl Mûsâ cemi* bezeichnet. Es handelt sich hierbei also um eine durch die Anwesenheit und Leitung eines *dede* aufgewertete *muhabbet*, wobei die Grundsequenzen eines *cem*-Rituals vorhanden sind, allerdings nicht alle ‚Dienste' ausgeführt bzw. ausgefüllt werden müssen.

Der eigentliche *âyîn-i cem*, wie er vermittelt durch die oben beschriebenen Ausbildungswege und Medialisierungen heute in standardisierter Form vorliegt, besteht aus folgenden Einheiten:[18]

18 Die Darstellung folgt teilweise Kaya und Yaman 2005. Dieser Standard-*cem*-Text, wie er bei der türkischen CEM Vakfı benutzt wird, ist durch das handliche Taschenbüchlein sowie durch Verbreitung im Internet leicht zugänglich. Siehe zuletzt: Asii [Internet-Forum-Alias] „A dan Z ye Cem İbadeti Nedir Nasıl Yapılır?", *Alevi Forum*, Betreiber: Özbey, Erhan (Basel), http://www.aleviforum.com/showthread.php?p=561724 (18. 01. 2008).

1) Eintritt des *dede*s in den *cem*-Raum (Gemeinde in *dâr* genannter Haltung stehend, *dede* spricht die *dâr duâsı*, wobei diese sich auf die ebenfalls *dâr* genannte Mitte der Ritualfläche bezieht, wo man ‚im *dâr* verweilt'; damit ‚eröffnet' er den *meydân* für das Ritual).

2) ‚Predigt' (*sohbet*) des *dede*s an die Gemeinde.

3) Der *dede* fragt die Gemeinde, ob sie alle untereinander und ihm gegenüber im ‚Einverständnis' sind (*râzîlık*). Dies ist die Stelle, an der gegebenenfalls Probleme, die zur ‚Befriedung' (*barıştırma*) anstehen, vorgebracht werden können (und sporadisch auch noch werden).

4) Der *dede* spricht die „Aufforderung zur Einhaltung der Regeln [der Gemeinschaft]" aus (*edeb erkâna dâvet*), womit der eigentliche *cem* beginnt.

5) *Salavât* und *selâmlama* (Gebete bzw. ‚Begrüßung' an die ‚Familie des Propheten'/Ehl-i Beyt bzw. die ‚Zwölf Imame'/Oniki İmâm).

6) Der *zâkir* trägt das ‚Lied der „Zwölf Dienst-Verantwortlichen"' vor, wobei die Diensthabenden bei der Nennung ihres Dienstes[19] auf den *meydân* treten, wo sie sich ‚im *dâr*' stehend im Halbkreis vor dem *pôst* aufstellen.

7) Die ‚Inhaber der Dienste' (*hizmet sâhibleri*) werden vom *dede* mit einem Gebet kollektiv in ihren Dienst übernommen.

8) Der *pôst* (das ‚Sitzfell' des *dede*) wird vom ‚Fell-Diensthabenden' (*pôstçu*) gebracht und mit dem lauten Rezitieren eines Gebets ausgelegt. (Die Gebete beginnen zumeist mit der Formel „bismişâh, Allâh, Allâh". Der *dede* erwidert mit einer etwas längeren Gebetsformel. Die Diensthabenden führen hier und später jeweils immer ein *niyâz* aus, wenn sie den *meydân* betreten bzw. wieder verlassen).

9) Ausführung des ‚Handwaschdienstes' (*tezekkâr*) mit Gebet und Gebetserwiderung durch den *dede*.

10) Dienst des ‚Lichtanzündens' (*çerâğçı*; Anzünden von drei Kerzen unter Anrufung von Allâh, Muhammed und Ali); u. U. folgt eine Hymne (*düvâz imâm*) durch den *zâkir*.

11) Dienst des ‚Fegens' (*süpürgeci*; jeweils dreimalige Kehrbewegung mit Handfeger (*süpürge*) unter Anrufung von Allâh, Muhammed und Ali).

12) Dienst des ‚Wächters' (*gözcü*).

13) Kollektive Bitte um Vergebung (*tövbe/tevbe*; „tövbe günâhlarımıza estâğfirullâh estâğfirullâh"; danach ev. *Nâdi Aliyyan*).

14) Der *dede* spricht ein Gebet (*secde duâsı*, *gülbâng*) während die Gemeinde in der Prostration (*secde*) verharrt.

15) Singen von ‚Zwölf-Imam-Hymnen' (*düvâz imâm*).

16) *Secde* mit Gebet.

19 Die Dienste bzw. Diensthabenden werden (offenbar je nach historischem bzw. regionalen Kontext) mit verschiedenen Termini bezeichnet. Diese sind z. T. jeweils Übersetzungen in einer der ‚Drei Sprachen' (*elsine-i selâse*; Arabisch, Persisch, Türkisch), aus denen der Wortschatz des Osmanisch-Türkischen schöpft, z. B. *süpürgeci* (türkisch) = *farrâş* (arabisch) = ‚Kehrer'. Sie können hier nicht alle im Einzelnen angeführt werden.

17) Kollektives Singen der ‚Einheitsbekenntnis-Hymnen' (*tevhîd*; zwischen *tevhîd*-Hymnen *secde*).
18) *Secde* mit Gebet (*gülbâng*).
19) Singen der *mirâclama*-Hymne durch den *zâkir*, die die Himmelsreise und das Treffen Muhammeds mit der ‚Versammlung der Vierzig' (*kırklar meclisi*), in der der ‚erste', primordiale *semâh* getanzt wurde, beschreibt. Im zweiten schnelleren Teil der Hymne beginnt der *semâh*-Tanz durch Gemeindemitglieder, im städtischen oder Diaspora-Kontext oftmals durch (Jugend-)*semâh*-Tanzgruppen.
20) Ritus des Wasserverspritzens (Vergegenwärtigung der Wüste von Kerbela).
21) Klagelied (*mersiyye*) über die Ereignisse in Kerbela.
22) *Secde* und Gebet.
23) Nochmalige *süpürge*.
24) Dienst des *lokma*-Verteilers (bzw. ‚Opferers'; *kurbâncı*); das gespendete Essen und / oder das Opfermahl wird durch den *dede* gesegnet (*lokma duâsı*).
25) Auslöschen der Lichter (Kerzen).
26) Der *pôst* wird wieder ‚aufgehoben'.
27) Der *dede* versieht die zwölf Diensthabenden mit einem Gebet.
28) Der *dede* verabschiedet die Gemeinde mit einem Gebet.

Gerahmt wird diese Zeremonie wie schon dargestellt durch Speisespenden bzw. Tieropfer sowie das an den ‚Gottesdienst' anschließende gemeinsame Mahl. In städtischen Gemeinden, an denen der *cem* regelmäßig am Freitagvorabend, also an einem normalen Wochentag stattfindet, nimmt man jedoch in Tüten verpackte Lebensmittel mit nach Hause, da unter der Woche in der Regel keine Opfer stattfinden und kein frisch zubereitetes Essen verteilt wird. Dies findet nur an Wochenenden statt. Einige *cemevi*s richten von daher ihren wöchentlichen ‚Gottesdienst' regelmäßig am Samstag und/oder Sonntag aus.

Die Transformation der Dimensionen des Rituals[20] im Rahmen der ‚Transnationalisierung' alevitischer Kultur und Religion lässt sich deutlich an den Ergebnissen von Standardisierungsversuchen abbilden, wie sie im Rahmen von alevitischen Institutionen, z. B. der *CEM Vakfı*, oder durch engagierte Einzelpersonen wie Mehmet Yaman unternommen wurden. Hierzu ist es notwendig, die realen Performanzen in die Betrachtung einzubeziehen.[21] Die Transformationen einiger Dimensionen sind schon oben an verschiedenen Stellen aufgezeigt worden (z. B. zu Fragen der Transmission bzw. Tradierung), so dass hier nur noch einmal zusammenfassend zu einigen Dimen-

20 Zu den ‚Dimensionen des Rituals' siehe Platvoet 1995.

21 Im vorliegenden Fall wurden die teilnehmenden Beobachtungen an einer Reihe Istanbuler *cemevi*s (Garip Dede, Yenibosna, Gazi, Karacaahmet Sultan, Kartal), in einem Dorf bei Malatya sowie in Urfa, einem *cem* in einem neueröffneten *cemevi* in Erzincan, der durch einen in Deutschland ansässigen *dede* geleitet wurde, sowie bei verschiedenen von deutsch-alevitischen Vereinen veranstalteten *cem*-Ritualen (Wiesloch, Filderstadt, Worms) durchgeführt, z. T. mehrmals am selben Ort im Zeitraum 2003–2007.

sionsveränderungen Stellung genommen werden soll. Insbesondere die Standardisierungsversuche des Skriptes sind anhand von publizierten *cem*-Ritualtexten (samt Handlungsanweisungen) augenfällig. Doch unter Skript sind nicht nur verschriftlichte Ritualanweisungen zu verstehen. Auch die mündlich oder durch vorangegangene, als ‚gelungen' wahrgenommene Performanzen vermittelten ‚Anweisungen' spielen hier eine Rolle. Wiederum ist hier die Medialisierung von Performanzen und ihre Verbreitung und daraus folgende Verfügbarkeit im Medienbereich anzuführen, die dem Ritual selbst quasi eine Akteursrolle zuweist. Allein die Tatsache, dass die Durchführung von *cem*-Ritualen heute ebenso sehr zum Standard eines ‚vollwertigen' alevitischen Identitätsrepertoires gehört wie früher vielleicht ein bestimmtes politisches Engagement, führt folglich zur weiteren Durchführung von solchen Zeremonien. Ihre Performanz und Ästhetik wird wiederum stark durch Medialisierungsprozesse bestimmt. Dies lässt sich beispielsweise an ‚standardisierten' Kleidungsformen für die *semâh*-Tanzgruppen nachweisen.

Am deutlichsten ist jedoch der Wechsel im Bereich der Funktion des Rituals von der Vormoderne bis heute anzusetzen. Dieser Funktionswechsel ist parallel zur Entwicklung von geschlossenen Dorfgemeinschaften zu eher amorphen Stadt- oder Diaspora-‚Gemeinden' zu sehen, so dass es zu Veränderungen in der Dimension der Interaktivität kam: Es geht nicht mehr um die Kommunikation einer teilweise rigiden Gruppenordnung, da die einzelnen Teilnehmer in der Regel nicht mehr in dieselben Sozialstrukturen eingebunden waren. Stattdessen trat einerseits eine individuell-reflexive, psychologische Funktion der individuellen Krisenbewältigung, andererseits die Repräsentationsfunktion hinzu, die insbesondere in den 1990er Jahren den *cem*, bzw. Elemente aus dem Ritual, zu Symbolen für das sich formierende moderne Alevitentum als politisch-soziale Emanzipationsbewegung machte, die intentional-strategisch instrumentalisiert wurden. Unter anderem wurde die Struktur des Rituals, teils unbewusst, teils bewusst, auf eine gewisse Außenwirkung hin modifiziert. Symbolik und den Ritualhandlungen zugeschriebene Bedeutungen mussten konkretisiert und vereinheitlicht werden, nicht zuletzt, weil auch die (potentiellen) Teilnehmer nach ‚Erklärungen', also nach diskursiver Verknüpfung von Handlung und Glaubensinhalt verlangten.

Lebenszyklus-basierte Performanzen (individuenbezogene ‚Übergangsrituale')

Alevitische ‚Übergangsrituale', die auf den Lebensweg des Individuums bezogen sind, sind weder für das städtische noch für das diasporische Alevitentum umfassend untersucht worden. Zumeist liegen uns ethnographische Einzelberichte aus Anatolien vor, die einerseits sehr regionalspezifische Praktiken wiedergeben, andererseits zeigen, dass die Aleviten Teil einer allgemein-anatolischen Ritualkultur waren. So können vorerst keine übergreifenden Aussagen zu Ritualen in Verbindung mit Schwangerschaft, Geburt und Namensgebung gemacht werden. Allerdings verweisen die vorliegenden Ritualhandbücher gelegentlich auf solche Anlässe, bei denen traditionell auch *dede*s beteiligt sein konnten. Auch auf die Wahl des Namens aus dem Bestand der alevitischen ‚Heiligen' (Ehl-i Beyt, Oniki İmâm) wird verwiesen. Die Beschneidung der Jungen (*sünnet*) wird in aller Regel durchgeführt, jedoch ist die Institution des ‚Beschneidungspaten' (*kirve* oder *kıvra*) nicht in allen Regionen bekannt. Dieses *kirvelik* etabliert eine fiktive Verwandtschaft zwischen den beteiligten Familien. Dass hier weniger spezifisch alevitische Formen auftreten, mag damit zu tun haben, dass man in gemischt-besiedelten Regionen gerne auch den *kirve* aus der sunnitischen Nachbarschaft wählte, um absichernde, friedliche Sozialverbindungen zur potentiell ‚feindlichen' Gruppe herzustellen.

Auch zu den Hochzeitsritualen finden sich (kürzere) Abschnitte in den Ritualhandbüchern. Jedoch ist der Eindruck nicht von der Hand zu weisen, dass hier eher neue Betätigungsfelder für *dede*s erschlossen werden sollen, als dass traditionelle Muster wiedergegeben werden. Da viele Aleviten-Dörfer unter dem Jahr ohne direkte Betreuung durch einen *ocakzâde-dede* bleiben mussten, ist damit zu rechnen, dass die Anwesenheit eines *dede*s bei Hochzeitsritualen nicht zwingend notwendig war. Die Hochzeitsvorbereitungen wie Brautwerbung und ‚Verlobung' sowie die Hochzeitsfestlichkeiten sind ohnehin weniger religiös konnotiert. Allerdings ist hier im ethnographischen Material eine Anzahl von ‚Glücks'- und apotropäischen Riten – wie auch im oben angesprochenen Bereich von Schwangerschaft, Geburt und Säuglingsalter – nachweisbar. Wieweit diese in die Verhältnisse ‚nach der Migration' transferiert wurden, bleibt noch zu untersuchen. Was die eigentliche Hochzeit betrifft, findet man heutzutage beispielsweise in Istanbul manchmal die Integration einer *nikâh*-Zeremonie in wöchentliche *cem*-Rituale. Darüber hinaus hat das Faktum von Mischehen in der Diaspora dazu geführt, dass in Deutschland schon einige interreligiöse Ehen gemeinsam durch einen alevitischen *dede* und einen christlichen Pfarrer geschlossen wurden. Ein deutsch-alevitischer Informant merkt an, dass man wie die Sunniten im Rahmen von Hochzeitsritualen Gebete (*duâ* und *salavât*) spreche, wobei dies nicht durch einen *dede* geschehen müsse. Allerdings sei der entscheidende Unterschied, dass sie dabei der ‚Ehl-i Beyt' gedächten, was die Sunniten nicht täten.

Ein ausgesprochenes Ritual der Initiation in die Gemeinschaft (insbesondere für Jugendliche) ist heutzutage nicht bekannt. Früher wurde wohl analog zu Derwischpraktiken während der jährlichen *cem*-Rituale eine ‚Bekenntnis'-Zeremonie (*ikrâr*) vorgeschaltet, bei der die Gemeinschaftsregeln erneut aktualisiert wurden, was vor allem die Geheimhaltung betraf. Somit wurde man sukzessive und wiederholt in die Gemeinschaft ‚initiiert'. Den Höhepunkt bildet das Eingehen der *musâhiblik* genannten ‚Wegbruderschaft', deren ritualisierter Abschluss während eines *cem*-Rituals Alevit und Alevitin erst zu rituell-religiös, aber auch sozial voll handlungsfähigen Gemeinschaftsmitgliedern machte. Es handelt sich dabei um eine weitere fiktive Verwandtschaft, welche in diesem Fall zwischen zwei Ehepaaren durch das *musâhiblik*-Ritual performativ – und damit sozial wirksam – hergestellt wird. Die *musâhib*s werden damit in allen Bereichen rechtlich-sozial-moralisch wie Blutsverwandte füreinander verantwortlich. Dies bedeutete, dass alle verhängten Strafen auch gegen den jeweiligen *musâhib* bzw. das *musâhib*-Paar durchgesetzt wurden, womit die soziale Kontrolle verstärkt wurde. Entsprechend sind die Bereitschaft und das Interesse, solche Bündnisse abzuschließen, heutzutage geringer geworden, obwohl es gelegentlich noch durchgeführt wird. Früher war es zwingend notwendig, da unverheiratete Nicht-*musâhib*s an den ‚inneren', nur initiierten Personen zugänglichen Abschnitten des *âyîn-i cem* nicht teilnehmen konnten. Die Kinder der jeweiligen Familien galten auch als Blutsgeschwister und durften entsprechend nicht miteinander heiraten.

Der Umgang mit dem Tod wurde durch die Migrationen zu einem Problem. So mussten die Aleviten in türkischen Städten zuweilen die Dienste von sunnitischen Moschee-‚Beamten' in Anspruch nehmen, um auf städtischen Friedhöfen bestattet werden zu können. In der Diaspora ohnehin, aber auch in den türkischen Großstädten ist somit mit einer hohen Rückführungsrate der Leichname in die Heimatdörfer zu rechnen. Allerdings bieten einige Istanbuler *cemevi*s inzwischen adäquate Räumlichkeiten für den Umgang mit dem Leichnam an und unterhalten auch eigene Leichenwagen. Die Ritualhandbücher geben Hinweise zur Behandlung des toten Körpers, zu Leichenwaschung und zu Bestattung und Totengebet. Bei allen diesen Tätigkeiten ist offenbar die Anwesenheit eines *dede* nicht zwingend notwendig, solange jemand verfügbar ist, der die Totengebete (hier oftmals Koransuren, wie die Sure *Yâsîn*) rezitieren kann. Zuletzt ist der Bereich des Totengedenkens anzusprechen. Bedeutsam ist der dritte, der siebente und der vierzigste Tag sowie in der Folge Jahresgedenktage. An diesen Tagen kann ein *cem*-Ritual veranstaltet werden, das sich auf die Seele des Verstorbenen bezieht, der dadurch der Weg ins Jenseits und das Erreichen der ‚Wahrheit' (*hakka yürüme*; ‚zu „Gott" gehen') erleichtert werden soll. Dies ist ein häufiger Anlass für *cem*-Rituale, die mit einem Tieropfer und der Speisung der Gemeinde verbunden sind. Das innerhalb dieses *cem* vollzogene Ritual, das der ganzen Zeremonie als pars-pro-toto den Namen gegeben hat, heißt *dârdan indirme* (‚aus dem Zustand des *dâr* heraustreten'). Mehrere Personen stehen hier stellvertretend für den Verstorbenen zur Befragung ‚im *dâr*', d. h. in der entsprechenden Stellung vor dem *dede*, wodurch eine stellvertretende Entlastung des Verstorbenen von eventuellen Verfehlungen postum erreicht werden kann. Diese Zeremonien finden regelmäßig auch in Deutschland statt, da sie auch in räumlicher Entfernung vom Begräbnisort vollzogen werden können. Da die meisten Verstorbenen in der Türkei beerdigt werden, konnte sich in der Diaspora noch keine Grabkultur herausbilden. In der Türkei spielt im rituellen Jahresablauf jedoch der Besuch von Friedhöfen und Gräbern auch an bestimmten Festtagen eine regional unterschiedlich wichtige Rolle.

‚Kalendarische' Performanzen (kollektive ‚Feste')

Durch die Relevanz von verschiedenen ‚historischen' Kalendern für die Datumsbestimmung einzelner Festtage des alevitischen Festkalenders sind alevitische Gläubige inklusive der religiösen Spezialisten heute auf die von alevitischen Organisationen veröffentlichten ‚offiziellen' Festtagslisten angewiesen. Es handelt sich bei den verwendeten Kalendern zunächst um den islamischen Mond-Kalender (*hicrî kamerî*), wie er auch von sunnitischen Muslimen verwendet wird, die für die Daten ihrer Festtage ebenso auf Publikationen islamischer Organisationen angewiesen sind. Erster Monat des islamischen Jahres, das als Mondjahr jedes Sonnenjahr ca. zehn Tage im Jahreszeiten-Kalender nach vorne wandert, ist der *Muharrem*, dessen erste zwölf Tage den ‚Zwölf Imamen' und dem Gedenken an ihre Leiden gewidmet sind. Während dieser Tage ist ein ‚Trauerfasten' (*mâtem orucu*) einzuhalten, dass sich in seiner Ausführung wohl durch den Kontakt mit ‚orthodoxen' Muslimen dem islamischen Ramadan-Fasten angeglichen hat. Es findet nach Sonnenuntergang ein *iftâr* genanntes, möglichst durch ein gemeinschaftliches Mahl begangenes ‚Fastenbrechen' statt. Beim *Muharrem*-Fasten der Aleviten kommt jedoch eine Fleischabstinenz hinzu, die sich aus dem Verbot des Tieropfers während dieser Tage ergibt. Entsprechend darf auch kein *cem*-Ritual während dieser Zeit durchgeführt werden. Allerdings steigt die ‚Ritualisierungsdichte' während dieser Zeit, da in den *cemevi*s jeden Abend im Anschluss an das Fastenbrechen sogenannte *Muharrem geceleri* (‚Trauermonatsnächte') stattfinden, bei denen Trauerlieder (*mersiyye*) gesungen werden. Abgeschlossen wird die Trauer- und Fastenzeit am zwölften Tag mit dem *Muharrem cemi*. Der zehnte Tag markiert den Tag der Ermordung Hüseyins, die in den ‚Zehner'-Tagen (*Âşûrâ*) des Monats *Muharrem* des Hedschra-Jahres 61 (680 n. Chr.) datiert wird. In dieser Trauerzeit werden inzwischen in Istanbul auch theatralische Inszenierungen durch (Jugend-) Theatergruppen in *cemevi*s aufgeführt, die die Ereignisse von Kerbela nachstellen. Es handelt sich hierbei um Transfers aus zwölferschiitischen Kontexten, vornehmlich um filmische Darstellungen aus dem Libanon und aus Iran, die dort *tazîye* (‚Trauer') genannt werden. Diese Transfers sind in der Diaspora noch nicht nachweisbar, obwohl es einige Jugendtheatergruppen an deutschen Gemeindezentren gibt.

Begangen wird auch das allgemein-islamische ‚Opferfest' (*Kurbân Bayramı*), das ebenfalls nach dem Mondkalender datiert wird. Da die Aleviten das ‚orthodox'-islamische Ramadan-Fasten bis auf Einzelpersonen oder bestimmte Regionalgruppen nicht praktizieren, spielt entsprechend das den Ramadan abschließende ‚Zuckerfest' (*Şeker Bayramı*) keine Rolle.

Nach dem historischen Sonnenkalender der orientalischen und orthodoxen Christen, dem julianischen Kalender, der im osmanischen Kontext *rûmî* oder *mâlî* genannt wurde, sind zwei weitere Feste datiert, die in der Diaspora auch beliebte Anlässe für die Durchführung von *cem*-Ritualen sind. Wie schon bemerkt werden in der Diaspora gerne solche kalendarischen Anlässe gewählt, da man aus verschiedenen Gründen nur ein bis zwei Mal im Jahr in der Lage ist einen ‚Gemeindegottesdienst' durchzuführen. Es handelt sich hierbei um den Abschluss des kürzeren ‚Hızır-Fastens' (*Hızır orucu*), das nach dem modernen Kalender Mitte Februar stattfindet, sowie das ‚Frühlingsfest' *Hıdırellez*, das vom 5. auf den 6. Mai nach dem modernen, gregorianischen Kalender begangen wird. Beide Festzeiten beziehen sich auf den gemeinorientalischen ‚Allzweck-Heiligen' Hızır, der als Beschützer- und Retterfigur gilt und in der Diaspora gelegentlich mit Sankt Nikolaus gleichgesetzt wird.

Einem weiteren Sonnenkalender verdankt sich das *Sultân Nevrûz* genannte Fest, das am 20. oder 21. März, dem Tag des jeweiligen astronomischen Frühjahrs-Equinox, begangen wird. Es handelt sich ursprünglich um das Neujahrsfest (*Nov-rûz*) des iranischen Kalenders, das als Frühlingsfest und Beginn der ‚Sommerzeit' im Vorderen Orient, vermittelt über die türkischen Seldschuken und ihre iranisierte Hofkultur, auch bei den Osmanen, begangen wurde. Im Zuge der kurdischen Nationalbewegung, an der auch Aleviten beteiligt sind, ist es quasi zum ‚kurdischen' Feiertag (*Newrôz*) par excellence geworden – mit den entsprechenden politischen Implikationen. In modernen alevitischen Festkalendern wird er auch als Geburtstag Alis (*Hazret-i Ali Doğum Günü*) begangen; ein weiteres Datum, das – insbesondere in der Diaspora – Anlass zu cem-Ritualen bieten kann.

Eine moderne Erscheinung ist die ‚Doppelung' des Gedenkens an das Martyrium Hüseyins in Kerbela, das auch nach dem modernen Sonnenkalender datiert für den 10. Oktober aufgelistet wird (der 10. *Muharrem* 61 nach der Hedschra war der 10. Oktober 680 n. Chr.). Hinzu kommen verschiedene ‚Heiligengedenktage' (*anma günleri*), die sich an den Wallfahrts- und Festivalszeiten der entsprechenden Orte in der Türkei orientieren, am wichtigsten das ‚Abdâl-Mûsâ-Gedenken' (6.–7. Juni, Festival in Tekke Köyü bei Elmalı) sowie das ‚Hâccî-Bektaş-Velî-Gedenken' (16.–18. August, Festival in Hacıbektaş). Weitere Gedenktage haben eher lokale Bedeutung, einzig das Gedenken an Pîr Sultân Abdâl kann noch transnationale Bedeutung für die meisten Aleviten beanspruchen.

Moderne ‚säkulare' Festtage, die in alevitischen Gemeinden durch Festlichkeiten mit Gesangs-, Musik- und Tanzvorführungen sowie gemeinsamem Essen begangen werden, sind unter anderem der Muttertag, der Tag der Arbeit sowie der internationale Frauentag. Auch das Neujahrsfest des modernen Kalenders wird oftmals gemeinschaftlich gefeiert.

Eine moderne Erscheinung in der Diaspora wie auch in türkischen Städten ist das Gedenken an die ‚Märtyrer' des Massakers von Sivas (2. Juli 1993), das, gemessen an der Mobilisierung von Teilnehmern, inzwischen zu einer der wichtigsten Veranstaltungen im alevitischen Jahreslauf geworden ist. So werden reihum in deutschen und europäischen Städten Jahr für Jahr große Gedenkveranstaltungen abgehalten, die ganz neue, aus Transferprozessen hervorgegangene Ritualisierungsformen entwickelt haben. Zu nennen sind hier Kerzenprozessionen, mit Kerzen versehene ‚Schreine' für die Märtyrer, bei denen Porträtfotos der Märtyrer eine zentrale Rolle spielen. Integriert werden diese modernen Zeremonien durch eine interritualistische Verknüpfung mit der ‚traditionellen' alevitischen Ritualistik, beispielsweise durch rahmenden Gebete, die von *dede*s gesprochen werden. In der Türkei kommen politische Demonstrationsmärsche mit öffentlichen Kundgebungen und Besuche der Märtyergräber hinzu.

Fallbasierte Performanzen (‚Krisenrituale')

Ein für die ‚vollständige' Darstellung des Ritualrepertoires einer Kultur zuletzt noch kurz anzureißender Bereich wären die fallbasierten sogenannten ‚Krisenrituale', also Performanzen, die sich regelmäßig weder aus einem Jahres- noch aus einem Lebenszyklus ergeben, sondern die Funktion erfüllen, ‚Krisenzeiten' des Individuums oder der Gruppe ritualistisch zu ‚behandeln'. Für die Kategorie der ‚Behandlung' von anfallenden Problemen sind klassischerweise Heilrituale, aber auch Divinationen (‚Wahrsagen') zu nennen. Diese Aufgaben wurden wohl in früheren Zeiten auch von *dede*-Frauen (*ana*s) wahrgenommen, obwohl auch Berichte über heilende oder wahrsagende Frauen existieren, die offenbar nicht einem *ocak* entstammten. Dass dieser Bereich keine reine Frauendomäne war, zeigen ‚magische Texte' und Anleitungen zum Schreiben von Amuletten in alevitischen *dede*-Handschriften, die bis weit in das 20. Jahrhundert in Handschriften in ‚osmanischer' Schrift belegt sind. Diese Fertigkeiten und Hilfsmittel scheinen Modernisierungsprozesse, vor allem den Alphabetswechsel, nicht überstanden zu haben. Moderne Belege fehlen. Individueller ‚Amulettbedarf' wird heutzutage durch die oben unter „Objekte" beschriebenen modernen Devotionalien erfüllt. Allerdings ist ein noch unerforschter Bereich der Heilrituale offenbar in der Hand von modernen alevitischen Heilerinnen, die auch unter dem Titel *ana* vor allem in der Türkei großen Zulauf finden. Immer wieder wurde bei Gesprächen mit alevitischen Laien auf die großen Heilerfolge einiger dieser ‚Spezialistinnen' verwiesen. Bemerkenswert ist unter anderem, dass diese Heilerinnen sich die Symbolik und Infrastrukturmodelle des modernen Alevitentums zu eigen machen. So plant eine berühmte *ana* in Ankara die Anlage eines Heilungszentrums nach dem Vorbild eines modernen *cemevi*s.

Die unter den kalendarischen Performanzen angesprochenen Heiligtümer, die besonders zu den Festivalterminen im Mittelpunkt des Interesses stehen, werden auch zu individuellen Wallfahrten (*ziyâret*) im Familien- oder Gemeindeverband besucht. Hier werden Gelübde abgelegt und die dazugehörigen Tieropfer dargebracht (*adak adamak*). Für die Aleviten der Diaspora spielen noch Reisen in die Türkei eine Rolle im Bereich von religiös motivierten Performanzen, wenn es sich um ausgesprochen ‚religiöse Reisen' im Sinne einer Pilgerfahrt handelt. Darüber hinaus nahmen einige Aleviten nach dem Ende des Regimes von Saddam Hussein sogar die aus der Vergangenheit bereits belegten Pilgerfahrten nach Bagdad, Kerbela und an andere schiitische Wallfahrtsorte im Irak wieder auf, bevor die sich verschlechternde Sicherheitslage dies nicht mehr zuließ. Ansonsten führt man ortsbezogene Riten, die verschiedene individuelle, krisenhafte Anlässe haben können, beim Besuch im Heimatdorf bzw. in benachbarten oder auf dem Weg liegenden ‚heiligen Orten' aus.

Ausblick: Historische Kontextualisierung und Rezeptionsprozesse

Die vorliegende Darstellung konnte durch die Auswertung früherer Studien und eigener Feldforschungsmaterialien einen ersten Einblick in die alevitische Ritualkultur geben, die durch die Entwicklungen der letzten Jahrzehnte einem starken Wandel unterworfen wurde. So haben sich durch Migrationen massive religionsgeographische und demographische Veränderungen ergeben. Die fortschreitende Forschung zeigt jedoch, dass die vormoderne Zeit im Bereich von Transmissions- und Rezeptionsprozessen keineswegs statisch war. Dass schon frühere Zeiten eine große Dynamik an kulturellen Prozessen aufgewiesen haben müssen, belegt allein schon die Tatsache, dass uns für die letzten Jahrhunderte keine einheitlichen Eigen- und Fremdbezeichnungen der in Frage kommenden Gruppe(n) überliefert sind. War die Darstellung ‚heterodoxer' muslimischer Gruppen im Osmanischen Reich weitgehend durch die Zeugnisse der Gegner dieser Gruppen bestimmt, so hat die Öffnung des Alevitentums der letzten Jahrzehnte dazu geführt, dass nun die Religions- und damit auch Ritualgeschichte der ‚Alevitischen Religion' auch von Aleviten selbst betrieben wird. In Bezug auf die ‚Wurzeln' der Religion und die

Herkunft der Rituale sucht man teilweise bei vorislamischen Traditionen. Manche Autoren wiederum versuchen, die Inhalte des religiösen Repertoires aufgreifend, eine kontinuierliche Linie vom Propheten Muhammed über ‚Hazret-i Ali', Hüseyin, die Ehl-i Beyt und die Nachkommen der Imame zu den anatolischen Aleviten zu ziehen. Zunehmend blicken auch Aleviten auf ihre eigenen historischen Quellen und nicht nur auf die überlieferten ‚religiösen' Texte.

In den *cemevi*s der städtischen Zentren der Türkei hat sich inzwischen ein stabiler Ritualbetrieb herausgebildet, an dem zwar nur eine Minderheit der alevitischen Wohnbevölkerung, diese aber sehr engagiert partizipiert. Dieses Muster der ‚delegierten Frömmigkeit' entspricht durchaus den Verhältnissen einer modernen Industriegesellschaft und genügt offenbar zur Aufrechterhaltung von Traditionslinien. In Deutschland und in ganz Europa kann von einem geregelten religiösen Leben im Bereich der performierten Praktiken noch nicht in diesem Maße die Rede sein. Allerdings bildet sich hier nicht zuletzt über Jugendgruppen und Jugendorganisationen eine neue Generation heraus, die zum Teil gerade an der Ausführung religiöser Praxis interessiert ist. Ihre mitunter starke Verwurzelung in den Aufnahmeländern müsste eigentlich zur Ausbildung einer eigenen Ritualkultur führen, da etwa der Sprachwechsel vom Türkischen zum Deutschen auch als Sprache im Ritual in mittelbarer Zukunft absehbar ist. Transfers aus der deutschen Mehrheitsgesellschaft, wie die Abhaltung von ‚Nikolaus'-*cem*s am Vorabend des 6. Dezember, wurden im Übrigen auch schon von *dede*s der älteren Generation zumindest in kleinerem Umfang unternommen. Unter den Umständen eines weitgehenden Sprachwechsels würde möglicherweise die momentan über die Medien und Reisen aufrechterhaltene Kultur eines transnationalen Alevitentums, die auf der gemeinsamen benutzten türkischen Sprache basiert, nicht mehr weiterexistieren.

Eine noch zu schreibende Darstellung der alevitischen Religions- und Ritualgeschichte müsste solch komplexe Prozesse der Rezeption kultureller Elemente, die auch schon für die Vergangenheit festzustellen sind, ermitteln, analysieren und sie unter Betrachtung der jeweils verfügbaren Quellen historisch kontextualisieren.

Literatur

Gladigow, Burkhard (2004): „Sequenzierung von Riten und die Ordnung der Rituale", in: Michael Stausberg (Hg.), *Zoroastrian Rituals in Context*, Leiden, Boston: Brill, S. 57–76.

Greve, Martin (2003): *Die Musik der imaginären Türkei: Musik und Musikleben im Kontext der Migration aus der Türkei in Deutschland*, Stuttgart, Weimar: Verlag J. B. Metzler.

Kaplan, Ismail (2004): *Das Alevitentum: Eine Glaubens- und Lebensgemeinschaft in Deutschland*, Köln: Alevitische Gemeinde Deutschland e. V.

Karolewski, Janina (2005): „*Ayin-i Cem* – das alevitische Kongregationsritual: Idealtypische Beschreibung des *İbadet ve Öğreti Cemi*“, in: Robert Langer/Raoul Motika/ Michael Ursinus (Hg.), *Migration und Ritualtransfer: Religiöse Praxis der Aleviten, Jesiden und Nusairier zwischen Vorderem Orient und Westeuropa*, Frankfurt am Main: Peter Lang, S. 109–131.

Kaya, Ali; Yaman, Mehmet (Red.) (2005): *Cem (Cem Örneği Kitapçığıdır)*. o. O. [Istanbul]: CEM Vakfı.

Kieser, Hans-Lukas (2000): *Der verpasste Frieden: Mission, Ethnie und Staat in den Ostprovinzen der Türkei 1839-1938*, Zürich: Chronos Verlag.

Langer, Robert (2006a): „‚Ritual‘: A Lexicographic Survey of Some Related Terms from an Emic Perspective “, in: Jens Kreinath/Jan Snoek/Michael Stausberg (Hg.), *Theorizing Rituals*. Vol. I: *Classical Topics, Theoretical Approaches, Analytical Concepts*. Leiden: Brill, S. 59–63.

Langer, Robert (2006b): „Das *Reframing* alevitischer Gemeinderituale im Kontext von Ritualtransfer und Migration“, in: Henrik Jungaberle/Jan Weinhold (Hg.), *Rituale in Bewegung: Rahmungs- und Reflexivitätsprozesse in Kulturen der Gegenwart*, Berlin: Lit Verlag: 129–144.

Langer, Robert (im Druck): „The Alevi Animal Sacrifice (*Kurbân*) Between Professionalization and Substitution: Recent Developments in the Context of Migration and Urbanization“, in: Claus Ambos/Eftychia Stavrianopoulou (Hg.), *Ritualopfer, Opferrituale* (Internationales Symposium des Sonderforschungsbereiches 619, Universität Heidelberg, Heidelberg, 12.–14. Juli 2006).

Langer, Robert; Lüddeckens, Dorothea; Radde, Kerstin; Snoek, Jan (2006): „Transfer of Ritual“, *Journal of Ritual Studies* 20 (1), S. 1–10.

Das Paritätische Jugendwerk NRW; AAGB (Hg.) (2006): *Zum Profil alevitischer Kinder- und Jugendarbeit in NRW*, Wuppertal, Köln: Deutscher Paritätischer Wohlfahrtsverband, Landesverband Nordrhein-Westfalen e. V.; Alevitische Jugend in NRW.

Platvoet, Jan (1995): „Ritual in Plural and Pluralist Societies: Instruments for Analysis“, in: Jan Platvoet/Karel van der Toorn (Hg.), *Pluralism and Identity: Studies in Ritual Behaviour*, Leiden: Brill, S. 25–51.

Sarıönder, Refika (2005): „Transformationsprozesse des alevitischen *Cem*: Die Öffentlichkeit ritueller Praktiken und Ritualhandbücher“, in: Robert Langer/Raoul Motika/ Michael Ursinus (Hg.), *Migration und Ritualtransfer: Religiöse Praxis der Aleviten, Jesiden und Nusairier zwischen Vorderem Orient und Westeuropa*, Frankfurt am Main: Peter Lang, S. 163–173.

Snoek, Joannes Maria Augustinus (1987): *Initiations: A Methodological Approach to the Application of Classification and Definition Theory in the Study of Rituals*, Pijnacker: Dutch Efficiency Bureau.

Snoek, Joannes Maria Augustinus (2006): „Defining ‚Rituals‘“, in: Jens Kreinath/Jan Snoek/Michael Stausberg (Hg.), *Theorizing Rituals,* Vol. I: *Classical Topics, Theoretical Approaches, Analytical Concepts*, Leiden: Brill, S. 3–14.

Stausberg, Michael (2001): „Kohärenz und Kontinutät – Überlegungen zur Repräsentation und Reproduktion von Religion“, in: Michael Strausberg (Hg.), *Kontinuitäten und Brüche in der Religionsgeschichte: Festschrift für Anders Hultgård zu seinem 65. Geburtstag am 23.12.2001*, Berlin, New York: de Gruyter: S. 596–619.

Tur, Seyit Derviş (2002): *Erkânname: Aleviliğin İslam'da Yeri ve Alevi Erkânları*. Rüsselsheim: Erenler Yayın u., Istanbul: Can Yayınları.

Mit eigener Stimme? Migrantische Medien und alevitische Strategien der Repräsentation

KIRA KOSNICK

In der aktuellen politischen und akademischen Diskussion zur Beteiligung ethnischer Minderheiten an und in den europäischen Massenmedien nimmt die Forderung nach authentischer Repräsentation und einer ‚eigenen Stimme' in den Medien einen zentralen Platz ein.[1] Bis in die 90er Jahre galt das Interesse primär der Darstellung von Migranten und ethnischen Minoritäten in den Massenmedien. Seitdem ist jedoch eine weitere Dimension von Repräsentation immer stärker in den Vordergrund getreten: Repräsentation nicht nur als Darstellung und Anspruch einer Beschreibung, sondern als aktive politische Vertretung (vgl. Spivak 1988). Inzwischen wird eine Öffnung des Zugangs von Minderheiten zu massenmedialer Produktion und medialen Diskussionsforen als Voraussetzung für eine wahrhaft demokratische Öffentlichkeit gewertet, die Vielfalt nicht ausgrenzt (Cottle 2000, Frachon und Vargaftig 1995, Fraser 1992, Husband 1994, King und Wood 2001). Eine verstärkte Präsenz und Teilhabe von ethnischen Minderheiten in und an den Massenmedien ist als politisches Ziel sowohl auf der Ebene der Europäischen Union als auch in vielen EU Staaten formuliert worden.

Im Mittelpunkt dieses Essays stehen die Medienaktivitäten von alevitischen Migranten aus der Türkei in Offenen Kanälen – einem Bereich der deutschen Radio- und Fernsehlandschaft, der speziell dafür geschaffen wurde, Massenmedien für Gruppen zugänglich zu machen, die in den Feldern

1 Eine frühere Version dieses Essays ist unter dem Titel „‚Speaking in One's Own Voice': Representational Strategies of Alevi Turkish Migrants on Open-Access Television in Berlin" erschienen in *Journal of Ethnic and Migration Studies*, (2004, Bd. 30S. 979-994).

massenmedialer Kommunikation ansonsten marginalisiert bleiben. Das Material, das im Folgenden präsentiert wird, wurde im Zuge einer breiter angelegten ethnographischen Studie zum Medienaktivismus von Migranten und Migrantinnen aus der Türkei in der Stadt Berlin gesammelt (Kosnick 2007). Während der Offene Kanal Berlin (OKB), wie Offene Kanäle in Deutschland insgesamt, als Plattform einer lokalen Öffentlichkeit konzipiert wurde, wird durch die Analyse alevitischer Sendeaktivitäten beim OKB deutlich, dass Migranten diesen medialen Freiraum auch zur Diskussion und Produktion transnationaler Themen und Öffentlichkeiten nutzen. Alevitische Sendegestalter wechseln zwischen unterschiedlichen Strategien, um das Alevitentum gegenüber sunnitisch-muslimischen Zielgruppen und deutschen nicht-muslimischen Zielgruppen positiv darzustellen und Vertretungsansprüche zu formulieren.

Offene Kanäle

Neben dem „dualen System" von öffentlich-rechtlichem und privatem Rundfunk werden die Offenen Kanäle manchmal auch als „dritte Säule" im deutschen Rundfunksystem bezeichnet. Als „Rundfunk der dritten Art" (Arbeitskreis Offene Kanäle 1996) repräsentieren sie für Medienaktivisten eine Art demokratisches Korrektiv, das in Zeiten der Privatisierung und Kommerzialisierung der Medienlandschaft zur Wahrung einer pluralen Öffentlichkeit beitragen soll. Als die politischen Weichen für eine Transformation des bundesrepublikanischen Rundfunksystems gestellt wurden, konnte sich dieser Gedanke sogar auf einen Konsens der großen Parteien stützen: Die neuen technischen Möglichkeiten, die die „neuen Medien" beinhalteten, sollten die mediale Kommunikationslandschaft weiter demokratisieren und alle gesellschaftlichen Gruppen mit einbeziehen (Ibid., S.8).

Dabei beinhaltet die Aufgabe der Demokratisierung auch eine Ausrichtung auf diejenigen Bevölkerungsgruppen, die bislang in den Medien wenig angesprochen sind und zudem Schwierigkeiten haben, sich selbst medial zu artikulieren. Anders als im dualen Rundfunksystem, wo Repräsentanz in den Medien zumeist an ökonomisches, kulturelles, oder politisches Kapital gekoppelt ist, sollen in Offenen Kanälen gerade auch marginalisierte Gruppen zu Wort kommen. Im Sinne des „demokratischen Korrektivs" verkörpert der idealtypische Nutzer eine Gruppe oder Person, die eine Meinung gegenüber einer Öffentlichkeit vertreten will, in der sie durch andere Medien nicht repräsentiert wird. Angesprochen werden sollen sämtliche Mitglieder des demokratischen Gemeinwesens, dem unabhängig von der Staatsbürgerschaft auch Migranten und Migrantinnen angehören. Voraussetzung für eine Sendeerlaubnis ist in der Regel lediglich die polizeiliche Anmeldung am Wohnort.

Fremdsprachige Sendungen von „ausländischen Gruppen“ verkörperten sogar exemplarisch die Idee, die Offenen Kanälen zugrunde liege, da sie in anderen Medien keine Stimme hätten, ließ der Arbeitskreis Offene Kanäle Mitte der 1990er Jahre verlauten (Arbeitskreis Offene Kanäle 1996: 21).

Auch beim Offenen Kanal Berlin werden durch das Wegfallen von Nutzungsgebühren, durch die Vergabe von Sendeplätzen nach dem Prinzip der Warteschlange, Hilfestellung bei der Produktion von Sendungen, etc. die Zugangsbarrieren möglichst gering gehalten. Der OKB wurde bis zum Jahr 2001 sogar überproportional von Migranten genutzt, wobei türkischsprachige Sendungen am stärksten vertreten waren. Ende der 1990er Jahre erreichte ihr Anteil am Sendeumfang zeitweilig bis zu 25 Prozent der gesamten Sendezeit des OKB. Das thematische Spektrum reichte von Musiksendungen über Diskussionen zum Fußballgeschehen in der Türkei und in Berlin bis hin zu kurdisch- und türkisch-nationalistischen Programmen. Die Mehrheit der Sendungen befasste sich jedoch mit dem Islam und mit den Aktivitäten unterschiedlicher muslimischer Gruppen und Organisationen in der Stadt (Bentzin et al. 2007).

Diese Gewichtung empfanden sowohl die Berlin-Brandenburgische Landesmedienanstalt als Trägerin des OKB wie auch dessen Führungsebene als problematisch. Bereits kurz vor den Anschlägen des 11. September 2001, der in Deutschland wie in anderen Teilen der Westlichen Welt eine Islamskepsis, wenn nicht sogar Islamophobie beförderte (Bunzl 2005), führte der OKB eine sogenannte religiöse Sendeschiene ein, die islamische wie auch andere religiös orientierte Programme auf wenige Stunden Sendezeit am Wochenende limitierte. Die Proteste vieler Nutzer blieben vergebens, und die Zahl islamischer Sendungen brach drastisch ein. Im Zuge der Anschläge des 11. September beschloss die Landesmedienanstalt einen befristeten Sendestop für islamische Livesendungen, und verlangte für jedes ausgestrahlte Programm die vorherige Einreichung einer deutschen Übersetzung des Inhalts. Dies war für die meisten Sendemacher aufgrund der sprachlichen Probleme und des erheblichen Arbeitsaufwandes nicht mehr zu leisten. Die im Folgenden beschriebene Situation bezieht sich auf den Zeitraum vor dem 11. September, als es noch keine Zugangsbarrieren für religiös orientierte Programmmacher gab und der OKB die Vielfalt islamischer Orientierungen unter Migranten aus der Türkei widerspiegelte.

Aleviten als religiöse Minderheit

Den mehrheitlich hanefitisch-sunnitischen Sendungen zum Islam stand beim Offenen Kanal Berlin eine kleine Gruppe von alevitischen Programmen gegenüber. Während sich erstere in der Regel schriftbezogen in unterschiedlicher Weise auf die Wahrheit des Islam beriefen, ging es alevitischen Programmgestaltern[2] stärker um die Selbstdarstellung als verkannte muslimische Minderheit. Wie bereits in der Einleitung von Martin Sökefeld beschrieben, vermischen sich in alevitischen Identitätsentwürfen oftmals religiöse, ethnische und politische Komponenten, die in den alevitischen Programmen des OKB ebenfalls eine unterschiedliche Gewichtung erfahren haben (Vorhoff 1995, Seufert 1997). In den Jahren vor dem September 2001, der wie beschrieben für muslimische Programmmacher im Offenen Kanal generell zur Zäsur wurde, waren fünf unterschiedliche alevitische Programme mehr oder weniger regelmäßig auf Sendung: *Al Canlar*, *Kırk Budak*, *Gelin Canlar Bir Olalım*, *Ehl-i Beyt Yolu*, *Kuran ve Ehl-i Beyt Alevilerin Sesi*.[3]

Ergänzt durch sporadische Einzelsendungen unterschiedlicher Programmgestalter lassen sich diese Sendungen fast alle den unterschiedlichen und oftmals konkurrierenden alevitischen Organisationen zuordnen, die in Berlin und auch deutschlandweit die alevitische Bewegung prägen. Im Rahmen einer weitergefassten Studie zu den türkischsprachigen Programmen, die von Migranten und Migrantinnen in Berlin produziert werden (Kosnick 2007), wurden alle Programmverantwortlichen und teilweise auch Mitarbeiter alevitischer Sendungen von der Autorin interviewt. Trotz der unterschiedlichen Interpretationen und Darstellungen dessen, was das Alevitentum ausmacht, nahmen alle Produzenten und Sendeverantwortlichen für sich in Anspruch, für das wahre Alevitentum zu sprechen. Im Folgenden soll anhand von zwei Programmen untersucht werden, wie alevitische Produzenten diese Wahrheit verorten.

Al Canlar

Das Programm *Al Canlar* wird seit 1993 auf dem Offenen Kanal ausgestrahlt, und unterscheidet sich von anderen alevitischen Programmen vor allem durch seine explizit politische Orientierung. Wörtlich übersetzt bedeutet der Titel des Programms „rote Seelen", und greift mit can einen unter Aleviten üblichen Begriff auf, um einander als Gleiche im Sinne von Glaubensgefährten

2 Die Verwendung der männlichen Form ist hier und im Folgenden explizit intendiert: wie bei fast allen Programmen mit islamischer Ausrichtung auf dem OKB sind Frauen in den Sendungen fast unsichtbar, und auch nur in seltenen Einzelfällen an der Gestaltung von Sendungen beteiligt. Dies gilt auch für die Mehrzahl der alevitischen Programme, für die ausnahmslos Männer verantwortlich zeichnen.

3 Auf die Bedeutung von *Al Canlar* und *Kırk Budak* wird im Folgenden noch eingegangen. *Gelin Canlar Bir Olalım* kann als „Kommt, ihr Seelen und lasst uns eins werden" übersetzt werden, *Ehl-i Beyt Yolu* als „Der Weg der Familie des Propheten", *Kuran ve Ehl-i Beyt Alevilerin Sesi* als „Der Koran und die Familie des Propheten, Stimme der Aleviten".

und -gefährtinnen und als gleichwertiger Teil der alevitischen Gemeinschaft zu bezeichnen. Es ist unter Aleviten üblich, einander als canlar zu begrüßen.

Halit Büyükgöl zeichnet seit den Anfängen von *Al Canlar* für das Programm verantwortlich. Anfang dreißig und hauptberuflich als Handwerker im Baugewerbe tätig, wollte Büyükgöl zunächst seinem Berliner Publikum nur vertraute Gesichter und Landschaften aus der Türkei präsentieren. Sein Vater hatte ihn Anfang der 80er Jahre nach dem letzten Militärputsch zu sich nach Deutschland geholt. Wie die Büyükgöls haben etwa zwei Drittel der in ihrer Region in Ostanatolien Ansässigen in den letzten beiden Jahrzehnten ihre Heimatdörfer verlassen, um der schlechten wirtschaftlichen Situation, den häufigen Erdbeben und vor allem auch den Militäroffensiven der türkischen Armee zu entgehen.

Im Jahr 1993, zehn Jahre nach seiner Ankunft in Berlin, begann Büyükgöl, sich beim *Anadolu Alevi Kültür Merkezi* zu engagieren, dem Kulturzentrum Anatolischer Aleviten in Berlin (AAKM). Das Datum ist kein Zufall: es war das Jahr des Brandanschlags in Sivas, bei dem mehr als dreißig prominente Teilnehmer und Teilnehmerinnen eines alevitischen Kulturfestivals ums Leben kamen. Die Fernsehbilder des lichterloh brennenden Hotels, vor dem ein sunnitischer Mob feierte, während türkische Polizeikräfte tatenlos zusahen, riefen eine Welle der Empörung unter Aleviten hervor, die bis heute anhält. Da offizielle Kanäle in der Türkei den Anschlag herunterspielten und nicht als explizite Verfolgung von Aleviten werteten, verstärkten alevitische Organisationen sowohl in der Türkei als auch in Westeuropa ihre Bemühungen um eine Medienpräsenz. Mitglieder des AAKM ermutigten Büyükgöl dazu, seine Sendungen im Offenen Kanal Berlin auszubauen, um zumindest dort ein Gegengewicht zu der dominanten Berichterstattung in der Türkei zu schaffen.

Anfangs ging es *Al Canlar* lediglich darum, Veranstaltungen, Diskussionen, Konzerten und Anderes publik zu machen, und alevitisches Leben aus alevitischer Sicht zu zeigen. In den folgenden Jahren begann Büyükgöl, eigenes Material zu produzieren und die ersten Livesendungen zu machen. Gleichzeitig wurden weiterhin Material aus der Türkei gezeigt, so wie die populären Videoclips alevitischer Musiker, die aufgrund ihrer politischen Implikationen aus den Musikkanälen in der Türkei verbannt sind. *Al Canlar* zeigte auch Bilder des Hacı Bektaş Şenliği, des alevitischen Festivals, das jährlich Tausende von Aleviten aus der Türkei und ganz Europa anzieht.

Das Programm musste sich von Anfang an gegen politische Widerstände behaupten: Als *Al Canlar* die Fernsehbilder von Sivas ausstrahlte, trafen beim Offenen Kanal anonyme Briefe ein, die den Produzenten mit Gewalt drohten, sollte das Programm weiterhin den Islam „diffamieren". Angesichts des beim OKB dominierenden Spektrums von türkischsprachigen Sendungen empfand Büyükgöl seine Position als linksorientierter, „demokratischer" Programm-

Aleviten diffamieren (Tatort)

macher als sehr prekär. Der OKB sei sich nicht der Tatsache bewusst, sagte er, dass viele der Sendungen im Schutz des Türkischen als Fremdsprache zu Gewalt aufriefen. Sie seien entweder şeriat kökenli, Programme, die die Scharia propagieren, oder sağ görüşlü, Programme mit einer rechtsextremen, türkisch-nationalistischen Orientierung. Al Canlar sei das einzige Programm, das für anatolische Aleviten spräche – mit der Betonung auf ‚anatolisch‘: Die Distanzierung von dem Begriff ‚türkisch‘ soll die Differenz zum vom türkischen Staat propagierten nationalen Homogenitätsmodell markieren und auf die Vielfalt unter Aleviten verweisen, die für sich unterschiedliche ethnische Zugehörigkeiten in Anspruch nehmen. Andere alevitische Produzenten beim OKB wie beispielsweise die *Hacı Bektaş Veli Kültür Cemiyeti* (Hacı Bektaş Veli Kulturgemeinschaft, auch HBVKC, benannt nach dem Begründer des Bektaşi-Ordens im 13. Jahrhundert) vertreten in dieser Hinsicht ganz andere Positionen. Im Gegensatz zum Kulturzentrum der Anatolischen Aleviten betont der HBVKC seine türkische Identität, und sein Bekenntnis zu den Idealen von Republikgründer Atatürk. Büyükgöl ist der Meinung, dass die konkurrierende Organisation aufgrund dieses Bekenntnisses die alevitische ‚Einheit in der Vielfalt‘ nicht repräsentieren kann. Der HBVKC könne nicht *bütün renkler*, nicht alle Farben der alevitischen Kultur darstellen. Darüber hinaus meint Büyükgöl, dass die Aleviten stets auf der Seite der Unterdrückten gestanden hätten, *mazlumdan yana*. Diese Haltung sei mit einer Unterstützung des türkischen Staates nicht zu vereinbaren.

Wie in der Einleitung von Martin Sökefeld bereits ausgeführt, lässt sich diese Grundhaltung bis zu den Anfängen der alevitischen Geschichte zurückverfolgen, von der Entmachtung Alis als designiertem Nachfolger des Propheten Mohammed über den Mord an dessen Sohn Hüseyin und seinen Gefolgsleuten in der Wüste Kerbela, bis hin zur Geschichte der Verfolgung durch die Osmanen und die jüngste Geschichte der türkischen Republik. Die Republikgründung durch Mustafa Kemal Atatürk versprach vielen Aleviten ein Ende der sunnitischen Dominanz, und sie begrüßten zu weiten Teilen das Programm der Modernisierung und Säkularisierung, das die Anfänge der Republik kennzeichnete. Während ein Teil der Aleviten sich nach wie vor mit dem Kemalismus identifiziert, stehen andere wie Büyükgöl und das AAKM dem immer stärker gewordenen Einfluss sunnitischer Kräfte kritisch gegenüber, und lehnen die nationalistische Politik des Turkismus als Einheitskultur ab. Der Name des AAKM verweist ebenfalls auf diese Kritik: Es ist das Zentrum der anatolischen Aleviten, nicht etwa der türkischen Aleviten. Während Anatolien im engeren Sinne den europäischen Teil der Türkei nicht mit beinhaltet, geht es bei der Namensgebung um die Distanzierung vom Turkismus und um die Betonung von kultureller und ethnischer Vielfalt. Dies spiegelt sich auch in anderen Kontexten wider. Wenn Büyükgöl Bezug auf die migrantische Bevölkerung in Berlin nimmt, spricht er von *türkiyeli*, Türkei-stämmigen, und niemals von türkischen Migranten – ein Begriff, der für ihn eine Missachtung der ethnischen Vielfalt von Menschen aus der Türkei impliziert.

Aus dieser staatskritischen Perspektive erscheint die Geschichte der Aleviten als eine, die primär von Unterdrückung und Verfolgung geprägt ist. So lässt sich von dem Massaker in Kerbela eine historische Linie der Kontinuität ziehen, die bis zu den letzten Gewalttaten gegen Aleviten insbesondre in der Türkei reicht. Kein Ereignis der jüngeren Vergangenheit bewegt dabei die Aleviten so sehr wie der sunnitisch-islamistische Brandanschlag von Sivas. Sowohl in der Türkei als auch in Deutschland führte „Sivas" zu einer Welle der Mobilisierung unter Aleviten, aus der zahlreiche Neugründungen lokaler und überregionaler Vereine resultierten.

Die Ereignisse von Sivas, in denen eine künstlerische und intellektuelle alevitische Elite ihr Leben verlor, haben alevitische Migranten ebenso stark wie Aleviten in der Türkei bewegt. Sivas ist nach wie vor ein wichtiger Referenzpunkt für die Produktion von alevitischer Identität unter Migranten in ganz Westeuropa. Erst nach Sivas wurden die ersten translokalen alevitischen Organisationen gegründet: erst in Deutschland, und später grenzüberschreitend wie im Fall der *Föderation Alevitischer Gemeinden in Europa* (Sökefeld und Schwalgin 2000).

Mehr als ein Jahrzehnt nach den Ereignissen erinnern migrantische Alevitenorganisationen regelmäßig an das Massaker von Sivas und feiern die Toten als Märtyrer des alevitischen Glaubens. Ağıttan umuda, von der Totenklage zur Hoffnung, lautete 2006 das Motto einer jährlich stattfindenden Veranstaltung, die Tausende von Aleviten aus ganz Deutschland und Teilen Europas mobilisiert. In diesem Jahr kamen fast 15.000 Menschen zu der von der Alevitischen Gemeinde Deutschland (AABF) organisierten Veranstaltung in Köln, um an Sivas zu erinnern. Es ging jedoch nicht nur um Sivas: alevitische Vertreter wollten deutlich machen, dass das Alevitentum stets auf der Seite der Schwachen und Verfolgten stehen würde, damit sich die Ereignisse von Solingen, Sivas, Halabja und Auschwitz nicht wiederholen.[4]

Unter den eingeladenen Sprechern und Teilnehmern waren Vertreter fast aller großen deutschen Parteien, Vertreter unterschiedlicher Glaubensgruppen und berühmte alevitische Künstler und Musiker. Der international bekannte türkische Dirigent Betin Güneş leitete eine Darbietung des Kölner Sinfonieor-

4 Die deutsche Übersetzung der AABF Ankündigung für die Veranstaltung nennt Srebrenica statt Auschwitz in der Liste der Städtenamen, die mit unterschiedlichen Gräueltaten verbunden sind: http://www.alevi.com/pressemeldung+M517cec622ce.html (besucht im August 2006). Halabja ist eine kurdische Stadt im Norden Iraks, wo 1988 Hunderte von Menschen als Folge eines Giftgasangriffs durch irakische Soldaten starben. Solingen geriet in die Schlagzeilen, als dort 1993 fünf türkische Frauen und Kinder einem rassistischen Brandanschlag zum Opfer fielen.

chesters. Durch die Kombination von antirassistischen Appellen mit einer öffentlichen *cem*-Zeremonie, mit Livemusik und Poesievorträgen konnten die Veranstalter Aleviten als Vorreiter einer breiten Bewegung gegen Rassismus, interreligiöse und interethnische Gewalt präsentieren. Ausgehend von den Ereignissen in Sivas konnten sie sich im Zentrum eines weiter gefassten Leidens und Kampfes situieren und gleichzeitig das Alevitentum ganz unterschiedlichen Zielgruppen näher bringen: „Von der Totenklage zur Hoffnung ist eine alevitische Saga, die sich an unsere Jugend richtet, an die deutsche Öffentlichkeit, an die Kreise, die Aleviten und das Alevitentum noch nicht kennen."[5]

Obwohl eingeladen, entsandte die Türkisch-Islamische Union DİTİB, die Auslandsorganisation der staatlichen Religionsbehörde in der Türkei, keinen ihrer Vertreter. Der offizielle Grund war die Größe der Veranstaltung – ein fragwürdiges Argument, wie der Generalsekretär des AABF in einem Interview mit der türkischen Tageszeitung Evrensel meinte.[6] Angesichts der politischen Bedeutung von Sivas als Zeichen für die Unterdrückung des Alevitentums in der Türkei waren die Organisatoren jedoch vermutlich alles andere als erstaunt über diesen Rückzug. Sie konnten sich im Migrationskontext eine Geste der Inklusion bei einer Veranstaltung leisten, die im Kontext der Türkei in dieser Form undenkbar gewesen wäre.

Auch *Al Canlar* bezieht sich in seinen Sendungen immer wieder auf die Ereignisse von Sivas. Die Eingangssequenzen einer im April 1998 ausgestrahlten Sendung im Offenen Kanal Berlin unterstreichen die Zentralität der Ereignisse für alevitisches Leben und öffentliche Selbstartikulation auch im Migrationskontext:

1. Zunächst erscheint ein Portrait von Ali, eingefügt in einen ovalen Rahmen, der während der gesamten Einleitunssequenz sichtbar bleibt, und als eine Art Fenster inmitten eines rosafarbenen Bildschirms den Blick auf unterschiedliche Bilder freigibt. Ein Crescendo rhythmischer Geigenklänge vermittelt Spannung.

2. Es folgt ein Portrait des Begründers der Anatolischen Alevi-Bektaşi Bewegung, Hacı Bektaş Veli, der als Heiliger verehrt wird. Das Portrait wird von Text eingerahmt: „Gelin canlar, canlar bir olalım. Dönen dönsün ben dönmezem yolum" (Kommt, ihr Seelen, lasst uns eins werden. Lasst diejenigen ziehen, die umkehren, ich werde nicht von meinem Weg abkehren.)

5 http://www.alevi.com/etkinlik+M5ea83c8af92.html (besucht im August 2006), Übersetzung aus dem Türkischen.

6 Evrensel, 19. Juni 2006.

3. Bilder einer *cem*-Zeremonie wechseln sich ab mit Bildern einer Demonstration in Berlin, bei der Banner des AAKM sowie andere mit der Aufschrift „yaşasın 1 Mayıs“ (es lebe der 1. Mai) getragen werden.

4. Schnitt zu einer kleinen Gruppe älterer Frauen und Männer, die gemeinsam *semah* (einen Teil der *cem*-Zeremonie) durchführen. Begleitet von *saz*-Musik kreisen sie um sich selbst, und tanzen auch als Gruppe im Kreis.

5. Es erscheinen Bilder eines lichterloh brennenden Gebäudes vor dunklem Hintergrund.

6. Zurück zur Demonstration in Berlin. In der ersten Reihe von Demonstranten werden Bilder der im Sivas Feuer Ermordeten auf großen Postern hochgehalten. Darauf folgt die Figur eines türkischen Polizisten, der auf einen am Boden liegenden Mann einprügelt.

7. Die Musik ist jetzt beschwingter, und mit der Rückkehr zu den Bildern von Sivas beginnt ein Lied, das von Verfolgung und alevitischem Kampf gegen die Feinde handelt. Die Sängerstimme versichert: „Dost, senin derdinden ben yana yana. Ali, Ali, Ali, ben yana yana.“ (Freund, deine Sorgen lassen mich brennen. Ali, Ali, Ali, ich brenne und brenne.)

8. Inzwischen ist vor dem brennenden Hotel in Sivas eine aufgeregte Menschenmenge zu sehen, die den Brand auch verbal anzufeuern scheinen. Einige Männer tragen einen Verletzten und scheinen vergebens nach Hilfe zu suchen. Polizisten stehen im Umkreis und schauen tatenlos zu.

9. Inzwischen steht das gesamte Gebäude in Flammen. Über die Flammenszene werden Bilder des *semah*-Rituals gelegt, so dass nun die Frauen und Männer in den Flammen selbst zu tanzen scheinen.

10. Abschließend werden türkische Zeitungsausschnitte gezeigt. Eine Überschrift lautet „Sivas gergin“, Sivas angespannt.

Nach dieser dramatischen Einleitung springt die Sendung zur Live-Situation im kleinen Studio des Offenen Kanals. Zwei Männer sitzen an einem weißen Tisch und schauen in die Kamera, hinter ihnen die graue Studiowand, an der ein Poster die vierte Alevi Kültür Haftası in Berlin ankündigt, die Alevitische Kulturwoche mit einem Programm von Konzerten, Cem-Zeremonien und öffentlichen Diskussionsrunden. Der junge Moderator stellt seinen Gast als Dr. Yüksel Özdemir vor, Vorsitzender des AAKM. Beide gratulieren den Zuschauern zum *Kurban Bayramı*, dem islamischen Opferfest, das zur Zeit der Sendung begangen wird. Thema der Sendung ist jedoch die bevorstehende Alevitische Kulturwoche. Özdemir erklärt, aus welchen Gründen die Woche organisiert wird, und schlägt wiederum den Bogen zur alevitischen Geschichte. Aleviten hätten zwar eine lange Phase der Unterdrückung in der Türkei durchleben müssen, doch nach den Morden in Sivas und den blutigen Zwischenfällen in Gaziosmanpaşa habe man begonnen, sich zu organisieren. Aufgrund der restriktiven Verhältnisse in der Türkei habe man das Kulturzentrum Anatolischer Aleviten in Deutschland und in Europa gegründet, um dort die alevitische Lehre und Glauben weiter zu vermitteln. Zielgruppen des Zentrums seien in erster Linie Aleviten, die etwas über ihren eigenen Glauben und die eigenen Gemeinschaft erfahren müssten, in zweiter Linie andere Migranten aus der Türkei, und in dritter Linie die deutsche Öffentlichkeit, im Hinblick auf die eine Integration angestrebt werde. An einem Tag der Kulturwoche wird es eine Podiumsdiskussion auf Deutsch geben, mit deutschen Experten und Repräsentanten des Zentrums, die dem Publikum alevitische Kultur und Philosophie näher bringen sollen.

Auch der Programmgestalter Halit Büyükgöl betont die Wichtigkeit, ein deutsches Publikum zu erreichen – beispielsweise durch *Al Canlars* Sendungen von der internationalen Funkausstellung, die jedes Jahr in Berlin stattfindet. Bei einem Interviewtermin bei sich Zuhause zeigte er Videomaterial der betreffenden Sendungen: Alevitische Jugendliche stellten einem Vertreter des Kulturzentrums auf Deutsch eine Reihe von Fragen, die das Alevitentum betrafen. Es war offensichtlich, dass diese Fragen vorher abgesprochen waren und eher der Entkräftung von möglichen Vorurteilen dienten, die ein deutsches nicht-migrantisches Publikum Aleviten gegenüber haben könnten. Wie Büyükgöl erklärte, wird in Deutschland und ganz Europa die Türkei als islamischer Staat wahrgenommen, dessen Religion mit der sunnitischen Lehre, mit der Scharia, mit Menschenrechtsverletzungen und der Unterdrückung von Frauen in Verbindung gebracht werde:

„Alles das ist die Türkei, die in den Boulevardzeitungen abgebildet wird, die das Staatsfernsehen zeigt, die Türkei, die den Leuten nahe gebracht wird. Aber wer ein bisschen nachforscht wird sehen, dass die Türkei eigentlich das schöne Anatolien ist. Sie werden sehen, dass dieses schöne Anatolien aus unterschiedlichen Kulturen besteht, unterschiedlichen Religionen, Minderheiten und Gruppen. In diesem Mosaik Anatolien leben Menschen mit sehr unterschiedlichen ethnischen Wurzeln. Wenn ich jetzt einem Deutschen oder Europäer sage, es gibt zwanzig Millionen Aleviten in der Türkei, wird kommen, gibt es solche Leute wirklich in der Türkei? Oder sie werden sich fragen, wer sind denn diese Leute? Aber wenn man ihnen erklärt, worum es im Alevitentum geht – schau, es ist so, es ist liberal in seinen religiösen Überzeugungen, es will Schulen statt Moscheen im Dorf bauen. Es ist laizistisch, es respektiert die Menschenrechte… Es gibt keine Trennung zwischen Männern und Frauen. …Schau, die alevitische Frau trägt kein Kopftuch. Sie zieht sich an, wie sie will. Sie ist frei. Wenn ich das sage, dann fragen sie, existiert das alles in der Türkei, einem islamischen Staat? Das wissen sie nicht. ...Weil diese liberale, demokratische Gruppe in der Minderheit ist, und weil sie keine Medienpräsenz wie *Al Canlar* hat – wie ich schon sagte, kein Fernsehen, keine

Zeitung – hat sie es leider noch nicht geschafft, sich der Außenwelt bekannt zu machen."[7]

Wenn Deutsche herausfinden, dass er aus der Türkei kommt, konfrontieren sie ihn sofort mit ihren Vorurteilen bezüglich seiner Haltung zu Frauen oder zur Religion, sagte Büyükgöl. Aber während diese Annahmen auf die Mehrheit der sunnitischen Muslime in der Türkei zutreffen könnte, teilten Aleviten mit Deutschen und Europäern eine demokratische, laizistische und egalitäre Einstellung, meinte er. Aleviten beteten nicht fünfmal am Tag, sie gingen nicht in Moscheen; außerdem betrachteten sie weder den Verzehr von Schweinefleisch noch den Genuss von Alkohol als Verbrechen. Somit repräsentiert das Alevitentum eine Kultur und Version des Islam, die geradezu vorbildlich mit den Idealen von Westlichen demokratischen Gesellschaften kompatibel erscheinen. Nach Büyükgöl sei eine Funktion der alevitischen Medien in der Migration, eben dieses Verständnis unter deutschen und europäischen Öffentlichkeiten zu fördern.

Doch Halit Büyükgöl macht noch eine zweite Gruppe aus, die Vorurteile gegenüber Aleviten hegt: sunnitische Muslime, sowohl in der Türkei als auch in der Migration. Ihre Vorurteile unterscheiden sich grundsätzlich von denen, die unter Deutschen und Europäern anzutreffen sind, da sie sich aus einem völlig anderen Kontext entwickelt haben. Sie zielen auf Aleviten als Aleviten ab, nicht als Türken oder Muslime, und speisen sich aus einer verzerrten Wahrnehmung alevitischer kultureller und religiöser Praxen, die unter der sunnitischen Bevölkerung der Türkei weit verbreitet ist. Büyükgöl hält es für eine wichtige Aufgabe, solche Vorurteile gerade unter dem Teil der sunnitischen Bevölkerung zu entkräften, der in Bezug auf seine staatskritische Perspektive für politische Bündnisse zu gewinnen wäre.

„Wir wollen die Leute in der Türkei erreichen, die keine Aleviten sind und uns noch nicht kennen, die demokratischen, revolutionären Leute. Es gibt da liberale Menschen, auf jeden Fall. Wir wollen den Leuten diese schönen, positiven Aspekte des Alevitentums zeigen, die sie nicht kennen. Und selbst bei denen, die uns kennen – wir denken, dass da mit Sicherheit ein paar Vorurteile existieren. Um mit Vorstellungen aufzuräumen wie, ich weiß nicht, Dinge wie *mum söndü*, nicht zwischen Mutter und Schwester unterscheiden und so etwas. Es gibt einen Bedarf für diese Sendungen, um diese hässlichen Diffamierungen zu beenden, die die Leute aufgelesen haben. Wir wollen, dass sie etwas über das Alevitentum lernen, nicht von Anderen, nicht von den Medien oder vom Staat, nicht von den Aleviten, die auf der Seite des Staats stehen, sondern von den wirklichen Aleviten, von denen, die für das ursprüngliche Alevitentum kämpfen!"

7 Interview der Autorin mit Halit Büyükgöl, Juni 1998, Übersetzung aus dem Türkischen.

Der Ausdruck *mum söndürme*, das Ausblasen der Kerze, bezieht sich auf die vermeintliche versteckte Polygamie und sexuelle Promiskuität, die unter Sunniten verbreiteten Gerüchten zufolge bei den gemischtgeschlechtlichen alevitischen Ritualen vorherrschen sollen (Vorhoff 1995:69). Büyükgöl zufolge sind solche Vorurteile selbst unter „liberalen" und „revolutionären" (*devrimci*)[8] Menschen verbreitet, und verhindern somit potentielle Allianzen.

Abhängig von dem Publikum, das man erreichen will, sind für die Darstellung des Alevitentums gegenüber deutschen oder sunnitischen Zielgruppen aus der Türkei unterschiedliche Strategien gefragt. Gegenüber einer deutschen, nicht-migrantischen Öffentlichkeit sind es die freiheitlichen und egalitären Aspekte des Alevitentums, die betont werden müssen. Ein nicht-alevitisches Publikum aus der Türkei muss jedoch von der moralischen und sexuellen Integrität der Aleviten überzeugt werden. Sicherlich weisen diese Strategien gemeinsame Grundelemente auf, wie das Bekenntnis zu einem laizistischen Staat und zu demokratischen Grundsätzen. Doch *Al Canlar* und andere alevitische Medien unternehmen den Versuch, sich gegenüber zwei unterschiedlichen Dominanzdiskursen zu positionieren, die jeweils in deutschen und in Türkei-bezogenen Kontexten vorherrschen.

Die Darstellungsformen, die gegenüber alevitischen Zielgruppen eingesetzt werden, verkörpern eine dritte Strategie: es ist eine politische Geschichte von Leid und Verfolgung, die alevitische Solidarität mobilisieren soll, wie in der Einleitung zu der oben beschriebenen Sendung zu sehen war. Das Beispiel einer weiteren alevitischen Sendung im Offenen Kanal Berlin kontextualisiert die Themen von Leid und Verfolgung auf eine ganz andere Weise.

Kırk Budak TV – Hacı Bektaş Veli Kültür Cemiyeti

Ibrahim Alkan und seine Freunde begannen im Jahr 1997 mit ihren Sendeaktivititäten im Offenen Kanal. Sie hatten sich kurz zuvor vom Kulturzentrum Anatolischer Aleviten abgespalten, weil sie sich mit dessen politischen Positionen nicht identifizieren konnten. Bei einem Interviewtermin in den Büroräumen ihrer Organisation war auf den ersten Blick zu erkennen warum: Bilder des türkischen Republikgründers Atatürk zierten die Wände des ansonsten schmucklosen Ladenraums im Berliner Immigrantenbezirk Neukölln, ein deutlicher Verweis auf die Identifikation mit türkischen republikanischen Staatstraditionen. Obwohl Alkan und seine Freunde den AAKM nicht direkt kritisierten, ging aus ihren Aussagen dennoch hervor, dass sie dessen Haltung

8 Die Bedeutung der Begriffe ‚liberal' und ‚revolutionär' liegt für politische Diskurse in der Türkei weniger weit auseinander, als man dies vor dem Hintergrund der politischen Kultur Deutschlands vermuten würde. Ihre Nähe definiert sich vor allem über ihre geteilte kritische Distanz gegenüber dem türkischen Staat.

in Bezug auf ethnische Minderheiten in der Türkei nicht teilten. Im Gegensatz zu Büyükgöl hatte Ibrahim Alkan keine Vorbehalte, sich selbst als Türke zu bezeichnen – als alevitischer Türke, aber dennoch als Türke.

Gleichwohl gibt es im Hinblick auf die Zielsetzung der *Kırk Budak*[9] Sendung, die Alkan mit seinen Freunden gestaltet, deutliche Parallelen zu den Sendungen des AAKM. Auch ihre Darstellung des Alevitentums definiert sich über die Opposition zu weit verbreiteten Stereotypen, insbesondere unter sunnitischen Muslimen:

„Leider hat man den Sunnis ganz falsche Dinge über uns berichtet, völlig falsche! ...Wir sagen ihnen, schaut, ihr sagt dies und das, aber wir sind nicht so, wir sind anders. Das ist es, was wir versuchen. Hier, so sind wir wirklich. Zum Beispiel, wir Aleviten gehen nicht fünfmal am Tag in die Moschee, wir gehen da überhaupt nicht hin! Aber das heißt nicht, dass wir sie verdammen, das wir sie ablehnen, nein! Die, die hingehen wollen, sollten gehen. Aber wir organisieren *cem*, einmal oder zweimal im Jahr. Das ist auch eine Form von Anbetung. Wir richten *cem* aus und laden Leute ein! Lasst die Sunnis kommen, die Aleviten, die Deutschen, lasst sie mit ihren eigenen Augen sehen, wie wir beten, was wir machen, was wir sagen."[10]

Auch Alkans Sendung im Offenen Kanal bemüht sich immer wieder darum, den Vorurteilen eines sunnitischen Publikums aktiv zu begegnen. In einer Sendung vom Mai 1998 führt ein Moderator in das Thema der rituellen Schlachtung bei Aleviten ein:

„Jetzt wollen wir Ihnen eine der Vorurteile präsentieren, die im Volk (*halk*) weit verbreitet sind. Und mit Ihrer Erlaubnis, verehrte Zuschauer, werden wir versuchen, aus den sachkundigsten Quellen etwas über sie zu lernen. Wie Sie sich alle erinnern werden, haben wir seit längerer Zeit eine Radiostation, *Köln Radyosu*. ...In einer kürzlich ausgestrahlten Sendung rief eine sunnitische Schwester (*bacı*) an, und Folgendes bekam ich von ihr zu hören: ‚Ich habe das Opfertier geschlachtet (*kurban kestim*) und habe etwas von dem Fleisch den Deutschen gegeben und etwas den *kızılbaşlar*[11], das heisst, den Aleviten. Jetzt frage ich mich, habe ich dem Opfer Unrecht getan?' Wie traurig, dass wir auf dem Weg moderner Technologien solche gefährlichen Fatwas hören. Natürlich kann man das nicht der Schwester anlasten, sie

9 *Kırk budak*, wörtlich ‚vierzig Zweige', bezieht sich auf die vierzig Heiligen, die der Prophet Mohammed nach alevitischer Überzeugung auf seiner Reise zu Allah traf (*miraç*).

10 Interview der Autorin mit Ibrahim Alkan, April 1998, Übersetzung aus dem Türkischen.

11 Der Begriff *kızılbaş*, „Rotkopf", ist ein in der Türkei weit verbreites Schimpfwort für Aleviten. Er entstand im frühen sechzehnten Jahrhundert im Osmanischen Reich als Bezeichnung für heterodoxe Muslime, und wird sowohl auf den roten Turban Alis als auch auf die traditionelle Kopfbedeckung der Turkmenen zurückgeführt.

hat es nicht anders gelernt. Also wollen wir heute von unserem *Dede* hören, wie die Aleviten und Bektaşiten eigentlich ihre Opfertiere schlachten, hören Sie gut zu."[12]

Das Programm ist somit vor allem als Antwort auf sunnitische Stereotype von Aleviten gedacht, und richtet sich an ein türkischsprachiges Zielpublikum, das alevitischen Glaubenssätzen und Praktiken feindlich, oder zumindest skeptisch gegenübersteht. Wie Alkan bestätigt, stellt das *Kırk Budak*-Programm vor allem einen Versuch da, mit sunnitischen Muslimen eine gemeinsame Basis unter dem Dach des Islam zu finden:

„Ich glaube, die Wichtigkeit unseres Programms für die Türken hier liegt darin: Wir versuchen uns den Leuten bekannt zu machen, die aus dem Islam kommen, die sich Muslime nennen. Wir sagen ihnen, ja, es gibt Unterschiede zwischen uns, aber es gibt nur einen Islam und nur einen richtigen Weg! Lasst uns diesen Weg gemeinsam finden, aus diesem Grund wollen wir uns ihnen verständlich machen. Lasst uns die Feindschaft zwischen uns begraben."

Alkan kam 1973 nach Deutschland und beherrscht wenig Deutsch, wie die meisten aktiven Mitglieder der *Hacı Bektaş Veli Kültür Cemiyeti*. Der Verein hat Schwierigkeiten, jüngere Mitglieder zu rekrutieren, und so sind es fast ausschließlich männliche Arbeitsmigranten der ersten Generation, die beim OKB das Programm gestalten. Die Sprachbarriere impliziert also notwendigerweise eine Ausrichtung auf ein türkischsprachiges Publikum. Dennoch sagt Alkan, dass auch Deutsche etwas über das Alevitentum lernen müssten, und über dessen Unterschiede im Vergleich zu anderen Formen des Islam. Hierin waren sich alle Sendeverantwortlichen von alevitischen Sendungen auf dem Offenen Kanal einig.

Auch andere alevitisch-migrantische Formen öffentlicher Repräsentation in Deutschland wie beispielsweise Webauftritte, Zeitschriften oder Konferenzen richten sich an ein deutsches Publikum ohne migrantischen Hintergrund. Die doppelte Orientierung auf eine migrantische, sunnitisch dominierte Öffentlichkeit und eine deutsche, nicht-islamische Öffentlichkeit unterstreicht die Schwierigkeiten der Repräsentation, denen subalterne migrantische Medienaktivisten in ihrer Arbeit begegnen können. Aus unterschiedlichen Gründen sowohl in der Türkei als auch in Deutschland marginalisiert, konzentrieren alevitische Sendemacher wie die von *Al Canlar* und *Kırk Budak TV* ihre Aufmerksamkeit darauf, den negativen Einstellungen zu begegnen, die sie unter ihren migrantischen und nicht-migrantischen Zielgruppen vermuten. Ihre Versuche, unterschiedliche Entwürfe des Alevitentums darzustellen und zu vertreten finden an der „Peripherie autorisierter Macht und Privilegien"

12 Die folgenden Interviewzitate und Sendeprotokolle sind alle aus dem Türkischen übersetzt.

statt, wie es Homi Bhabha in seiner Analyse der kulturellen Produktion von Minderheiten formuliert hat (Bhabha 1994).

Bei dem Versuch, in dominanten stereotypen Diskursen zu intervenieren, die alevitische Marginalität reproduzieren, steht das Problem der Darstellung der eigenen Differenz im Mittelpunkt. Repräsentationen alevitischer Identität sind notwendig strategische Projekte von Programmgestaltern, bei denen sie auf eben das semiotische Material zurückgreifen, das Teil der ideologischen Horizonte ihrer Zielgruppen bildet. Was dieses Projekt der semiotischen Intervention zusätzlich verkompliziert, ist dessen transnationale Verortung in den Peripherien nicht nur eines sondern zweier Nationalstaaten und deren Felder kultureller Auseinandersetzung. Aus der Perspektive einer islamskeptischen deutschen Öffentlichkeit, die die vermeintlich ‚harmlosere' Variante des alevitischen Islams in Deutschland in den Blick rückt, entsteht ein ganz anderes Bild des Alevitentums als aus einer dominanten türkisch-sunnitischen Perspektive, die alevitischen Praxen und Glaubensinhalten den Bezug zum Islam tendenziell absprechen will.

Strategische Allianzen

Trotz der säkularen Traditionen der Türkischen Republik hat das Aufstreben neuer islamischer Eliten im späten zwanzigsten Jahrhundert zu einer wachsenden Betonung des Islams als wichtige Dimension des nationalstaatlichen Projekts der Türkei geführt. Der Islam, der von staatlichen Eliten in diesem Kontext mobilisiert wird, ist durchweg sunnitisch geprägt. Bereits im Osmanischen Reich waren religiöse und ethnische Zugehörigkeiten politisch aufgeladen, doch in der Türkischen Republik wurden beide zu zentralen Elementen der staatlich verordneten nationalen Identität.[13] Eine Identifikation (oder Zuschreibung von Identität) außerhalb des sunnitischen Islams und des ethnischen Türkentums signalisiert somit Distanz vom nationalen Mainstream, und vom Türkischen Staat, der dessen politische Form zu verkörpern behauptet. Die dominanten Artikulationen nationaler Identität in der Türkei positionieren alevitische Identität demnach als subaltern, und zwingen diejenigen, die sich mit dem Alevitentum identifizieren dazu, sich ständig mit Klassifikationsmustern auseinanderzusetzen, die sie an die Peripherie der nationalen Gemeinschaft verbannen. Angesichts der Vorherrschaft des sunnitischen Islam in der Türkei waren Aleviten gezwungen, ihre Identität über die Abwei-

13 Das osmanische *Millet*-System garantierte religiösen und ethnischen Minderheiten weitgehende Autonomie, trotz deren Integration in die wirtschaftlichen und politischen Strukturen des Reiches. Diesem Umgang mit religiöser und vor allem ethnischer Vielfalt wurde in der Türkischen Republik radikal ein Ende bereitet.

chung von der religiösen Mainstream-Identität zu definieren. Dies wird auch in den medialen Repräsentationen des Alevitentums durch alevitische Migranten in Deutschland deutlich. Sie nehmen ständig Bezug auf den sunnitischen Islam: als Form einer islamischen Glaubenslehre und Praxis, von denen sich die Aleviten absetzen, als historisches Erbe von Verfolgung und Unterdrückung, und als Hintergrund eines wichtigen Zielpublikums, das gegenüber dem Alevitentum mit Vorurteilen behaftet ist.

Diese subalterne Position hat allerdings auch Möglichkeiten für Allianzen mit anderen Gruppen eröffnet, die ebenfalls nicht dem ethnisch-politischen und religiösen Profil entsprechen, das in der Türkei als Mainstream gesetzt ist. Dieser Mainstream wurde im letzten Jahrzehnt vor allem im Hinblick auf die Konflikte zwischen alten, säkular orientierten und neuen, sunnitisch-islamischen Eliten in Frage gestellt (Navaro-Yashin 2002). Dennoch waren andere Gruppierungen bislang nicht in der Lage, von dieser Konstellation wesentlich zu profitieren. Die geschichtliche Kontinuität einer alevitischen oppositionellen Identität gegenüber dem Staat (sowohl dem osmanischen als auch dem türkischen) hat eine besondere Affinität zwischen Aleviten und der politischen Linken in der Türkei hervorgebracht. Weitere potentielle Verbündete können all jene Gruppen sein, die an Identitäten festhalten, die durch die dominante türkisch-islamische Synthese marginalisiert werden, oder die andere Grundrechte (wie beispielsweise die Pressefreiheit) einfordern, die vom türkischen Staat beschnitten sind. In der türkischen Parteienlandschaft sind Aleviten beispielsweise ein Bündnis mit Linken, Feministinnen und kurdischen Sympathisanten in Form der *Özgürlük ve Dayanışma Partisi* (ÖDP, Partei der Freiheit und Solidarität) eingegangen.

Auch im Migrationskontext gibt es ein Potential von Türkei-stämmigen Gruppen, das für mögliche Bündnisse gewonnen werden sollte, meinen alevitische Aktivisten wie Halit Büyükgöl. Doch jeder Versuch, Verbündete zu gewinnen, muss die stereotypen Darstellungen des Alevitentums konfrontieren, die im Kontext der Türkei weit verbreitet sind. Diese Darstellungen unterlaufen die moralischen Ansprüche, auf denen eine neue (trans)nationale Allianz im Namen von Demokratie, *sevgi* (Liebe) und *saygı* (Respekt) für das Volk. Die Liebe, die diese alternative Allianz vereint, darf nicht durch so skandalöse Vorwürfe wie die des ‚*mum söndürme*' und inzestuöser Beziehungen befleckt werden, die Teil des stereotypen Repertoires dominanter Identitätsschemata in der Türkei sind. Dementsprechend müssen migrantische alevitische Aktivisten wie die der OKB Sendung *Al Canlar* ihre potentiellen Verbündeten von der Falschheit dieser Vorurteile überzeugen. Erreicht werden muss eine Neuartikulation kultureller Eigenschaften des Alevitentums, die sowohl überlegene Moral und Sittlichkeit als auch historische Leidenserfahrung in das politisch angestrebte Bündnis mit einbringt.

Dies wird in den öffentlichen Darstellungen durch eine Reihe von Manövern versucht. So wird das egalitäre Verhältnis zwischen Männern und Frauen, das auch die gemeinsame Beteiligung an religiösen Zeremonien beinhaltet, durch den Gebrauch von Verwandtschaftsbezeichnungen entsexualisiert. Aleviten sind durch *kardeşlik*, geschwisterliche Bande miteinander verbunden, und Frauen können als Schwestern, bacılar, an diese Bande anknüpfen. Die hierbei entstehenden verwandtschaftlichen Verbindungen zwischen den Geschlechtern sind auch aus sunnitischer Perspektive nicht angreifbar, und erlaubt es Frauen, sich politisch in Zusammenhänge einzubringen, ohne ihre Ehrbarkeit zu gefährden (Seufert 1997). Die geschlechtliche Segregation von Öffentlichkeiten in der Türkei, die auch weitgehend getrennten Formen des politischen Aktivismus für Männer und Frauen impliziert[14], kann somit durch die Bezugnahme auf Bindungen, die aus dem ‚privaten' Bereich der Familie stammen, teilweise unterlaufen werden. Dies ist auch im Migrationskontext relevant. Wie das *Kırk Budak*-Programm zeigte, kann der Ausdruck ‚Schwester' in alevitischen Sendungen als allgemeiner Begriff für muslimische Frauen verwendet werden, zu denen keinerlei persönliche Beziehungen bestehen.

Ein anderes Manöver betrifft die symbolische Wichtigkeit des Leidens für die eigenen Überzeugungen, und für die Zukunft der Nation: In Bezug auf kollektiv erfahrenes Leid können Aleviten darauf verweisen, seit Jahrhunderten in Anatolien gegen Unrecht gekämpft und diesem ausgesetzt gewesen zu sein. Beginnend mit der Berufung auf Ali und alle anderen elf Imame, die von den Aleviten als legitime Anwärter auf das Kalifat gesehen werden, ist ihre Geschichte von Mordanschlägen und Massakern gezeichnet.[15] Der Anschlag von Sivas zeigte Aleviten einmal mehr als Leidensträger und Hoffnungsbild für eine andere Türkei. Eine Geschichte des Leidens kann so mobilisiert werden, um Aleviten einen zentralen Platz in dem oppositionellen ‚historischen Block' (im Sinne von Antonio Gramsci) zu sichern, der auf Seiten der politischen Linken in der Türkei jene vereint, die das Versprechen der parlamentarischen Demokratie im Land an der Geschichte der staatlichen Verfolgung unterschiedlicher Oppositionsgruppen messen.

Im Migrationskontext kann diese Geschichte allerdings auch dazu benutzt werden, um die Unterschiede zwischen Alevitentum und sunnitischem Islam zu betonen. Diese werden für eine Intervention in einem anderen Dominanzdiskurs benutzt, der durch ein generalisiertes Misstrauen gegenüber dem

14 Siehe Delaney 1995, Göle 1997. Ausnahmen sind hier die kemalistischen Eliten sowie ein Teil der kurdischen und linken politische Gruppierungen.

15 Nach Gülçiçek (1996) und anderen alevitischen Quellen wurden sämtliche Imame ermordet, mit Ausnahme des letzten, der ‚unsichtbar' wurde. Nach allgemeiner schiitischer Überlieferung soll er noch über Generationen mit seiner Gemeinde Kontakt gehalten haben, und als Erretter der Welt zurückkehren.

Islam und muslimischen Minderheiten in Deutschland gekennzeichnet ist. Aleviten können hierbei von einer Art „reversal of hierarchies", einer Umkehr von Hierarchien im Migrationskontext profitieren, wie Ruth Mandel ausgeführt hat (Mandel 1989, 1990, 1996). Aleviten sind einerseits in Bezug auf sunnitische Muslime als Aleviten, und in Bezug auf nicht-migrantische Deutsche als ‚Türken' und/oder Muslime gleich zweifach ausgegrenzt. Andererseits werden eben jene religiös-kulturellen Merkmale, die aus sunnitisch-islamischer Perspektive die Aleviten als Muslime disqualifizieren, in einem deutschen Dominanzdiskurs positiv gewertet.

Wie bereits beschrieben betonen alevitische migrantische Organisationen in ihren deutschsprachigen Darstellungen des Alevitentums eben jene Kriterien, die sie von sunnitischen Muslimen unterscheiden: Gebete werden nicht in Moscheen verrichtet, Frauen tragen keine Kopftücher, Frauen und Männer nehmen gemeinsam an religiösen Zeremonien teil. Alle diese Dimensionen, die von gläubigen sunnitischen Muslimen aus der Türkei zumeist als moralisch suspekt und unislamisch gewertet werden, zeichnen das Alevitentum als eine Form des Islams aus, die im deutschen Kontext tendenziell als progressiv und tolerant bewertet wird. Die alevitische Betonung ‚innerer Qualitäten', der Reinheit der Seele im Gegensatz zu vermeintlichen Äußerlichkeiten wie beispielsweise der Befolgung der fünf täglichen Gebete, nähert sich einem ‚privatisierten', eher an das Gewissen von Individuen gebundene Religionsverständnis an, wie es in Deutschland immer mehr vorherrscht.

Während die ideologische Dominanz der türkisch-islamischen Synthese in der Türkei die Aleviten zu ‚schlechteren Türken' macht, deren kultureller Beitrag zur Nation fragwürdig ist, bietet der deutsche Kontext andere Standards, um derartige Beiträge zu evaluieren. An ihnen gemessen erscheinen alevitische Migranten weniger ‚fremd' als die Sunniten. Was Günter Seufert die ‚Staatsferne' der alevitischen Identität in der Türkei genannt hat (Seufert 1997), wird im deutschen Kontext ‚Staatsnähe', insofern als dass die normativen kulturellen Leitbilder es Aleviten erlauben, sich als Vertreter eines ‚harmlosen' Islam und als vorbildlich tolerante Minderheit zu präsentieren.

Diese ‚Harmlosigkeit' des Alevitentums wird wiederum durch die Abgrenzung vom Islam sunnitischer Prägung herausgestellt. Konfrontiert mit der negativen Stereotypisierung des Islam in deutschen Dominanzdiskursen – Unterdrückung von Frauen, überstrenge Befolgung religiöser Gebote und Verbote, Unterwerfung des Individuums – können Aleviten aus der Betonung ihrer Differenz Kapital schlagen. Migrantische Aleviten präsentieren sich nicht als Deutsche, sondern als Muslime, die sich von Sunniten derart unterscheiden, dass sie für eine deutsche Dominanzkultur eher akzeptabel sind. Aleviten wollen „Schulen anstatt von Moscheen im Dorf", sagte Halit Büyükgöl. „Es gibt keine Trennung zwischen Männern und Frauen… Schau, die alevitische Frau trägt kein Kopftuch." Durch die Distanzierung von Kriterien, die Teil der deutschen Vorurteilsmuster und Wahrnehmung gegenüber Muslimen sind, wird eine Nähe zu ‚deutschen' Positionen bezüglich religiöser Praxen und Geschlechterverhältnissen hergestellt. Der Alevitische Kulturverein Bochum und Umgebung e.V. distanziert sich auf seiner Webseite ebenso von einem Negativbild des Islam, das sich an der Scharia festmacht:

„Scharia bedeutet: fünfmal pro Tag ein Pflichtgebet in streng vorgeschriebener Form, Fastenmonat Ramadan, Wallfahrt nach Mekka, Alkoholverbot, Geschlechtertrennung, Rollenfixierung von Mann und Frau, Ausschluß der Frau aus der öffentlichen Ritualtechnik in der Moschee… Einen freien Spielraum gibt es für den einzelnen nicht. …Im Alevi-Bektaschitum ist der Mensch ein Individuum mit seinen Rechten auf die individuelle Handlungsfreiheit."[16]

Diese Versuche, sich in den (imaginierten) Augen eines deutschen Publikums vom sunnitischen Islam zu distanzieren, verstärken ihrerseits negative Stereotype des Islams und muslimischer Glaubensgemeinschaften als rigide, diskriminierend und fundamentalistisch. In den türkischsprachigen Darstellungen des Alevitentums, die sich an sunnitische Muslime richten, werden dagegen die Gemeinsamkeiten betont. Der alevitische Glaube wird als legitime Form des wahren Islam dargestellt, und Verdächtigungen bezüglich der Sittsamkeit (bezogen auf den Umgang unter den Geschlechtern) und der Vielgötterei (vor allem bezogen auf die Verehrung Alis) werden explizit aufgegriffen und negiert.

Auch alevitische Programmgestalter im OKB fokussieren auf unterschiedliche Zielgruppen, und modifizieren dementsprechend ihre Repräsentationsstrategien. Dieser Wechsel ist nur dann verständlich, wenn die transnationalen Dimensionen ihrer kulturellen Positionierung in Deutschland mit berücksichtigt werden. Ihre Darstellungen alevitischer Identität erscheinen unzusammenhängend oder sogar widersprüchlich, wenn nicht die unterschiedlichen Kontexte der Artikulation transparent gemacht und in Bezug zu den heterogenen Feldern gesetzt werden, die sie hervorbringen. Alevitische Fernsehprogramme im Offenen Kanal Berlin sind Versuche einer strategischen Intervention in überlappenden kulturellen Feldern, in denen die dominanten Diskurse Aleviten jeweils als eine aus unterschiedlichen Gründen problematische Minderheit festschreiben. Zieht man diese unterschiedlichen, national geprägten Felder in Betracht, so kann das Schaffen migrantischer Produzenten beim OKB – ihre wechselnden Strategien der Repräsentation und ihre Versuche, Sympathien bei unterschiedlichen Zuschauergruppen einzuwerben – als „synkretistisch" statt als widersprüchlich verstanden werden. Alevitische Sen-

16 http://www.alevi-bochum.de/glaube/vorwurfe.htm, besucht November 2002.

dungen kombinieren Elemente aus verschiedenen Kontexten mit dem Ziel, wechselnde Allianzen aufzubauen (Becquer und Gatti 1991).

Es ist daher unverzichtbar, die Verschränkungen der beiden nationalen Kontexte zu analysieren, in denen unterschiedliche kulturelle Leitbilder und Hierarchien dominieren. In Deutschland lebende Migranten und Migrantinnen partizipieren an und situieren sich in beiden Kontexten. Diese doppelte Einbindung kann nicht einfach als Überbleibsel eines aus der Türkei mitgebrachten ‚kulturellen Gepäcks' gewertet werden, das irgendwann von selbst verschwindet, wie es klassische Migrationstheorien lange angenommen haben (Malkki 1992). Stattdessen verdankt sie sich transnationalen Feldern, die alevitische Migranten und Migrantinnen in Westeuropa an Herkunftsgemeinschaften bindet, aber auch an Stätten des Glaubens sowie an neue politische Organisationsstrukturen, die in der Türkei und in EU Ländern entstehen.

Bis in die 90er Jahre wurde die Situation von Migranten und Migrantinnen aus der Türkei in Deutschland sowohl von akademischer Seite wie auch vom deutschen politischen Establishment primär als ‚Zerrissenheit zwischen zwei Kulturen' charakterisiert (Durgut 1993, Mushaben 1991, Salt 1985; siehe Çağlar 1990 und Soysal 1999 für eine Kritik). Die Geschichte des ‚zwischen zwei Stühlen Sitzens' kann kein glückliches Ende nehmen: Gefangen in einem Teufelskreis von Marginalisierung und Entfremdung bleibt Migranten nur eine rückwärtsgewandte Nostalgie, die außerhalb ihrer Imagination keine realen Bezugspunkte hat. Aktuellere Studien zur deutsch-türkischen Identität haben diese Geschichte des ‚weder-noch' als Produkt eines essentialistischen Kulturkonzepts kritisiert, und ihr Begriffe wie kulturelle Hybridität und diasporisches Bewusstsein gegenübergestellt (Kaya 2002, siehe auch Soysal 2003). In einem weiter gefassten Feld der anthropologischen Migrationsforschung wurden seit den 90ern Begriffe wie Diaspora und Transnationalismus oftmals mit der Hoffnung verbunden, nationalstaatlich verfasste Ideologien könnten die Produktion migrantischer Identitäten nur noch marginal beeinflussen (Appadurai 1996, Clifford 1994, Kearney 1995). Die obige Diskussion alevitischer medialer Repräsentationsstrategien zeigt jedoch, in welchem Ausmaß nationalstaatlich gebundene kulturelle Hierarchien und Konflikte in der Türkei und in Deutschland duale Orientierungen und Strategien erzwingen, die alles andere als postnational sind. Ralph D. Grillos Analyse der Situation muslimischer Migranten in diversen EU Staaten zeigt, dass die Aleviten in Deutschland durchaus keinen Einzelfall darstellen (Grillo 2004).

Die Feststellung, dass ‚duale' Orientierungen an nationalstaatlichen Bezügen weiterhin eine wichtige Rolle im Leben von Migranten spielen, impliziert jedoch nicht notwendig eine Rückkehr zum Denkmuster der ‚Identitätskrise'. Das in diesem Essay präsentierte Material, das derartige Rückschlüsse zulassen könnte, kann und muss anders interpretiert werden: als

Indikator weitaus komplexerer Prozesse von transnationaler politischer Kultur und Identifikationsmustern.

Am Beispiel alevitischer Medienrepräsentationen im Offenen Kanal lässt sich diese Komplexität beschreiben: Weit davon entfernt, eine Identitätskrise durchzumachen, arbeiten alevitische Programmgestalter aktiv mit unterschiedlichen kulturellen Hierarchien. Während sie einerseits ihre Verschiedenheit vom Mainstream des türkisch-sunnitischen Islam behaupten, suchen sie andererseits aktiv nach Verbündeten über die Grenzen der religiösen Spaltung hinweg, und pflegen darüber hinaus enge Kontakte zu alevitischen Gemeinschaften und Organisationen in der Türkei. Um diese vermeintlich paradoxen, wechselnden Artikulationen alevitischer Identität einordnen zu können, müssen diese in den multiplen Kontexten nationaler Dominanzkulturen verortet werden. Migrantische Mediendarstellungen sind in weiter gefasste diskursive Felder eingebunden, in denen kulturelle Klassifikationsschemata und Hierarchien (re)produziert werden; Felder, die im Fall der alevitischen Migranten an zwei unterschiedliche Nationalstaaten und ihre jeweilige Geschichte geknüpft sind. Sicherlich kann man diese nicht als völlig autonom und unverbunden betrachten[17], doch existieren zwischen ihnen große Unterschiede im Hinblick auf die dominanten Entwürfe nationaler Identität, auf die Kriterien gesellschaftlicher Zugehörigkeit und auf die kulturelle Produktion legitimer und illegitimer Abweichungen von der nationalen Norm. Dementsprechend weist auch das Leben von Migranten und Migrantinnen eine große Spannbreite von kulturellen Praxen und Identitätsentwürfen auf, die sich an dominanten kulturellen Hierarchien sowohl in der Türkei als auch in Deutschland orientieren.

Während aus der Perspektive älterer Ansätze in der Migrations- und Integrationsforschung diese komplexen Orientierungen als eine Art Zwickmühle erscheinen, die die Marginalität von Migranten unterstreicht und es ihnen verunmöglicht, sich irgendwo zuhause zu fühlen, zeigt die Analyse der alevitischen Medienproduktion diverse Strategien auf, durch die diese Orientierungen auf unterschiedliche Art miteinander verbunden werden. Statt sich in einem Teufelskreis der Heimatlosigkeit und des Zwischen-den-Stühlen-Sitzens zu befinden, intervenieren alevitische Programmgestalter in verschiedenen Diskursen mit dem Ziel, wechselnde Bündnisse einzugehen. Die Suche nach alevitischen Stimmen, die im Offenen Kanal die eine selbstbestimmte alevitische Identität artikulieren, ist jedoch zum Scheitern verdammt. Sie ist selbst ein Symptom des essentialistischen Missverständnisses, das in der Literatur zu migrantischen Medien weit verbreitet ist: das jede öffentliche

17 Die Türkei und Deutschland sind sowohl geschichtlich miteinander verbunden als auch durch die aktuellen ökonomisch-politischen Kontexte, die mit den Stichworten NATO, EU-Beitritt und bilaterale Abkommen hier nur kurz angedeutet werden sollen.

Äußerung, die von Mitgliedern einer ethnischen Gruppe hervorgebracht wird, ein authentischer Ausdruck selbstbestimmter Identität ist.

Literatur

Appadurai, Arjun (1996): *Modernity At Large: Cultural Dimensions of Globalization*, Minneapolis: University of Minnesota Press.

Arbeitskreis Offene Kanäle (1996): *Offene Kanäle und Bürgerfunk in Deutschland –Rundfunk der dritten Art*, Kiel: Arbeitskreis Offene Kanäle und Bürgerrundfunk.

Becquer, Marcos und José Gatti (1991): „Elements of Vogue", in: *Third Text* 16/17: S. 65-81.

Bentzin, Anke und Jeanine Dağyeli, Ayfer Durdu, Kira Kosnick, Riem Spielhaus (Hg.) (2007): *Islam auf Sendung: Islamische Fernsehsendungen im Offenen Kanal*, Berlin: Dağyeli.

Bhabha, Homi K (1994): *The Location of Culture*, London, New York: Routledge.

Bunzl, Matti (2005): „Between Anti-Semitism and Islamophobia: Some Thoughts on the New Europe", in: *American Ethnologist* 32 (4): S. 499-508.

Çağlar, Ayşe (1990): „Das Kultur-Konzept als Zwangsjacke in Studien zur Arbeitsmigration", in: *Zeitschrift für Türkeistudien* 3: S. 93-105.

Clifford, James (1994): „Diasporas", in: *Cultural Anthropology* 9: S. 302-338.

Cottle, Simon (Hg.) (2000): *Ethnic Minorities and the Media*, Buckingham: Open University Press.

Delaney, Carol (1995): „Father State, Motherland, and the Birth of Modern Turkey", in: Sylvia Yanagisako/Carol Delaney (Hg.): *Naturalizing Power: Essays in Feminist Cultural Analysis*, New York and London: Routledge, S. 177-199.

Durgut, Gülay (1993): „Gündüz Almanya - gece Türkiye: Almanya'da Türk basını", in: Claus Leggewie/Zafer Şenocak (Hg.): *Deutsche Türken – Türk Almanlar: Das Ende der Geduld – Sabrın Sonu*, Reinbeck: Rowohlt Verlag, S. 231-239.

Frachon, Claire und Marion Vargaftig (Hg.) (1995): *European Television: Immigrants and Ethnic Minorities*, London: John Libbey.

Fraser, Nancy (1992): „Rethinking the Public Sphere: A Contribution to the Critique of Actually Existing Democracy", in: Craig Calhoun (Hg.): *Habermas and the Public Sphere*, Cambridge, Mass.: MIT Press, S. 109-142.

Göle, Nilüfer (1997): „The Gendered Nature of the Public Sphere", in: *Public Culture* 10: S. 61-81.

Grillo, Ralph (2004): „Islam and Transnationalism". *Journal of Ethnic and Migration Studies*. 30: S. 861-878.

Gülçiçek, Ali Duran (1996): *Der Weg der Aleviten (Bektaschiten)*, Köln: Ethnographia Anatolica.

Husband, Charles (Hg.) (1994): *A Richer Vision: The Development of Ethnic Minority Media in Western Democracies*, Paris: UNESCO.

Kaya, Ayhan (2002): „Aesthetics of Diaspora: Contemporary Minstrels in Turkish Berlin", in: *Journal of Ethnic and Migration Studies*. 28: S. 43-62.

Kearney, Michael (1995): „The Local and the Global: The Anthropology of Globalization and Transnationalism", in: *Annual Review of Anthropology*. 24: S. 547-565.

King, Russell und Nancy Wood (Hg.) (2001): *Media and Migration: Constructions of Mobility and Difference*, London: Routledge.

Kosnick, Kira (2007): *Migrant Media: The Cultural Politics of Turkish Broadcasting in Berlin*, Bloomington: Indiana University Press.

Malkki, Liisa (1992): „National Geographic: The Rooting of Peoples and the Territorialization of National Identity Among Scholars and Refugees", in: *Cultural Anthropology* 7: S. 24-44.

Mandel, Ruth (1989): „Ethnicity and Identity Among Migrant Guestworkers in West Berlin", in: Nancie Gonzales/Carolyn McCommon (Hg.), *Conflict, Migration, and the Expression of Ethnicity*, Boulder: Westview Press, S. 60-74.

Mandel, Ruth (1990): „Shifting Centres and Emergent Identities: Turkey and Germany in the Lives of Turkish Gastarbeiter", in: Dale Eickelmann/James Piscatori (Hg.), *Muslim Travellers: Pilgrimage, Migration, and the Religious Imagination*. London: Routledge, S. 153-174.

Mandel, Ruth (1996): „A Place of Their Own: Contesting Spaces and Defining Places in Berlin's Migrant Community", in: Barbara Metcalf (Hg.), *Making Muslim Space in North America and Europe*, Berkeley: University of California Press: S. 147-166.

Mushaben, Joyce M. (1991): „A Crisis of Culture: Isolation and Integration Among Turkish Guestworkers in the German Federal Republic", in: Konstantin Lajios (Hg.), *Die Zweite und Dritte Ausländergeneration: Ihre Situation und Zukunft in der Bundesrepublik Deutschland*, Opladen: Westdeutscher Verlag, S. 125-150.

Navaro-Yashin, Yael (2002): *Faces of the State. Secularism and Public Life in Turkey*, Princeton: Princeton University Press.

Salt, John (1985): „West German Dilemma: Little Turks or Young Germans?" *Geography* 70: S.162-168.

Seufert, Günter (1997): *Politischer Islam in der Türkei: Islamismus als symbolische Repräsentation einer sich modernisierenden Muslimischen Gesellschaft*. Istanbul: Franz Steiner Verlag.

Sökefeld, Martin und Susanne Schwalgin (2000): „Institutions and their Agents in Diaspora: A Comparison of Armenians in Athens and Alevis in Germany." Vortrag gehalten auf der 6th EASA Conference, Krakau, Polen; 26-29 Juli, online verfügbar unter: http://www.transcomm.ox.ac.uk/working%20papers/schwal.pdf

Soysal, Levent (1999): *Projects of Culture: An Ethnographic Episode in the Life of Migrant Youth in Berlin*, Ph.D. dissertation, Cambridge, Mass.: Harvard University.

Soysal, Levent (2003): „Labor to Culture: Writing Turkish Migration to Europe“, in: *The South Atlantic Quarterly*. 102: S. 493-512.

Spivak, Gayatri Chakravorty (1988): „Can the Subaltern Speak?“, in: Larry Grossberg/Cary Nelson (Hg.), *Marxism and the Interpretation of Culture*, Urbana: University of Illinois Press, S. 271-313.

Vorhoff, Karin (1995): *Zwischen Glaube, Nation und neuer Gemeinschaft: Alevitische Identität in der Türkei der Gegenwart*, Berlin: Klaus Schwarz Verlag.

Die zweite Generation der Alevitinnen und Aleviten zwischen religiösen Auflösungstendenzen und sprachlichen Differenzierungsprozessen[1]

HÜLYA TAŞCI

Einleitung

Es vergeht kaum ein Tag in Deutschland, an dem die zweite Generation der alevitischen Einwanderinnen und Einwanderer aus der Türkei nicht mit dem Alevitentum konfrontiert wird, sei es im privaten oder im öffentlichen Raum.[2] Alevitische oder andere türkische Fernsehkanäle[3] bringen ihnen Einblicke in das Alevitentum in ihre Wohnzimmer. Als ein Aspekt der Globalisierung ermöglichen die alevitischen TV-Programme über Grenzen hinweg den Anschluss an die Transformationen des Alevitentums und bieten den Alevitinnen und Aleviten gleichzeitig ein neues Sprachrohr für ihre Belange. Sie konstituieren ein neues kulturelles Gedächtnis des Alevitentums, durch das alevitische

1 Ich bedanke mich herzlich bei Martin Sökefeld für die detaillierten Kommentare.

2 In diesem Beitrag verwende ich den Generationsbegriff nach Stiksrud: „Die I. Generation ist die im Heimatland aufgewachsene, die als Angehörige einer anderen Kultur immigriert sind und hier als Erwachsene gelten. Die II. Generation sind die Kinder dieser ersten Generation – womit die im Immigrationsland geborenen als auch die noch im Herkunftsland geborenen und miteingewanderten bzw. nachgezogenen Kinder gemeint sind. Wenn diese Kinder (= II. Generation) der I. Generation selbst wieder Kinder haben, erscheint die Bezeichnung III. Generation angemessen. Das Bezugssystem für unser Generationskonzept ist das der – generativen – Abfolge von Großeltern, Eltern und Kindern“ (Stiksrud 1994, S. 137).

3 Zu den alevitischen Fernsehkanälen zählen die Sender *Cem* sowie *Düzgün* und *Su*, die über Satellit ausgestrahlt werden.

Inhalte manifestiert, bewahrt oder verändert werden können. Ebenso wie die wachsende Anzahl von alevitischen Vereinen sind sie ein Indiz für ein stetig und unaufhaltsam wachsendes Bewusstsein alevitischer Identität.[4] Zurzeit bringt die Debatte über den alevitischen Religionsunterricht eine neue Dimension in die Auseinandersetzung über das Alevitentum. Jedoch stellt sich die Frage, ob die neuen Erscheinungsformen des Alevitentums – die TV-Programme, die Vereine und der Religionsunterricht – ausreichen, um das Alevitentum dauerhaft in die deutsche Gesellschaft zu integrieren und es hier überlebensfähig zu machen.

Das Alevitentum kann nicht als eine geschlossene Einheit betrachtet werden. Es ist ein Mosaik, das sich aus religiösen, philosophischen, politischen, kulturellen und historischen Bestandteilen zusammensetzt, die sich teilweise überschneiden, aber auch einander ausschließen können. In diesem Aufsatz konzentriere ich mich auf die religiösen Bestandteile des Alevitentums und setze sie in Bezug zur sprachlichen Identität der zweiten Generation der Alevitinnen und Aleviten in Deutschland. Dabei werde ich mich mit den folgenden Fragen auseinandersetzen:

- Welche religiösen Grenzen werden von der zweiten Generation der Alevitinnen und Aleviten in Deutschland gezogen?
- Was versteht diese Folgegeneration der Gastarbeiterinnen und Gastarbeiter unter dem Alevitentum als Religion?
- Welches Zusammengehörigkeitsgefühl findet sich bei der zweiten Generation und wie definiert sie sich selbst? Zur Untersuchung dieser Frage werde ich die Beziehungen zwischen den Zazaki, Kurmancî, Arabisch und Türkisch sprechenden Alevitinnen und Aleviten analysieren.[5]

Dieser Beitrag ist eine Weiterentwicklung der Argumentation meiner Dissertation und beruht auf demselben empirischen Material, das aus 24 qualitativen Interviews besteht.[6]

---

4 Die „Sichtbarwerdung und die kulturell-politische Emanzipationsbemühungen der alevitischen Minderheit“ in der Türkei seit Ende der 80er Jahre untersucht Can in seiner Diplomarbeit (Can 1994).

5 Das Zazaki ist eine eigene Sprache, deren Sprecherinnen und Sprecher als Zaza bezeichnet werden (Paul 1998). Kurmancî kann als die Hochsprache der Kurdinnen und Kurden bezeichnet werden, da von einer breiten Bevölkerungsschicht der Türkei im alltäglichen Sprachgebrauch die Kurmancî-Sprache gleichbedeutend für die kurdische Sprache verwendet wird.

6 Als Instrument für die Erhebung wählte ich das problemzentrierte Interview nach Witzel 1989. Die Interviewten waren zum Zeitpunkt des Interviews zwischen 18 und 36 Jahre alt – sechzehn Frauen und acht Männer. Alle Interviews wurden im Jahr 2000 durchgeführt. Für die Auswertung der Interviews entschied ich mich für die qualitative Inhaltsanalyse nach Mayring 2000. Ausführliche Erläuterungen zur methodischen Vorgehensweise finden sich bei Taşcı 2006, S. 133-154.

Wer ist Alevitin oder Alevit?

Es gibt keine verlässlichen Angaben über die Anzahl der Alevitinnen und Aleviten in der Türkei. Aus Gründen der nationalen Integration hat die türkische Regierung kein Interesse daran, Daten zu religiösen und zu sprachlichen Gruppen in der Türkei zu erheben und zu veröffentlichen.[7] Der sunnitische Islam gilt als die Staatsreligion in der Türkei. Die überwiegende Mehrzahl der Türkinnen und Türken sind orthodoxe sunnitische Muslimas und Muslime, die sich der Hanafi-Rechtsschule zugehörig fühlen.[8] Die Alevitinnen und Aleviten ordnen sich dagegen nominell der schiitischen Rechtslehre zu, die vom sechsten Imam Cafer Sadık begründet wurde. Schätzungen bezüglich des alevitischen Anteils an der Gesamtbevölkerung der Türkei schwanken zwischen zehn und vierzig Prozent, je nachdem, von wem sie vorgenommen werden. In wissenschaftlichen Arbeiten, die ebenso auf Schätzungen beruhen, variieren die Prozentzahlen der Alevitinnen und Aleviten zwischen zwanzig und 25 Prozent.[9] Alevitische Intellektuelle und alevitisch religiöse Führer schätzen den Anteil höher ein. Die Alevitinnen und Aleviten in der Türkei gehören zu verschiedenen Sprachgruppen. Die Mehrheit spricht Türkisch. Der Anteil der Alevitinnen und Aleviten unter den Kurmancî sprechenden Kurdinnen und Kurden liegt bei knapp dreißig Prozent. Die Mehrzahl der Kurdinnen und Kurden sind orthodoxe sunnitische Muslimas und Muslime, die sich der schafiitischen Rechtsschule zugehörig fühlen. Die Zaza sind zu ungefähr gleichen Teilen den Sunnitinnen und Sunniten sowie den Alevitinnen und Aleviten zugeordnet.[10] Unter den Araberinnen und Araber in der Türkei gibt es mehr Alevitinnen und Aleviten als Sunnitinnen und Sunniten.[11] Auch über

7 Bruinessen 1997, S. 186.

8 „Die einzelnen Rechtsschulen führen sich auf Gründungsväter zurück, deren Namen sie tragen. Die Sunniten erkennen vier Rechtsschulen an: die Hanafiten (nach Abû Hanîfa, gest. 767), die Mâlikiten (nach Mâlik ibn Anas, gest. 795), die Shâfiiten (nach ash-Shâfiî, gest. 820) und die Hanbaliten (nach Ahmad ibn Hanbal, gest. 855). Daneben existieren mehrere schiititische Rechtsschulen. In der Vergangenheit waren die Rechtsschulen mit ihrem informellen Lehrer-Schüler-Verhältnis verantwortlich für die Tradierung und Ausgestaltung des islamischen Rechts. Jede Rechtsschule folgt einem eigenen Lehrsystem, welches auf in Nuancen unterschiedlichen Grundsätzen der Rechtsauslegung basiert" (Müller 2001, S. 260).

9 Birge 1937, S. 15-16 sowie Paul 1992, S. 73 und Kehl-Bodrogi 1993, S. 267.

10 Paul 1992, S. 73 sowie Kehl-Bodrogi 1998, S. 113.

11 Siehe hierzu Andrews 1989, S. 151-152. Die Alevitinnen und Aleviten in der Türkei sind gegenüber den Alawitinnen und Alawiten abzugrenzen, die im syrischen Gebiet zwischen dem Mittelmeer und dem Nahr al-Asi (Orontes) leben. Ihr Herkunftsbezug, die Riten ihrer religiösen Grundsätze und ihre Eigendefinition erlauben es nicht, sie den alevitischen Gruppen in der Türkei zuzuordnen, obwohl sich entsprechende Ähnlichkeiten dokumentieren lassen, wie z. B. der Einfluss der extremen Schia.

die Zahl der Alevitinnen und Aleviten in Deutschland liegen keine gesicherten Angaben vor. Ich gehe jedoch davon aus, dass sich unter den Gastarbeiterinnen und Gastarbeitern aus der Türkei mehr Alevitinnen und Aleviten befanden, als es ihrem Anteil an der Bevölkerung der Türkei entsprach, da sich viele Alevitinnen und Aleviten aufgrund der in der Türkei erlittenen Diskriminierung und Stigmatisierung zur Arbeitsmigration entschlossen.

Wie beschrieben, kann statistisch nicht festgelegt werden, wie sich der alevitische Anteil an der Gesamtbevölkerung der Türkei und in Deutschland gestaltet. Was aber mit Sicherheit feststeht, ist, dass die Bedeutung einer alevitischen Identität sowohl in der Türkei als auch in Deutschland deutlich gewachsen ist. Viele der Menschen alevitischer Herkunft, die sich in der Vergangenheit als Sozialistinnen und Sozialisten sahen und als solche das Bekenntnis zu einer Religion ablehnten, definieren sich heute primär als Alevitinnen und Aleviten. Um mit Kehl-Bodrogi zu sprechen: „Rückblickend wird es von vielen als Fehler angesehen, das Konfessionsproblem – und damit die subordinate Stellung des Alevitums in der Gesellschaft – zugunsten globaler Fragestellungen wie der der Klassenantagonismen vernachlässigt zu haben.“[12] Viele Menschen, die sich in der Vergangenheit vor allem als Kurdinnen und Kurden betrachteten, bezeichnen sich heute in erster Linie als Alevitinnen und Aleviten. Wie alle Menschen verfügen auch Alevitinnen und Aleviten über verschiedene Möglichkeiten der Eigendefinition, von denen in Abhängigkeit von verschiedenen Bedingungen der einen oder anderen Zugehörigkeit Vorrang eingeräumt werden kann.[13] Es gibt mehrere Möglichkeiten, wie sich die verschiedenen Aspekte der Zugehörigkeit dieser mehrdimensionalen Identität zueinander verhalten können. Einerseits können verschiedene Aspekte der Zugehörigkeit parallel nebeneinander bestehen. Das bedeutet, Angehörige der zweiten Generation können sich etwa gleichzeitig als Alevitin und Alevit, als Zaza, als Türkin und Türke sowie als Sozialistin und Sozialist usw. begreifen. Andererseits können Zugehörigkeiten in eine Hierarchie eingeordnet sein, so dass sich beispielsweise Angehörige der zweiten Generation zuerst als Alevitin und Alevit und in zweiter Hinsicht als Kurdin und Kurde verstehen, oder umgekehrt. Zugehörigkeiten können sich aber auch gegenseitig ausschließen. So verstehen sich einige Mitglieder der zweiten Generation als Kurdisch sprechende Alevitinnen und Aleviten und wollen mit den sunnitischen Kurdinnen und Kurden nichts zu tun haben. Es gibt so viele verschiedene mögliche Muster der Eigendefinition, „daß es unmöglich ist, [...] [den Kern einer Identität] durch eine Zahl von gemeinsamen kulturellen Merkmalen zu definieren“[14].

---

12 Kehl-Bodrogi 1993, S. 272, siehe hierzu auch Bruinessen 1997, S. 208.

13 In Anlehnung an Bruinessen 1997, S. 187-188.

14 Bruinessen 1997, S. 188.

Das grundsätzliche Problem bei der Erforschung kultureller Konstruktionen ist, dass es nicht um objektive Gegebenheiten und Faktoren geht. Auch die Definition des Alevitentums ist ein kulturelles Konstrukt. Die Eigendefinitionen der Alevitinnen und Aleviten können sehr verschiedene Facetten annehmen, die je nach sozialem und politischem Zusammenhang in unterschiedlichem Maße zum Vorschein kommen.

Die Aufrechterhaltung der Grenzen

Die religiösen Grenzen zwischen den Alevitinnen und Aleviten und den Sunnitinnen und Sunniten

Im wissenschaftlichen Diskurs über ethnische Gruppen und Ethnizität gibt es auch heute noch keine relevanten Beiträge, die nicht auf die Arbeiten des Anthropologen Fredrik Barth (1969) Bezug nehmen. Daher werde ich den Ansatz von Barth kurz darstellen und ihn auf den alevitischen Kontext beziehen. In diesem Zusammenhang frage ich nach den Ein- und Abgrenzungen, die von den Akteuren der zweiten Generation der Alevitinnen und Aleviten in Deutschland selbst gesetzt werden, und gehe auf die Merkmale und Symbole ein, welche die Abgrenzung markieren.

Nach Barth ist das entscheidende Merkmal für die Bestimmung ethnischer Gruppen der Faktor der Grenzziehung. Ethnische Gruppen entstehen dann, wenn Akteure in Interaktionszusammenhängen sich selbst und anderen ethnischen Identitäten zusprechen, das heißt, wenn sie sich von anderen abgrenzen. „Objektive" kulturelle Merkmale und Differenzen sind zweitrangig. Sie erlangen nur dann Bedeutung, wenn ihnen in konkreten Handlungskontexten von den Akteuren selbst Bedeutung gegeben wird und sie als Symbol ethnischer Abgrenzung eingesetzt werden.[15] Dabei ist es irrelevant, wie groß „objektive" Unterschiede zwischen Gruppen sind. „Objektive" Unterschiede, etwa hinsichtlich Kleidung, Religion oder anderer kultureller Differenzen, sind nicht die Basis ethnischer Differenzierung. Entscheidend ist vielmehr die „subjektive" Eigendefinition einer ethnischen Gruppe in Abgrenzung zu anderen. Das Bestehen der Ethnie ist somit abhängig von der Aufrechterhaltung der Grenze in der Interaktion mit anderen. Die Merkmale der Abgrenzung können sich ändern, ohne dass sich dadurch die Grenze selbst verschiebt. Barth definiert ethnische Gruppen als eine Form der sozialen Organisation, die auf Beziehungen zwischen und innerhalb ethnisch differenzierter Gemeinschaften basieren. Georg Elwert möchte Ethnien deutlicher von anderen sozialen Gruppen wie etwa politischen Vereinigungen abgrenzen, indem er ethnische Gruppen als familienübergreifende und familienerfassende

15 Barth 1969, S. 14.

Gruppen definiert, die sich selbst eine kollektive Identität zuschreiben.[16] Damit wird die Barth'sche Definition um das Merkmal der Erblichkeit ergänzt. Auf dieser theoretischen Grundlage beziehe ich mich nun auf das alevitische Beispiel und gehe der Frage nach, welche Grenzlinie von der zweiten Generation der Alevitinnen und Aleviten in ihrer Interaktion mit anderen am deutlichsten gezogen wird. Das impliziert wiederum die Frage, ob die Alevitinnen und Aleviten eine ethnische Gruppe darstellen.

Die interviewten Alevitinnen und Aleviten der zweiten Generation grenzen sich am deutlichsten von sunnitischen Muslimas und Muslimen ab. Für die Alevitinnen und Aleviten stellt die religiöse Differenz das entscheidende Merkmal der Ein- und Abgrenzung dar.[17] Die Unterschiede zwischen den Sunnitinnen und Sunniten sowie den Alevitinnen und Aleviten weisen für die Interviewten primär religiöse und erst in zweiter Hinsicht philosophische, politische, kulturelle und historische Kriterien auf. Als Beispiel kann İbrahim aufgeführt werden, der die Differenz zu den „Sunnitinnen und Sunniten folgendermaßen darstellt:

„Ich habe diese *şafiî* Freunde auch.[18] Ich kann mit ihnen nichts unternehmen. Ich meine, so tiefe Beziehungen. Ich meine mehr als Freundschaft, das ist nur Schule und allgemein. Es geht nicht so tief. Es kam nicht dazu, das hängt mit der Erziehung zusammen. Es geht bis zu einer gewissen Grenze, danach hinaus nicht. Gemeinsamkeiten haben diese Person, wenn z. B. ein Sunnit und ein anderer Sunnit, die haben viele, viele Gemeinsamkeiten, die sind tief verwurzelt. Bei mir ist es nur bis zur einer Grenze und mehr auch nicht. Es sind verschiedene Menschen. Es sind verschiedene Menschen. Ich behaupte das mal so. Die Denkweise ist zu verschieden, über Sachen zu beurteilen, über etwas Positives oder Negatives nachzudenken, von den Wünschen, Gefühlen. Alles ist anders, find ich. Es ist total unterschiedlich. Die glauben an ein anderes Leben, die haben eine andere Geschichte gehabt. Dies sind mehr so islamische Gebräuche. Ich habe wenig damit zu tun." *(İbrahim, 32 Jahre, Student, geboren in Malatya. Seine Muttersprache ist Kurmancî. Er bezeichnet sich als alevitischer Kurde, der die deutsche Staatsbürgerschaft besitzt.)*

Nun komme ich auf die Merkmale und Symbole zu sprechen, mit denen sich die interviewten Alevitinnen und Aleviten abgrenzen. Merkmale, die als Symbole des sunnitischen Islam verstanden werden wie das Kopftuch oder die Praktiken der „Fünf Säulen des Islam" empfinden sie als zwanghaft, im Un-

16 Elwert 1989, S. 448. Zur Definition von ethnischen Gruppen/Ethnien siehe a.a.O., S. 447.

17 In den 68er Jahren war hingegen die linke politische Gesinnung insbesondere für die jüngere Generation der Alevitinnen und Aleviten das entscheidende Merkmal ihrer Differenzierung in Abgrenzung zu den anderen.

18 Mit „şafiî Freunde" sind hier sunnitische Kurdinnen und Kurden gemeint, die der schafiitischen Rechtschule angehören; siehe hierzu auch die Anmerkung 8.

terschied zu ihren eigenen alevitischen Vorstellungen, die keinen manifesten Vorschriften unterliegen. Auch vermeiden die Alevitinnen Ehen mit Sunniten, da sie in einer solchen Ehe eine grundsätzliche Einengung ihrer Lebensweise erwarten. Den sunnitischen Islam sehen die Alevitinnen und Aleviten als einen von Zwangsmaßnahmen bestimmten Normenkatalog an, der die Lebenswelt der sunnitischen Gemeinschaft rigide ordnet. Sie betrachten den sunnitischen Islam als doktrinär und unflexibel. Makbule und Çiğdem führen die soeben beschriebenen Merkmale und Symbole auf, mit denen sie sich zugleich von den Sunnitinnen und Sunniten absetzen:

„Ja, natürlich gibt es Unterschiede zwischen Sunniten und Aleviten, was das Religiöse und alles andere [betrifft]. Die negativen Sachen, vor allen das Kopftuch und das Beten in der Moschee, das, das wird, wenn es um Partnerschaften geht, ja, ja, das wird auf jeden Fall passieren, wenn du einen Sunniten heiratest, der eben dessen Familie religiös ist, das ich eben ein Kopftuch tragen müsste. [...] Wenn ich einen Sunniten heirate, dann kommt das nicht in Frage, dass ich ein Kopftuch trage. Da möchte ich schon meine Freiheit behalten können, das gehört einfach dazu, und ich glaube nicht, dass ich so einen strengen religiösen Sunniten heiraten könnte." *(Makbule, 26 Jahre, Erzieherin, geboren in Maraş. Ihre Muttersprache ist Kurmancî. Sie bezeichnet sich als alevitische Türkin.)*

„Ich kann auf jeden Fall nur sagen, dass ich halt auf jeden Fall gewusst hab', weißt du, dass wir, dass wir halt irgendwas sind, was die anderen nicht sind, und die anderen sind halt irgendwas, was wir nicht sind. Dass es irgendwas mit Religion zu tun hat, z. B. verschleierte Frauen, das sind wir auf gar keinen Fall, oder dass ich wusste, dass sie beten und wir nicht, so eine Sache, das wusste ich schon. Wenn ich es mit den Sunniten vergleiche, bei denen ist es anders, bei denen ist es anders, weißt du. Entweder macht man es fünfmal am Tag oder nicht. Entweder verschleiert man sich oder nicht. Man geht in eine Koranschule oder nicht, so. Das würde ich eher als streng religiös bezeichnen." *(Çiğdem, 22 Jahre, Studentin, geboren in Berlin. Ihre Eltern stammen aus Erzincan. Çiğdems Muttersprache ist Zazaki. Sie bezeichnet sich als deutsch-türkisch und als zaza Alevitin.)*

Die Interaktion mit den Sunnitinnen und Sunniten lässt erkennen, dass die interviewten Alevitinnen und Aleviten sich von diesen unterscheiden und in religiösen, philosophischen, politischen, kulturellen und historischen Betrachtungsweisen nicht übereinstimmen. Die Gemeinsamkeiten der Alevitinnen und Aleviten werden in besonderen Situationen durch die Interaktion mit den Sunnitinnen und Sunniten erlebbar gemacht. Das Bestehen der alevitischen Identität ist somit abhängig von der Aufrechterhaltung der Grenzen in der Interaktion mit den Sunnitinnen und Sunniten. Und so beschreibt Songül, dass sie erst durch die Interaktion mit den Sunnitinnen und Sunniten ihre alevitische Identität wahrgenommen hat:

„Und ich wusste nie wirklich, dass ich Alevitin bin, bis zum 13. [Lebensjahr] nicht. [...] Bis ich an, an richtig krasse sunnitische Freunde gekommen bin. Die dann angefangen haben, plötzlich, so wirklich, als ja so plötzlich, als ob man irgendwo ist, und, und du wusstest nie, dass du ein Schwarzer bist. Und plötzlich bist du ein Schwarzer, und du weißt nicht, was das ist, aber so war das halt, ne. Ich weiß noch dieses Wort, ich kam da raus und wusste, konnte damit nichts anfangen. Ja, wahrscheinlich wie bei den Juden plötzlich, ja: Du bist ein Jude. Du bist ein Jude, du weißt aber nicht, was das ist, ja. Das war es, war für mich unverständlich. Es war einfach wirklich unklar. Und plötzlich wusste ich irgendetwas über mich, was ich vorher nicht wusste, [...].“ *(Songül, 23 Jahre, Auszubildende, geboren in Erzincan. Ihre Muttersprache ist Zazaki. Sie bezeichnet sich als deutsch-türkisch.*)

Resümierend kann gesagt werden, dass die zweite Generation der interviewten Alevitinnen und Aleviten den sunnitischen Islam und seine Praktiken als negativ und kompromisslos betrachten. Diese Betrachtungen der Alevitinnen und Aleviten weisen auf eine Herabsetzung und Wertminderung der anderen und eine Würdigung und Erhöhung der eigenen Identität im Vergleich zu den Sunnitinnen und Sunniten hin. In dieser Hinsicht wird das Alevitentum weitgehend als das andere des sunnitischen Islam dargestellt. Erst die Interaktion mit den Sunnitinnen und Sunniten zeigt auf, dass sie sich von diesen absetzen und sich im religiösen Sinne nicht mit ihnen verständigen können. Die religiöse Identität der Alevitinnen und Aleviten bildet sich somit durch Erlebnisse, Kontakte und Beziehungen mit Angehörigen anderer Gemeinschaften sowie durch Verarbeitung des anderen, das heißt der sunnitischen Gemeinschaft. In diesem Zusammenhang sollte noch erwähnt werden, dass die alevitische Identität von zwei Seiten betrachtet werden kann. Die „Außenseite“ wird durch Interaktion mit anderen gebildet und besteht in der Grenze, die gegenüber diesen anderen, im Fall der Alevitinnen und Aleviten in erster Linie sunnitische Muslimas und Muslime, gezogen wird. Die „Innenseite“ der Identität entsteht dagegen durch Sozialisationsprozesse und Alltagserfahrungen innerhalb der eigenen, alevitisch definierten Gemeinschaft. Die konkrete Form der Abgrenzung der Alevitinnen und Aleviten basiert auf dieser doppelten Prägung. Beide Seiten lassen sich jedoch nur analytisch differenzieren. Im kommenden Abschnitt beleuchte ich die erwähnte „Innenseite“ alevitischer Identität und frage zugleich nach den Überlebenschancen der religiösen Aspekte des Alevitentums in der deutschen Gesellschaft.

Der Auflösungsprozess religiöser Vorstellungen und Praktiken im Alevitentum

Dieser Abschnitt geht auf die Ursachen ein, die dazu geführt haben, dass sich das Alevitentum als Religion zurzeit in einem Auflösungsprozess befindet. Der erste Teil bezieht sich auf die Kindheit und Jugend der zweiten Generation der interviewten Alevitinnen und Aleviten und soll aufzeigen, welchen Einfluss religiöse Aspekte des Alevitentums bei der Sozialisation dieser Generation gespielt haben. Im Anschluss daran gilt es herauszuarbeiten, welche Bedeutung Handlungsweisen, die aus Glaubensgrundsätzen des Alevitentums abgeleitet werden, in der Gegenwart haben. Der Schluss dieses Abschnitts widmet sich der Frage, welche Zukunftsperspektiven die Interviewten dem Alevitentum einräumen.

Eine der Ursachen für die Auflösungstendenzen der alevitischen Religiosität liegt in der überwiegend „neutralen Sozialisation" der zur zweiten Generation gehörenden Alevitinnen und Aleviten, die ich interviewt habe. Neutrale Sozialisation bedeutet in diesem Kontext, dass die meisten Eltern ihren Kindern religiöse Aspekte des Alevitentums weder vorlebten noch anderweitig vermittelten. Das Alevitentum bzw. alevitische religiöse Normen und das religiöse Wertesystem haben in der Sozialisation der Alevitinnen und Aleviten nur eine geringe Bedeutung. Religiöse Elemente des Alevitentums, wie z. B. religiöse Feiertage und Rituale, waren auch den meisten Alevitinnen und Aleviten der Elterngeneration in ihrer eigenen Kindheit und Jugend nicht vertraut. Falls Alevitinnen und Aleviten der zweiten Generation schon in ihrer Kindheit und Jugend über das Bewusstsein verfügten, Alevitinnen und Aleviten zu sein, so bestand das in der Regel in einer rein nominellen Eigendefinition, die nicht mit religiösen Überzeugungen oder Praktiken verknüpft war. Daher kann die Sozialisation der meisten interviewten Alevitinnen und Aleviten als ein weitestgehend religionsfreier Raum beschrieben werden. Viele von ihnen begründen den Verzicht ihrer Eltern auf eine religiöse Erziehung damit, dass das Alevitentum als „nichtreligiös" zu verstehen sei. Die Vorstellung davon, was „religiös" ist und was nicht, wird in erster Linie vom Bild des sunnitischen Islam abgeleitet. Als „religiös" gilt daher vor allem stark regelgeleitetes rituelles Handeln, wie etwa das muslimische Gebet oder das Fasten, mit den dazu gehörenden Glaubensüberzeugungen. Vor diesem Hintergrund wird Religion tendenziell als etwas Zwanghaftes empfunden, und es wird betont, dass das Alevitentum solche Zwänge nicht kennt. Aus diesem Zusammenhang heraus bezeichnen die Interviewten das Alevitentum als „nichtreligiös". Diese „Nichtreligiosität" wird von den meisten der Alevitinnen und Aleviten als Charakteristikum des Alevitentums ausgelegt. Im Nachhinein beschreiben sie ihre Sozialisation als eine spezifisch alevitische Erziehung. Çiğdem und İbrahim artikulieren, dass sie in ihrer Kindheit keine religiösen

Inhalte vermittelt und/oder religiöse Praktiken vorgelebt bekommen haben, da dies nach ihrer Ansicht dem Alevitentum auch nicht konform wäre:[19]

„Was das Alevitentum ist, wüsste ich gar nicht, weil meine Eltern mir auch gar nichts vermittelt hatten. Verstehst du? Weil es gibt nichts zu vermitteln.“ *(Çiğdem)*

„Es wird von Anfang an so alevitisch erzogen, man sagt: Das ist einfach so, wie Essen und Trinken. Es gab nichts Bestimmtes, so wo man sagen konnte: Das muss man machen. Das ist ja auch der Alevite. Ja, diese Einflüsse meiner Eltern haben mir nicht gesagt: Das ist alevitisch, und du musst dich so verhalten, das sind unsere Gebräuche. Es kommt von der Erziehung, z. B. ich kann mich nicht daran erinnern, was man an einem Aleviten erinnern kann.“ *(İbrahim)*

Hingegen beschreibt Turkay, dass sie ein alevitisches Zugehörigkeitsgefühl in ihrer Kindheit besaß. Zugleich macht sie aber deutlich, dass ihre Eltern als nicht gläubige Personen zu bezeichnen sind:

„Ja, das Alevitisch [...] war mir bewusst, weil es mir gesagt wurde von unseren Eltern. Und auch da unsere Eltern sind erst mal nicht gläubig. Die haben uns zwar beigebracht, dass wir Aleviten sind, aber ohne uns jetzt zu sagen, was genau das bedeutet.“ *(Turkay, 32 Jahre, Rechtsanwältin, geboren in Malatya. Ihre Muttersprache ist Kurmancî. Sie bezeichnet sich als deutsch, kurdisch und türkisch.)*

Zu dem zweiten Teil dieses Abschnitts kann gesagt werden, dass sich im alltäglichen Denken und Handeln der zweiten Generation der interviewten Alevitinnen und Aleviten keine einheitliche Auslegung der religiösen Lehren und Praktiken des Alevitentums zeigt. Die Bestimmung eines kleinsten gemeinsamen Nenners ist bereits sehr schwierig. Gemeinschaftlich geteilte Glaubensgrundsätze des Alevitentums werden durch individuelle Deutungen ersetzt.[20] Dennoch stimmen die meisten Alevitinnen und Aleviten darin überein, dass das Alevitentum eine Religionsrichtung innerhalb des Islam darstellt, auch wenn sie sich nicht wesentlich über diese identifizieren. Wenn für die zweite Generation überhaupt ein Bezug zum Alevitentum als Religion entstanden ist, dann in der Regel durch die Großeltern, für die Glaube und Rituale noch sehr wichtig waren. Im Gedächtnis der nachfolgenden Generation blieben diese Riten und Praktiken nur als Gedankensplitter haften, die

19 Siehe als Ergänzung Sökefeld (2004, S. 139): „Most Alevi organizations in Germany have the word culture in their names and few of the names give a hint to somebody not acquainted with Alevism that Alevi culture could have something to do with religion.“

20 Über die idealistischen religiösen Grundlagen des Alevitentums gibt das *Buyruk* (Das Gebot) – eine Art Katechismus – ausführlich Auskunft; siehe hierzu Bozkurt 1988. Es gibt jedoch verschiedene Ausgaben des *Buyruks*.

in Schlagwörtern artikuliert werden. So kann die zweite Generation der interviewten Alevitinnen und Aleviten den Brauch der aşure Suppe, das Fasten im muharrem, den Verzicht, sich in dieser Zeit zu waschen, die Trauer um Hüseyin[21] oder das gemeinschaftliche Ritual des *cem*[22] vielleicht noch beim Namen nennen. Sie kennt aber häufig weder die Bedeutung noch den Ablauf der Rituale. Anstelle gemeinschaftlicher Überzeugungen und Praktiken dominiert die individuelle Interpretation der alevitischen Glaubensgrundsätze. Das Überwiegen individueller Deutungen ist ein Ergebnis des Verlustes gemeinschaftlicher Überzeugungen und beschleunigt wiederum ihre weitere Auflösung. Die Interviewten äußern sich zu den alevitisch religiösen Lehren und Praktiken folgendermaßen:

„Die [*aşure*] Suppe wusste ich immer was, was bei uns war auf jeden Fall, ja. Die Suppe gemacht, die Suppenverteilung und so. Ich wusste auch immer, wenn sie gemacht wird, die Suppe, muss ich trinken. [...] Und die Bedeutung ich weiß nicht. Du weißt ja, die Aleviten fasten nur einmal im Jahr. Meine Mama und Papa haben nicht gefastet, aber meine Oma, immer, meine Oma immer. Bei meiner Oma wusste ich das immer, die hat immer erzählt irgendetwas als Kind, die hat irgendwas gemacht, die durfte sich nicht waschen, nichts essen, so." *(Çiğdem)*

„Ich meine inhaltsmäßig[23] kommt nicht viel rüber. Wir sind hier [in Deutschland] groß geworden, und die Umwelt war von der Verwandtschaft geprägt. Wir haben mal mit der Verwandtschaft versucht, so ein *cem* zu veranstalten. Ich bin zwar nicht da rumgelaufen. Aber wir waren alle anwesend, ja, ja die Kinder, Jugendliche, Erwachsene. Und da haben sie angefangen, da angefangen dieses Beten, dann haben die angefangen zu beten, dann heulen die auch gleichzeitig, ne. Dieses laute Heulen und Beten. Ja, und da kann man sich gar nicht mehr entziehen, da heult man einfach mit. [...] Wir haben damit aber nichts zu tun, selbst wenn wir dahin gehen, distanzieren wir uns. Wir gehen dann in die Küche, und die machen dann ihr Ding. Also, ich beteilige mich nicht mehr daran religiös, religiöse Riten, alevitisch, ne. Also, das gibt's nicht, ich meine, wenn wir mit meinen Eltern in die Türkei fahren. Da machen wir bestimmte Sachen mit, aber wir machen es nicht aus Überzeugung. Wenn die irgendwo hingehen, besuchen irgendwo einen Berg und sagen: Das ist heiliger, heiliger Ort. Dann geht man zwar dahin, aber eigentlich nur wegen dem Interesse, weil da sehr viele Menschen zusammen hingehen, weil da übernachtet wird. Also, ein ganz anderer Hintergrund ein bisschen Abenteuerlust, bisschen Spaß,

21 In den ersten zwölf Tagen des Monats *muharrem* wird durch Fasten des Martyriums des dritten Imams Hüseyin gedacht, der mit seinen Gefolgsleuten im Jahr 680 bei Kerbela getötet wurde. Am zwölften Tag wird das Fasten dadurch abgeschlossen, dass *aşure*-Suppe zubereitet und verteilt wird.

22 Zum Ritus *cem* siehe Bozkurt 1988, S. 153-167, und den Beitrag von Robert Langer in diesem Band.

23 Mit „inhaltsmäßig" meint die Interviewte die religiösen Aspekte des Alevitentums.

mit den anderen zusammen zu sein." *(Fatma, 31 Jahre, Studentin, geboren in Varto. Ihre Muttersprache ist Zazaki. Sie bezeichnet sich als zaza Alevitin.)*

Ich habe in dem ersten Teil dieses Abschnitts beschrieben, dass die religiösen Aspekte des Alevitentums in der Sozialisation der zweiten Generation der interviewten Alevitinnen und Aleviten kaum eine Rolle gespielt haben. Damit drängt sich die Frage auf, welches religiöse Wissen die zweite Generation an ihre eigenen Kinder überliefern möchte. Diese Frage ist für die Zukunft des Alevitentums entscheidend.

Die meisten der interviewten Alevitinnen und Aleviten der zweiten Generation beurteilen die religiöse Neutralität ihrer eigenen Sozialisation als positiv. Sie betrachten diese religiöse Neutralität als ein zentrales Charakteristikum des Alevitentums, das sie ebenso ihren eigenen Kindern vermitteln möchten. Auf im engeren Sinne religiöse Aspekte des Alevitentums kommt es ihnen bei der Erziehung ihrer eigenen Kinder weniger an als auf die Vermittlung von Geschichte und Philosophie des Alevitentums. Auch möchten sie ein alevitisches Zusammengehörigkeitsgefühl vermitteln. Die Interviewten wollen damit ihren Kindern die Erziehung zukommen lassen, die sie auch selbst erfahren haben. Um mit Hicran und Makbule zu sprechen:

„Das Alevitische kann ich denen[24] gar nicht vermitteln. Das Wort schon, weil es auch interessant ist. Es ist ja wirklich interessant, also religiöse Sachen nicht, dass wir unsere Wurzeln kennen, wo wir herkommen." *(Hicran, 28 Jahre, Studentin, geboren in Bayern, aufgewachsen in Baden-Württemberg. Ihre Eltern stammen aus Mersin. Hicrans Muttersprache ist Deutsch. Sie bezeichnet sich als hessisch, türkisch und als arabische Alevitin.)*

„Ich werde wahrscheinlich so wie meine Eltern vermitteln, dass man zu dieser Gruppe gehört und die ganze Geschichte erzählen, was das ist, dazugehört. Geschichte, wie das anfing, ja schon, das würde ich auch meinen Kinder vermitteln. [...] Also, wenn ich jetzt Kinder habe irgendwann, denke ich mal eher nach dieser Tradition. Na ja, Tradition kann man das nicht nennen, aber meine Kinder so erziehen würde Selbstständigkeit, liberal, tolerant sein." *(Makbule)*

Einerseits wird das Alevitentum von den interviewten Alevitinnen und Aleviten als „nichtreligiös" betrachtet. Die „Nichtreligiosität" ergibt sich jeweils aus der Notwendigkeit, sich gegenüber den anderen, den Sunnitinnen und Sunniten, abzugrenzen. Andererseits artikulieren die meisten Alevitinnen und Aleviten, dass das Alevitentum eine Religionsrichtung innerhalb des Islam darstellt. Das Alevitentum wird daher als religiöse Identität und als Kategorie der Abgrenzung gegenüber dem sunnitischen Islam fortbestehen. Verschie-

24 Mit „denen" sind hier die Nachkommen der Interviewten gemeint.

dene Aspekte aus dem Fundus des Alevitentums – Religion, Philosophie, Politik, Kultur oder Geschichte – können zum Zweck der Abgrenzung betont oder aber auch vernachlässigt werden, wenn andere Aspekte in den Vordergrund geschoben werden. Die Besonderheit des alevitischen Gemeinschaftslebens, das in der Geschichte eine wesentliche Berechtigung hatte, ist jedoch in seinen ursprünglichen, traditionellen religiösen und sozialen Formen weder von Bedeutung noch vonnöten. Dies führt zu einer Unterbrechung der Überlieferung der Tradition, wie bei der zweiten Generation der interviewten Alevitinnen und Aleviten erkennbar wird. Die alevitische Religion scheint als integraler Bestandteil einer Gesamtkultur nicht in der Lage zu sein, auf die veränderten Rahmenbedingungen in Deutschland adäquate Antworten zu finden sowie Orientierungen und Hilfestellungen zu geben. Kann sie diese Funktionen nicht gewährleisten, so läuft sie Gefahr, sich aufzulösen. Als religiöse Gemeinschaft, die auf geteilten Glaubensvorstellungen und gemeinsam praktizierten Riten basiert, wird das Alevitentum in Deutschland vermutlich nicht weiterbestehen, da jetzt schon gravierende Auflösungsprozesse sichtbar sind. Die Tradierung religiöser Inhalte wird vermutlich immer mehr an Bedeutung verlieren. Als alevitische Gemeinschaft, die in Abgrenzung zu der sunnitischen Gemeinschaft steht, wird sie jedoch weiterbestehen bleiben.

Sprachliche Grenzen zwischen Alevitinnen und Aleviten

Bei den interviewten Alevitinnen und Aleviten der zweiten Generation existiert ein übergeordnetes alevitisches Bewusstsein. Es entsteht aus einem Zusammengehörigkeitsgefühl, das auf geglaubter und angenommener Abstammung sowie auf Gemeinsamkeiten von Religion, Philosophie, Politik, Kultur und Geschichte beruht. Das Bewusstsein von Gemeinsamkeit und Zusammengehörigkeit bedeutet nicht, dass es keine Unterschiede zwischen den Alevitinnen und Aleviten gibt. Sprache ist eine wichtige Dimension dieser Differenzierung. In Deutschland leben die Alevitinnen und Aleviten mit Türkisch, Zazaki, Kurdisch und Arabisch als Muttersprache. Die Sprachidentitäten und die Identifizierung als Alevitinnen und Aleviten überschneiden sich. Die Bedeutung, die der sprachlichen Zugehörigkeit gegeben wird, kann auch variieren, da sie nicht immer als eine zentrale Dimension der Eigendefinition betrachtet wird. So spielt etwa für einige kurdischsprachige Alevitinnen und Aleviten der zweiten Generation ein kulturelles oder politisches Bewusstsein als Kurde keine Rolle. Sie möchten vor allem nicht aufgrund der gemeinsamen Sprache mit den sunnitischen Kurdinnen und Kurden identifiziert werden. Trotz der Sprachgemeinschaft betonen sie die Abgrenzung von den sunnitischen Kurdinnen und Kurden. Für sie erfolgen die Identifizierung und die Ein- und Abgrenzung als Alevitinnen und Aleviten nicht auf

Basis der sprachlichen Identität der Muttersprache, sondern vielmehr auf Grundlage der religiösen Identität. Daher kann generell gesagt werden, dass zazaki-, arabisch-, kurdisch- und türkischsprachige Alevitinnen und Aleviten eine sprachlich heterogene Gemeinschaft bilden, die untereinander dennoch mehr religiöse, philosophische, politische, kulturelle und historische Gemeinsamkeiten aufweisen, als sie mit ihren jeweiligen Sprachverwandten sunnitischer Zugehörigkeit teilen. Das Sprachgrenzen überschreitende Wir-Bewusstsein der Alevitinnen und Aleviten wird dadurch verstärkt, dass die Zugehörigkeit zum Alevitentum nach Ansicht der Interviewten erblich ist. So beschreibt Makbule im folgenden Zitat, dass für sie die sprachliche Identität keine Bedeutung hat. Obwohl sie Kurdisch spricht, möchte sie nicht als Kurdin, sondern als Alevitin wahrgenommen werden:

„Wenn ich jetzt ich, ich, irgendwie möchte ich nicht, dass wenn ich viele denken, weil ich Kurdisch spreche, das ich Kurdin bin, das möchte ich nicht. Ja, ich möchte nicht, dass man mich mit einer Kurdin identifiziert. Also, dass ich Kurdin bin, weil ich Kurdisch spreche, obwohl die Aleviten Kurdisch sprechen. Es ist nun mal die Sprache und. Die Österreicher sprechen auch Deutsch, und da kann man nicht sagen, und da kann man sich nicht über die Sprache definieren. In gewisser Weise schon, aber dann, aber man kann nicht sagen, das ist dieses Volk, weil sie diese Sprache sprechen. [...] Viele, viele denken, dass wenn Aleviten, Aleviten sprechen Kurdisch, also dann sind sie Kurden. Wir sind keine. Für mich sind Aleviten keine Kurden. Sie sprechen voll Kurdisch, aber das muss man schon strikt trennen. Und, und ich identifiziere mich auch nicht über die Sprache, daher weil ich mich mit dem Volk nicht verbinden kann. Ja, also, ja, ich sehe mich als Alevitin, weil da sind ja wiederum Unterschiede zwischen Aleviten und Kurdischen, aber ich weiß, was das Religiöse betrifft und Tradition. Ich sage immer: Ich bin Aleviten, aber ich bin keine Kurdin. Die Kurden sind ein anderes Volk.“ *(Makbule)*

Ebenso sind Differenzierungsprozesse gegenüber den anderssprachigen Alevitinnen und Aleviten zu beobachten, die zu einer Eingrenzung der gemeinsamen sprachlichen und religiösen Identität führen. Vor allem einige der Zazaki und der Arabisch sprechenden Alevitinnen und Aleviten grenzen sich bewusst gegenüber einer alevitisch-kurdischen und/oder alevitisch-türkischen Identität ab. Hier besteht jeweils untereinander ein subjektives Zusammengehörigkeitsgefühl der Zazaki sprechenden Alevitinnen und Aleviten sowie der arabisch sprechenden Alevitinnen und Aleviten, im Unterschied zu den Alevitinnen und Aleviten, die nicht zu diesem Sprachgruppen gehören. Insofern existiert einerseits eine klare Grenzlinie zwischen den unterschiedlichen sprachlichen Identitäten der Alevitinnen und Aleviten. Andererseits wird die Einheit zwischen dem Zazaki oder der arabischen Sprache und dem Alevitentum erkennbar, da die Bezeichnungen der sprachlichen und religiösen Identitäten eine Schnittmenge ihrer gesamten mehrdimensionalen Identität bilden. Die folgenden beiden Zitate belegen eine solche Ein- und Abgrenzung:

„Es gibt ja Aleviten, die sprechen kein Zaza, ne. Die sind schon wieder anders, die sieht man auch schon anders, weißt du. Wenn du einen Aleviten kennenlernst, das ist schon, das ist ganz komisch. Du triffst halt jemanden irgendwo, und ich weiß nicht, woran das liegt, aber es zieht mich immer so an. Ich weiß es immer ganz genau, ob es ein Alevit ist oder nicht. Du weißt es einfach. Und wenn du fragst: Woher kommst du denn? Und er sagt dann Ostanatolien, dann ist die nächste Frage: Bist du Alevite? Und dann: Ja. Das bindet immer mehr, das kommt dann immer so, diese Schritte. Dann kommt man sich immer näher. Man steht voreinander und wenn dann das kommt: Sprichst du Zaza? Ne, das kennen wir gar nicht. Dann ist da bisschen so eine Distanz dazwischen." *(Çiğdem)*

„Arabisch-alevitisch, das gehört für mich zusammen, immer noch. Komisch, ich würde das nicht trennen, ne. [...] Dann kommt ein Gefühl, nur dann ist ein Gefühl da. Ja, bei mir selbst gehört das zusammen." *(Hicran)*

Zazaki sprechende Alevitinnen und Aleviten identifizieren „Kurden" ausschließlich mit dem sunnitischen Islam, obwohl es auch Kurdisch sprechende Alevitinnen und Aleviten gibt. Hier wird die Sprachgrenze mit der religiösen Grenze gleichgesetzt. Die Sunnitinnen und Sunniten sind für die Alevitinnen und Aleviten grundsätzlich und eindeutig „die anderen", ohne dass die jeweilige sprachliche Identität dabei für sie von Bedeutung ist. Auch distanzieren sich die Zazaki sprechenden Alevitinnen und Aleviten von der kurdischen Nationalbewegung, die sie als militant beschreiben. Ein bedeutendes Abgrenzungsmerkmal ihrer Eigendefinition besteht dabei vor allem darin, bewusst eine sich von den Kurdinnen und Kurden unterscheidende Identität zu bilden.

Kurmancî wird von allen Alevitinnen und Aleviten als kurdische Hochsprache bezeichnet, aber dies impliziert keine notwendige Gleichsetzung der kurdischen Sprache mit der Eigendefinition ihrer Identität – im Gegensatz zu den Zazaki sprechenden Alevitinnen und Aleviten, die sich über ihre sprachliche Identität definieren. Da sie die Ansicht vertreten, dass es keine Zazaki sprechenden Sunnitinnen und Sunniten gibt, wird ihre sprachliche Identität angenommen und auch nicht im Geringsten hinterfragt. Das Zazaki wird von den Zazaki sprechenden Alevitinnen und Aleviten auch nicht als kurdische Sprache bezeichnet. Die Alevitinnen und Aleviten, die sich als Kurdinnen und Kurden beschreiben, definieren das Zazaki meistens als einen kurdischen Dialekt und vertreten die Auffassung, dass die Zaza den Kurdinnen und Kurden angehören. Es zeigt sich, dass die Interpretation der Sprache und überdies der Eigen- und Fremddefinition von den Ansichten der jeweiligen Alevitinnen und Aleviten in Bezug auf ihre eigene Identität abhängen. Die Interviewte Songül zeigt die Differenz zwischen Zaza und Kurden auf:

„Wir sind Zaza. Wir sind keine Kurden. Wir sind alevitisch. Also, ich identifiziere mich nicht mit den Kurden. Für mich selbst ist das nicht das Gleiche. Das ist eine eigenständige Sprache, und ich habe die Kurden und die Zaza auch ganz anders erlebt. Die sind schon ganz unterschiedlich. Die Kurden sind sehr auf PKK auch gerichtet[25], sehr politisch eingestellt, und bei den Zaza habe ich das Gefühl, dass sie eher viel traditioneller sind, unpolitischer und, ja. Einige wollen mir aufzwingen, dass ich daran glaube, dass ich Kurde bin: Was bist du? Welche Sprache sprichst du? Dann bist du Kurde. Ach, du bist Kurde, so kommt das rüber. Ich bin aber keine Kurdin, die haben keinen Respekt davor, wie ich mich fühle. Die Kurden sind da sehr streng. Ich lach' inzwischen, lach' ich darüber." *(Songü)*

Auch Fatma betont, dass für sie Zaza und Alevitischsein unmittelbar zusammengehören:

„[...] das Zaza ist sehr stark geprägt von den Aleviten, verstehst du, weil ich kenne keine Zaza, die keine Aleviten sind. Ich meine, da ist der Zusammenhang da, ja, sehr stark beeinflusst. Das ist immer da, ja, ja, auf jeden Fall, aber es ist untergeordnet. Weil ich wie gesagt, ich kenne keine Leute, die Zaza sprechen und keine Aleviten sind. Ich weiß schon, dass das Zaza auch Alevitisch bedeutet, die meisten Leute, die ich kenne, sind Zaza sprechend, sind Aleviten. Es gibt auch viele andere Aleviten, aber Zaza sprechend gibt es keine Sunniten deswegen, das ist genau der entscheidende Punkt. Zaza, deswegen betone ich das Zaza, das ist das Merkmal." *(Fatma)*

Kurdisch sprechende Alevitinnen und Aleviten betrachten Zazaki dagegen als eine kurdische Sprache oder einen kurdischen Dialekt. Sie sind der Ansicht, dass die Zaza den Kurdinnen und Kurden angehören. So sagt Turkay, die sich als alevitische Kurdin bezeichnet: „Ich würde mir kein Urteil über die Zaza-Identität erlauben. Ich glaube aber, es sind Kurden."

Es sollte deutlich geworden sein, dass auf der Grundlage gemeinsamer Merkale von Sprache und Religion die Gemeinschaften gebildet werden. Dennoch sind sie nicht für alle Alevitinnen und Aleviten wichtig, da die Darstellung sprachlicher und religiöser Grenzlinien keiner generellen Systematik unterliegt. Substanz erhalten die Grenzlinien aus dem Zusammenhang der Deutungsmuster der jeweiligen Sprachen und Religion. Allein wenn sie auch im alltäglichen Leben Bedeutung bekommen, wird einer erkennbaren Differenz Bedeutung zugeschrieben. Daher können sich Merkmale wie Sprache und Religion zu wesentlichen Symbolen einer Gemeinschaft entwickeln. Um dies anhand der Sprache zu präzisieren: Eine besondere Bedeutung der kur-

25 PKK: die Arbeiterpartei Kurdistans.

dischen Identität ist die kurdische Sprache, welche die Kurdinnen und Kurden sprechen oder verstehen können. Es gibt aber auch viele Kurdinnen und Kurden, die kein Kurdisch können. Die Sprache beschreiben sie oft als einen ausreichenden Beweis kurdischer Existenz bzw. der kurdischen Identität. Die Sprachgemeinschaft wird dabei in eine Abstammungsgemeinschaft umgedeutet und Sprache gilt als ein Symbol der Identifizierung, obwohl sie als alltägliches Kommuikationsmedium keine so große Bedeutung mehr hat. Andererseits gibt es auch Kurdisch Sprechende, die nicht als Kurdinnen und Kurden definiert werden wollen. Daher sind die Kenntnisse der Sprache an sich weniger wichtig als die Einstellung zu dieser Sprache.

Der Auflösungsprozess des Zazaki, der arabischen und der kurdischen Sprache

Die interviewten Alevitinnen und Aleviten der zweiten Generation, die in den ersten Lebensjahren in den Sprachen Zazaki, Arabisch oder Kurdisch sozialisiert wurden, können diese Sprachen mittlerweile kaum noch sprechen. Häufig verfügen sie nur noch über ein rudimentäres Vokabular. Viele Alevitinnen und Aleviten fürchten, dass die Minoritätensprache in der deutschen Gesellschaft verdrängt und von der deutschen Sprache abgelöst wird. Diese Sorgen sind berechtigt, da die meisten Minoritätensprachen auch nicht von einer schriftlichen Tradition gestützt werden. Fatma befürchtet, dass sie ihren Kindern nur unter großen Schwierigkeiten Zazaki beibringen kann:

„Das Problem ist, dass [Zazaki] keine Schriftsprache ist, bisher gewesen ist. Ich versuche es mir anzueignen. Meinen Kindern würde ich die Sprache gerne vermitteln. Ich weiß, dass es sehr schwierig ist, extrem schwierig. Wenn es um Zaza geht auf jeden Fall die Sprache." *(Fatma)*

Die deutsche Sprache ist für die zweite Generation der interviewten Alevitinnen und Aleviten dagegen ein Symbol für die Chance des sozialen Aufstiegs und für die Teilnahme am sozialen, politischen und ökonomischen Leben. Dies zu erreichen impliziert für die Alevitinnen und Aleviten die Teilnahme an den gesamtgesellschaftlichen Strukturen und Entwicklungen, um gleichberechtigt in Deutschland leben zu können und zugleich integriert zu sein. Die kurdische Sprache dient hingegen als Mittel der Kommunikation zwischen der ersten und zweiten Generation, vor allem in der Familie. Makbule räumt für das Leben in Deutschland der deutschen und auch der türkischen Sprache Vorrang vor dem Kurdischen ein:

„Also, wenn ich hier leben würde, später, und Familie hätte, würde ich meinen Kindern in erster Linie Deutsch beibringen. Dass sie perfekt Deutsch sprechen können und dann und dann, ja, natürlich auch Türkisch. Das sind die beiden wichtigsten Sprachen als Kurdisch. Das Kurdische war nur ein Mittel, mit meinen Eltern zu kommunizieren, also nur in der Familie zu verwenden. Ich kann auch nicht Kurdisch schreiben, meine Eltern auch nicht, sondern nur sprechen." *(Makbule)*

Auch wenn der deutschen Sprache Priorität gegeben wird, heißt das nicht, dass die Minoritätensprache als unwichtig betrachtet wird. So möchte Leyla, dass ihre Tochter auch Arabisch lernt:

„Meine Tochter soll erst schön Deutsch lernen und dann Arabisch lernen. [...] Arabisch kann ich nicht schriftlich schreiben. Ich habe es mal versucht. An der FU habe ich einen Kurs mitgemacht. Ich habe es aber nur ein Semester verfolgt. Irgendwann denke ich, werde ich es zu Liebe meiner Tochter tun, dass ich ihr etwas anbieten kann." *(Leyla, 36 Jahre, Bibliothekarin, geboren in Hatay. Ihre Muttersprache ist Arabisch. Sie bezeichnet sich als arabische Alevitin und als deutsch.)*

Zusammenfassend kann gesagt werden, dass die interviewten Alevitinnen und Aleviten der zweiten Generation die Sprache fördern und wählen, die einen Vorteil in sozialer, wirtschaftlicher, politischer Hinsicht verspricht. Entscheidend ist hier das Sozialprestige der Sprache. In der Gegenwart sind für die Alevitinnen und Aleviten der zweiten Generation das Zazaki, die arabische und kurdische Sprache zweitrangig. Mittlerweile können sie sich am besten in der deutschen Sprache artikulieren, da sie in dieser Sprache alphabetisiert worden sind. Die erstgesprochene Muttersprache hat gegenwärtig nur noch eine Funktion für die umgangssprachliche Kommunikation im sozialen Umfeld der Familie. Zwischen den kommunikativen Fähigkeiten in der Familiensprache, der sogenannten Umgangssprache, und der Sprache für den Wissenserwerb besteht ein qualitativer Unterschied, der vor allem beim Schriftsprachenerwerb erkennbar wird. Dennoch wird die Aufrechterhaltung der ursprünglichen Minoritätensprachen als eine Wunschvorstellung kundgetan, die wiederum auch den intensiven emotionalen Bezug der Alevitinnen und Aleviten zu diesen Sprachen beschreibt.

Schluss

Für die Untersuchung von Ethnizität sind Grenzziehungs- und Interaktionsprozesse von zentraler Bedeutung. Fredrik Barth (1969) zufolge ist die Grenzziehung das ausschlaggebende Merkmal für die Bestimmung ethnischer Gemeinschaften. Erst wenn Akteure in Interaktionszusammenhängen sich selbst und anderen ethnische Identitäten zuschreiben, kann von ethnischen Gemeinschaften gesprochen werden. „Objektive" kulturelle Gemeinsamkeiten und Unterschiede sind von sekundärer Bedeutung. Nach Barth werden sie allein dann wichtig, wenn ihnen in konkreten Handlungskontexten von den Akteuren eine Bedeutung zugeschrieben wird und sie somit als Symbole ethnischer Differenz in Erscheinung treten. Daher frage ich in diesem Beitrag nach den Ein- und Abgrenzungen, die von den Akteuren der zweiten Generation der interviewten Alevitinnen und Aleviten selbst gesetzt werden, und gehe auf die Merkmale und Symbole ein, welche die Abgrenzung kennzeichnen.

Die zweite Generation der Alevitinnen und Aleviten grenzt sich am stärksten von den sunnitischen Muslimas und Muslimen ab. Das bedeutet, dass für die Alevitinnen und Aleviten die Religiosität die Grundlage der Ein- und Abgrenzung bildet. Das Alevitentum wird jedoch von den Alevitinnen und Aleviten als „nichtreligiös" beschrieben. Sie betrachten die „Nichtreligiosität" als ein besonderes Merkmal des Alevitentums. Die „Nichtreligiosität" ergibt sich jeweils aus der Notwendigkeit, sich gegenüber den anderen, den Sunnitinnen und Sunniten, abzugrenzen. Die Alevitinnen und Aleviten betrachten den sunnitischen Islam als eine Religion, die von Zwängen und strikten Regeln bestimmt ist und das Leben der Sunnitinnen und Sunniten kompromisslos diszipliniert. Das Sunnitentum wird als politisch konservativ oder reaktionär angesehen, das Alevitentum dagegen mit Fortschrittlichkeit und sozialer Gerechtigkeit assoziiert. Aus den Daten geht auch hervor, dass für die zweite Generation der interviewten Alevitinnen und Aleviten die religiöse Dimension des Alevitentums stark an Bedeutung verliert. Im Unterschied zur Generation der Großeltern hat das Alevitentum als Religion, seine Riten und Glaubensvorstellungen, für die zweite Generation nur noch eine latente, abstrakte Bedeutung. Es wird nicht praktiziert. Trotz alledem bleibt die religiöse Identität der Alevitinnen und Aleviten bestehen, da sie das Alevitentum als eine Religionsrichtung innerhalb des Islams definieren. Die Abgrenzung zu den Sunnitinnen und Sunniten sowie die Wahrnehmung der Unterschiede führen an sich schon dazu, dass das Gefühl der Zugehörigkeit zum Alevitentum und die religiöse Identität der Alevitinnen und Aleviten bestehen bleiben. Die Interaktion mit ihnen ermöglicht, dass sie sich von diesen unterscheiden und sich im religiösen, philosophischen, kulturellen und im historischen Sinne gegenseitig nicht verständigen können. Der beständige Vergleich zwischen dem Selbstbild und dem Bild der anderen zeigt, dass das Bewusstsein der zweiten Generation der Alevitinnen und Aleviten sehr stark von den Sunnitinnen und Sunniten geprägt ist.

Die gemeinsame Abgrenzung der Alevitinnen und Aleviten von den Sunnitinnen und Sunniten auf der Basis der Religion bedeutet jedoch nicht, dass sich die Alevitinnen und Aleviten untereinander nicht differenzieren. Eine wichtige Dimension der Differenzierung bildet die sprachliche Zugehörigkeit, die, wie wir gesehen haben, zum Teil von der religiösen Abgrenzung überlagert wird. Eine gemeinsame Sprache konstituiert nicht per se Gemeinschaft in einem sozialen Sinn, vor allem nicht zwischen den Angehörigen verschiedener Religionen. Die Minoritätensprachen Zazaki, Kurmancî und Arabisch werden von der zweiten Generation der Interviewten kaum noch gesprochen, daher kommt ihnen überwiegend nur noch eine symbolische Bedeutung für die Abgrenzung von anderen zu. Vermutlich werden diese Sprachen als gesprochene Sprachen in Deutschland kaum überleben, obwohl die zweite Generation dies wünscht und die Sprachen auch gerne an ihre Kinder weitergeben möchte. Die Dominanz der deutschen Sprache als Mittel der Kommunikation und gesellschaftlichen Partizipation ist zu groß. Dies gilt vermutlich auch für die zweite Generation der Alevitinnen und Aleviten, die auf Türkisch sozialisiert sind und auf die im Rahmen dieses Beitrags nicht eingegangen werden kann.

Angesichts der Bedeutung von Grenzziehungsprozessen für die Konstituierung alevitischer Identität stellt sich die Frage, ob die Alevitinnen und Aleviten als eine Ethnie betrachtet werden können. Eine eindeutige Antwort auf diese Frage ist nicht möglich. Es kann jedoch gesagt werden, dass die zweite Generation der Alevitinnen und Aleviten ein Gefühl der Zusammengehörigkeit und ein übergeordnetes „alevitisches Bewusstsein" teilt, das gleichwohl Unterscheidungen wie die nach Sprachzugehörigkeit nicht ausschließt. Die zweite Generation der Zaza Alevitinnen und Aleviten betrachtet sich ebenso als einheitliche Wir-Gruppe wie die arabischen Alevitinnen und Aleviten der zweiten Generation. Beide können als ethnische Gruppen bezeichnet werden, die sich selbst sowohl von sunnitischen Muslimas und Muslimen als auch von türkisch- und/oder kurdischsprachigen Alevitinnen und Aleviten auf der Basis der Annahme einer zaza oder arabischen Abstammungsgemeinschaft abgrenzen. Die gemeinsamen Merkmale der Sprache und Religion sind in diesen Fällen wichtige Kriterien für die Bildung von Gemeinschaften. Türkisch oder Kurdisch sprechende Alevitinnen und Aleviten sollten dagegen nicht als Ethnie definiert werden, auch wenn sich die zweite Generation der türkischen Alevitinnen und Aleviten in Deutschland in religiöser Hinsicht als Wir-Gruppe bezeichnet, die auf der Grundlage der Annahme einer alevitischen Abstammungsgemeinschaft beruht. Die Eigendefinition kollektiv-religiöser Identität bildet sich auch hier in einem Prozess der Abgrenzung von und der Interaktion mit der sunnitischen Gemeinschaft. Diese Differenz scheint jedoch durch die türkische Herkunft wieder zu schwinden. Die Gemeinsamkeit der Sunnitinnen und Sunniten und der Alevitinnen und Aleviten basiert auf einer türkischen Herkunft, die wiederum im Zusammenhang zur deutschen Majoritätsgesellschaft steht. Bei der kurdisch-alevitischen Identität wird meine Antwort auf die Frage nach der Ethnizität nur sehr vage sein. Die Zugehörigkeiten überschneiden sich und konkurrieren in diesem Fall so individuell, dass die Abgrenzung gar mit der politischen Einstellung in einem gewissen Zusammenhang steht. Die Abgrenzungen sind so vielfältig, dass keine eindeutige Linie der Eigendefinition und der Abgrenzung feststellbar ist. Hier zeigt sich die Bedeutung ethnischer Identität für individuelle und kollektive Handlungsorientierung in höchst veränderlicher Weise.

Die Darstellung der zaza-alevitischen und arabisch-alevitischen Ethnizität in Deutschland ist nur eine momentane Bestandsaufnahme. Wie sich die Eigen- und Fremddefinition in Zukunft entwickeln und ob beide Gruppen als Ethnie bestehen bleiben, kann nicht vorhergesagt werden. Es gibt keine unabänderliche Entwicklung einer Ethnizität der Alevitinnen und Aleviten. Daher muss betont werden, dass die Frage nach der alevitischen Ethnizität nicht abschließend geklärt werden kann. Wie sich die zweite Generation der Alevitinnen und Aleviten in Zukunft entwickeln wird, hängt von verschiedenen Faktoren ab, wie zum Beispiel ob es den Eliten und den religiösen Führern gelingt, eine Vereinheitlichung der Lehre zu vollziehen, oder ob der alevitische Religionsunterricht dazu führen wird, dem Alevitentum als Religion eine neue Bedeutung zu geben. Als Bestandsaufnahme kann jedoch festgehalten werden, dass der hier dargestellte Prozess der Auflösung des Alevitentums als Religion durch das Fehlen einer einheitlichen religiösen Führung und allgemeingültig betrachteter Regeln verstärkt wird. Auch die cem Zeremonie hat ihre Funktion als gemeinschaftliche Kontrollinstanz verloren. In der Gemeinschaft verbindliche Vorstellungen wurden von individuellen Deutungen abgelöst. Das Alevitentum ist wie alle anderen religiösen oder kulturellen Traditionen der zeitlichen Veränderung unterworfen.

Literatur

Andrews, Peter Alford (1989): *Ethnic Groups in the Republic of Turkey*, Wiesbaden: Reichert.

Barth, Fredrik (1969): „Introduction“, in: Fredrik Barth (Hg.), *Ethnic Groups and Boundaries. The social organization of culture difference*, Bergen, Oslo, London: Universitets Forlaged, S. 9-38.

Birge, John Kingsley (1937): *The Bektashi Order of Dervishes*, London: Luzac.

Bozkurt, Mehmet Fuat (1988): *Das Gebot. Mystischer Weg mit einem Freund*, Hamburg: E.B.-Verlag Rissen.

Bruinessen, Martin van (1997): „Kurden zwischen ethnischer, religiöser und regionaler Identität“, in: Carsten Brock/Eva Savelsberg/Hajo, Siamend (Hg.): *Ethnizität, Nationalismus, Religion und Politik in Kurdistan*, Münster: Lit-Verlag, S. 185-216.

Can, Halil (1994): *Die Politisierung einer „unsichtbaren Minderheit". Die kulturelle und politische Emanzipation der ethnisch-religiösen Minderheiten der Aleviten in der Türkei*, Unveröffentlichte Diplomarbeit, Freie Universität Berlin. Berlin.

Elwert, Georg (1989): „Nationalismus und Ethnizität. Über die Bildung von Wir-Gruppen", in: *Kölner Zeitschrift für Soziologie und Sozialpsychologie* 41: S. 440-464.

Kehl-Bodrogi, Krisztina (1993): „Die Wiederfindung des Alevitentums in der Türkei", in: *Orient* 34: S. 267-283.

Kehl-Bodrogi, Krisztina (1998): „‚Wir sind ein Volk!' Identitätspolitiken unter den Zaza (Türkei) in der europäischen Diaspora", in: *Sociologus* 48: S. 111-135.

Mayring, Philipp 2000: *Qualitative Inhaltsanalyse. Grundlagen und Techniken*, Weinheim, Basel: Beltz Verlag.

Müller, Christian (2001): „Rechtsschulen", in: Elger, Ralf/Friederike Stolleis (Hg.), *Kleines Islam-Lexikon. Geschichte, Alltag, Kultur*. München: Beck.

Paul, Ludwig (1992): „Ein neues Volk? Die Zaza in Südostanatolien", in: *Pogrom* 23: S. 73.

Paul, Ludwig (1998): „Zaza(ki) – Dialekt, Sprache, Nation?", in: Bärbel Köhler (Hg.), *Religion und Wahrheit*, Wiesbaden: Harrassowitz, S. 385-399.

Stiksrud, Hans Arne (1994): *Jugend im Generationen-Kontext: Sozial- und entwicklungspsychologische Perspektiven*, Opladen: Westdeutscher Verlag.

Sökefeld, Martin (2004): „Religion or Culture? Concepts of Identity in the Alevi Diaspora", in: Walraud Kokot/Khachig Tölölyan/Carolin Alfonso (Hg.), *Diaspora, Identity and Religion: New Directions in Theory and Research*, London: Routledge, S. 133-155.

Taşcı, Hülya (2006): *Identität und Ethnizität in der Bundesrepublik Deutschland am Beispiel der zweiten Generation der Aleviten aus der Republik Türkei*, Münster: Lit-Verlag.

Witzel, Andreas 1989: „Das problemzentrierte Interview", in: Gerd Jüttemann (Hg.), *Qualitative Forschung in der Psychologie: Grundfragen, Verfahrensweisen, Anwendungsfelder*. Heidelberg: Asanger, S. 227-255.

Außenseiter wider Willen: Das ‚coming-out' des Alevitentums in der diasporischen Enkelgeneration oder Erinnerungs- und Identitätsarbeit über das *digitale Gedächtnis* des Internets

HALIL CAN

Einleitung

Konstruktions- und Transformationsprozesse von ethnisch-kulturell-religiösen Identitäten im transgenerativen und transnationalen Migrations- sowie im global vernetzten, virtuellen Medienraum sind Thema dieses Beitrags. Dabei richtet sich der spezielle Fokus auf die Erinnerungs- und Identitätsarbeit in der Enkelgeneration einer mehrgenerationellen Familie von Arbeitsmigranten in Deutschland mit Migrations- wie Minderheitenhintergrund Türkei. Am Beispiel eines in der frühen Adoleszenzphase stehenden Enkels dieser Familie wird insbesondere seinem Alevitisierungsprozess als Konstruktion einer religiösen Teilidentität nachgegangen. Welche Relevanz hierbei familiäre Generationen- und gesellschaftlich-politische Machtverhältnisse im transnationalen sozialen (Migrations-)Raum[1], die transgenerative (Nicht-)Übertragung von kollektivem Wissen und das Internet als digitales kulturelles

1 Pries (1998: 74f.) beschreibt „transnationale soziale Räume" als neue geographisch-räumlich diffuse bzw. de-lokalisierte soziale Verflechtungszusammenhänge, die sowohl einen transitorischen sozialen Raum konstruieren als auch die alltagsweltliche Lebenspraxis biographischer Projekte und Identitäten der Menschen bestimmen und gleichzeitig über den Sozialzusammenhang von Nationalgesellschaften hinausweisen.

Gedächtnis[2] auf seine individuelle und kollektive Identitätsarbeit haben können, wird exemplarisch an diesem Enkel ausgearbeitet.

Zugehörigkeit und Nicht-Zugehörigkeit ist ein zentrales Thema dieses Beitrags. In Deutschland wie auch in der Türkei werden Zugehörigkeiten diskursiv über alltägliche und gesellschafts-politische Praktiken bestimmt. Wann ist wer ein ‚Ausländer' oder ‚Fremder'? Nach Simmel ist der Fremde nicht der Wandernde, „der heute kommt und morgen geht, sondern [...] der, der heute kommt und morgen bleibt – sozusagen der potenziell Wandernde, der, obgleich er nicht weitergezogen ist, die Gelöstheit des Kommens und Gehens nicht ganz überwunden hat" (Simmel 2002: 47). Allerdings würde diese Beschreibung ‚des Fremden', wenn überhaupt, nur auf Zugewanderte, aber nicht mehr auf ihre in dem jeweiligen Land geborenen und aufgewachsenen Nachkommen zutreffen. So ist der Protagonist dieses Beitrags als Nachkomme einer Familie von Arbeitsmigranten deutscher Staatsbürger und sein Lebensmittelpunkt ist Deutschland. Er ist nicht ‚Fremder', sondern aufgrund seiner Mehrfachbezüge und -zugehörigkeiten vielmehr ein einheimischer Anderer. In der deutsch-christlichen und türkisch-sunnitischen Mehrheitsgesellschaft wird er jedoch durch Stigmatisierung zum ‚Fremden' gemacht. So schafft die Ambivalenz dabei zu sein, aber nicht dazugehören zu können, soziale Polaritäten und Spannungen im transnationalen Raum. In diesem Zusammenhang verwende ich in meinem Beitrag in Anlehnung an die Figurationstheorie der Beziehungen zwischen „Etablierten" und „Außenseitern" (Elias und Scotsons 1990) den Begriff der Außenseiter. Dabei verstehe ich unter ‚Außenseiter' das Ergebnis eines sozialen Konstruktionsprozesses, in dem die privilegierte bzw. dominante Gesellschaft ‚Andere' durch Stigmatisierung zu ‚Fremden' und durch Minorisierung und Marginalisierung zu gesellschaftlichen ‚Außenseitern' macht. Dieser Prozess kann in Reaktion auf Diskrimierungs- und Unterdrückungserfahrungen auch durch Selbstzuschreibung stattfinden. Zeigt sich dieser Prozess als einen Akt der Emanzipation, so spreche ich hier von einer selbstbestimmten Außenseiterpositionie-

2 Dieser Begriff ist inspiriert von Jan Assmanns Konzept des „kulturellen Gedächtnisses" und bezieht sich auf das Medium Internet als einem digitalisierten, virtuellen Informations-, Kommunikations- und Gedächtnisraum. Assmann seinerseits entwickelte seinen Begriff in Anlehnung an den Begriff des „kollektiven Gedächtnisses" des Soziologen Maurice Halbwachs, dessen zentrale These die soziale Bedingtheit der Erinnerung ist. Demnach wächst dem Menschen Gedächtnis erst im Prozess seiner Sozialisation zu. Der Träger des Gedächtnisses ist dabei zwar das Individuum, aber es ist kollektiv geprägt. Erinnerungen entstehen daher nur durch Kommunikation und Interaktion im Rahmen sozialer Gruppen (Assmann 1997: 35f.). Halbwachs binären Gedächtnisansatz der neuro-psychischen und der psycho-sozialen Dimension erweiterte Assmann mit dem Begriff des „kulturellen Gedächtnisses" um die dritte Dimension des in symbolischen Formen – Texten, Bildern, Riten – objektivierten Langzeitgedächtnisses der Gesellschaft (Assmann 2005: 80).

rung. Zum Abschluss des Beitrags wird Identität und Zugehörigkeit im transnationalen Migrationskontext unter dem Aspekt von Erinnerung und Zukunft thematisiert.

„Also, 24 Stunden Christentum. Man wacht auf, früh morgens, muss Gebet machen, über den Tag lang lernt man so Szenen aus der Bibel, dann geht man in so ein Zelt, da werden auch so Szenen aus der Bibel vorgespielt, da kommt so ein Prophet, Jeremia, dann erzählt er so, danach kommen so Leute mit Soldatenkleidung rein."

Die Familie Gün[3] oder die Drei-Generationen-Perspektive

Diese einleitenden Zeilen, auf die ich später detailliert noch eingehen werde, stammen aus dem ersten von insgesamt zwei im September 2006 geführten Interviews mit Ufuk Cem, dem Hauptprotagonisten dieses Beitrags[4]. Er ist das erste Enkelkind der ursprünglich dem alevitischen Glauben zugehörigen und Zaza(ki)[5] sprechenden Drei-Generationen-Familie[6] Gün aus der Türkei, die ich im Rahmen meines Promotionsprojekts[7] unter Anwendung empirisch-qualitativer Methoden[8] im Zeitraum zwischen Frühjahr 2003 und Winter 2006 dreieinhalb Jahre begleitet habe.

3 Alle Personen- und Ortsnamen sind zur Wahrung der Anonymität der betreffenden Personen verändert worden.

4 Die empirisch erhobenen und in diesem Beitrag verwendeten Forschungsdaten zur Familie Gün beziehen sich auf den Zeitraum zwischen Frühjahr 2003 und Ende 2006.

5 Gippert beschreibt Zaza als eine vom Urindogermansichen abstammende und zur urindoiranischen Sprachfamilie zugehörige Sprache (Gippert 1996: 148-154). Ausgehend von Zülfü Selcans linguistischen Forschungen über die Zaza-Sprache können wir zudem feststellen, dass die Herkunfts- bzw. Muttersprache in der väterlichen Linie der Familie Gün dem Nord-Dialekt (Dersim-Dialekt) des Zaza zuzuordnen ist (Selcan 1998).

6 In meinem Beitrag verwende ich die Begriffe Eltern-, Kinder- und Enkelgeneration und arbeite zugleich auch mit dem gesellschaftlichen Generationenbegriff nach Karl Mannheim (1928). Zudem beziehe mich auf Gabriele Rosenthals (2000) Ansatz, die vom familialen und gesellschaftlichen Generationenbegriffen empirisch ein Generationenmodell entwickelt.

7 Dabei arbeite ich konzeptionell seit 2000 und praktisch seit 2001 über identitäre Konstruktions- und Transformationsprozesse bei drei-generationellen Arbeitsmigrantenfamilien im transnationalen Migrationsraum Deutschland-Türkei (vgl. Can 2005a; 2005b; 2006).

8 Für die Erhebung meiner empirischen Daten ging ich mehrperspektivisch vor. Neben biographisch-narrativen Interviews (Schütze 1983: 283-293; Rosenthal 1995) arbeitete ich ethnographisch mit teilnehmender Beobachtung (Kaschuba 1999) und dem Ansatz der *multi-sited ethnography* (Marcus 1995: 95-117).

Die Angehörigen der Eltern- und Kindergeneration dieser ursprünglich ländlichen Familie kamen im Zuge der Arbeitsmigration[9] und Familienzusammenführung ab der zweiten Hälfte der 60er Jahre nacheinander aus der Türkei in die damalige BRD. Zum Zeitpunkt des Interviews ist Ufuk vierzehn Jahre alt. Er ist gebürtiger deutscher Staatsbürger, lebt mit seiner Familie in einer Großstadt in Deutschland, und besucht die neunte Klasse einer angesehenen Oberschule.

Der Fokus der vorliegenden Arbeit ist auf religiöse Identitätskonstruktionen und -prozesse[10] und auf die dabei auftretenden Ex- und Inklusionserscheinungen im Migrationsprozess ausgerichtet, die im Kontext „natio-ethno-kultureller (Mehrfach) Zugehörigkeiten“[11] und Zuschreibungen reflektiert werden. In diesem Zusammenhang untersuche ich die Aneignung und Herstellung von (alevitischer) Religiösität. Eingebettet in das systemische Geflecht einer Drei-Generationen-Familie und ihr externes soziales Umfeld werden ausgewählte zeitlich-räumliche und soziale Bezüge beleuchtet und diskutiert. Dabei konzentriert sich mein Blick auf die interaktiven, vorrangig intergenerationellen Kommunikationszusammenhänge und -dynamiken im sozialen Raum (wie z.B. Familie, ein Zeltlager, die Schule). Es wird den Fragen nachgegangen: Wie – manifestiert und porträtiert in der Person Ufuks – hat sich religiöses Wissen und religiöse Erfahrung in der Familie Gün tradiert? Wie wird die ursprünglich alevitische Glaubenszugehörigkeit im diasporischen Kontext über mehrere Generationen sozial vererbt bzw. (re-)konstruiert und transformiert? Welchen Dynamiken ist die untersuchte Familie bezüglich ihres religiösen Wissens und „kollektiven Gedächnisses“ ausgesetzt? Welche besondere Be-

9 Eine detaillierte historisch-dokumentarische Darstellung der Arbeitsmigration aus der Türkei nach Deutschland ist bei Eryılmaz und Jamin (1998) nachzulesen.

10 Mit Bezug auf Stuart Hall wird hier Identität bzw. Identifikation nicht essentialistisch und singulär gedacht, sondern als ein Prozess sozialer Konstruktion und Transformation von plural verknüpften Identitätsbildern und Praktiken verstanden, die im diskursiven und machtbesetzten Raum entstehen (Hall 2004: 168-173). Ähnlich gelagert spricht Heiner Keupp von Identitätskonstruktionen, Identitätsarbeit und Patchwork der Identitäten, die er in ihren zeitlichen, inhaltlichen und lebensweltlichen Dimensionen als einen offenen und lebenslangen Herstellungs- und Aushandlungsprozess beschreibt (Keupp u.a. 1999: 189ff).

11 Dieser Begriff bezeichnet Kontexte „imaginierte(r) Räume mit territorialer Referenz“ und ist entnommen aus Paul Mecherils Studie über „Andere Deutsche“, Menschen, die „keine ‚konventionelle deutsche Geschichte‘ aufwiesen, weil sie zwar in Deutschland aufgewachsen sind, jedoch als Fremde angesehen werden“. Sie weisen mit ihrem „doppelten Anders-Sein“ – d.h. ihrem „anders als ‚die Deutschen‘ und anders als ‚die Nicht-Deutschen‘“ Sein – eine „prekäre Zugehörigkeit“ auf. Da nach Mecheril „Andere Deutsche“ nicht allein mit einem natio-ethno-kulturellen Kontext signifikant assoziert sind, d.h. Mehrfachbezüge aufweisen, spricht er auch von „natio-ethno-kultureller (Mehrfach-)Zugehörigkeit“ (Mecheril 2003: 9-26).

deutung haben die elektronischen Medien, insbesondere das Internet, auf Erinnerungs- und Identitätsarbeit?

Ufuks Zimmer: Real, symbolisch und virtuell

Als ich Ufuks Zimmer betrat, um ihn dort zu interviewen, sah es unaufgeräumt aus. Es war voll gestellt mit einem großen Bett, einem Kleiderschrank, Regalen mit Schulbüchern, Ordnern, einem Klavier, das er nie haben wollte, und einem Schreibtisch. Auf ihm stand ein von Aldi gekaufter PC mit neunzehn Zoll Flachbildschirm. Seinen schnellen und teuren Rechner, den er sich von seinen Eltern gewünscht hatte, bekam er vor eineinhalb Jahren. Er ist das Herzstück seines Zimmers, auf den sich tagtäglich seine ganze Aufmerksamkeit richtet. Wenn Ufuk nach der Schule mit seinen Schulaufgaben fertig ist, die er mit wenig Elan, aber mit Ehrgeiz und Disziplin erledigt, verbringt er die meiste Zeit im Internet mit Surfen, Chatten, Mailen und Recherchieren. So konzentriert sich seit einiger Zeit sein Interesse vorwiegend darauf, möglichst viel Wissen über seine religiösen und ethnisch-kulturellen, d.h. alevitischen, zazaischen, kurdischen und arabischen Herkunftszugehörigkeiten in Erfahrung zu bringen. Dieses Suchen nach dem ‚Eigenen' materialisiert und spiegelt sich in signifikanten Gegenständen. So ist sein Zimmer gespickt mit religiösen Bildern und Gegenständen, die ich bei keinem anderen Angehörigen seiner Familie, weder in ihren Wohnungen in Deutschland noch bei meinem Forschungsbesuch[12] im Herkunftsort der Familie in der Türkei, gesehen habe. Sogar sein Großvater aus der väterlichen Linie, Hasan Hoca, hatte zum Zeitpunkt meiner Feldforschungen keine Bilder von Imam Ali oder den Zwölf Imamen in seiner Wohnung hängen. Er sagte mir, dass er sie abgehängt und seine Hoca-Dienste eingestellt hätte und begründete dies mit seinem Älterwerden, seiner gesundheitlichen Schwächung und seinem temporären Aufenthalt in Deutschland seit seiner Verrentung. In Nebengesprächen ließ er mich jedoch zugleich auch wissen, dass Verwerfungungen und die Entfremdung vom eigentlichen Alevitentum innerhalb der alevitischen Gemeinde ihn zu seinem Rückzug bewogen hätten. Ganz im Gegensatz zum Großvater Hasan Hoca erwachte jedoch beim Enkel Ufuk mehr und mehr das Interesse an religiösen Themen. So zeigten sich bei ihm bereits im Alter von zehn Jahren das Kruzifix und die Bibel als symbolische Gegenstände und erste Manifestationen seiner Religiösität. Die christlich-religiösen Gegen-

12 Einige Monate nach den Interviews mit der Familie Gün führte ich mit einem Stipendium der Hans-Böckler-Stiftung im Sommer 2003 einen Forschungsaufenthalt in der Türkei durch. Ich besuchte die Familie Gün in ihrem Herkunftsort in Ostanatolien, die in jenem Sommer erstmals seit der Arbeitsmigration als Drei-Generationen-Familie ihren Urlaub dort verbrachte.

stände besitzt er immer noch. Seit einiger Zeit umgibt er sich jedoch mit Gegenständen, die das Alevitentum symbolisieren. An seinem Hals ist der *zülfikar* an der Kette oder ein *muska*-Band (ein Amulett) unübersehbar. Das eine schenkte ihm seine Mutter Sümbül und das andere Kudret, seine Großmutter mütterlicherseits. Ein Blick in sein Zimmer bringt allerlei Gegenstände zutage, die für das Alevitentum stehen. Die veralteten und leicht vergilbten Poster von Eminem, dem berühmten weißen US-amerikanischen Rapper, schmücken noch seine Wände, als wären sie nostalgische Erinnerungsikonen aus einer anderen Zeit seines Lebens.

Betritt man zum ersten Mal Ufuks Zimmer, fällt ein Buch mit dem Titel Pir Sultan Abdal ins Auge. Es ist eine bebilderte Romanbiographie in türkischer Sprache über den gleichnamigen Helden und Märtyrer, dessen Name für einen gefestigten und unbezwingbaren alevitischen Glauben und Widerstand gegen Ungerechtigkeit und Tyrannei steht. Ufuk hat das Buch ebenso wie den *zülfikar* wahrscheinlich als Versuch der nachholenden religiösen Erziehung von der Mutter geschenkt bekommen. Er hat es aber bisher nicht gelesen, was ich darauf zurückführe, dass es ihm noch nicht so leicht fällt, türkische literarische Texte zu lesen. Auffällig ist neben seinem Bett ein großer Wandteppich, ein Erbstück der Familie, den er als erster Enkel von seiner Großmutter Kudret geschenkt bekam. Der handgeknüpfte Wandteppich zeigt einen Schimmelreiter mit einem zweizackigen Schwert, dem *zülfikar*, in der Hand, der auf einen orientalischen Palast zureitet. Über Ufuks Bett hängt eine Kupferplatte mit der türkischen Inschrift, die auf einen Spruch Mohammads verweist: *Ben ilim şehriyim Ali ise kapısıdır* – „Ich bin die Stadt des Wissens, Ali das Tor dorthin." Auf dieser Platte werden der Prophet Mohammed und Imam Ali als Einheit versinnbildlicht und das Alevitentum in der Tradition des Islam verortet. Desweiteren zeigt ein arabisch- und mehrsprachiger Islam-Kalender an der Wand neben seinem Schreibtisch wie aktiv sich Ufuk über den Islam als Religion informiert: Er ist so über die islamischen Feiertage immer im Bilde. Zudem versucht er sich im Arabischen zu alphabetisieren, einerseits autodidaktisch über das Internet und andererseits über seinen Großvater Hasan Hoca, der die kalten Monate des Jahres in Deutschland verbringt. Ufuks Arabischkenntnisse sind rudimentär, aber er ist gewillt, zumindest elementare Kenntnisse des Arabischen zu erwerben. Davon zeugen auch die auf seinem Holzschreibtisch eingeritzten arabischen Lettern und Worte. Nicht zu übersehen ist in seinem Zimmer auch die sich neuerdings erweiternde Galerie der Familienfotos mit ihm als Kleinkind, als Kind mit Mutter und den kleinen Porträtfotos der Großmutter Kudret und der beiden jüngeren Schwestern, die noch Kleinkinder sind. Das Bild des Vaters und aller anderen Familienangehörigen fehlen. Dieses Fehlen signalisiert, wer seine Bezugs- und Vertrauenspersonen in der Mehrgenerationenfamilie sind und dass es Frauen sind, die an seiner Identitätsarbeit wesentlich mitwirken.

Ufuks Hinwendung zum Christentum oder wie man zum Außenseiter (gemacht) wird

Bevor sich Ufuk dem Alevitentum zuwandte, war er bereits mit elf Jahren dem Christentum zugetan. Seine religiöse Hinwendung zum Christentum zeigte er offen mit einem Kreuz an der Halskette. In seiner deutsch-türkischsprachigen Grundschulklasse, in der SchülerInnen aus türkischsprachigen Familien mit sunnitischer und alevitischer Glaubensherkunft überwogen, stieß er mit seiner christlich-religiösen Positionierung meist auf Unverständnis, Abweisung oder gar Hohn. Ufuks diesbezügliche Erfahrungen und Handlungsstrategien sollen im Folgenden chronologisch dargestellt werden. Der Beginn von Ufuks religiöser Sozialisierung und Identitätsarbeit fällt genau in die Phase seiner beginnenden Adoleszenz. Wenn wir die Pubertät als Loslösung aus elterlichen Objektbeziehungen mit frühkindlicher Qualität betrachten, dann ist seine religiöse Positionierung motiviert von einer neuen Verortung in Gemeinschaft.

Ufuks christliche Trinität: Jesus-Filme, das Kreuz und die Bibel

An dieser Stelle knüpfe ich an Ufuks Zitat vom Anfang des Textes an. Darin schildert Ufuk seine Erlebnisse drei Jahre zuvor, als er, inspiriert von seinem Freund Ercan, erstmals an einem einwöchigen, christlichen Jugendzeltlager teilnahm. Ercans und Ufuks Eltern und Großeltern sind gute Bekannte, eine Bekanntschaft, die über die Generationen bis zum gemeinsamen Herkunftsort in Ostanatolien zurückreicht. Die Verbundenheit der beiden Familien beruht neben der territorialen und muttersprachlichen (Zazaki) Gemeinsamkeit vor allem auf ihrer gemeinsamen Zugehörigkeit zur alevitischen Glaubensgemeinschaft. Vor diesem familiären Hintergrund entstand schon im Kindesalter eine enge Freundschaft zwischen Ufuk und Ercan, die dieselbe deutsch-türkischprachige Kita und später auch dieselbe Schule besuchten. Dann passierte jedoch etwas für die alevitische Gemeinschaft völlig Ungewöhnliches. Ercans Eltern, sein Vater ist ein promovierter Akademiker, konvertierten zusammen mit ihren Kindern zum Christentum. Dies kam nicht allzu überraschend, da Ercans Eltern schon seit langem in der evangelikalischen Kirchengemeinde verkehrten. Es war eine Verwandlung von Ercans Familie, die auch Ufuks Sozialisations- und Identitätsprozess prägen sollte. So verstärkte sich sein bereits unterschwellig bestehendes Interesse am Christentum. Die christliche Religion war Ufuk vorher bereits bekannt, z.B. in der Gestalt von Jesus. Er war über „Jesus-Filme", die er sich im deutschen Fernsehen mit seiner Mutter angeschaut hatte, auf das Christentum aufmerksam geworden. Warum ihn gerade das Christentum ansprach, erklärte Ufuk mit einem vorerst noch verhaltenen Vorwurf gegenüber seinen Eltern, die dem in der Wohnküche geführten ersten Interview als passive Zuhörer beiwohnten:

U: Ja, ich hab' bis zu diesem Zeitpunkt nichts anderes gelernt als Jesus, weder über Muhammed, noch über Ali.
H: Noch nie was gehört bis dahin?
U: So gehört, aber nie realisiert, was das ist, was sie sind.

Ufuk nahm zusammen mit seinem Freund Ercan an einem einwöchigen, christlichen Jugendzeltlager teil. Er setzte sich damit gegen die Bedenken seiner Eltern durch. Im Zeltlager wurde Ufuk gleich zu Beginn mit einem Geschenk – einer Bibel – begrüßt. Dieser Willkommensgruss lässt sich als eine Art Initiation in die evangelikale Glaubensgemeinde verstehen. Entgegen seiner kindlich-jugendlichen Erwartungen, im Zeltlager vor allem Abenteuer zu erleben und Spaß zu haben, überwog am Ende bei ihm eher das Gefühl der Enttäuschung. Im Rückblick bringt er dies wie folgt zum Ausdruck:

„Ich bin froh, dass es zu Ende war, weil, also, weiß auch nicht, also, war schon toll, aber ich meine, wenn ein richtiges Zeltlager gewesen wäre, wäre noch besser gewesen. Zeltlager, ich hätte auch nicht gedacht, dass da so viel Religion gemacht würde."

„Ihr Kanaken, was habt ihr hier verloren?" – Othering[13] und Ausgrenzung im christlichen Jugendzeltlager

Dass seine Enttäuschung auch einen anderen, viel bedrückenderen Grund hatte, legte Ufuk erst im weiteren Interviewverlauf offen. Während er sich daran erinnerte und zu erzählen begann, war seine Erregung an seiner Stimme ablesbar.

„Der Cousin von Ercan war auch da. Da meinte so einer, du scheiß, du scheiß Türke meinte er oder so etwas (…). Ja, da gab's auch einen pubertierten Deutschen, so einen Stimmbruch, Psychopath, wie ich ihn hasse. Auch der, auch der, ihr Kanaken, was habt ihr hier verloren, ey."

In der Reflexion des im Zeltlager Erlebten beschreibt Ufuk in dieser Sequenz, wie er und andere Teilnehmer, die aus ursprünglich nicht-christlich, nicht-deutschen Familien kamen, durch diskriminierende Anfeindungen, d.h. durch

13 Der Begriff *othering* (von engl. *Other*, ‚anders') steht für den Prozess einer Wir-Ihr-Differenzkonstruktion, in dessen Verlauf das Eigene in der Gegenüberstellung mit dem Anderen als Normal beschrieben wird und eine Aufwertung erfährt. Diametral dazu wird durch Stimatisierung ein negatives und abwertendes Bild vom Anderen entworfen, mit der Folge der Aus- und Abgrenzung.

ethnisch-nationale Markierung und Othering, von einzelnen Kindern aus christlich-deutschen Familien gekränkt, erniedrigt und zu Außenseitern gemacht wurden. Ufuks Reaktion darauf ist mit der Zeit die Gegenpositionierung zum Deutschen geworden. Im Gespräch über seine negativen Zeltlagererfahrungen wird bald klar, dass Ufuks Eltern darüber nicht Bescheid wissen. Dies weist auf eine Strategie der Verleugnung mit der Intention des Schutzes nach innen wie nach außen hin. Es ist anzunehmen, dass er zur damaligen Zeit die Diskriminierungserfahrung als Konfliktsituation nicht einordnen konnte. Vermutlich wollte er seine Eltern nicht mit dem Konflikt belasten und hat ihn deshalb verschwiegen. Viel spricht jedoch auch dafür, dass er erst mit der Verleugnung der erlittenen Ausgrenzungserfahrung in der Lage war, weiterhin am Christentum festzuhalten. Funktional diente es vermutlich auch dafür, die ihm gebührende, jedoch vorenthaltene Beachtung und Anerkennung in der christlich-deutschen Mehrheitsgesellschaft zu bekommen. Der Staatsangehörigkeit nach ist er nämlich gebürtiger Deutscher.

Bei meinen Besuchen der Familie konnte ich über die Jahre beobachten, dass Ufuk sich auch nach dem Zeltlager mit christlichen Themen befasste und Symbolen darstellte. Es lässt sich annehmen, dass er die Aufarbeitung seiner verleugneten Ausgrenzungserfahrungen im christlichen Zeltlager erst in jüngster Zeit begonnen hat. Diese Annahme erhärtet sich auch dadurch, dass Ufuk drei Jahre nach dem Sommerzeltlager nicht nur das Erlebte ausspricht, sondern auch kritisch Position dazu bezieht.

„Na ja, das sind alles Rassisten. Rassisten, alle, alle sind Rassisten… Moslemfeindlich. Ich meine auch die USA sind, jeder zweite Amerikaner will keine Moslems in seiner Nähe haben, in seiner Nachbarschaft. Das ist genau so auch bei uns hier.“

Durch Übertragung und Verknüpfung der individuell erlebten Ausgrenzung auf die Ebene des kollektiven Bewusstseins macht Ufuk das Erlebte zu einem Politikum. Dabei spricht er pauschalisierend von „Rassisten“. Seine Kritik verweist auf den dominanten westlich-christlichen Diskurs des kulturellen Rassismus in Form der Islamophobie, der gerade nach dem 11. September auf nationaler und globaler Ebene ethnisch-religiös separierend und polarisierend auf Individuen und Gesellschaften wirkt, die (vermeintlich) islamisch sind. „Rassisten“ und „moslemfeindlich“ sind die Begriffe, mit denen er die marginalisierenden, entwertenden und ausschließenden Beschimpfungen wie „Scheiß Ausländer“ oder „Kanaken“ dingfest macht, und diese so in einen Sinn- und Bedeutungszusammenhang bringt. Die intellektuelle Leistung der Artikulation der erlebten Exklusion verhilft Ufuk, seine leidvolle Rolle als Opfer zu lindern und damit die auch familiär tradierte Praxis der Verleugnung bzw. Verschweigung von Ausgrenzungserfahrungen aufzugeben.

„Wir waren die einzigen Ausländer dort": Internalisierung von dominanten Fremdzuschreibungen

Außer Ufuk hatten noch drei weitere Kinder mit Migrationshintergrund an dem Zeltlager teilgenommen. Zwei von ihnen stammen aus zazaki-sprechenden Familien alevitischen Glaubens, einer aus einer türkisch-sprachigen Familie sunnitischen Glaubens. Ufuk sagt über sich und die anderen drei Kinder: „Wir waren die einzigen Ausländer dort." Hier zeigt sich, wie sehr er in seiner Selbstzuschreibung das Vokabular der deutschen Mehrheitsgesellschaft internalisiert hat, obwohl Ufuk inzwischen das Erlebte mit den Begriffen „Rassisten" und „Moslemfeindlichkeit" reflektiert. Es ist ein verinnerlichtes Wir-Gefühl, das ihn und Seinesgleichen nicht nur zu Außenseitern, sondern auch zu Fremden macht. Der Aufenthalt im Zeltlager hinterließ bei Ufuk bleibende Spuren, deren Folgen allerdings in ihrer Konsequenz und Wirkungsmächtigkeit erst in jüngster Zeit zu Tage traten; eine Verwandlung, auf die im Einzelnen noch eingegangen wird.

Die ‚Opfer-Held'-Strategie: Überanpassung und Identifikation als Reaktion gegen Ablehnung und Ausgrenzung

Wider Erwarten klammerte sich Ufuk – ohne jedoch in einer christlich-religiösen Gruppe aufzugehen – nach dem Zeltlager noch fester als zuvor an das Christentum, indem er z.B. noch offensiver mit seinem Kreuz an der Halskette in der Öffentlichkeit auftrat. Dafür erntete er in seinem sozialen Umfeld statt Aufmerksamkeit und Anerkennung meistens weiterhin Ablehnung und Spott. So hatte man Ufuk schon bereits vor dem Zeltlager in der Grundschule aufgrund seines Kreuzes beschimpft, angepöbelt und sogar körperlich angegriffen. Diejenigen, die sich durch Ufuks unkonventionelles Auftreten provoziert sahen, waren dabei nicht nur Kinder aus deutsch-christlichen Familien, sondern türkischsprachige MitschülerInnen sunnitischer wie auch alevitischer Herkunft, die sich jeweils auf ihre Herkunftsreligion beriefen und mit entsprechenden Symbolen wie z.B. dem *zülfikar* auftraten. Auf meine Nachfrage, warum er denn nach so viel Druck und Anfeindung von Seiten der Anderen sein Kreuz nicht einfach abgenommen habe, um so den Konflikt kurz und schmerzlos beizulegen, antwortete er: „Nein, ich hab' gelernt, du nimmst, man nimmt es nicht ab. Muss kämpfen hab' ich gelernt."
Der Wille, dem Druck von außen, trotz der zugefügten Verletzungen, standzuhalten, kam wahrscheinlich aus der Haltung, die erfahre Kränkung als solche nicht anzunehmen, was dem erdrückenden Eingeständnis des nicht zur Mehrheitsgesellschaft Dazugehörens gleichgekommen wäre. Interessant ist jedoch an dieser Stelle Ufuks ambivalente Selbstrepräsentation. Er stellt sich

einerseits als Opfer dar, das von anderen unterdrückt wird, gleichzeitig stilisiert er sich aber auch zum tapferen und widerständigen Helden. Vermutlich glaubt er dadurch eine Aufwertung von Anderen erfahren zu können. Jedoch macht er sich durch seine Haltung und sein Auftreten eher Gegner als Freunde. So etabliert er sich in seiner Grundschulklasse mit der Zeit mehr und mehr als Außenseiter. Unterstützt wird diese Ent auch durch den Wegzug der Familie seines Freundes Ercan in einen entfernten Bezirk, woraufhin die Kontakte zwischen den Familien allmählich abflauen.

Kontext I: Die Renaissance des Alevitentums im Spiegel der Migrations- und Familiengeschichte der Familie Gün

Bevor wir uns im biographischen Verlauf an Ufuks individueller, religiöser Orientierungspraxis und Identitätsarbeit weiter vorantasten, soll an dieser Stelle der Blick auf seinen religiösen Sozialisationsprozess ausgeweitet und in einen mehrgenerationellen, familiären und migrationsgeschichtlichen Rahmen eingebettet werden.

Die Arbeitsmigration der Familie Gün nach Deutschland

Im Zuge der Arbeitsmigration kam Ufuks Großvater Hasan in der zweiten Hälfte der 1960er Jahre nach Deutschland. Wie viele andere ArbeitsmigrantInnen nahmen auch er und seine Familie die Strapazen einer kurzfristig gedachten Migration nach Deutschland auf sich. Sie war verbunden mit der Hoffnung auf eine bessere Zukunft im türkischen Herkunftsland. Statt selbst bald zurückzukehren, holte Hasan zunächst seine Ehefrau Gülsabah und nacheinander die Kinder in eine Großstadt nach Deutschland nach, wo sie gegenwärtig leben. Von den fünf Kindern Arif, Damla, Gül, Nurgül und Yılmaz kamen außer dem Jüngsten, in Deutschland geborenen Sohn alle anderen im Dorf in Ostanatolien zur Welt. Nach der Heirat von Ufuks Eltern Arif und Sümbül und der Geburt von Ufuk zu Beginn der 1990er Jahre folgten in der Kindergeneration der Familie Gün weitere andere Familiengründungen und Kindergeburten. Die Geburt der Enkelgeneration war es, die schließlich ihren Großeltern und Eltern die späte Einsicht brachte, dass die Rückkehr ins Herkunftsland eine Illusion geworden war. So begannen Ufuks Großeltern nach ihrer Verrentung Mitte der 90er Jahre ihre Arbeitsmigration zu einer Pendelmigration zwischen Deutschland und der Türkei zu gestalten. Nun haben sie keine ‚Heimat' im traditionellen Sinne mehr, sondern nur mehrere miteinander vernetzte Lebenswurzeln, Reiserouten und Residenzorte in beiden Ländern. Ihre Kinder und Enkelkinder haben ihren Lebensmittelpunkt in Deutschland gefunden. Die Bindungen zur Türkei werden durch

Urlaubsreisen, über Telekommunikation und elektronische Medien sowie ethnisch-kulturell-soziale Praxen (z.B. Sprache, Religion) in den diasporischen Räumen von Familie, Verwandtschaft und Gemeinschaft aufrechterhalten. Ihre eigentlichen Horizonte sind jedoch noch unbestimmt und offen. Denn die Enkelgeneration ist noch jung; das älteste der Enkelkinder, Ufuk, ist gerade erst vierzehn Jahre alt. In der Tendenz zeichnet sich ab, dass der Wissens- und Erfahrungshorizont und der Lebensradius der Enkelgeneration den der Vorgängergenerationen wesentlich überschreiten wird. Dies zeigt sich exemplarisch an Ufuks aufstiegsorientierter Bildungsbiographie, seiner Mobilität im transnationalen Raum und seiner Kommunikations- und Informationskompetenz durch Nutzung der neuen, elektronischen Medien. Dieses Themenfeld wird weiter unten noch ausgebaut.

Ufuks Großvater Hasan – ein ‚alevitischer *Hoca*'

Hasan hebt sich in der alevitischen Glaubens- und Sozialgemeinschaft durch seine außergewöhnliche religiöse Rolle als *Hoca* hervor. Hoca ist eigentlich eine Bezeichnung, mit der die Sunniten ihre ausgebildeten Geistlichen benennen. Denn die Gemeinschaft des anatolischen Alevitentums, die sich in ihrem Glaubenssystem nicht nur weltanschaulich, sondern auch in ihrer sozial-religiösen Struktur anders organisiert, kennt im Unterschied zum sunnitischen Islam keine Hocas. In der alevitischen Glaubensgemeinschaft werden die Geistlichen als *dede*[14] oder *seyit* bezeichnet. Diese legitimieren sich in ihrer religiösen Funktion durch ihre Herkunft von der *ehlibeyt*–Familie und den zwölf Imamen. Dahingegen legitimiert Hasan seine religiöse Rolle als Hoca in der alevitischen Gemeinde durch die religiöse Unterweisung, die er während der Grundschulzeit auf Wunsch seines Vaters in einer Art Koran-Kurs fünf Jahre lang von einem Hoca alevitischer Glaubenszugehörigkeit erhalten hatte. Diesen Dienst übte er in der Türkei wie auch später in Deutschland bis zu seiner Verrentung aus. In der alevitischen Gemeinde, ja sogar von sunnitischen Moslems aus seinem Herkunftsort, genießt er nach wie vor große Annerkennung.

„Wie Du weißt, gab's da (in der Region) auch schafiitisch-sunnitische Kurden. Sie sind dafür bekannt, belesen zu sein. Geht es um Religion, gehören sie zu den Gelehrtesten. In unserem Dorf gab es einen Hoca, […] er sagte zu mir, Hasan sagte er, wenn ich sterbe, wird es in diesem Dorf niemanden geben, sagte er, und wenn es einen Toten gibt, gibt es auch keinen Hoca, sagte er, der die Toten nach den

14 Mehr über die sozial-religiöse Funktionalität und Organisation der Institution des *dede*-Amtes bei den Aleviten ist nachzulesen bei Harun Yıldız (2004: 321-338).

Vorschriften des Koran bestattet." (Hasan/Übersetzung aus dem Türkischen von H.C.)

Dem alevitischen Dorf-Hoca ging es darum, sein auf dem Koran basierendes Wissen über die Durchführung von religiösen Ritualen und Zeremonien an die nächste Generation im Dorf weiter zu geben, denn andernfalls wären die Aleviten dieses Dorfes etwa bei Bestattungen von der Gunst der kurdischen, schafiitischen Hocas abhängig geworden, die in religiöser Hinsicht der sunnitischen Mehrheitsgesellschaft angehören.[15] Hasan erlernte schließlich als vom Dorf-Hoca auserwählter Nachfolger diese religiösen Praktiken und das Lesen des Korans in arabischer Schrift, ohne jedoch die arabische Sprache zu verstehen.

Ich konnte Hasan in seiner Rolle als Hoca erstmals erleben, als ich im Sommer 2003 die Familie Gün bei ihrem Urlaub in ihrem Herkunftsort in Ostanatolien aufsuchte. Gemeinsam besuchten wir unter anderem den Friedhof, auf dem Hasans engste Familienangehörige und Ahnen begraben liegen. Hier las er im Beisein seiner ‚deutschländischen' Mehrgenerationenfamilie andächtig Gebete aus einem kleinen, abgenutzten Heftchen mit arabischen Lettern. Niemand verstand das melodisch-summende Gebet in arabischer Sprache, aber alle hörten ihm zu – teils ehrfürchtig und nostalgisch in die weite Landschaft blickend, teils teilnahmslos oder sich fehl am Platz fühlend. Vom Friedhofshügel konnte man das Dorf sehen, das die Älteren vor Jahrzehnten verlassen hatten. Für die Enkelkinder war dies eine völlig neue und fremde Welt.

Nach den Worten von Hasan genoss er schon sehr früh viel Beachtung von seiner Familie und den Mitdörflern. Durch seine Tätigkeit als Hoca

15 In meinen Gesprächen mit älteren Aleviten und Dedes wies ich auf den Widerspruch zwischen alevitischem Glauben und der alevitischen Beerdigungsriten, die entweder von korankundigen Dedes oder (alevitischen) *Hocas* durchgeführt werden mussten, hin. Aleviten glauben, dass der gegenwärtig verbreitete Koran bereits unter dem Kalifen Osman verfälscht wurde und dass der Mensch selbst der „sprechende Koran" sei (Kehl-Bodrogi 2002: 27). Der Gründervater des Bektaschi-Ordens Hacı Bektaşı Veli fasst die Haltung der Aleviten zum Koran in folgenden Zeilen zusammen: „Andersgläubige haben die Kaaba / Meine Kaaba ist der Mensch / Sowohl Koran als auch Erlöser / Ist der Mensch und die Menschheit selbst" (Gülçiçek 1994: 58). Auf meine Fragen bekam ich leider keine zufriedenstellenden Antworten. Ein *dede* gab mir zwar Recht, wusste jedoch auch keine plausible Erklärung, als dass die Beerdigungspraxis losgelöst von ihrer ursprünglichen Bedeutung zu einem unhinterfragten Ritual gewachsen sei. Eine mögliche Leseart wäre, die alevitische Beerdigungspraxis mit *dede* bzw. Hoca und Koran als eine tradierte und ritualisierte Fortsetzung der *takiya* im öffentlichen Raum zu interpretieren, die sich infolge von bis ins Osmanische Reich zurückreichenden Verfolgungs- und Unterdrückungserfahrungen durch die sunnitische Mehrheitsgesellschaft zum Schutz der eigenen Gruppe entwickelt hat.

wurde ihm eine Aufmerksamkeit zu Teil, die auch seine Familie aufwertete. Die Legitimation für seinen religiösen Dienst hatte er jedoch nicht von einer offiziellen (staatlich-religiösen) Institution erworben, wie das normalerweise bei (sunnitischen) Hocas der Fall ist, sondern von einem ‚alevitischen Hoca' am Ende einer praktischen Unterweisung erteilt bekommen. Diese Legitimation wurde von der alevitischen Gemeinde in seinem Herkunftsort und später von der alevitischen Gemeinde an seinem Lebensort in Deutschland anerkannt. Er setzte seine Hoca-Tätigkeit in Deutschland fort, da es gerade zu Beginn der Migration einen gravierenden Mangel an Hocas gab. So wurde er z.B. gerufen, wenn es darum ging, Totenriten durchzuführen.

Reflexionen von Transformationen im Alevitentum im Spiegel der Familie Gün

Mit der Renaissance des Alevitentums[16] in der Türkei und ausgehend von Deutschland auch in der Diaspora[17] begann sich in den späten 80er und den frühen 90er Jahren eine breite alevitische Bewegung mit einem neuen politischen Selbstbewusstsein zu formieren. Infolge dessen entstanden vielfältige transnational vernetzte Selbstorganisationsstrukturen, in denen sich auch Nebenorganistionen bildeten, wie der *dede*-Rat. Die *dede*s, die sich zuvor wie die Aleviten generell im Unsichtbaren hielten und in der sozialreligiösen Gemeinschaft zwar weitgehend weiterhin Beachtung genossen, aber an Bedeutung und Macht eingebüßt hatten, machten sich nun erneut bemerkbar und streiten seitdem um ihren Platz in der alevitischen Bewegung. Die Anatolischen Aleviten waren als religiöse Minorität stets davon bedroht, assimiliert oder vernichtet zu werden. Im Osmanischen Reich wie auch in der Türkischen Republik wurden sie zu Außenseitern gemacht. Sie wurden als „Ketzer" gebrandmarkt, man warf ihnen inzestuöse Praktiken vor (*mum söndürmek*) und markierte sie mit den Feindbilderkonstruktionen *kızılbaş*, *komünist* und/oder *kürt*. So wurden sie immer wieder Opfer von gesellschaftlicher und staatlicher Diskriminierung, Unterdrückung und Verfolgung bis hin zu Massakern (vgl. Tan 1999: 70ff.). Dass sie existentiell wie auch kulturell-religiös bis in die Gegenwart überlebt haben, verdanken sie nicht zuletzt ihrer

16 Siehe hierzu auch den Einleitungbeitrag von Martin Sökefeld in diesem Band.

17 Ich beziehe mich auf Stuart Halls Konzept, das Diaspora als Metapher für hybride Identitätsprozesse auslegt. In diesem Ansatz sind nicht die Zerstreutheit, der Bezug zu und der Wunsch nach Rückkehr in ein gelobtes Heimatland die zentralen Prämissen, die diasporische Identität konstituieren. Vielmehr ist es die Diaspora-Erfahrung der Differenz und Heterogenität, die durch Hybridbildung lebendig ist. Es ist ein Prozess, in dem sich Identitäten der Diaspora durch Transformationen und Differenzen ständig aufs Neue produzieren und reproduzieren (Hall 1994: 41).

Strategie der takiye und Endogamie sowie ihren dichten religiös-sozialen Netzstrukturen, d.h. Stammes- und *dede-talip*-Beziehungen. Jedoch transformierten sich diese Beziehungen und Strukturen durch ökonomisch ausgelöste Veränderungen der gesellschaftlichen Struktur seit den 50er Jahren viel einschneidender als zuvor. Es kam zur Binnenmigration in die Städte der Türkei oder zur Migration ins Ausland, vor allem nach Deutschland. Im urbanen Migrationsraum destabilisierten sich dann in den 60er und 70er Jahren infolge der politisch-religiösen Polarisierung zwischen der alevitisch-kemalistischen älteren und der atheistisch-linkspolitischen jüngeren Generation die Gemeinschaftsbindungen.

Die Erosion der alevitischen *dede-talip*-Beziehungen hinterließ – insbesondere in der Diaspora – ein Vakuum bezüglich der Aufrechterhaltung und Ausübung von tradierten Glaubensbeziehungen und -praxen. Tradierte kollektive Strukturen mussten insbesondere in der Kindergeneration mehr und mehr Individualisierungstendenzen und der stetigen Entfremdung vom Herkunftsglauben weichen; ein Prozess, der sich exemplarisch in der Familie Gün rekonstruieren lässt. Infolgedessen wird erst in der Enkelgeneration – wie wir am Beispiel von Ufuks religiöser Sozialisation noch im Einzelnen weiter ausarbeiten werden – ein ausgeprägtes Bewusstsein für Religion im Allgemeinen und für das Alevitentum im Speziellen zum Thema. Denn alevitischer und überhaupt religiöser Glaube und dessen Praxis im traditionellen Sinne lässt sich bei keinem der fünf Kinder Hasans eindeutig feststellen. Wenn überhaupt, dann gibt es nur eine rudimentäre Tradierungen alevitischer Religiosität. Der alevitische Glaube stieß bei einigen erst dann auf ein Echo, als es um die Frage ging, in welchen ethischen (Glaubens-)Grundsätzen die eigenen in Deutschland geborenen Kinder (die Enkelgeneration) erzogen werden sollten. Dies wird bedeutsam, wenn man bedenkt, dass die Ehemänner der Töchter Gül und Nurgül griechischer bzw. deutsch-französischer Herkunft sind. Ufuks religiösen Identitätsprozess im Vergleich mit dem seiner Tanten, Onkel, Cousins und Cousinen zu analysieren, wäre sehr interessant, würde jedoch den Rahmen dieses Beitrages sprengen. Daher werde ich im weiteren Verlauf den Fokus nur auf die Personen und Ereignisse richten, die Ufuks religiösen Identitätsprozess maßgeblich geprägt haben. Dabei soll zunächst einmal aus der familiären Innenperspektive der Blick auf die transgenerative Dimension, in die Ufuk eingebettet ist, geworfen werden.

Der Wandel des alevitischen Glaubens in Ufuks väterlicher und mütterlicher Linie

Ufuks Großeltern Hasan und seine Frau Gülsabah sind gläubig. Sie kennen das Alevitentum, wie sie es in ihrem Herkunftsdorf erlebt und überliefert bekommen haben. Jedoch schuf ihnen das Stadtleben in der Migrationsgesellschaft Deutschlands völlig veränderte Rahmenbedingungen. Dadurch, dass sie ihren Glauben nicht an ihre Kinder und Enkelkinder vermittelt haben und traditionelle verwandtschaftliche Bindungen einem tiefgreifenden Wandel unterlagen, fehlt der ‚authentische' Raum für die Praktizierung des Alevitentums im traditionellen Sinn. Mit den Jahren verloren gegangene religiöse Praxen und Angewohnheiten werden in institutionalisierten Einrichtungen wie den *Cem*-Häusern in neuer Form wiederbelebt.

Im Gegensatz zu seinen Eltern bezeichnet sich Ufuks Vater Arif als Atheist. Dass jedoch seine alevitische Herkunft dennoch für Arif von Bedeutung ist, zeigt sich an seinen herkunftsorientierten sozialen Beziehungen. Mit 45 Jahren gehört er in der Kindergeneration zu denjenigen, die in den politischen Wirren der Türkei der 60er und 70er Jahre ihre links-politische Sozialisation erfuhren. Er wurde als letztes Familienmitglied erst Ende der 70er Jahre im Rahmen der Familienzusammenführung nach Deutschland geholt. Trotz der religiösen Differenz zwischen Arif und seinen Eltern, vertrauten sie ihm als abi (großem Bruder) ihre anderen Kinder. Das heißt, er als ältester Bruder und Absolvent einer Internatsschule sollte seinen Geschwistern den rechten Weg weisen, sie erziehen. Arifs Erziehungsverständnis beruht nicht auf Glaube und Religion, sondern auf Vernunft und Verstand. Daher versucht er, seinen Geschwistern die Werte der Aufklärung und des Humanismus im Sinne von Freiheit, Gleichheit und Solidarität zu vermitteln. Obwohl diese Werte auch als ethisch-religiöse Prinzipien und philosophische Anschauung im Alevitentum zu finden sind, tritt in der Kindergeneration der alevitische Glaube und das Wissen über ihn wenn überhaupt nur rudimentär zu Tage. Auch bei der Erziehung seines Sohnes Ufuk geht Arif von den gleichen pädagogischen Grundsätzen der selbstbestimmten freien Entfaltung des Geistes aus. Wie bereits im Eingangstext beschrieben, nimmt Ufuk in seinem religiösen Sozialisationsprozess eine ganz andere Entwicklung, als es bei Arif und dessen Geschwistern der Fall war.

Ufuks Mutter Sümbül ist nicht fromm, sie bezeichnet sich jedoch selbst als Alevitin. Dies ist nur ein verbales Bekenntnis zu ihrem Herkunftsglauben. Es hat mehr die Funktion der Distinktion und Gegenpositionierung zum Sunnitentum, als dass sie es im Alltag ritualisiert ausleben würde. Dennoch scheint sie durch ihre bekennende und praktizierende Mutter sehr vom alevitischen Glauben geprägt zu sein. Ihre Mutter Kudret, von der man annimmt, dass sie aus einer kurdisch-arabischen Familie alevitisch(-schiitischen) Glaubens stammt, veranlasste z.B., dass Arif und ihre Tochter Sümbül noch vor ihrer standesamtlichen Trauung in einer schiitischen Moschee von einem Imam verheiratet wurden. Die religiöse Eheschließung ist bei alevitischen Familien eigentlich die Aufgabe des *dede*s und wird meist zu Hause durchgeführt. Dass für Sümbül der alevitische Glaube doch von Bedeutung ist, zeigte sich in den Diskussionen, die sie mit ihrem Sohn über das Für und Wider des christlichen Glaubens führte. Sie machte ihn darauf aufmerksam, dass sein Herkunftsglaube doch das Alevitentum sei und fragte, wie es sein könne, dass er sich vom christlichen Glauben vereinnahmen lasse. Im Gegensatz zu Kudret bezeichnet sich Sümbüls Vater Mehmet, der aus einer kurdisch-alevitischen Familie stammt, ähnlich wie ihr Ehemann Arif als Atheist. Seinem Enkel Ufuk gegenüber erklärte Mehmet, dass er gegen Religion sei und dass es dumm sei, an eine Religion zu glauben.

Kontext II: Das Alevitentum zwischen Assimilationsdruck, Unsichtbarkeit und Sichtbarwerdung im transnationalen und virtuellen Raum

Die Unterdrückung von Aleviten in der Türkei und Kontinuitäten in der Diaspora in Deutschland

In der Rekonstruktion von Positionierungen und Praxen in Bezug auf Religiosität zeigte sich in der Familie Gün ein unvermittelt differenziertes und teils widersprüchliches Bild, sowohl im inner- als auch zwischen-generationellen Kontext. Das Selbstbild der Familienmitglieder wird von den Bildern des dominanten Mehrheitsdiskurses, sowohl im (deutsch-)christlichen Rahmen in der Diaspora, als auch im türkisch-sunnitischen Kontext des Herkunftslandes, in Frage gestellt. In der Türkei wird Familie Gün bei alevitischer Selbstpositionierung immer wieder mit Diskriminierung durch die sunnitische Mehrheitsgesellschaft rechnen müssen; zugleich werden sie aber per Gesetz in ihren Personalausweisen und in den Diskursen der (türkisch-)sunnitischen Dominanzgesellschaft[18] ethnisch zu Türken und religiös zu Moslems gemacht und damit in ihrem Selbstbild fremdbestimmt. Ihre alevitische und zazaische Wir-Identität wird nicht anerkannt, sondern steht unter türkisch-sunnitischem Assimilationsdruck. Jedoch gibt es – ausgelöst durch zeithistorische Ereignisse, wie weltpolitisch durch das Ende des Kalten Krieges[19] und innergesellschaftlich durch das Massaker in Sivas 1993[20] – eine emanzipatorische

18 Der Begriff „Dominanzgesellschaft" ist abgeleitet von Birgit Rommelspachers verwendetem Begriff der „Dominanzkultur" und verweist auf die Asymmetrie von gesellschaftlichen Machtstrukturen (vgl. Rommelspacher 1995).

19 Das Ende des Kalten Krieges hatte unter anderem die Wiederbelebung von Identitätsprozessen und Emanzipationsbestrebungen bei bis dahin gesellschaftlich unterdrückten und marginalisierten Minderheitengruppen, wie z.B. den Aleviten in der Türkei und der Diaspora, zur Folge.

20 Das Massaker in Sivas, bei dem am 2. Juli 1993 37 Menschen Opfer eines religiös und politisch motivierten Brandanschlags wurden, markiert in der Ge-

alevitische Bürgerrechtsbewegung in der Türkei wie auch in der Diaspora, die sich durch selbstbewusste Selbstorganisierung in vielen Bereichen der Gesellschaft bemerkbar macht, für Demokratie und Laizismus eintritt und ihre fundamentalen Bürger- und Menschenrechte einklagt.

Betrachtet man die Realität der Menschen alevitischer Glaubensherkunft in der Diaspora, in Deutschland, so lässt sich auch hier eine Kontinuität der Homogenisierung, Diskriminierung und Ausgrenzung beobachten, allerdings unter veränderten Vorzeichen. Denn die deutsche Mehrheitsgesellschaft nimmt die Angehörigen der Familie Gün, selbst in der Enkelgeneration, als Nicht-Eigene, d.h. als Fremde oder Ausländer wahr. So herrscht hierzulande ein von ethnisch-nationalen und religiösen Selbst- und Fremdbildern geprägtes Wahrnehmungs- und Kategorienmuster, das die Angehörigen der Familie Gün teilweise bis in die Enkelgeneration pauschal als Türken und Moslems tituliert. Zugleich ist dies eine Reproduktion des konstruierten Selbstbildes des einheitlichen, nach außen hin als laizistisch repräsentierten türkisch-islamischen Selbstverständnisses der Türkei als Staatsnation. Ein mehrperspektivisches Bild der ethnischen und religiösen Differenziertheit von in Deutschland lebenden Minderheitengruppen aus der Türkei entstand in der öffentlichen Wahrnehmung erst in jüngster Zeit (vgl. Zentrum für Türkeistudien 1998).

Das ‚coming out' des Alevitentums im transnationalen und virtuellen Raum

Ein religiöser Aufbruch und eine sozial-politische Mobilisierung der Aleviten setzten Ende der 1980er Jahre ein. Die Manifestation des Alevitentums in Deutschland vollzog sich dabei unter dem Schutzmantel rechtsstaatlicher und pluralistischer Demokratie. Mit dem Entstehen des neuen alevitischen Selbstbewusstseins entwickelten und vernetzten sich nationale und transnationale Strukturen der Selbstorganisation. Dabei gründeten Aleviten zunächst Vereine, eröffneten Cem-Häuser, führten (Massen-)Veranstaltungen durch und begannen erstmals an deutschen Grundschulen, wie z.B. in Berlin, alevitischen Religionsunterricht anzubieten.

Forciert wurde zudem die Verbreitung des alevitischen Wissens und Bewusstseins durch die Errungenschaften der Informations- und Kommunika-

---

schichte und im kollektiven Gedächtnis der Aleviten eine Zäsur. Durch Ritualisierung von alljährlich am Tag des Massakers in der Türkei und in der Diaspora institutionell organisierten Gedenkfeierlichkeiten zu Ehren der Opfer ist Sivas zu einem symbolträchtigen Ort der Identität und Erinnerung der Aleviten an die Unterdrückung, aber auch die Überwindung ihrer *takiya* geworden. Inzwischen stellen Aleviten zudem die politische Forderung, das Haus des Brandanschlags als Mahnmal und Gedenkstätte in ein Museum umzuwandeln.

tionstechnik im sogenannten Zeitalter der Informations- und Wissensgesellschaft der globalisierten Moderne (vgl. McLuhan 1968; Giddens 2001). Mit Hilfe des Einsatzes elektronischer Medien erlangte das bis dahin verborgene und der Assimilation ausgesetzte alevitische Wissen insbesondere im virtuellen und interaktiven Raum des Internets erstmals eine weltweite Sichtbarkeit. Seitdem vermehrt es sich multimedial und ist für jeden Internetbenutzer weltweit verfügbar. Außerdem gibt es immer mehr alevitische Radiosender und Fersehkanäle in der Türkei, die auch ihr Publikum in der Diaspora über Satellit und Internet erreichen. Ende 2006 ist nun auch in Deutschland ein alevitischer Fernsehkanal unter dem Namen *YOL-TV* auf Sendung gegangen. Mit den elektronischen Medien entwickelt ein virtueller und interaktiver Kommunikationsraum, der dazu beiträgt, dass alevitisches Wissen global ausgetauscht wird und ein stetig wachsendes ‚digitalisiertes kulturelles Gedächtnis' des Alevitentums entsteht. Über die digitalisierten virtuellen Räume ist ein Prozess in Gang gekommen, der auf die Bildung einer sich global vernetzenden imägininären alevitischen Gemeinschaft hindeutet.

Die zweite Verwandlung oder Ufuks Alevitisierung

Die Pubertät, die Reise nach Ostanatolien und der Schul(orts)wechsel: (Um-)Brüche in Ufuks Leben

Kurz nach seiner Teilnahme am christlichen Jugendzeltlager beendet Ufuk seine Grundschulzeit. Die Sommerferien vor dem Beginn der Oberschule verbringt er erstmals mit der ganzen Familie im Herkunftsort seines Vaters und seiner Großeltern. Zu dieser Zeit präsentiert er sich noch als Christ, vermeidet jedoch im Herkunftsort öffentlich mit seinem Kreuz aufzutreten. Besuche bei Ahnengräbern und alevitischen Pilgerstätten, bei denen ich als Gast der Familie anwesend war, werden für Ufuk erste Erlebnisse einer ihm bis dahin verborgenen Welt. Ich erlebte hier Ufuk als einen passiven Reisenden, denn er wurde in das traditionell-religiöse Wissen über Orte, Gegenstände und Riten nicht aktiv und verbal eingeweiht. Vielmehr trat er, wie auch alle anwesenden Cousinen und Cousins seiner Generation aus Deutschland, als ein mitreisendes und beobachtendes Familienmitglied auf. Dass jedoch die Erlebnisse beim elfjährigen Ufuk nachhaltige Spuren hinterlassen haben, zeigt sich in den späteren Entwicklungsschritten seiner Identitätsarbeit, die ich noch thematisieren werde.

Nach den Ferien mit der Familie beginnt für ihn in Deutschland ein neuer Lebensabschnitt. Er kommt von einer zweisprachigen Grundschule mit mehrheitlich türkischsprachigen SchülerInnen in eine Oberschulklasse in einem anderen Bezirk. Hier erlebt er erstmals, was es bedeutet, als einziger Schüler einer Klasse keinen deutschen Familienhintergrund zu haben.

„Das einzige, was ich weiß, sie machen, die sind jeden Tag ausländerfeindlich, jeden, jeden Tag ausländer… die Schüler in meiner Klasse tun nur so, weil ich auch der einzige z.B. Moslem in meiner Klasse bin und unter Ausländer einzige, Juden werden jetzt nicht als Ausländer gezählt.“

Anklagend erzählt hier Ufuk aus seinem Schulalltag, in dem er, markiert als „Ausländer“ und „Moslem“ zum diskriminierten Außenseiter gemacht wird. Aus dem Zitat ist herauszulesen, dass er in historisch-zeitlicher Verschiebung Bilder von diskriminierten Opfergruppen in Deutschland schafft, bei denen an die Stelle der Juden als früher ausgegrenzter Gruppe nun die Muslime getreten sind.

Ufuks Oberschule ist eine der renommiertesten Schulen in der Stadt. Trotz des Images der Weltoffenheit der Schule erlebte Ufuk dort, ähnlich wie im Zeltlager, eine Ausgrenzung, die ihn auf seine nicht-deutsche und nicht-christliche Herkunft reduzierte. Ufuks Kritik gilt an erster Stelle den Lehrern und Eltern seiner Mitschüler, die er dafür verantwortlich macht, dass seine Mitschüler ihn beleidigen und diskriminieren. Er klagt zudem seine eigenen Eltern an, die ihm, wie er sagt, in dieser schwierigen Zeit keine Stütze und Orientierung geboten haben.

Ufuk berichtet von seinem Mittelstufenleiter, der gegenüber Ufuks Mutter schon früh ausgedrückt haben soll, wie er über „Türken“ denkt: „Ja, wir nehmen gezielt keine türkischen Schüler auf, diese haben sehr viel mit Ehre und so zu tun, die wollen wir nicht auf dieser Schule haben,“ zitiert ihn Ufuk. Ufuk kommt zu dem Schluss, dass die Schule insbesondere „Türken“ ausschließt, weil in seinem Jahrgang in jeder Klasse nur ein „Türke“ oder eine „Türkin“ vertreten ist. Somit macht Ufuk in seiner Klasse die Erfahrung eines „Alibi-“ oder „Ausnahme-Türken“, dem man zunächst mit Wohlwollen begegnet. Dass ihm nach der Einschulung sogar diese wohlwollende Mindestanerkennung des „Ausnahme-Ausländers“ aberkannt wird, beschreibt Ufuk auf meine Frage, wie man denn in der Klasse auf sein Kreuz reagiert hat, in folgender Weise:

U: Warum trägst du denn das… die waren, ich wurde auch nicht akzeptiert, also, auch mit Kreuz, also, ich hätte da auch mit Dingsda, Bild, so von Maria kommen können, hätte auch, ja, dein Nachname ist ausländisch, geh mal raus. Ich meine der …Lehrer war ja von Anfang an so, der meinte zu mir: du gehörst nicht zu uns, weil du keiner von uns bist. (…).
H: Was meint er damit?
U: Er hat auch gesagt, du gehörst nicht in diese Klasse, weil du keiner von uns bist, hat er gesagt.

H: Was meint er denn damit?
U: Ja, ich bin Ausländer. Der meinte auch, du gehörst eigentlich auch gar nicht in diese Schule, du gehörst gar nicht hierhin, du gehörst in eine Sonderschule gehörst du.
H: Hat er gesagt?
U: Hat er gesagt.
H: Vor allen andern?
U: Vor allen anderen. Und dann seitdem, diesen Augenblick hat jeder von denen auch weiter gemacht.

Mit seinen abwertenden Äußerungen gegenüber Ufuk in Gegenwart aller anderen Schüler separiert und polarisiert der Lehrer als machthabende und privilegierte Autoritätsperson die Schüler. Dabei konstruiert er durch die Negativgegenüberstellung Ufuks als dem repräsentativen, nicht dazugehörenden „Fremden" bzw. „Ausländer" eine „deutsche" Wir-Gruppenidentität. Indirekt gibt damit der Lehrer den Mitschülern die Legitimation für weitere diskriminierende Angriffe, die sich nach Ufuks Worten z.B. folgendermaßen anhörten:

„Ach, man verpiss dich du Ossi-Türke, verpiss dich du Spast, ey, geh mal, verpiss, ey, du Döner-Fresser, eh, geh mal und ess deine Zwiebel, Alter, Knoblauch und so, so was, geh mal wieder zurück in dein Land. Wir wollen dich nicht (…)."

Diese Zeilen stehen exemplarisch für die diskriminierenden Zuschreibungen, die Ufuk erfahren hat. Ich lese aus Ufuks Aussage eine Mehrfachdiskriminierung, bei der er durch die Zuschreibung ethnisch-regionaler („Ossi-Türke"), körperlicher („Spast"), kultureller („Döner-Zwiebel-Knoblauch-Fresser") und territorialer („wieder zurück in dein Land") Merkmale zum Außenseiter gemacht wird.

Die Aussage des Mittelstufenleiters, dass in der Oberschule gezielt darauf geachtet wird, keine türkischen Schüler aufzunehmen, legt offen, dass Ethnisierung[21] in der Schule strukturimmanent ist. In der negativen Zuschreibung des Mittelstufenlehrers schwingen mit dem Begriff der „Ehre" Klischees, die an den dominanten Diskurs um „Kopftuch" und „Ehrenmorde" erinnern. Als Ufuk schließlich gegen die zunehmenden verbalen Attacken, die sowohl von Seiten des Schulpersonals als auch von Mitschülern kommen, verbal aufbegehrt und protestiert, eskaliert der Konflikt soweit, dass Ufuk in der Schule kriminalisiert wird. Ufuk hierzu:

21 Ethnisierung ist eine Prozess, in der durch Fremdzuschreibung oder reaktiv durch Selbstzuschreibung Ethnizität, d.h.die soziale Konstruktion von Wir-Gruppen, geschaffen wird (vgl. Yıldız 1997: 200-226)

Die Lehrer, ich hab' Anruf zu Hause bekommen, weil der... Mittelstufenleiter glaubt, ich wäre ein Terrorist, weil eine Sozialpädagogin hat ihm gesagt, ich wäre, ja, ich wäre hier Mitglied einer unterirdischen terroristischen Organisation.

Ufuks Äußerung, einzelne Schulbedienstete hätten ihn der Mitgliedschaft in einer Terrororganisation verdächtigt, erscheint auf den ersten Blick absurd. Seit dem ‚11. September' tritt im öffentlichen Bewusstsein das verkettete Feindbildmuster ‚Islam-Fundamentalismus-Terrorismus' zu Tage. Wie kann jedoch ein vierzehnjähriger Junge der Mitgliedschaft in einer Terrororganisation bezichtigt werden? Ufuks Eltern bestätigten mir die Anschuldigung. In der Schule war Ufuks Ruf nun schwer geschädigt. Einzelne Mitschüler skandierten, so Ufuk, „Hey, du Terrorist, komm mal, spreng mal die Schule." Solche Stigmatisierungen wiederholten und verstärkten sich insbesondere, wenn es irgendwo in der Welt zu terroristischen Anschlägen von islamisch-fundamentalistischen Gruppen kam. Das letzte Mal wurde Ufuk nach dem gescheiterten Terroranschlag im Sommer 2006 zur Projektionsfläche seiner Mitschüler. Bei einer Diskussion der Eltern solidarisierte sich die Mutter mit ihrem Sohn, während der Vater Bedenken zum Ausdruck brachte und Schwierigkeiten mit Ufuks problematischem Benehmen in der Schule erklärte. Die Mutter wertete ihrerseits die Position des Vaters mit dem Argument ab, dass er doch die Schule in der Türkei besucht habe und deshalb nicht in der Lage sei, sich eine Meinung über das deutsche Schulsystem zu bilden. Sie selbst könne hingegen sehr wohl nachvollziehen, was in ihrem Sohn vorgehe, da sie ja in Deutschland die Schule besucht habe. Im Interview geht Ufuk sogar soweit, dass er die Autorität seines Vaters dadurch in Frage stellt, dass er ihn als parteiisch und voreingenommen darstellt. Denn der Vater würde „die Deutschen als Vorbild nehmen" und sich ihnen anpassen. Die Diskussionen in der Familie zogen sich über einen längeren Zeitraum hin, bis sich Ufuks Vater schließlich dazu überreden ließ, einen Beschwerdebrief an den Mittelstufenleiter zu schreiben, der jedoch, um den Konflikt nicht weiter anzufachen, nie abgeschickt wurde. Dennoch schwelte der Konflikt weiter, bis am Ende der siebenten Klasse die Eltern keinen anderen Ausweg mehr sahen, als ihren Sohn die Schule wechseln zu lassen. Abgeschreckt von den Zeugniseintragungen des Klassenlehrers lehnten jedoch alle angefragten Schulen Ufuks Aufnahmegesuch ab, so dass Ufuk gezwungenermaßen und mit wenig Elan weiterhin seine bisherige Schule besucht, mit dem Willen, sie so schnell und so gut wie möglich abzuschließen.

Etablierungsanstrengungen eines Außenseiters oder die Folgen von Ufuks Schul(orts)wechsel

Ufuk ist ein höchst intelligenter und wacher Junge, der jedoch aufgrund seiner körperlichen Konstitution in seiner Mobilität und sportlichen Betätigung eingeschränkt ist und deshalb des Öfteren gehänselt wird. Er konnte kaum feste Freundschaften knüpfen. Er versuchte im Gegensatz zu seinem ansonsten freundlichen und zurückhaltenden Auftreten durch eigensinniges und besserwisserisches Verhalten in der Schule, die Aufmerksamkeit seiner Umgebung auf sich zu ziehen. Meistens erreichte er damit jedoch eher Missfallen und Spott und wurde seinen eigenen Worten zufolge zum „schwarzen Schaf" gemacht. Ufuk hatte von Anfang an seine jetzige Oberschule nicht favorisiert, weil damit verbunden war, den Bezirk zu wechseln und auf eine Schule gehen zu müssen, in der er niemanden kannte. Er hatte sich jedoch dem Wunsch seiner Eltern gefügt, die ihn vermutlich dort sehen wollten, wo sie selbst nie angekommen waren. Ihnen war trotz aller Anstrengungen die Anerkennung in der deutschen Gesellschaft verwehrt geblieben. Die Eltern legen besonderen Wert auf die Bildung ihrer Kinder und erhoffen sich davon sozialen Aufstieg und Anerkennung in der deutschen Mehrheitsgesellschaft. Die Eltern gingen davon aus, dass ihr Sohn bessere Bildungschancen habe, wenn er nicht eine Oberschule im Wohnbezirk besuchen würde, in dem der Anteil von SchülerInnen mit Migrationshintergrund verhältnismäßig hoch ist. Im Nachhinein ist die Enttäuschung bei Ufuks Eltern groß. Sie sind jedoch guter Dinge und hoffen, dass die Zeit wieder Besserung bringt. Sie versuchen, Ufuk auf seinem schwierigen Bildungsweg in der adoleszenten Lebensphase Verständnis und Wertschätzung entgegenzubringen. Ufuk hingegen empfindet den Gang in diese Schule als Qual. Er gibt jedoch nicht auf und bleibt hartnäckig in seinem Willen, die Schule mit einem guten Abschluss zu verlassen.

Die zweite Verwandlung: Die Entdeckung der alevitischen ‚Wurzeln' in der Adoleszenzphase

Ufuks Adoleszenzphase geht einher mit Diskriminierungserfahrungen in der Schule, die ihn zum Außenseiter in der Klasse werden lassen. Gleichzeitig verstärken sich die Konflikte mit den Eltern. All diese Faktoren münden in einen biographischen Bruch, der zum Antriebsmotiv für Ausdifferenzierung und Transformation in Ufuks Identitätsarbeit wird.

Ufuks Interessen, Vorlieben, und Orientierungen waren zum Zeitpunkt unseres Kennenlernens – er ging damals noch in die sechste Klasse – im Wesentlichen noch westlich-christlich geprägt. Ich denke an seine Verherrlichung der USA als fortschrittliche Weltmacht, seine Vorliebe für englischsprachige Musik (Eminem), sein „cooles“ Auftreten mit Ohrring und Markenklamotten sowie seine christlichen Neigungen, präsentiert durch das Tragen des Kreuzes. Dies änderte sich jedoch nach seiner Versetzung auf die Oberschule. Innerhalb von eineinhalb Jahren veränderten sich Ufuks Auftreten, seine Denk- und Sprechweisen, seine Glaubensvorstellungen bis hin zu seinen sozialen Kontakten dermaßen tief greifend, dass man glauben konnte, es sei ein neuer Ufuk geboren. Die Veränderungen gingen so weit, dass er sich bei seinen Eltern mit dem Wunsch durchsetzte, sogar seinen Vornamen ändern zu lassen.

Ufuks Wandel in seiner religiösen Verortung, auf die ich hier ausführlicher eingehen werde, vollzieht sich in der Zeit, in der er in der Schule als „Ausländer“ ausgegrenzt wurde. Zum Zeitpunkt der Interviewgespräche reflektierte Ufuk die Exklusionsmechanismen und seine eigenen Handlungsmuster noch nicht. So kann er die Fragen, warum und wann er sich vom Christentum abgewandt und dem Alevitentum zugewandt hat, nur in Umrissen beantworten. Er vermutet, dass sein Interesse für das Alevitentum am Ende der siebten Klasse entstanden ist. Ob der erste Impuls von der Mutter kam, mit dem goldenen *zülfikar* als ihrem Geschenk, oder von einer Hausaufgabe über symbolträchtige Gegenstände, daran konnte er sich nicht mehr erinnern. Auf jeden Fall wurde er bei den Recherchen für seinen Aufsatz über die Geschichte und Bedeutung des *zülfikar*s im Internet fündig, und fand damit erstmals geistigen Zugang zum Alevitentum. Bei seinen Recherchen bediente er sich der Suchmaschine Google, die ihn zu Internetportalen führte, die das Alevitentum thematisierten. Während des Interviews zeigte mir Ufuk einige dieser Internetportale, so z.B. die Enzyklopädie Wikipedia, die er als ein umfassendes und wissenschaftlich ausgerichtetes Nachschlagewerk sehr favorisiert. Das Internet als Wissensquelle verleiht ihm die Möglichkeit, eine virtuelle Verbindung zum Alevitentum aufzubauen, das er dann zu seinem neuen religiösen Identitätskonzept macht. Von da an repräsentiert nicht mehr das Kreuz, sondern der *zülfikar* sein religiöses Weltbild. Der Wechsel der religiösen Symbole markiert in Ufuks Biographie einen Wandel mit weit reichenden Folgen.

Zugang sein Infos

Die reaktive Identitätsarbeit: Selbstethnisierung und Selbstexotisierung

Die Annahme, dass es sich hier um eine reaktive Identitätsarbeit im Sinne einer Selbstethnisierung und Selbstexotisierung handelt, die im Kontext von Diskriminierung und Exklusionserfahrungen steht, wird, wie oben dargestellt, von verschiedenen Indizien belegt. Gleichzeitig befindet sich Ufuk in seiner

Adoleszenzphase in einem Generationenkonflikt, der einen Transformationsprozess forciert.

Ufuks plötzlicher Sinneswandel vom Kreuz zum *zülfikar* findet Ende der siebten, Anfang der achten Klasse statt. Auf meine Frage nach dem Grund dafür antwortet er:

U: Vielleicht Religion, ursprüngliche Religion, überhaupt mein Volk, Zazas oder kurdische Aleviten oder z.B. Religion der Großeltern.
H: Das hast Du entdeckt plötzlich?
U: Ja, ich wusste noch nicht einmal, dass das Aleviten sind. Aleviten, was ist das? Sind das überhaupt Moslems? Was ist denn das? Wusste ich ja nicht?

Er präsentiert sich an dieser Stelle mit Bezug auf seine familiären Herkunftsidentitäten, die er erst nach seinen Ethnisierungs- und Ausgrenzungserfahrungen entdeckt. In der Familie hatte er bis dahin keine religiöse Erziehung erhalten. Die Herkunftsidentitäten, auf die er sich bezieht, gehen von seinen Großeltern aus. Es geht nicht nur um das Alevitentum als religiöse Zugehörigkeit, sondern auch um das Zaza, das Kurdische und das Arabische als ethnische Mehrfachzugehörigkeit. Ufuks Reaktion auf die Exklusion, die er erfährt, ist nun nicht mehr Anpassung und Assimilation, sondern Selbstethnisierung und Selbstexotisierung. Es ist der Versuch der auf Ethnisierung und Kulturalisierung[22] fußenden Ausgrenzung durch Umkehrung, d.h. selbstbestimmte Ethnisierung zu antworten. Das Wissen für diese reaktive Identitätsarbeit bezieht Ufuk über die Aneignung und Verknüpfung der ethnischen-kulturell-religiösen und territorialen Herkunftsbezüge seiner Familie. Somit versucht er das von der Mehrheitsgesellschaft auf ihn projizierte Negativbild in der eigenen differenzierenden Konstruktion positiv aufzuwerten. Dahinter verbirgt sich die Intention, die durch Diskriminierung und Entwertung erlittene Verletzung durch eine idealisierende Heroisierung seiner ‚Wurzeln' zu kompensieren. Zwar gelingt es ihm durch die hybridisierende Selbstethnisierung und Selbstexotisierung zum zazaisch-kurdisch-arabischen Aleviten, Irritation in seiner Umgebung hervorzurufen und so vom fremdbestimmten zum selbstbestimmten Außenseiter zu avancieren, jedoch glückt ihm die beabsichtigte Aufwertung seiner Person nicht. Vielmehr tritt das Gegenteil ein. So spricht er davon, dass einzelne Mitschüler anfingen, ihn vor den Augen der Lehrer mit Worten wie „Geh mal in dein imaginäres Kurdistan" zu beschimpfen. Sein Empfinden der Äußerung eines Mitschülers drückt Ufuk so aus: „Er beleidigt meine Kultur, meine Religion und mein

22 Diesbezüglich spricht der Philosoph Etienne Balibar im Kontext von gegenwärtigen transnationalen Migrationsprozessen auch vom „Neo-Rassismus" bzw. eines „Rassismus ohne Rassen [...], dessen vorherrschendes Thema nicht mehr die biologische Vererbung, sondern die Unaufhebbarkeit der kulturellen Differenzen ist" (Balibar 1990: 28).

Land." Die erfahrene Erniedrigung und Verletzung, die hier Ufuk zum Ausdruck bringt, besteht darin, dass er nach seiner Selbstexotisierung nun nicht mehr nur als Ausländer, Türke oder Moslem markiert ist, sondern auch für heimatlos erklärt wird.

Dennoch, nachdem er sich mit seinem *zülfikar* als Alevit outet, macht er auch positive Erfahrungen. So z.B. in der Schule:

„Ich trage so und dann sieht so ein Sozialpädagoge, ah, du bist ja ein Alevite. Also, da wo diese, wo diese ganze dinsgda, dieser Schule Ausländerfeindlichkeit herrschte, oder da, wo die gesagt haben, ich bin in einer terroristischen Organisation. Da meinte der Mann, ah, du bist ja ein Alevite, das Schwert, das zülfükar. (H: Ein deutscher Sozialarbeiter?) Ja! Ah, du bist ja ein Alevite, du kannst ja gar nicht so sein, wie sie erzählen. Aleviten sind doch immer ganz nette Menschen, meinte er zu mir."

Die Äußerungen des Sozialpädagogen deuten darauf hin, dass er sich bereits in irgendeiner Weise mit dem Alevitentum beschäftigt hat oder zuvor schon Menschen alevitischer Glaubenszugehörigkeit begegenet ist. Sein positives Bild zeugt davon, dass er in den gesellschaftlichen Diskursen kursierende Selbst- und Fremdbilder über das Aleviten internalisiert hat. Die von Ufuk zitierte Aussage des Sozialpädagogen impliziert zudem, dass er sein Positivbild des Alevitentums als Gegenbild zum sunnitischen Islam konstruiert. Dennoch ist festzuhalten, dass hierbei Ufuk Anerkennung und Aufwertung erfährt.

Die fehlende religiöse Erziehung in Ufuks Familie

Andererseits hatte der alevitische Glaube keine Bedeutung in Ufuks Erziehung, weshalb er seine Eltern mit Vorwürfen überhäuft:

„Ist Schuld von meiner Mutter. Hat mir weder etwas beigebracht richtig, noch sich Mühe gemacht. Also, von Geburt an, von Kind an irgendetwas beigebracht, einfach so vegetiert, gefüttert, gegessen. So Religion weder mein Vater noch meine Mutter."

An einer anderen Stelle fährt er mit seiner Anklage fort:

Ist alles Schuld von meinen Eltern. Ich meine, ich wusste ja nichts davon, was sollte ich denn machen. Ich meine, meine, meine Eltern, die hätten, ich meine, wie kann es sein, dass so viele Menschen, [...] wie, wie, wie werden denn die anderen so von Anfang an für ihre eigene Religion erzogen? Wie geht das denn? Auch allein erziehende Mütter, geht ja, das ist ja Schwachsinn überhaupt als Beispiel, du bist selbst dran schuld. Ich meine, mir wurde weder etwas erklärt noch wurde mir etwas darüber gesagt. Dann sagt sie (seine Mutter) manchmal, wir haben ja versucht, aber

du wolltest ja nicht zuhören. Wie alt war ich da, zehn, elf, zwölf. Muss, hätte sie von Anfang an machen sollen.
H: Ich meine, dass ist ja nichts Schlimmes, das du...
U: Nein, das ist etwas Schlimmes, ich hätte ja ein Atheist bleiben können, ich hätte ja auch ein Satanist werden können, dann wäre auch ihre Schuld gewesen, weil auch als ein Moslem ist man dazu verpflichtet, man ist verpflichtet, seinen Kindern die richtige Religion zu zeigen, weil man ist Erziehungsberechtigter und man muss den Kindern die Religion beibringen, man kann sie sich nicht selber überlassen, geht nicht, die können auch irgend was anderes sein, die können auch für sich Hindu werden oder Buddisten.

Ich habe Ufuks Eltern als aufgeklärt-bildungsorientierte, links-demokratisch politisierte und areligiöse Menschen erlebt. Dieses Bild entspricht auch ihrer eher nicht-autoritären, liberalen Erziehungspraxis. Ufuks Kritik an der nicht-religiösen Erziehung seiner Eltern setzt genau hier an. Er beschuldigt sie nicht nur, ihn nicht alevitisch erzogen zu haben, sondern auch dazu beigetragen zu haben, dass das Alevitentum der Gefahr des Vergessens ausgesetzt ist.

Reaktionen in der Familie auf Ufuks Alevitisierung

Die Reaktionen der Familienangehörigen auf Ufuks religiöse Neuorientierung, die er durch das Tragen des *zülfikar*s manifestierte, waren unterschiedlich. Die Mutter hatte ihm zwar den *zülfikar* geschenkt, gleichzeitig aber davon abgeraten, ihn in aller Öffentlichkeit zu tragen. Sie befürchtete, dass er, geoutet als Alevit, von Sunniten bedroht und schikaniert werden könnte. Ufuk beschreibt dies so:

„Aber meine Mutter hat einen Aufstand gemacht. Zülfükar'ı taşıma şimdi, zülfükar böyle yapar, herkes sizi döver. Şimdi ben zülfükar taşıyınca, adam gelip benim kafamı mı kesicek, he, sokağın ortasında, beni öldürecek mi. (...) [Trag' den *zülfikar* jetzt nicht, es wird dann dies und jenes passieren, alle werden euch schlagen. Wird jetzt jemand meinen Kopf abschlagen, nur weil ich den *zülfikar* trage, he, werde ich dann mitten auf der Strasse umgebracht?; Übersetzung aus dem Türkischen H.C.] Tausende Menschen tragen hier *zülfikar*. Sogar in der Türkei, die tragen *zülfikar*. Meine Cousine, die ist kleiner als ich, und trägt *zülfikar* in der Türkei, in Istanbul."

Hier erkennt man, dass die Angst vor Verfolgung durch die sunnitische Bevölkerung bei der in Deutschland lebenden Elterngeneration weiterhin anhält. Aufgrund ihrer verinnerlichten Ängste empfiehlt Ufuks Mutter ihrem Sohn, die traditionelle Strategie der takiye fortzusetzen, wofür jedoch Ufuk kein Verständnis hat. Sein demonstratives Auftreten mit dem *zülfikar* gleicht hier einem Tabubruch. Es ist einerseits gegen die Ängstlichkeit und Gleichgültigkeit seiner Eltern und Familie gerichtet, die ihre alevitische Herkunft verschweigen. Andererseits können wir annehmen, dass für Ufuk das Tragen des *zülfikar*s eine symbolische Bedeutung hat. Es ermöglicht ihm, sich sowohl von der christlich-deutschen als auch von der türkisch-sunnitischen Dominanzgesellschaft aktiv abzugrenzen, um so erkennbar in seiner Differenz hervorzutreten. Dieses selbstbewußte Distinktionsverhalten kann als eine Strategie des Empowerments[23] gedeutet werden, mit der er der Dominanzgesellschaft die Gewalt, ihn zu definieren, entreißen will. Es ist eine Handlungsinitiative des Mündigwerdens und der Selbstbemächtigung, der Aneignung einer aktiven Akteursposition als selbstbestimmtem Sprecher über sein Selbst.

Dass Mutter und Sohn in Bezug auf das Alevi-Sein über unterschiedliche, ja gegensätzliche Erfahrungswelten verfügen, zeigt exemplarisch folgender Dialog:

Sümbül (S): Wen ich Dir sage, dass Du Dein Schwert nicht tragen sollst, das hat mit dem Christen ja nichts zu tun, dass eher von den Sunniten Gefahr kommen könnte. Das verstehst Du jetzt nicht.
U: Ja, Sunniten? Weißt Du wieviel Aleviten sunnitische Freunde haben und Sunniten alevitische Freunde haben? Du lebst in X. (die Stadt in Deutschland) anne [Mutter]. Und in X. ist es egal, ob Du Sunnite oder Alevite bist.
S: Das glaubst Du.
U: Ja, ja! (...) Das war der Grund, warum Du mich beschützen wolltest, das war der Grund, warum Du mir überhaupt nichts beigebracht hast. Du hast mir überhaupt nichts beigebracht.

Das Bedürfnis der Mutter, Ufuk vor einer möglichen Gefahr von Seiten der sunnitischen Muslime zu warnen, entspricht nicht Ufuks Alltagserfahrung. Jedoch bestand nach Ufuks Aussage diese Gefahr von Seiten „islamischer Ausländer", als er noch das Kreuz trug. Im Rückblick vermisst er den Schutz seiner Eltern. Sie hätten ihn frühzeitig warnen und durch eine alevitische Erziehung vor derlei Gefahren bewahren müssen.

H: Von wem könnte die Gefahr denn kommen, mit einem Kreuz herum zu laufen dann (...).

23 Norbert Herriger fasst den Begriff wie folgt zusammen: „Empowerment bedeutet Selbstbefähigung und Selbstbemächtigung, Stärkung von Eigenmacht, Autonomie und Selbstverfügung. Empowerment beschreibt mutmachende Prozesse der Selbstbemächtigung, in denen Menschen in Situationen des Mangels, der Benachteiligung oder der gesellschaftlichen Ausgrenzung beginnen, ihre Angelegenheiten selbst in die Hand zu nehmen, in denen sich sich ihrer Fähigkeiten bewußt werden, eigene Kräfte entwickeln und ihre individuellen und kollektiven Ressourcen zu einer selbstbestimmten Lebensführung nutzen lernen" (Herriger 2006: 20).

U: Islamische Ausländer, weil die werden ja auch von den Christen genau so angegriffen. Und wenn sie so einen Ausländer sehen, der... trägt, natürlich greifen sie ihn dann an.
H: Islamische Ausländer? Wer ist das?
U: Araber, Türken.
H: Ach so, die überzeugte muslimische Sunniten sind (U: Ja!), die würden Dich dann angreifen?
U: Auch Aleviten würden genau so angreifen.

Auch der atheistische Großvater Mehmet, so Ufuk, warnt davor, den *zülfikar* zu tragen. Im Gegensatz zu Ufuks Mutter Sümbül sieht er jedoch die Gefahr nicht von sunnitischen Moslems, sondern eher doch aus der christlichen-deutschen Gesellschaft kommen. Ufuk zitiert seinen Großvater Mehmet wie folgt:

Auch Großvater, Opa Mehmet, taşıma, sakın taşıma, Almanlar seni böyle böyle yapar. Onlar sevmiyor, biliyosun bu kılıç ne yapmış filan. Bu kılıç Yahudilerin ve Hristiyanların kafalarını, kellelerini uçurtmuş. Sakın bunu taşıma maşıma [... trage es bloß nicht, die Deutschen werden dich so und so machen. Dieses Schwert hat Juden und Christen enthauptet [Übersetzung aus dem Türkischen, H. C.].

Ufuks Großvater Mehmet, der Religion ablehnt, rekurriert mit dem Bildnis des Schwerts auf das europäische Feindbild, dass sich der Islam mit kriegerisch-militärischen Mitteln verbreitet habe.[24] In den aktuell dominierenden Diskursen in Deutschland wie auch in der Welt werden im „kollektiven Unbewussten" bestehende historische Ängste vor dem Islam wiederbelebt und geschürt. Der „Kampf der Kulturen"[25] ist dabei ein ideologisches Konzept, das nach dem Kalten Krieg durch Konstruktion und Polarisierung hierarchische Gegensätze und Blöcke zwischen Religionen und politischen und kulturellen Gesellschaftsmodellen schafft und diese im jeweiligen Interesse instrumentalisiert. Ufuks Großvater Mehmet, dem der negativ dominierte Islam-Diskurs in Deutschland anscheinend bewusst ist, spricht zu seinem Enkel als besorgter Warner aus der Position eines Außenseiters.

24 In Mehmets Aussage spiegeln sich die Ängste wieder, die in der christlichen Welt auf (angenommene) Muslime projiziert werden. So ist die Verbreitung des Islams nach Europa bis heute vorwiegend mit negativen Bildern beladen, die ihren Ausdruck in der Erinnerung an historische Ereignisse wie der Schlacht auf dem Amselfeld (1389), der Eroberung Konstantinopels (1492) und der Belagerung Wiens (1529) durch die Osmanen wiederfinden.

25 Vgl. Huntington 1996.

Das Alevitentum in Ufuks religiösem Weltbild

Ufuk versteht unter Gott jemanden, der alles erschaffen hat, im Himmel weilt und maskulin ist. Ufuk begann nach einem Unfall, bei dem er fast von einem Auto erfasst worden wäre, an Gott zu glauben. Wann das genau war, weiß er nicht mehr. Er betet in Gedanken, wenn er von Gott etwas wünscht. Rituale des Betens kennt er nicht. Der Unterschied zwischen Islam und Christentum ist seiner Auffassung nach, dass im Islam alle Menschen – auch die anderer Religionen – gleich seien. Dabei geht er von der Vorstellung eines Islams aus, nach der das Alevitentum das wahre Erbe des Islams in sich trägt, während der sunnitische Islam eine Verfälschung des ursprünglichen, wahren Islams ist. Das Alevitentum steht für Ufuk nicht nur für seine Religion, sondern beschreibt, wie er sagt, auch seine „Herkunft“. Somit entwirft er in seiner Glaubensbekundung zum Alevitentum sowohl ein religiöses als auch ein ethnisches Selbst- und Wir-Bild. Es ist ein ambivalentes Identitätskonzept, das zum einen auf dem Geburts- bzw. Abstammungsprinzip einer imaginären ethnisch-religiösen Glaubensgemeinschaft und zum anderen auf ein universalistischen Islamweltbild aufbaut.

Die Bedeutung des Internets in Ufuks Erinnerungs- und Identitätsarbeit

Die Bedeutung der neuen Medien, insbesondere des Internets für Identitätsprozesse lässt sich am Beispiel Ufuks religiöser Identitätsarbeit exemplarisch nachzeichnen. Ufuk schöpft sein Wissen über das Alevitentum in erster Linie aus dem Internet, in dem sich inzwischen eine ständig wachsende Zahl von alevitischen Portalen etabliert hat. Die Nutzung des Internets ist für Ufuk ein Privileg, da in seiner Familie nicht jeder einen Netzzugang hat oder damit umgehen kann. Seit über eineinhalb Jahren loggt er sich nun täglich ins Internet ein. Mit seinem virtuell angeeigneten Faktenwissen über das Alevitentum oder die Zazas übertrumpft er inzwischen seine Eltern. Er setzt dabei – aktiviert durch identitäre Fremdzuschreibungen, Exklusionserfahrungen und adoleszente Dynamiken – an losen Fragmenten, Wissenslücken sowie Verdrängungen und Tabus im familiären Gedächtnis[26] an, die ihn dazu veranlassen, sich mit seinen Herkunftsidentitäten auseinander zu setzen. Ich bezeichne dies als reparative Identitätsarbeit im Familienkonstext. Das erodierte Wissen und

26 Rekurrierend auf Coenen-Huther (2002: 38) ist unter dem Familiengedächtnis „…die Gesamtheit der Einnerungen [zu] verstehen, die jedes Individuum zu einem bestimmten Zeitpunkt an seine Herkunftsfamilie hat, und zwar zum einen im Hinblick auf die Ahnenlinie, der es entstammt, und dabei vor allem hinsichtlich seiner direkten Vorfahren, zum anderen aber auch im Hinblick auf sein eigenes Leben im Rahmen seiner Kernfamilie.“

die Praxis in Bezug auf ethisch-religiöse Gebote im Alevitentum aufzuarbeiten und wiederzubeleben ist eine Form der reparativen Identitätsarbeit, bei der das Internet für Ufuk eine wichtige Wissensquelle darstellt.

Diskussion

Als Forscher im Forschungsfeld

In meinem Beitrag untersuchte ich am Beispiel vom Ufuk, dem Enkel der Familie Gün, Prozesse alevitischer Religiösität mit den Methoden qualitativer Forschung. Dabei ermöglichte mir der ethnographisch dichte, mehrperspektivische und kontextbezogene Zugang zum Forschungsfeld tiefgehende Einblicke in die komplexen Zusammenhänge von Ufuks Identitätsarbeit. Als Forscher und Vertrauter der Familie Gün war ich stets gefordert, eine Balance zwischen Nähe und Distanz zu den Familienangehörigen zu wahren, um Grenzüberschreitungen und Verletzungen zu vermeiden. Dies war nicht immer einfach und bedurfte einer auf Respekt und Einfühlungsvermögen basierenden gegenseitigen Beziehungsarbeit. Ein entscheidendes Fundament für das Gelingen der Interaktion im Forschungsfeld wurde damit gelegt, dass insbesondere die Elterngeneration mich aufgrund meines eigenen Familienhintergrundes als „einen von Ihnen“ erkannte und mich daher in ihren familiären Raum einließ. Dennoch galt es für mich, eine Balance zwischen meiner Forscherrolle und der mir zugeschriebenen Rolle als „einer von ihnen“, zu finden. Entscheidend für das Gelingen der Vertrauensbeziehung zwischen mir und der Familie Gün war auch, dass es von beiderseitigen Interessen getragen wurde. Während ich dank der Familie Gün mein Forschungsprojekt realisieren konnte, nutzten einzelne Familienangehörige den Forschungsraum als Möglichkeit der transgenerationellen Kommunikation und (familien-)biographischen Erinnerungs- und Identitätsarbeit.

Identitäts- und Erinnerungsarbeit in den Dimensionen von Zeit und Raum

Im Forschungsprozess wird Ufuk als Akteur und Gestalter seiner personalen Identität sichtbar. Sein Handlungsfeld konstituiert sich über die beiden Dimensionen Zeit (Adoleszenz, Erinnerungs- und Gedächtnisarbeit) und (familiärer, diasporischer, transnationaler, virtueller, globaler) Raum. In seiner adoleszenten Erinnerungsarbeit holt sich Ufuk ‚in der Gegenwart gehend‘ das für seine Identitäts- und Zukunftsarbeit benötigte relevante Wissen aus der Vergangenheit. Tradiert und gespeichert liegt dieses Wissen als kollektives (Halbwachs) bzw. kommunikatives und kulturelles Gedächnis (Assmann) vor.

Ufuk bedient sich dieser Gedächnisse über narrative (Zeitzeugen) und literative (Bücher, Multimedien) Kulturtechniken (Mnemotechniken).

Als Räume sind für Ufuks Identitätsarbeit folgende relevant: Der familiäre Raum kristallisiert sich als Ufuks primärer sozialer Raum. Dieser ist seinerseits eingebettet in den Diasporaraum Deutschland und wird durch die Machtasymmetrie von Mehrheits- und Minderheitengesellschaft strukturiert.

Der Diasporaraum ist wiederum Teil des transnationalen sozialen (Migrations-)Raums, der im Zuge der transstaatlichen Migration seiner Großeltern- und Elterngeneration zwischen der Türkei und Deutschland entstanden ist. Somit werden im Falle der Familie Gün durch Transnationalität nationalstaatliche Grenzen ‚transzendiert', wobei zugleich ein imaginärer Raum ensteht, in dem vielfältige Identitätsbezüge möglich werden. Ufuks Identitätsarbeit ist im doppelten Spannungsfeld zwischen der zazaisch-alevitischen Minderheit und der deutsch-christlichen Mehrheit einerseits bzw. der türkisch-sunnitischen Mehrheit andererseits verortet. Definiert über zugeschriebene und angenommene Herkunftsidentitäten wird Ufuk in diesem Raum zum doppelten Außenseiter gemacht. Erst die Umkehrung von der fremdbestimmten zur selbstbestimmten Außenseiterpositionierung führt bei ihm zu Selbststärkung und innerer Stabilität.

Der nächste Raum ist virtuell und bezieht sich auf die multimediale Dimension, die insbesondere durch das Internet ermöglicht wird. Das Internet speichert und verbreitet nicht nur Informationen, sondern schafft zudem auch Verbindungen im globalen Netz. Ufuk nutzt den virtuellen Raum für seine Erinnerungs- und Identitätsarbeit als Wissensquelle und als digitalisiertes kulturelles Gedächtnis. Somit wird auch er Teil eines virtuellen Raumes, in dem imaginäre Kollektiv- bzw. Globalidentitäten (aus der Außenseiterposition) hergestellt werden. Das Gefühl ‚heimatlos' zu sein und sich im Zeitalter der globalen Migration überall in der Außenseiterposition zu befinden, wird im Internet auf virtueller Ebene dadurch aufgehoben, dass ein global-vernetztes und imaginiertes ‚Wir' des Alevitentums geschaffen wird.

In all den Räumen überschreitet Ufuk bei seiner Identitätsarbeit auf kommunikative und (re-)konstruktiv-reflexive Weise etablierte Grenzen. Wir können hierbei mit Bezug auf Bhabha von hybrider Identitätsarbeit im „dritten Raum"[27] sprechen, in der Ufuk im hier untersuchten Alevitisierungsprozess

27 Bhabha (1990: 211): „Now the notion of hybridity comes from the two prior descriptions I've given of the genealogy of difference and the idea of translation, because if, as I was saying, the act of cultural translation (both as representation and as reproduction) denies the essentialism of a prior given original or originary culture, then we see that all forms of culture are continually in a process of hybridity. But for me the importance of hybridity is not to be able to trace two original moments from which the third emerges, rather hybridity to me is the ‚third space' which enables other positions to emerge."

im transnationalen, transgenerationellen und multimedialen Kontext ein individuelles Alevi-Sein in Transformation konstruiert.

Fremd- und Selbstkonstruktionen des Außenseiters im transnationalen Migrationsraum

Wie ging dieser identitäre Konstruktionsprozess vonstatten? Wir erinnern uns: Ufuks Interesse an Religion, zunächst der christlichen, beginnt in seiner frühen Adoleszenzphase. Jedoch stößt er damit auf der familiären Mikro- und der gesellschaftlichen Makroebene auf Ablehnung und stereotype Zuschreibungen. Er muss die Erfahrung machen, dass Identität und Zugehörigkeit nicht in einem wertneutralen, sondern in einem vordefinierten und normierten Raum entsteht. In diesem Zusammenhang gewinnt die Betrachtung der gesellschaftlichen Position und Zugehörigkeit von Ufuks Familie im transnationalen und geschichtlichen (Migrations-) Kontext Relevanz. Als Angehörige der alevitischen Glaubensgemeinschaft mit ethnisch-kulturellen Mehrfachzugehörigkeiten besetzt sie nicht nur in der Diaspora in Deutschland, sondern auch im Herkunftsland Türkei die Position einer marginalisierten Minderheit. Ufuk gehört in der familialen Genealogie beider Elternteile einer Diasporafamilie an, die sich im transnationalen Migrationsraum in mehrfacher Weise in der Außenseiterposition befindet.

Betrachtet man die Außenseiterposition der Familie Gün aus der Türkei-Perspektive, so wird die Tatsache ihrer gesellschaftlichen Minorisierung und Exklusion als Angehörige der alevitischen Glaubensgemeinschaft erst durch die Einbettung in einen kollektivgeschichtlichen Kontext verstehbar. Das im orthodox-sunnitischen Osmanischen Reich konstruierte Feindbild von den Aleviten, markiert als gottlose und häretische *Kızılbaş* ist noch heute allgegenwärtig in der sunnitischen Bevölkerung. Die Massenverbrechen gegen die anatolischen *Kızılbaş*-Aleviten seit dem 16. Jahrhundert im Osmanischen Reich[28] und im Folgestaat der Republik Türkei[29] und ihre nach wie vor

28 Infolge von *fetvas*, erstellt von islamischen Rechtsgelehrten – wie dem Mufti Hamza, den *Şeyhulislams* Ibd-i Kemal und Ebusuud Efendi – wurden im Osmanischen Reich *kızılbaş*-Aleviten als Ungläubige und Ketzer gebrandmarkt, verfolgt und zur Tötung für ‚vogelfrei' erklärt (katl-i vacip). So wurden allein unter Sultan Yavuz Selim I. die Tötung von mehreren zehntausend *kızılbaş* legitimiert.

29 Hierzu zählen unter anderem die nach wie vor historisch-politisch in der gesellschaftlichen Erinnerungskultur nicht aufgedeckten und aufgearbeiteten Verbrechen und Massaker in Dersim (1937/38), Çorum, Malatya (1978), Maraş (1978), Sivas (1993) und Gazi Mahallesi (1995).

anhaltende Unterdrückung und Verfolgung in der Türkei[30] kennzeichnen das „gewählte Trauma“[31] der alevitischen Gemeinschaft. Im Unbewussten wird es von Generation zu Generation auch in der Diaspora sozial vererbt. Die Thematisierung und Aufarbeitung dieser kollektiven Geschichte und Traumata ist im öffentlichen Diskursraum der Türkei nicht gewollt, daher wird sie auch von den Betroffenen noch weitgehend verdrängt und verleugnet. Meist fehlt in den Familien aufgrund der fehlenden intergenerationell kommunikativen Tradierung auch Wissen darüber. Erst seit der alevitischen Bewegung seit den 1990er Jahren findet, insbesondere über Publikationen und die elektronischen Medien, in der alevitischen Gemeinschaft eine mehr und mehr enttabuisierte intellektuelle Kommunikation darüber statt. Eine individuelle und innerfamiliale Aufarbeitung von sozial vererbten traumatischen Diskrimierungs- und Rassismuserfahrungen findet jedoch kaum statt. Denn auch hierfür fehlen nach wie vor neben dem historisch-politischen Bewusstsein eines breiten Teils der Betroffenen auch die erforderlichen methodischen Ansätze, Konzepte und Ressourcen, um auf breiter gesellschaftlicher Basis Dialog- und Empowerment-Räume für die Erinnerungs- und Identitätsarbeit zu schaffen (vgl. Yiğit/Can 2006; Can, in Dr.). Erste Bemühungen und Tendenzen in diese Richtung lassen sich jedoch in alevitischen Eigenorganisationen und Medien beobachten, insbesondere in der Diaspora in Deutschland und Europa.

Die Rahmenbedingungen für Ufuks Sozialisations- und Individualisierungsprozess sind sowohl in der Familie als auch im Rahmen der deutschen, christlich geprägten Mehrheitsgesellschaft sowie der türkisch-sunnitisch dominierten Minderheit in Deutschland verhältnismäßig ungünstig. Bezogen auf seine Familie wurden ihm die pluralen familiären Identitätsbezüge und Wissensressourcen transgenationell nur selektiv, d.h. orientiert an den dominanten Werten und Wissensressourcen der westlich-aufklärerisch-deutschen und der ‚laizistisch'-türkischen Mehrheitsgesellschaft, übertragen. Insbesondere wurden ihm weder alevitische Glaubensinhalte und -praxen, noch die Muttersprache Zazaki von den Eltern oder Großeltern aktiv vermittelt. Die Überlebens-

30 Vgl. European Commission Turkey 2006 Progress Report, indem auf die immer noch vorherrschende gesellschaftlich-staatliche Benachteiligung und Diskriminierung von Aleviten in der Türkei hingewiesen wird.

31 Eine eingehende Diskussion des Traumabegriffs ist bei Kühner (2002) nachzulesen. Unter „gewähltem Trauma“ versteht Volkan die von einer Großgruppe einer anderen Gruppe zugefügte demütigende Verletzung, bei der in der Gruppe durch unbewusste „Wahl" die geistige Repräsentation des Ereignisses einer vergangenen Generation in die eigene Identität hinzugefügt wird. Das Unvermögen der Trauerarbeit der vergangenen Generation über die traumabedingten Verluste zeigt, dass es der Gruppe nicht gelungen ist, die narzistische Verletzung und Demütigung wiedergutzumachen und die Opferpostion zu überwinden (vgl. Volkan 2000: 73).

strategie der *takiye*, die Ufuks Großeltern als Angehörige einer verfolgten Minderheitgruppe in der Türkei gegenüber der sunnitisch-muslimischen Mehrheitsgesellschaft praktizierten, wurde in der Diaspora bis vor kurzem auch den eigenen Nachkommen gegenüber angewandt. Damit wurden für Ufuk intergenerationelle Bezüge zur eigenen Herkunft und Geschichte gekappt und ihm eine an der Familienbiographie orientierte Identitätsarbeit zunächst einmal verwährt.

Wie erwähnt, bildet für Ufuks Identitätsarbeit auch die deutsche Mehrheitsgesellschaft eine Barriere. So wird er, trotz deutscher Staatsbürgerschaft und Neigung zum christlichen Glauben, in der deutschen Gesellschaft auf seine angeblich türkisch-muslimische Herkunft verwiesen und damit zum Anderen, zum ‚Fremden' gemacht, marginalisiert und aus der deutsch-christlich konstruierten Wir-Gemeinschaft ausgeschlossen. Diese Erfahrung macht Ufuk spätestens im christlichen Jugendzeltlager. Eine Erfahrung, die er zunächst aus seinem Bewusstsein verdrängt und unverarbeitet lässt. Mit der Strategie der übermäßigen Darstellung seiner christlichen Orientierung stößt er nicht nur in der deutschen Mehrheitsgesellschaft, sondern auch in seiner Diasporagemeinschaft auf Ablehnung. Zu deuten ist Ufuks Strategie als ein reaktiver Akt. Er steht für das Bemühen, durch Anpassung Anerkennung und Aufnahme in die Mehrheitsgesellschaft zu finden. Dass es sich in der religiösen Praxis Ufuks mehr um das Spiel mit Symbolen handelt als um eine ernsthaft christlich-religiöse Überzeugung, zeigt sich auch in seinen fehlenden Bindungen zu christlichen Gemeinden oder Zirkeln. Das Kreuz dient dazu, in Familie, Gemeinschaft und der deutschen Mehrheitsgesellschaft für Irritation und mehr Aufmerksamkeit auf seine Person zu sorgen, um sich so sozial vom Rand ins Zentrum zu rücken. Das muss nicht unbedingt ein bewusstes Handeln sein. Es ist ein provokantes Spiel und eine riskante Strategie, durch aktive Aneignung von etablierten und stereotypen Symbolen des konstruierten „Mehrheits-Wir", die Zugehörigkeit zu diesem „Wir" und damit seinen Privilegien und Ressourcen erreichen zu wollen. Adressiert an seine Familie und Gemeinschaft dient die christliche Symbolik auch dazu, sich in der Phase der frühen Adoleszenz von ihnen abzugrenzen, sich als Insider der Mehrheitsgesellschaft zu präsentieren und somit individuell hervorzutreten.

Mit dieser Strategie scheitert Ufuk jedoch erneut, diesmal beim Wechsel in eine mehrheitlich aus deutschen Schülern zusammengesetzte Oberschulklasse. Ablehnung, Ethnisierung, rassistische Diskriminierung, Mobbing, soziale Isolierung und Marginalisierung von Seiten einzelner Schüler, Lehrer und SozialarbeiterInnen deutscher Herkunft werden zur Alltagserfahrung und psychischen Belastung für ihn. Schließlich kommt es bei Ufuk zum radikalen Bruch. Er wechselt die Seiten, indem er demonstrativ das Kreuz ablegt und nunmehr mit dem *zülfikar* ‚posiert'. Ufuks beginnende Alevitisierung und Selbstethnisierung mit Bezug auf die Herkunftsidentitäten der Familie ist hier als eine Handlungs- und Identitätsstrategie in Reaktion auf Ausschlusserfahrungen zu deuten, die in drei Richtungen geht.

Sie ist zunächst eine Reaktion auf dominante essentialistisch-kulturalistische und assimilative Identitätsdiskurse und -praxen. Dann ist sie auch eine an seine Familie adressierte Anklage und Antwort auf die von den älteren Generationen praktizierte Verleugnung der Herkunftsidentitäten. Bemerkenswert ist in diesem Zusammenhang, dass Ufuk sich eines Identitätsrepertoirs bedient, das ihn von Anderen innerhalb wie außerhalb seiner Familie unverwechselbar unterscheidet und somit erneut hervorhebt. Ufuks Alevitisierung und Selbstethnisierung geht mit seiner Selbstexotisierung einher. Er transformiert sich somit aus der von außen an ihn herangetragenen passiven und ohnmächtigen Außenseiterposition durch Selbstbemächtigung zu einem selbstbestimmten Außenseiter. Bezeichnenderweise werden hierbei biographisch-identitäre Bezüge nicht nur zum Deutsch-Christlichen, sondern auch zum Türkisch-Sunnitischen völlig ausgeblendet. Er distanziert sich in seiner selbstbestimmten Außenseiterpositionierung sowohl von der Dominanz- bzw. „Leitkultur“ Deutschlands als auch der Türkei. Bei einem transgenerativen Vergleich in der Familie Gün manifestiert sich Ufuks Identitätskonzept als eine außergewöhnliche und individuell entworfene identitäre Hybridkonstruktion im transnationalen sozialen Migrationsraum, mit Bhabha gesprochen, dem „dritten Raum“.

Ufuks selbstbestimmte, jedoch nicht selbstgewollte doppelte Außenseiterpositionierung ist einerseits im Rahmen von historisch-politischen Prozessen und andererseits als ein Produkt sozialer Tradierung zu verstehen. Sowohl in Deutschland als auch in der Türkei wird das „nationale Wir“ in Diskursen und Praxen über „völkisch“-kulturalistische Leitbilder organisiert und konstruiert. Infolge dessen werden ethnisch-kulturell-religiöse Minderheiten in beiden Ländern minorisiert, marginalisiert und damit zu „Fremden“ und Außenseitern gemacht. Signifikant bei Ufuk ist, dass er im Gegensatz zu seinen Eltern und Großeltern die Herkunftsidentitäten der Familie nicht versteckt (*takiye*), verdrängt oder verleugnet, sondern im Gegenteil demonstrativ hervorholt und selbstbewußt als sein Eigenes annimmt. Somit tauscht er nicht nur das Kreuz gegen den *zülfikar*, sondern auch die takiye gegen Sichtbarkeit. Seine Strategie der selbstbestimmten Außenseiterpositionierung erweist sich in der gegenwärtigen Phase als ein selbststärkender und emanzipatorischer Schritt des empowerment.

Ein signifikanter Wandel ist auch in Ufuks Familie zu beobachten. Es ist ein familiärer Raum der Begegnung und des Austauschs zwischen den Generationen entstanden, in dem soziale und identitäre (z.B. religiöse) Positionierungen und so manche Tabus artikuliert werden. Somit hat sich ein Kommunikationsraum gebildet, in dem familienbiographische Erinnerungsarbeit stattfindet. Das im Migrationsprozess erodierte familiäre Wir-Gefühl und religiöse Praxen werden reaktiviert. Es sind jedoch Wandlungen und Neuentwürfe des Altbekannten. Mit dem familiären Raum wird ein sinn- und identitätstiftender, Schutz und Halt gebender und auf Solidarität setzender Raum mit pluralisierten Lebensformen geschaffen. Zudem gibt es nun auch das Internet, dass bei der Erinnerungs- und Identitätsarbeit, wie an Ufuks Beispiel gezeigt, eine signifante Relevanz eingenommen hat. Es lässt sich die Vermutung aufstellen, dass sich der Prozess der Kommunikation im virtuellen Raum des Internets auch auf die anderen Familienangehörigen ausdehnen und so ein global vernetzter, virtueller Interaktionsraum mit ungeahnten Möglichkeiten und Wirkungen für Ufuk und seine Mehrgenerationenfamilie in Nah und Fern entstehen wird.

Inzwischen nutzt Ufuk im Rahmen seiner Identitätsarbeit auch soziale Räume außerhalb seiner Familie. Dazu zählt insbesondere eine peer-group gleichaltriger Aleviten, aber auch seine ersten Besuche im *cem*-Haus. Desweiteren ist er auf der Suche nach einem Sprachkurs für Zazaki.

Prospektive

Zum Schluss stellt sich die dringliche Frage, welche politisch-gesellschaftlichen Handlungsschritte in den pluralen Gesellschaften Deutschlands und der Türkei erforderlich sind, damit Jugendliche wie Ufuk, die Teil der jeweiligen Gesellschaft sind, nicht zu diskriminierten Außenseitern werden, sondern als gleichberechtigte Bürger mit ihren mehrfachen und hybriden Bezügen und Identitäten am gesamtgesellschaftlichen Leben partizipieren können. Die empirische Fallanalyse zeigte exemplarisch, welche individuell und generativ unterschiedlichen, konfliktbeladenen identitären Transformationen Familien und ihre Angehörigen im Migrationsprozess durchlaufen können. Es stellte sich heraus, dass das Fehlen einer Erinnerungskultur in Bezug auf Migrationsprozesse im familiären und öffentlichen Raum und die polarisierende Differenzkonstruktion von (national-ethnisch-kuturell-religiöser) Identität in der Türkei und Deutschland bis in die nahe Gegenwart die Identitätsarbeit der Folgegenerationen und damit den innerfamiliären und innergesellschaftlichen Dialog beeinträchtigte. Für Menschen, in deren Biographien Migrationserfahrungen und -bezüge eine wichtige Rolle spielen, aber auch für die Migrationsgesellschaften selbst, kommt der Erinnerungsarbeit eine besondere Bedeutung zu. Sie schafft Brücken zwischen Vergangenheit, Gegenwart und Zukunft, Verbindungslinien zwischen den Generationen und Gesellschaften, und ermöglicht die Tradierung kulturellen Wissens. In den Migrationsgesellschaften Deutschland und der Türkei und in den Migrationsfamilien wird Migration jedoch nicht als ein zentrales gesamtgesellschaftliches Thema begriffen, das in gesellschaftspolitische Entscheidungs- und Gestaltungprozesse eingebettet werden müsste.

Die kulturübergreifende Öffnung aller gesellschaftlichen Bereiche (angefangen von Familie über schulische und außerschulische Erziehungs- und Bildungseinrichtungen bis hin zu Medien usw.) verlangt insbesondere neue pädagogische und bildungspolitische Konzepte. Es müsste dabei darum gehen, das Denken in monolitischen Kategorien von Nation, Volk, Kultur, Sprache und Religion, das nicht nur in den Köpfen und Diskursen, sondern auch in gesellschaftlichen Strukturen und Institutionen vorherrscht, für eine kosmopolitische und menschenrechtsbewusste Gesellschaft aufzubrechen.

Danken möchte ich Elif Yeşilbaş, Esther S. Goldstein und Martin Sökefeld für ihre sehr hilfreichen Rückmeldungen zu meinem Beitrag.

Literatur

Assmann, Jan (2005): „Das kollektive Gedächtnis zwischen Körper und Schrift. Zur Gedächtnistheorie von Maurice Halbwachs“, in: Hermann Krapoth/Denis Laborde (Hg.): *Erinnerung und Gesellschaft. Mémoire et Sociéte. Jahrbuch für Soziologiegeschichte*, Wiesbaden: Verlag für Sozialwissenschaften: S. 65-83.

Ders., (1997): *Das kulturelle Gedächtnis. Schrift, Erinnerung und politische Identität in frühen Hochkulturen*, München: C.H. Beck.

Bhabha, Homi K. (1990): „The Third Space. Interview with Homi Bhabha“, in: J. Rutherford (ed.): *Identitiy, Community, Culture, Difference*, London: Lawrence & Wishart: S. 207-221.

Can, Halil (in Dr.): „Demokratiearbeit und Empowerment gegen Diskriminierung und Rassismus in selbstbestimmten People of Color-Räumen“, in: Maria do Mar Castro Varela (Hg.): *Soziale (Un)Gerechtigkeit. Antidiskriminierung, Dekolonialisierung und Demokratisierungsprozesse*.

Can, Halil (2005a): „‚Eigentlich bin ich ja ein Berliner.‘ Verknüpfungsarbeit als Identitätsstrategie entlang der Migrationswege der anatolischen Laute Bağlama“, in: Alexa Färber (Hg.), *Hotel Berlin. Formen urbaner Mobilität und Verortung*. Berliner Blätter – Ethnographische und ethnologische Beiträge, Bd. 37, Münster: Lit, S. 99-110.

Can, Halil (2005b): „Familien und Identitätsbilder in Bewegung, Ethnographie unterwegs. Dokumentation der transnationalen Migration aus der Mikroperspektive einer ostanatolischen Mehrgenerationenfamilie aus Berlin“, in: IFADE (Hg.), *Insider – Outsider. Bilder, ethnisierte Räume und Partizipation im Migrationsprozess*, Bielefeld: transcript, S. 32-56.

Coenen-Huther, Josette (2002): *Das Familiengedächtnis. Wie Vergangenheit rekonstruiert wird*, Konstanz: UVK.

Cohen, Robin (1997): *Global Diasporas. An Introduction*, London: UCL-Press.

Korkmaz, Esat (2003): *Ansiklopedik Alevilik-Bektaşilik Terimleri Sözlüğü* [Enzyklopädisches Wörterbuch der türkisch-bektaschitischen Terminologie], Istanbul: Kaynak.

Faist, Thomas (Hg.) (2000): *Transstaatliche Räume. Politik, Wirtschaft und Kultur in und zwischen Deutschland und der Türkei*, Bielefeld: transcript.

Elias, Norbert; John L. Scotson (1990): *Etablierte und Außenseiter*, Frankfurt am Main: Suhrkamp.

Europäische Kommission (2006): European Commission Turkey 2006 Progress Report, Brüssel: Europäische Kommission. http://ec.europa.eu/enlargement/pdf/key_documents/2006/Nov/tr_sec_1390_en.pdf Zugang: 09.11.06)

Eryılmaz, Aytaç und Mathilde Jamin (Hg.) (1998): *Fremde Heimat. Eine Geschichte der Einwanderung aus der Türkei*, Essen: Klartext.

Giddens, Anthony (2001): *Entfesselte Welt. Wie die Globalisierung unser Leben verändert*, Frankfurt am Main: Suhrkamp.

Gippert, Jost (1996): „Die historische Entwicklung der Zaza-Sprache", in: *Ware* 10: S. 148-154.

Gülçiçek, Ali Duran (1994): *Der Weg der Aleviten (Bektaschiten). Menschenliebe, Toleranz, Frieden und Freundschaft*, Köln: Ethnographia Anatolica.

Hall, Stuart (2004): *Ideologie, Identität, Repräsentationen.* Ausgewählte Schriften 4, Hamburg: Argument.

Hall, Stuart (1994): „Kulturelle Identität und Diaspora", in: Stuart Hall, *Rassismus und kulturelle Identität.* Ausgewählte Schriften 2, Hamburg: Argument, S. 26-43.

Herriger, Norbert (2006): *Empowerment in der Sozialen Arbeit. Eine Einführung*, Stuttgart: W. Kohlhammer.

Kaschuba, Wolfgang (1999): *Einführung in die Europäische Ethnologie*, München: C. H. Beck.

Kehl-Bodrogi, Krisztina (2002): *‚Was du auch suchst, such es in dir selbst.' Aleviten (nicht nur) in Berlin*, Berlin: Concept.

Keupp, Heiner u. a. (1999): *Identitätskonstruktionen. Das Patchwork der Identitäten in der Spätmoderne*, Reinbek bei Hamburg: Rowohlt.

Kohli, Martin und Marc Szydlik (Hg.) (2000): *Generationen in Familie und Gesellschaft*, Opladen: Leske und Budrich.

Kühner, Angela (2002): „Kollektive Traumata. Annahmen, Argumente, Konzepte. Eine Bestandsaufnahme nach dem 11. September." http://www.berghof-center.org/uploads/download/br9d.pdf (Zugang: 28.04.07)

Mannheim, Karl (1928): „Das Problem der Generationen", *Kölner Zeitschrift für Soziologie und Sozialpsychologie* 7: 157-185 (Teil 1) und 309-330 (Teil II).

Marcus, George M. (1995): „Ethnography in/of the World System: The Emergence of Multi-Sited Ethnography", *Annual Review of Anthropology* 24, S. 95-117.

McLuhan, Marshall (1968): *Das Ende des Buchzeitalters*, Düsseldorf, Wien: Econ.

Mecheril, Paul (2003): *Prekäre Verhältnisse. Über natio-ethno-kulturelle (Mehrfach)-Zugehörigkeit*, Münster u.a.: Waxmann.

Migration-info.de (2006): „Migration und Bevölkerung: Deutsche Islam-Konferenz eröffnet", Newsletter, Ausgabe 8, Oktober 2006: S. 1-2. http://www.migration-info.de/migration_und_bevoelkerung/archiv/ausgaben/ausgabe0608.pdf (Zugang: 05.11.2006).

Pries, Ludger (1998): „Transnationale soziale Räume. Theoretisch-empirische Skizze am Beispiel der Arbeitswanderungen Mexiko-USA", in: Ulrich Beck (Hg.): *Perspektiven der Weltgesellschaft*, Frankfurt am Main: Suhrkamp, S. 55-86.

Rommelspacher, Birgit (1995): *Dominanzkultur. Texte zu Fremdheit und Macht*, Berlin: Orlanda Frauenverlag.

Rosenthal, Gabriele (1995): *Erlebte und erzählte Lebensgeschichte. Gestalt und Struktur biographischer Selbstbeschreibungen*, Frankfurt am Main: Campus.

Rosenthal, Gabriele (2000): „Historische und familiale Generationenabfolge", in: Martin Kohli/Marc Szydlik (Hg.): *Generationen in Familie und Gesellschaft*, Opladen: Leske und Budrich.

Schütze, Fritz (1983): „Biographieforschung und narratives Interview", *Neue Praxis* 13: S. 283-293.

Selcan, Zülfü (1998): *Grammatik der Zaza-Sprache. Nord-Dialekt (Dersim-Dialekt)*, Berlin: Wissenschaft und Technik.

Simmel, Georg (2002): „Exkurs über den Fremden", in: Peter-Ulrich Merz-Benz/Gerhard Wagner (Hg.): *Der Fremde als sozialer Typus*. Konstanz: UVK, S. 47-53.

Tan, Dursun (1999): „Aleviten in Deutschland. Zwischen Selbstethnisierung und Emanzipation", in: Gerdien Jonker (Hg.): *Kern und Rand. Religiöse Minderheiten aus der Türkei in Deutschland*, Berlin: Das Arabische Buch.

Volkan, Vamık D. (2000): *Das Versagen der Diplomatie. Zur Psychoanalyse nationaler, ethnischer und religiöser Konflikte*, Gießen: Psychosozial.

Yıldız, Erol (1997): *Die halbierte Gesellschaft der Postmoderne. Probleme des Minderheitendiskurses unter Berücksichtigung alternativer Ansätze in den Niederlanden,* Opladen: Leske und Budrich.

Yıldız, Harun (2004): „Alevilerde Dedelik Kurumu" [Die Institution des *Dede*-Amtes bei den Aleviten], Ismail Engin/Havva Engin (Hg.): *Alevilik*, Istanbul: Kitap, S. 321-338.

Yiğit, Nuran; Halil Can (2006): „Die Überwindung der Ohn-Macht. Politische Bildungs- und Empowerment-Arbeit gegen Rassismus in People of Color-Räumen – das Beispiel der Projektinitiative HAKRA", in: Gabi Elverich /Annita Kalpaka/Karin Reindlmeier (Hg.): *Spurensicherung – Reflexionen von Bildungsarbeit in der Einwanderungsgesellschaft*, Frankfurt am Main: IKO, S. 167-193.

Zentrum für Türkeistudien (Hg.) (1998): *Das ethnische und religiöse Mosaik der Türkei und seine Reflexionen auf Deutschland*, Münster: LIT.

Sind Aleviten Muslime? Die alevitische Debatte über das Verhältnis von Alevitentum und Islam in Deutschland

MARTIN SÖKEFELD

> „Es gibt fünf Säulen des Islam. Wir halten uns nicht an sie. Wir beten nicht in der Moschee, wir fasten nicht im Ramadan, wir pilgern nicht nach Mekka. Warum sollte das Alevitentum also zum Islam gehören?"

> „Im *cem* rufen wir Allah, Mohammed, Ali an. Wie können wir behaupten, das Alevitentum gehöre nicht zum Islam?"[1]

Einleitung

Gehört das Alevitentum zum Islam? Diese scheinbar einfache Frage bezeichnet eine wichtige Auseinandersetzung für die Selbstidentifizierung von Aleviten in Deutschland. Sie hat zu erbitterten und andauernden Konflikten in alevitischen Gemeinden geführt. Aus der Perspektive der Islam- oder Religionswissenschaft ist diese Frage eigentlich keine, denn es ist klar, dass das Alevitentum aus muslimischen Traditionen, vor allem aus solchen, die mit der Schia verbunden sind, entstanden ist, obwohl das Alevitentum auch „heterodoxe" Elemente in seine Rituale und Glaubensvorstellungen aufgenommen hat. Aber Rituale und Doktrinen können auf unterschiedliche und manchmal sich wechselseitig ausschließende Weisen interpretiert werden. Die Essenz der theologischen Debatte über die Frage der Zugehörigkeit des Alevitentums zum Islam ist in den beiden Zitaten am Anfang dieses Beitrags ausgedrückt,

1 Die beiden Zitate stammen aus Interviews mit Aleviten in Hamburg.

die ich während meiner Feldforschung zu Aleviten in Deutschland aufgenommen habe.[2] Aber das Problem ist nicht nur eine Frage unterschiedlicher Glaubensvorstellungen und einander widersprechender theologischer Perspektiven. Es ist unentrinnbar verknüpft mit politischen Fragen wie nach der Beziehung von Aleviten zu muslimischen Gruppen, nach ihrer Positionierung in der die Debatte über Islam und Immigration in Deutschland und dem Problem der (verweigerten) Anerkennung des Alevitentums in der Türkei. In diesem Beitrag versuche ich, einige Stränge dieses Problems zu entwirren. Dabei wende ich mich vor allem der Bedeutung der Frage der Zugehörigkeit zum Islam im Kontext der Politik der Anerkennung der alevitischen Bewegung in Deutschland zu. Die Zugehörigkeit zum Islam ist die derzeit wohl strittigste Frage in der Auseinandersetzung über „alevitische Identität". Thema dieses Artikels sind nicht die direkten Beziehungen zwischen Aleviten und (sunnitischen) Muslimen in Deutschland oder andernorts, sondern die Frage, wie Aleviten und das Alevitentum in spezifischen Kontexten in Bezug auf den Islam kategorisiert werden. Indirekt sind Beziehungen zwischen Aleviten und sunnitischen Muslimen, wie sie historisch erfahren und dargestellt wurden, aber natürlich eng mit dem Problem der Kategorisierung verbunden.

Identität und die Politik der Anerkennung

Ich habe in der Einleitung zu diesem Band die alevitische Bewegung als eine Identitätsbewegung vorgestellt, die für die Anerkennung des Alevitentums eintritt. „Identität" ist eins der populärsten Konzepte in den Sozial- und Kulturwissenschaften. Versuche, das Identitätskonzept theoretisch zu fassen, lassen sich grob in die beiden entgegengesetzten Perspektiven „Essentialismus" und „Konstruktivismus" einordnen. Eine essentialistische Position würde davon ausgehen, dass sich Identitäten auf bestimmte „Wesensheiten" beziehen, die Menschen eindeutig voneinander unterscheiden, die überwiegend unveränderlich sind und daher der sozialen Interaktion weitgehend vorgelagert sind. Die konstruktivistische Perspektive betrachtet dagegen Identitäten als veränderlich und kontextabhängig. Identitäten entstehen danach in der sozialen Interaktion und sind damit „sozial konstruiert". In der theoretischen Auseinandersetzung hat sich die konstruktivistische Perspektive weitgehend durchgesetzt, den Essentialismus aber durchaus nicht „abgeschafft". Auch nach Jahren der anti-essentialistischen Kritik ist Identität immer noch ein schwieriges Konzept. Auch wenn essentialistische Positionen heute eher wenig Rückhalt

2 Die Feldforschung fand von 2000 bis 2004 vor allem in Hamburg aber auch in Köln und in anderen deutschen Städten statt und wurde durch Erhebungen in der Türkei ergänzt. Die Ergebnisse der Forschung sind in Sökefeld (2008) zusammengefasst.

in der theoretischen Debatte finden, dominieren sie doch die Identitätskonzepte der Akteure von Identitätsbewegungen, die per Essentialisierung die Anerkennung als Gemeinschaft, als kollektives Subjekt erreichen wollen. Auch das Schreiben über Identitätsbewegungen droht daher leicht in eine Sprache von fixierten und essentialisierten Identitäten abzugleiten. Um dies zu vermeiden, möchte ich das Identitätskonzept kurz diskutieren.

Auf analytischer Ebene verwende ich einen anti-essentialistischen, prozessualen Begriff von Identität. Ein solcher Begriff muss sich jedoch auch damit auseinandersetzen, dass Identitätskonzepte von Akteuren in der Regel essentialistisch sind. Ich bringe Identität in drei zusammenhängenden „Dimensionen" auf den Begriff, die ich Differenz, Pluralität und Überschneidung nenne (Sökefeld 2001, 2008). Erstens hat eine Identität nur Bedeutung, weil es andere Identitäten gibt. Eine Identität zu beanspruchen impliziert die Behauptung einer Differenz. Auf alevitischer Identität zu bestehen kommt der Betonung gleich, dass sich Aleviten von Sunniten unterscheiden. Zweitens verkörpert jedes Individuum mehrere, verschiedene Identitäten. Ein Alevit ist nicht nur Alevit, er – oder sie, auch das eine spezifische Identität – ist gleichzeitig türkischer (oder deutscher) Staatsbürger, eine Person aus einer bestimmten Region in der Türkei, ein Kurde oder Türke und ein Vertreter einer bestimmten politischen Perspektive, um nur ein paar Identifizierungsmöglichkeiten aufzuzählen. Sich als Alevit zu identifizieren erschöpft also keineswegs die Identifizierungsmöglichkeiten einer Person. Drittens, die verschiedenen Identifizierungen einer Person können sich überschneiden. Identitäten wirken aufeinander, sie können sich wechselseitig verstärken oder miteinander in Konflikt und Konkurrenz geraten und einander in Frage stellen. Als Folge der unitaristischen türkischen Nationalideologie mag beispielsweise eine Betonung türkischer Identität dazu führen, alevitische Identität herunterzuspielen. Umgekehrt kann die Identifizierung als Alevit als Subversion türkischer Identität wahrgenommen werden. Kurz gesagt begreife ich Identitäten als ein Feld vielfältiger, einander überschneidender Differenzen. Identitätspolitik versucht, in einem solchen Feld eine bestimmte Identität (als Alevit, als Türke, als Muslim) zu stabilisieren, und das geschieht fast notwendigerweise auf Kosten anderer, konkurrierender Identifizierungen. Identitätspolitik löst daher sehr oft Widerstand und die Betonung konkurrierender Identitäten aus. Die Betonung alevitischer Identität zu Beginn der alevitischen Bewegung rief etwa den Widerstand von Kurden hervor, die kurdische Aleviten dazu drängen wollten, der kurdischen Identität eindeutig das Primat einzuräumen. Ebenso ist die Beziehung zwischen Alevitentum und Islam oder zwischen alevitischer und muslimischer Identität ein Verhältnis miteinander verwobener, in vieler Hinsicht rivalisierender oder sich sogar wechselseitig ausschließender Ansprüche. Derartige Überschneidungen betreffen auch andere Identitäten, vor allem solche, die im Rahmen des türkischen Nationaldiskurses und des deutschen Migrationsdiskurses zugeschrieben werden.

Aleviten sind keine Sunniten: die Basisdifferenz

Inzwischen wissen mehr und mehr Menschen in Deutschland dass es Menschen gibt, die sich Aleviten nennen, und so werden Aleviten immer häufiger gefordert, zu erklären, was das Alevitentum ist und wodurch sich Aleviten auszeichnen. Solche Selbstdarstellungen gibt es in vielen verschiedenen Formen: als mündliche Erklärungen in der persönlichen Begegnung, als Nebenbemerkungen im Gespräch, als Redebeitrag bei Veranstaltungen oder als schriftliche Dokumente, die von alevitischen Vereinen gedruckt oder ins Internet gestellt werden.[3] Man begegnet kaum einer solchen Selbstdarstellung, die nicht auf die Differenz zwischen Aleviten und Sunniten Bezug nimmt. Aus diesem Grund nenne ich den Unterschied zwischen Aleviten und Sunniten die Basisdifferenz alevitischer Identität. Diese Basisdifferenz ist weit wichtiger als etwa der Unterschied zwischen Kurden und Türken unter Aleviten. Es ist unmöglich darüber zu sprechen, was das Alevitentum ist, ohne sich auf den Unterschied zum sunnitischen Islam (und in geringerem Maße die Differenz zur Schia) zu beziehen.

Auf ihrer Internet-Homepage veröffentlichte die der Dachverband der Aleviten, die Alevitische Gemeinde Deutschland, unter dem Titel „Alevilik – Alevitentum" einen kurzen Text, der das Alevitentum vorstellte. Nach einem Satz zur Anzahl der Aleviten wendet sich der Text dem Unterschied zwischen dem Alevitentum und dem Islam zu:

„Das Alevitentum in Anatolien formte sich zwischen 13. und 16. Jahrhundert. Da die Aleviten in Anatolien der vorislamischen Kultur weitgehend verbunden blieben und die geschichtliche sowie religiöse Entwicklung ihres Landes maßgeblich beeinflussten, unterscheiden sie sich sowohl von orthodox-islamischen Sunniten als auch von iranischen Schiiten. Ein Gegensatz sowohl zur sunnitischen als auch zur schiitischen Orthodoxie besteht darin, dass die anatolischen Aleviten die Scharia, das islamische Rechtssystem für religiöse und weltliche Angelegenheiten, nicht als das Wort Gottes akzeptieren."[4]

Dieser Absatz lokalisiert den Ursprung der Differenz zwischen Alevitentum und sunnitischem und schiitischem Islam in der Geschichte. Dass heißt, es wird betont, dass sich das Alevitentum von Anfang an vom sunnitischen und schiitischen Islam unterschieden hat. Der Text fährt fort, Aleviten zu charak-

3 Zur Bedeutung des Internets für alevitische Identität siehe Sökefeld 2002b.

4 http://www.alevi.com/sites/lehre/Alevitentum%20/aleviten (Zugriff am 20.9.04).

terisieren, indem er sie vom sunnitischen Islam absetzt. Er erwähnt, dass die offizielle Repräsentation des Islam durch die Religionsbehörde DİB in der Türkei genauso wie der Religionsunterricht allein am sunnitischen Islam orientiert ist. Danach wendet sich der Text der religiösen Praxis zu:

„Die Aleviten beten individuell abends und donnerstagabends in der Gemeinde, der Cemversammlung. Sie gehen nicht in die Moschee, sie haben in der Regel eigene Kultstätte (*Cemevi*). Der Kult der Aleviten ist durch gegenseitige Versöhnung, Musik und Tanz beider Geschlechter ausgezeichnet. Die Aleviten fasten nicht im Monat Ramadan, sondern 12 Tage im Monat Muharrem. Die Aleviten pilgern nicht nach Mekka (ibid.)."

Dies ist eine relativ ausführliche Darstellung, da der Text nicht nur sagt, was Aleviten im Unterschied zu Muslimen *nicht* tun, sondern auch, was sie stattdessen tun. Wenn Aleviten Außenstehenden das Alevitentum erklären, tun sie das sehr häufig allein im Negativum, indem sie festhalten, dass Aleviten nicht im Ramadan fasten, nicht in der Moschee beten und nicht nach Mekka pilgern. Ganz wichtig ist auch die Betonung, dass alevitische Frauen kein Kopftuch tragen.

Das Alevitentum wird im Kontrast zum sunnitischen Islam definiert. Dieser Kontrast wird auf eine allgemeine aber doch ambivalente Art dargestellt. Denn wenn sich Aleviten kontrastiv identifizieren und definieren, tun sie das häufig nicht mit speziellem Bezug auf das Sunnitentum, sondern sie beziehen sich auf den Islam und Muslime überhaupt. In Diskussionen mit Aleviten kommt es häufig vor, dass in einem Augenblick der Unterschied zwischen dem Alevitentum und dem Islam hervorgehoben, im nächsten Moment aber festgestellt wird, dass Aleviten aber „natürlich" Muslime seien. Im alevitischen Diskurs ist die Beziehung zwischen Alevitentum und Islam also von einer gewissen Mehrdeutigkeit geprägt.[5]

Zentrales Element der Differenz sind die Regeln des Islam. Der sunnitische Islam wird von Aleviten als eine Religion mit einem festgelegten Satz Regeln aufgefasst, die etwa das Gebet, das Fasten und die Pilgerfahrt definieren. Diese Regeln sind im islamischen Recht, der Scharia (türkisch: *şeriat*) zusammengefasst, die im Idealfall sämtliche Aspekte des menschlichen Lebens lenken. Aber die Scharia gilt nicht für Aleviten, da sie, gemäß der Stufenlehre des alevitischen Weges, die erste Stufe der Scharia bereits überwunden haben. Die Regeln der Scharia betreffen Aleviten daher nicht. Sunniten

5 Diese Ambivalenz findet sich daher notwendigerweise auch in diesem Text wieder. Je nach Kontext stelle ich manchmal das Alevitentum dem Islam insgesamt gegenüber, manchmal spezifisch dem sunnitischen Islam. Mit der generellen Kontrastierung von Islam und Alevitentum ist kein Urteil meinerseits impliziert, dass das Alevitentum nicht zum Islam gehört.

werden dagegen als Menschen betrachtet, die bei diesem nach aleitischer Ansicht ziemlich vorläufigen Schritt auf dem Weg zu Gott stehen geblieben sind.

Im Unterschied dazu wird das Alevitentum als eine Religion begriffen, die nicht auf Regeln basiert, sondern „auf dem Menschen". Genauer gesagt, während Sunniten unzählige Regeln befolgen müssen – so gibt es nicht nur die Regel, dass man fünfmal am Tag beten soll, sondern auch spezifische Regeln, die etwa die Waschungen vor dem Gebet genau festlegen – gilt für Aleviten lediglich eine Regel, die Hacı Bektaş Veli zugeschrieben wird: *Eline beline diline sahip ol*! Beherrsche deine Hände, deine Lende und deine Zunge! Diese Regel soll ein konfliktfreies soziales Leben ermöglichen. Eine Broschüre, die von der Jugendgruppe des Alevitischen Kulturzentrums Stuttgart herausgegeben wurde, fasst diese Vorstellung vom Alevitentum und seiner Differenz zum sunnitischen Islam in die folgenden Worte:

> „Die alevitische Lehre ist entgegen der orthodox-islamischen Lehre als liberal zu bezeichnen, weil sie die Vernunft in der Religion zulässt. Aleviten lehnen die Scharia (islamisches Rechtssystem) ab und gehen nicht in die Moschee, sondern haben ihre eigenen Gebetsräume (Cem Häuser). Im Alevitentum spielen die Grundwerte nach Gerechtigkeit, Menschenliebe, Toleranz und Religions- wie Meinungsfreiheit eine zentrale Rolle [sic]" (Jugendgruppe des alevitischen Kulturzentrums Stuttgart 2001:6).

Für das Verständnis des Alevitentums hat die Basisdifferenz verschiedene Folgen. Eine Konsequenz ist, dass die Differenz manchmal noch dadurch betont wird, dass der sunnitische Islam mit „Fundamentalismus" gleichgesetzt wird. Eine andere Konsequenz ist, dass ein wachsender Teil von Aleviten in Deutschland das Alevitentum nicht einfach im Kontrast zum sunnitischen Islam definiert, sondern im Unterschied zum Islam überhaupt. Viele und vielleicht sogar die meisten Aleviten sind in ihrer Haltung gegenüber dem Islam jedoch sehr ambivalent.

Gehört das Alevitentum zum Islam?

Die Frage, ob das Alevitentum Teil des Islam ist oder nicht, ist in den alevitischen Gemeinden in Deutschland höchst umstritten. In vielen Vereinen gibt es endlose Diskussionen über dieses Problem, manchmal treten Mitglieder in Folge solcher Debatten aus ihrem Verein aus, oder Vereine drohen sich gar zu spalten. Die grundsätzlichen Argumente für beide Positionen in diesem Streit setzen keine besonderen theologischen Kenntnisse voraus. Sie leuchten unmittelbar ein und sind in den Zitaten am Anfang dieses Artikels zusammengefasst. Diese Argumente bilden eine Aporie, die nicht leicht aufgelöst werden kann. Die Mehrheit der Aleviten in Deutschland ist der Ansicht, dass

Abb. 1: Gehört das Alevitentum heute zum Islam? (n=233)

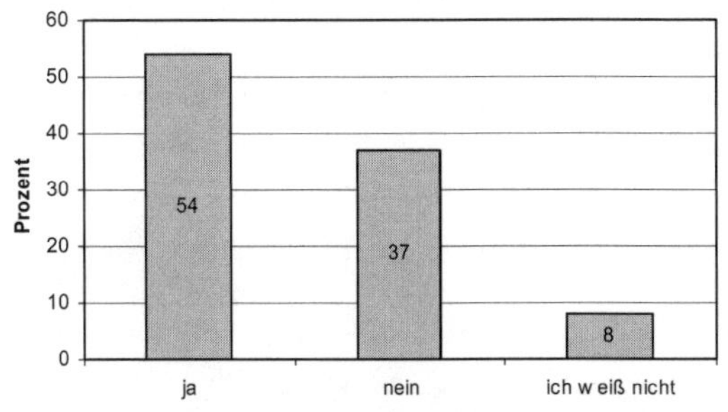

das Alevitentum zum Islam gehört. Angesichts der Tatsache, dass diese Position von nahezu allen Aleviten in der Türkei geteilt wird, ist es zunächst verwunderlich, dass eine signifikante Minderheit der Aleviten in der Diaspora der Auffassung ist, dass das Alevitentum vom Islam völlig unabhängig sei und eine ganz und gar eigenständige Religion darstelle. Einer Umfrage zufolge, die ich im Winter 2002/2003 unter den Mitgliedern alevitischer Vereine in Hamburg und Umgebung durchgeführt habe, hält mehr als ein Drittel der Vereinsmitglieder das Alevitentum für eine eigenständige Religion außerhalb des Islam (Abb. 1). Mit einer zweiten Frage zu diesem Thema wollte ich wissen, ob sich das Alevitentum historisch aus dem Islam heraus entwickelt hat. Mehr als ein Viertel der Befragten negierte auch diese historische Beziehung zwischen Alevitentum und Islam (Abb. 2).

Da man schlecht tatsächlich leugnen kann, dass das Alevitentum historisch etwas mit dem Islam zu tun hat, muss man diese Antworten wohl eher als Ausdruck eines Bemühens verstehen, sich vom Islam zu distanzieren. Ein signifikanter Teil der Führung der Alevitischen Gemeinde Deutschland ist heute der Ansicht, dass das Alevitentum von Islam unabhängig ist. Diese Position wird aber von vielen Aleviten in Deutschland energisch bekämpft.

Abb. 2: Ist das Alevitentum aus dem Islam entstanden? (n=233)

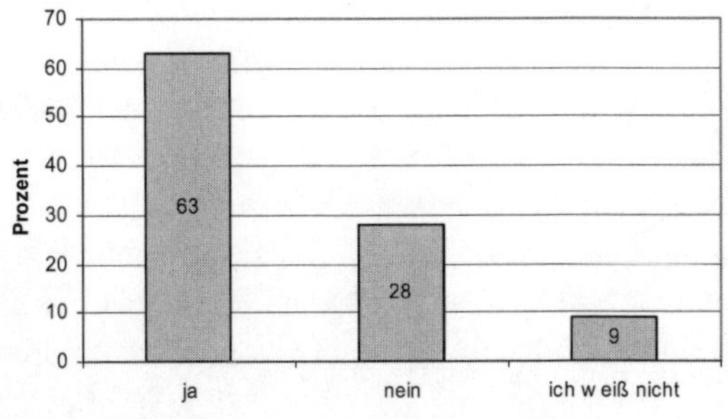

Vor allem zu Beginn der alevitischen Bewegung Ende der 1980er Jahre waren viele Aleviten der Ansicht, dass das Alevitentum nicht einfach eine Religion sei, sondern eine Kultur, verstanden in einem viel weiteren Sinn (Sökefeld 2004a). Dieses breitere Verständnis des Alevitentums als Kultur macht es möglich, dass sich auch viele Aleviten in der alevitischen Bewegung engagierten, die zuvor in der Linken aktiv waren und als (ehemalige) Marxisten jegliche Form von Religion ablehnten. Das Alevitentum als Kultur zu begreifen untergräbt den Wahrheitsanspruch der Religion. Vor allem solche „kulturellen Aleviten" sind heute der Ansicht, dass das Alevitentum nicht als Teil des Islam sondern als völlig unabhängige Tradition zu verstehen sei.

Die meisten der Aleviten, die das Alevitentum als Islam betrachten, führen damit eine Identifizierung fort, die sie in der Türkei erworben haben. Sie leiten damit nicht spezifische Folgerungen für die rituelle Praxis des Alevitentums ab, wie etwa, dass Aleviten als Muslime dann auch in Moscheen beten müssten. Die Identifizierung des Alevitentums mit dem Islam hebt die Basisdifferenz zwischen Aleviten und Sunniten nicht auf. Gerade diese Identifizierung des Alevitentums mit dem Islam ist von der Ambivalenz gekennzeichnet, die ich zuvor angesprochen habe, und die unbemerkt von der Betonung des Kontrasts und der Differenz zur unhinterfragten Identifizierung mit dem Islam übergeht.

Andere, vor allem einige *dede*s, vertreten eine viel weitergehende Identifizierung mit dem Islam. Sie sind der Ansicht, dass das Alevitentum der wahre, echte und unverfälschte Islam sei, während die Sunniten lediglich einer verzerrten und entstellten Version anhängen. Ein Vertreter dieser Idee war Dede Şinasi Koç, der in den 1980er Jahren Deutschland bereiste und etwa den ersten *cem* leitete, der 1984 in Hamburg öffentlich stattfand. In einem Buch, das passender Weise den Titel *Gerçek Islam Dini* (Wahre Religion Islam) trägt (Koç 1989), argumentiert er, dass in der Folge des Kampfes um die Nachfolge des Propheten Mohammad die Gemeinschaft der Muslime von den Umayyaden auf Abwege gebracht wurde und dass die muslimischen Gelehrten 1.400 Jahre lang die Wahrheit verdreht und Heuchelei verbreitet hätten, um den jeweiligen Machthabern zu gefallen (S. 10-14). In diesem Buch wird das Wort *emeviler* (Umayyaden) als Synonym für Sunniten benutzt. Şinasi Koç gibt sich große Mühe, den sunnitischen Islam zu widerlegen: Der sunnitische Islam ist nicht der wahre Islam. Koçs Argumente basieren auf dem Koran. So argumentiert er zum Beispiel, dass der Koran (und damit der wahre Islam) weder das Gebet vorschreibe (S. 105) noch Alkohol verbiete (S. 144). Das Wort „Alevitentum" benutzt Koç nicht, es ist einfach „der wahre Islam".

Eine solche Argumentation, die das Alevitentum auf der Basis des Korans verteidigt, wird auch von anderen *dede*s in Deutschland unterstützt. Sie betrachten die Kenntnis des Korans als sine qua non alevitischer religiöser Autorität. Ein solcher *dede* ist Derviş Tur, der vor allem zu Beginn eine wichtige Rolle in der alevitischen Bewegung in Deutschland spielte und der immer darauf bestand, dass das Alevitentum nicht einfach eine „Kultur" ist. Er ist einer der wichtigsten Gegner derjenigen, die das Alevitentum als außerhalb des Islam stehend betrachten. Derviş Tur argumentiert ausgehend vom Koran, dass das Alevitentum der mystische, innere Weg des Islam sei, der von Imam Ali etabliert wurde. Als solcher ist er dem äußerlichen Islam der Scharia entgegen gesetzt. Das gegenwärtige Sunnitentum basiert Derviş Tur zu folge jedoch auch nicht auf der Scharia, wie sie auf die Offenbarung und den Propheten zurückgeht, da diese Scharia von den Umayyaden verfälscht und verkehrt wurde (Tur 2002: 279ff). Derviş Tur definiert das Alevitentum als „einen Glauben, der den Islam als unterschieden von der sunnitischen Scharia versteht, der nicht das akzeptiert, was dem Islam durch icma[6] hinzugefügt [man kann hier wohl auch übersetzen: angedichtet] wurde" (ibid, 285). Auch hier wird das Alevitentum als wahrer Islam verstanden, der frei ist von den Verdrehungen der sunnitischen Religion.

Derviş Tur leitete viele Jahre den *dede*-Rat der Alevitischen Gemeinde Deutschland. Als Konsequenz vieler Auseinandersetzungen, auf die ich hier nicht eingehen kann, waren die Beziehungen zwischen dem *dede*-Rat und dem Vorstand des Dachverbands sehr gespannt. Ein unausgesprochener Streitpunkt war die Frage, was mehr zählte, die genealogische Legitimation der *dede*s oder die demokratische Legitimation des gewählten Vorstandes. Im Frühjahr 2003 reorganisierte der Vorstand der Alevitischen Gemeinde Deutschland den *dede*-Rat und löste damit implizit den Konflikt zu Gunsten des Vorstandes, da nun die Mitglieder des *dede*-Rats von den Mitgliedsvereinen des Dachverbands gewählt wurden. Zum Vorsitzenden des *dede*-Rats wurde Hasan Kılavuz gewählt, der entschieden die Ansicht vertritt, dass das Alevitentum kein Teil des Islam, sondern eine eigenständige Religion ist. Hasan Kılavuz argumentiert, dass das Alevitentum die Säulen des Islam nicht akzeptiert und dass der Islam zentrale Elemente des Alevitentums wie die Rolle von Musik und Tanz im Ritual, die Bedeutung von Bildern und die Gleichheit der Geschlechter zurückweist (Kılavuz 2003). In einem Interview sagte er:

> „Die Leute denken, wir haben Allah, Mohammed und Ali, die gehören zum Islam und daher gehören wir auch zum Islam. Aber der Islam ist nicht nur Allah, Mohammed, Ali, Islam ist sehr viel mehr! Und all das hat nichts mit uns zu tun!"

---

6 Übersetzung des Zitats von Martin Sökefeld. *Icma* (arab. *ijma*) ist der wissende Konsens der *'ulema*, der neben dem Koran und dem Hadith im sunnitischen Islam als Quelle der Scharia akzeptiert wird.

Hasan Kılavuz wurde für seine Ansichten von anderen *dede*s massiv angegriffen, an erster Stelle von Derviş Tur.[7] Er antwortete auf diese Angriffe, indem er diejenigen, die das Alevitentum dem Islam zurechnen, als Opfer der sunnitischen Assimilation bezeichnete und argumentierte, dass sie dem Jahrhunderte währenden Druck der ulema im osmanischen Reich nachgegeben hätten. In einem Gespräch sagte er über die *dede*s, die das Alevitentum als einen Teil des Islam betrachten:

„Ihr [alevitischer] Glaube wird vom Islam abgelehnt, aber sie haben nicht den Mut zu sagen, dass das Alevitentum nichts mit dem Islam zu tun hat. Sie sind blinde Aleviten! Sie schauen in den Spiegel, aber sie sind unfähig, sich selbst zu erkennen! Der Islam hat gegen das Alevitentum gekämpft und versucht, es zu vernichten. Nun sagen die Muslime: ihr habt Ali, Mohammed, Hüseyin, daher gehört ihr zum Islam! [...] Wenn wir auch Muslime sind und wenn der Koran auch unser Buch ist, warum wurden wir dann niemals vom Islam akzeptiert, warum, dann all diese Massaker in der Geschichte?"

Dieses Zitat zeigt, dass die Frage, ob das Alevitentum Teil des Islam ist oder nicht, weder lediglich eine inner-alevitische Angelegenheit noch eine reine Glaubenssache ist, sondern dass Beziehungen zu anderen, an erster Stelle zu Sunniten, aber, wie ich noch zeigen werde, auch zu nicht-alevitischen Deutschen,[8] dabei eine wichtige Rolle spielen. Die Frage muss in dem diskursiven, sozialen und politischen Kontext interpretiert werden, in dem sie verhandelt wird. Das ist in erster Linie der Kontext der Diaspora.

Aleviten, Islam, Einwanderung und Strategien der Integration

Die Frage, ob das Alevitentum zum Islam gehört oder nicht, ist vor allem eine Frage der alevitischen Diaspora. Die überwältigende Mehrheit der Aleviten in der Türkei geht fraglos davon aus, dass Aleviten Muslime sind. Von den alevitischen Organisationen in der Türkei vertreten nur die Pir Sultan Abdal-Vereine eine ambivalentere Position und betonen, dass das Alevitentum eine synkretistische Kultur und Religion sei, die Elemente und Einflüsse vieler

7 Diese Angriffe wurden zum Teil in der deutschen Ausgabe der Tageszeitung *Hürriyet* publiziert (z.B. am 18. und 19. April 2004). *Hürriyet* hat die Alevitische Gemeinde Deutschland stets massiv kritisiert und in den Jahren 2000 und 2001 eine regelrechte Kampagne gegen die Organisation betrieben, die überwiegend auf falschen Anschuldigungen beruhte und den alevitischen Dachverband unter anderem als Feind der türkischen Nation darstellte (Sökefeld 2004b).

8 Ich stelle hier die Aleviten spezifisch den nicht-alevitischen Deutschen gegenüber, weil viele Aleviten inzwischen die deutsche Staatsangehörigkeit angenommen habe und es also unzutreffend wäre, Aleviten generell von den „Deutschen" abzusetzen. Die Ambivalenz der Gegenüberstellung Aleviten/Deutsche ist der oben beschriebenen Überschneidung von Identitäten geschuldet.

verschiedener Traditionen aufgenommen habe.[9] Die Idee, dass das Alevitentum zum Islam gehört, wird in der Türkei vom Staat vertreten. Türkische Pässe geben die Religionszugehörigkeit ihrer Besitzer an und identifizieren Aleviten als Muslime. Die Identifizierung der Aleviten als Muslime ist auch das wichtigste Argument für die Politik des DİB: Das DİB kümmert sich um die religiösen Bedürfnisse der Muslime, Aleviten sind Muslime, also muss die Behörde den Aleviten keine besondere Aufmerksamkeit schenken oder eine spezielle Institution für die Aleviten einrichten. Die inklusivistische Politik der türkischen Republik hat die frühere ausschließende Politik des osmanischen Reiches ersetzt. Im osmanischen Reich wurden Aleviten als Häretiker betrachtet, und die fetwas (Rechtsgutachten) der ulema, die die Aleviten als Apostaten verurteilten, wurden vom Staat umgesetzt. Aber im kemalistischen Bemühen, eine einheitliche Nation zu schaffen, wurden die Aleviten als Muslime betrachtet.[10] Trotz des kemalistischen „Laizismus" ist der staatlich kontrollierte Islam eine wichtige Dimension des dominanten nationalen Selbstverständnisses in der Türkei: „[...] to be Islamic has become as important as to be Turkish", schreibt David Shankland (1999: 25).[11] Die religiös inklusivistische Politik der Türkei impliziert jedoch, dass die Aleviten der sunnitischen Version des Islam unterworfen werden. Weil sie als Muslime betrachtet werden, müssen alevitische Schüler am (sunnitisch-)islamischen Religionsunterricht teilnehmen. Als Konsequenz verstehen sich Aleviten in der Türkei zwar als Muslime, bestehen aber gleichzeitig darauf, eine bestimmte Art von Muslimen zu sein, die sich von der staatlich vertretenen Version des Islam radikal unterscheidet.

In der Diaspora in Deutschland haben sich die Parameter der religiösen und nationalen Identität grundlegend verschoben. Manche Aleviten betrachten sich nicht einmal an erster Stelle weiterhin als Angehörige der türkischen Nation. Aber auch für viele, die sich weiterhin als Türken verstehen, ist die enge Verknüpfung von Islam und türkischer nationaler Identität höchst fraglich geworden. Jenseits aller theologischer Betrachtungen ist in Deutschland die Notwendigkeit, sich als Muslim zu identifizieren, vergleichsweise schwach geworden. Im Gegenteil, im Kontext des Migrationsdiskurses und der Einwanderungspolitik in Deutschland empfiehlt sich die Betonung des Unterschieds von Alevitentum und Islam beinahe von selbst.

---

9 Vor einigen Jahren hat allerdings auch Ali Doğan, der inzwischen verstorbene Vorsitzende der *Hacı Bektaş Anadolu Kültür Vakfi*, einer großen alevitischen Organisation in Ankara, gesagt, dass das Alevitentum nicht zum Islam gehört (*Hürriyet*, 1. 10. 04).

10 „Concerning the group of Alevis [...] it seems to be the policy of the DIR [d. h. das DİB] and the government to minimize the difference between the Sunnite majority and these heterodox groups (…)" (Schimmel 1969: 81).

11 Vgl. auch Seufert 1997: 204ff. und Cetinsaya 1999. Zum türkischen Laizismus siehe Davison 2003.

Immigration ist in Deutschland nach wie vor ein höchst kontroverses Thema. Zwar ist in den letzten Jahren ein gewisser Konsens gewachsen, dass Deutschland ein Einwanderungsland ist, aber Immigration wird immer noch als ein „gefährliches" Phänomen betrachtet, das alle möglichen sozialen und politischen Probleme schafft. „Integration" ist die am häufigsten verwendete Vokabel des deutschen Migrationsdiskurses, aber die Art und Weise, wie über Integration gesprochen wird, kommt einer überwiegenden Verweigerung von Integration gleich. Im Migrationsdiskurs werden stets Integrationsdefizite betont, die den Immigranten zugeschrieben werden. Demzufolge haben Einwanderer keine (oder nur ungenügende) Kenntnisse der deutschen Sprache und leben in „Parallelwelten", um nur zwei der gängigsten Vorwürfe zu nennen. In Deutschland werden Einwanderer als andere inkorporiert. Einwanderer werden fortdauernd als Ausländer identifiziert, auch wenn sie seit Jahrzehnten in Deutschland leben. Selbst die deutsche Staatsbürgerschaft löscht den „Makel", Ausländer zu sein, nicht aus. Der deutsche Migrationsdiskurs wird von einem Paradigma kultureller Differenz beherrscht (Sökefeld 2004c), das Immigranten als fremd und potentiell gefährlich definiert. Türken und Muslime – in Deutschland überlappen beide Kategorien weitgehend – sind die paradigmatischen Migranten und Ausländer. Schon vor dem 11. September 2001 wurde der Islam in Deutschland überwiegend als eine Gefahr betrachtet. Das Kopftuch ist zu einer Synekdoche für das negative Bild des Islam geworden. Das Kopftuch verkörpert für viele Deutsche alle negativen Stereotypen, die mit dem Islam assoziiert werden, wie die Diskriminierung und Seklusion von Frauen, eine patriarchalische Familienstruktur, Selbstsegregation und eine allgemeine Ablehnung der Moderne. Das Kopftuch ist daher eine symbolisch stark aufgeladene und sowohl politisch als auch juristisch äußerst konfliktträchtige Angelegenheit.

Die alevitische Debatte über die Zugehörigkeit zum Islam muss auch in diesem Kontext betrachtet werden. Aleviten sind sehr bemüht, sich als in Deutschland gut integrierte Migranten darzustellen. Es wird ständig betont, dass die alevitische Kultur jeglichen Dogmatismus ablehnt und universelle Werte wie Aufklärung, Menschenrechte und die Gleichberechtigung der Geschlechter beinhaltet. Vor allem wird immer darauf hingewiesen, dass alevitische Frauen kein Kopftuch tragen (vgl. Mandel 1989). Im Kontext der groben Unterscheidungen des deutschen Migrationsdiskurses, die Muslime als antimodern und als die „fremdesten" Migranten kennzeichnen, positionieren sich Aleviten eindeutig auf der Seite der Moderne, das ist, auf der deutschen Seite der Differenz. Die Betonung der Basisdifferenz zwischen Aleviten und Sunniten kann also auch als das Bemühen verstanden werden, Aleviten als die nicht-fremden (oder nicht so fremden) Migranten in Deutschland darzustellen. Abgesehen von dieser diskursiven Strategie der Integration, die die Kompatibilität deutscher und alevitischer Kultur betont, fördert auch die Strategie der institutionellen Integration, auf die ich in der Einleitung bereits eingegangen bin, die Unterscheidung des Alevitentums vom Islam. Das ist besonders deutlich bei dem gegenwärtig wichtigsten Projekt der institutionellen Integration, das alevitische Organisationen und vor allem die AABF seit einigen Jahren verfolgen: die Einführung alevitischen Religionsunterrichts an deutschen Schulen.

Religionsunterricht ist, dem proklamierten Säkularismus der Gesellschaft zum Trotz, ein offensichtliches Beispiel für die enge Zusammenarbeit des Staates mit den Kirchen in Deutschland. Der Religionsunterricht wird sogar von der Verfassung garantiert. Aufgrund der föderalen Organisation unterscheiden sich die rechtlichen Voraussetzungen für den Unterricht von Bundesland zu Bundesland. In den meisten Bundesländern gilt, dass der Staat den Unterricht finanziert und organisiert, während die Kirchen Mitspracherecht bei der Entwicklung der Unterrichtsinhalte haben. Seit dem Ende der 1970er Jahre haben muslimische Gruppen die Einführung islamischen Religionsunterrichts gefordert. Dieser Forderung wird überwiegend Wohlwollen entgegen gebracht, weil man glaubt, muslimische Kinder damit vom mit Misstrauen betrachteten Koranunterricht abhalten zu können. Trotzdem wurden Anträge auf die Zulassung islamischen Unterrichts stets abgelehnt, weil die antragstellenden Organisationen nicht als Religionsgemeinschaften nach deutschem Recht anerkannt wurden.[12]

Die Bemühungen um alevitischen Religionsunterricht begannen später, nach der Entstehung der alevitischen Bewegung und der Gründung alevitischer Organisationen. Diese Bemühungen waren nicht nur eine Bemühung um Anerkennung des Alevitentums in Deutschland, sondern auch eine Reaktion auf etwas, was als Bedrängung durch den sunnitischen Islam betrachtet wurde. 1982 hatten die Militärs in der Türkei den Religionsunterricht zum Pflichtfach an türkischen Schulen gemacht, dem man sich nicht entziehen konnte. Da nur sunnitischer Islam an den Schulen unterrichtet wurde, wurde der Unterricht als eine Assimilierungsmaßnahme betrachtet. Protest gegen den obligatorischen Religionsunterricht ist ein ständiges Element des Diskurses alevitischer Organisationen in Deutschland und der Türkei. In Deutschland wurde für die Kinder türkischer Migranten Türkischunterricht angeboten, der teils von den Konsulaten organisiert wurde, und ihre „Reintegration" in der Türkei nach der erwarteten Rückkehr der „Gastarbeiter" sicher stellen sollte. Lehrer dieses Unterrichts waren Absolventen türkischer Universitäten. Aleviten berichten, dass häufig der Sprachunterricht mit Religionsunterricht vermischt wurde mit der Konsequenz, dass alevitische Kinder auch in Deutschland sunnitischen Religionsunterricht genossen. Für manche alevi-

12 Zur Debatte um islamischen Religionsunterricht siehe Kiesel 1986, Özdil 1999, Baumann 2001, Anger 2003 und Stock 2003. Keins dieser Werke erwähnt alevitischen Religionsunterricht.

tische Eltern war das Grund genug, ihre Kinder nicht in diesen Unterricht zu schicken. Die Forderung nach alevitischem Religionsunterricht setzte daher immer die Unterscheidung des Alevitentums vom Islam voraus.

Das Alevitische Kulturzentrum Hamburg startete 1991 eine Unterschriftenkampagne für alevitischen Religionsunterricht in der Stadt. Das Ergebnis dieser Bemühungen war kein eigenständiger alevitischer Unterricht, sondern die Einbindung des Zentrums in ein Projekt für interreligiösen Religionsunterricht, das von der evangelischen Kirche geleitet und gefördert wurde. In diesem Gesprächskreis entwickelten Vertreter verschiedener Religionsgemeinschaften (Protestanten, Buddhisten, Muslime, Juden und Aleviten) ein Curriculum für einen Religionsunterricht, bei dem die Schüler nicht nach Religionszugehörigkeit getrennt, sondern gemeinsam unterrichtet werden mit dem Ziel, dadurch wechselseitiges Verständnis, Einfühlungsvermögen und Toleranz zu fördern. Dieses Modell wegen seiner interreligiösen Zielsetzung eine Besonderheit in Deutschland und auf die Stadt Hamburg begrenzt. Es beinhaltet nicht die Idee, dass sich das Alevitentum nicht vom Islam unterscheidet, sondern fußt gerade auf der Anerkennung von Differenz. In den anderen Bundesländern haben Aleviten stets gefordert, dass alevitische Schüler nicht gemeinsam mit Muslimen einen allgemeinen Islamunterricht besuchen.

In Berlin wurde im Herbst 2002 ein eigenständiger alevitischer Religionsunterricht an Grundschulen eingeführt. Im Unterschied zu den anderen Bundesländern mit der Ausnahme von Bremen wird Religionsunterricht in Berlin von den Religionsgemeinschaften selbst organisiert, allerdings vom Staat beaufsichtigt und größtenteils finanziert. Hintergrund für den alevitischen Unterricht war der Antrag der *Islamischen Föderation Berlin* auf islamischen Religionsunterricht, der von den Behörden mit der Begründung abgelehnt wurde, die Islamische Föderation, der große Nähe zu *Milli Görüş* nachgesagt wurde – einer Organisation, die als wiederum eng verbunden mit islamistischen Parteien in der Türkei gilt – sei keine Religionsgemeinschaft im rechtlichen Sinne. Nach einer langen juristischen Auseinandersetzung sprach das Oberverwaltungsgericht Berlin der Islamischen Föderation jedoch die Anerkennung als Religionsgemeinschaft zu, eine Entscheidung, die vom Bundesverwaltungsgericht bestätigt wurde. Damit war der Weg frei für islamischen Religionsunterricht in Berlin, der von der Islamischen Föderation organisiert wurde. Dies stellte einen Präzedenzfall dar, auf dessen Basis auch das Kulturzentrum der Anatolischen Aleviten, der größte alevitische Verein in Berlin, das Recht auf Religionsunterricht zugesprochen bekam.

In den Bundesländern Nordrhein-Westfalen, Hessen, Baden-Württemberg und Bayern beantragte die AABF die Zulassung alevitischen Unterrichts. Dieser Antrag wurde unter der Federführung von NRW verhandelt. Die Bewilligung des Antrags setzte zwei Bedingungen voraus: die Anerkennung der

AABF als Religionsgemeinschaft und die Anerkennung des Alevitentums als eigenständiger Religion, die nicht mit dem Islam gleichzusetzen ist. Als Grundlage für ihre Entscheidung gab die Landesregierung von NRW zwei Gutachten in Auftrag. Das erste dieser Gutachten bestätigte, dass die AABF eine Religionsgemeinschaft im Sinne des Gesetzes darstelle (Muckel 2004). Das zweite Gutachten, mit dem die Religionswissenschaftlerin Ursula Spuler-Stegemann beauftragt worden war, argumentierte:

> „Streng nach religionswissenschaftlichen Kriterien beurteilt wäre das Alevitentum am ehesten als eine eigenständige synkretistische Religion mit besonderen Bezügen zum Islam zu bewerten. Da aber die heutigen Aleviten sich mehrheitlich als Muslime verstehen und sowohl der türkische Staat als auch die Weltmuslimliga die Aleviten als Muslime gelten lassen, kann ein wissenschaftliches Gutachten sie nicht aus dem Islam ausgrenzen, sondern muss sie als eine eigenständige Größe innerhalb des Islam bezeichnen“ (Spuler-Stegemann 2003: 41).

Dieses Urteil spiegelt deutlich die Ambivalenz, die darin besteht, das Alevitentum als Teil des Islam zu identifizieren. Es betont die Differenz zwischen dem Alevitentum und dem (sunnitischen) Islam, lässt aber trotzdem Raum dafür, das Alevitentum in einen wie auch immer definierten allgemeinen Islam einzuschließen. Spuler-Stegemann spielt auch auf die möglichen politischen Konsequenzen eines möglichen formellen Ausschlusses der Aleviten aus dem Islam an. Sie erwähnt in ihrem Gutachten den Fall der Ahmadiyya, einer religiösen Minderheit in Pakistan, die 1974 von der pakistanischen Regierung als außerhalb des Islam stehend kategorisiert wurden. Diskriminierung und häufig gewaltsame Verfolgung war daraus die Konsequenz. Aleviten in einem wissenschaftlichen Gutachten als Nicht-Muslime zu klassifizieren, mag von radikalen islamischen Gruppen als weiteres Argument dafür gewertet werden, die Aleviten seien Apostaten; eine Position, die in der Vergangenheit, wie zum Beispiel in Sivas, zur Legitimation von Gewalt gegen Aleviten benutzt wurde.

Letztlich gründet Spulter-Stegemann ihr Urteil, dass die Aleviten, in welcher Weise auch immer, zum Islam gehören, auf dem Gedanken, dass die Kategorisierung einer Religionsgemeinschaft auf der Selbstidentifizierung ihrer Angehörigen beruhen sollte (a.a.O., S. 20). Diese Selbstidentifizierung ist bei Aleviten, wie wir gesehen haben, allerdings heftig umstritten. Tatsächlich kann eine fortschreitende Disjunktion der Identifizierung beobachtet werden: Während die Idee, dass das Alevitentum, eine eigenständige Religion sei, unter den führenden Aktivisten und Angehörigen der alevitischen Bewegung zunehmend Anhänger findet, hält ein großer Teil der „Basis“ daran fest, Aleviten als Muslime zu identifizieren.

Der Perspektivenwechsel, der sich in dieser Entwicklung ausdrückt, zeigt sich deutlich in der Position von Ismail Kaplan, der als Bildungsbeauftragter für zahlreiche Projekte der Alevitischen Gemeinde Deutschland verantwortlich zeichnet. Als einer der Organisatoren der Alevitischen Kulturwoche von 1989 und Mitbegründer des Alevitischen Kulturzentrums in Hamburg ist Ismail Kaplan von Anfang an eine der zentralen Persönlichkeiten der alevitischen Bewegung. Kaplan ist seit Beginn der Bewegung intensiv mit Initiativen des interreligiösen Dialogs und dem Bemühen um alevitischen Religionsunterricht befasst. Bis vor einigen Jahren hat er das Alevitentum eindeutig dem Islam zugeordnet.[13] In einem neueren Buch, das auch eine Art Selbstdarstellung der Alevitischen Gemeinde Deutschland ist, vermeidet er diese Kategorisierung und stellt stattdessen eine „moderne" Version des Alevitentums der Idee gegenüber, das Alevitentum sei der „wahre Islam" (Kaplan 2004: 29ff.). In Übereinstimmung mit der Argumentation von Hasan Kılavuz sagt er, die Identifizierung des Alevitentums mit dem Islam sei eine Folge der Assimilierung. Er präferiert klar das „moderne Alevitentum", das sich als eine eigenständige Religion begreift, ungeachtet der Tatsache, dass die Aleviten einige Elemente aus anderen Religionen übernommen haben. Kaplan ist der Ansicht, dass heute die Mehrheit der Aleviten diese Version des Alevitentums vertritt (ibid.).

Ismail Kaplan ist in der Alevitischen Gemeinde Deutschland der Koordinator der Initiativen für alevitischen Religionsunterricht und für interreligiösen Dialog. In dieser Funktion steht er nahezu kontinuierlich im Gespräch mit deutschen Kooperationspartnern über das Alevitentum. In geringerem Maße trifft das auch auf die Repräsentanten und Aktivisten der örtlichen Alevitenvereine zu. Da es schwierig ist, etwa Behörden- oder Kirchenvertretern immer wieder zu erklären, warum Aleviten einen eigenständigen Religionsunterricht fordern, wenn doch das Alevitentum zum Islam gehört, fördert dieses Engagement eindeutig die klare Unterscheidung des Alevitentums vom Islam. Behörden fordern immer wieder, die Muslime in Deutschland sollten eine gemeinsame Dachinstitution gründen, die den Behörden als Ansprechpartner insbesondere für die Frage des Religionsunterrichts zur Verfügung stehen könne. Eine Selbstidentifizierung der Aleviten als Muslime würde implizieren, dass auch sie einem solchen Dachverband beitreten müssten. Das ist jedoch völlig inakzeptabel für die Aleviten, da sie sich durch den Unterschied zum sunnitischen Islam definieren.

Ismail Kaplan insistiert, dass sein Wechsel in der Kategorisierung des Alevitentums nicht auf eine veränderte Auffassung davon zurückgehe, was das Alevitentum sei. In letzter Hinsicht, sagt er, ist die Frage der Zuordnung

13 Vgl. seinen Artikel „Alevitentum – das unbekannte Gesicht des Islam" (Kaplan 1992).

für das Alevitentum selbst irrelevant. Wichtig sei nicht die Frage der Kategorisierung, sondern dass man weiß, was das Alevitentum ist. Als Folge des diskursiven und politischen Kontextes, in dem das Alevitentum in Deutschland positioniert ist, wird die Frage nach der Kategorisierung jedoch immer wieder erhoben. Kaplan beschreibt seine eigene Perspektive als eine „pragmatische" Position. In einem Interview sagte er: „Vor fünfzehn Jahren war das Alevitentum in Deutschland völlig unbekannt. Damals ermöglichte die Zuordnung des Alevitentums zum Islam ein gewisses Verständnis." Aber die Parameter des Verstehens haben sich mit der fortschreitenden Integration des Alevitentums in Deutschland gewandelt:

> „Heute wäre es ziemlich ermüdend, immer wieder zu erklären: Das Alevitentum ist Teil des Islam, *aber...*, und dann auf dem Unterschied zu bestehen. Wenn die Leute heute „Islam" hören, dann haben sie alle möglichen Stereotype und Vorurteile im Kopf, sie denken, dass sie schon Bescheid wissen. Das ist sehr anders, wenn man über das Alevitentum spricht. Dann sind die Leute interessiert und hören zu."

Für „normale" Aleviten, die nicht direkt im interreligiösen Diskurs oder in institutionellen Beziehungen involviert sind, ist die verschobene Kategorisierung weit weniger selbstevident. Sie wird daher nicht von allen Aleviten akzeptiert und die Auseinandersetzungen über die Zugehörigkeit zum Islam gehen weiter.

Die Alevitische Gemeinde Deutschland hat eine Festlegung in der Frage der Zugehörigkeit des Alevitentums zum Islam lange vermieden, um den Dachverband nicht zu sehr mit dem Konflikt über diese Frage zu belasten. Im Programm, dass sich die Alevitische Gemeinde 1998 gegeben hat, wird das Alevitentum als ein „Glaubenssystem" bezeichnet, das „nicht an die fanatischen Regeln der Scharia gebunden ist, sie ablehnt und die Religion des Islam auf eigene Weise – unabhängig vom sunnitischen Glauben – interpretiert" (AABF 1998: 9). Diese Aussage ist nicht eindeutig und kann von den Anhängern beider Positionen akzeptiert werden. Der Unterschied zum sunnitischen Glauben wird betont, weiter wird festgehalten, dass der Islam anders interpretiert wird als von den Sunniten, aber es wird nicht unmissverständlich gesagt, dass das Alevitentum selbst ein Teil dieses „anders" verstandenen Islam sei. In der Folge der Wahl von Dede Hasan Kılavuz zum Vorsitzenden des *dede*-Rats bekam in den Verlautbarungen der Alevitischen Gemeinde jedoch die Position, dass das Alevitentum nicht zum Islam gehört, sehr großes Gewicht. Dies führte zu erbitterten Diskussionen. Einige Mitglieder des Vorstandes der Alevitischen Gemeinde mahnten Ende 2005 zur Zurückhaltung und dazu, den Boden des Programms von 1998, welches das Alevitentum nicht eindeutig als eigenständige Religion bestimmt, nicht zu verlassen. Sie fürchteten, die Alevitische Gemeinde könne sich mit der eindeutigen Aussage, das Alevitentum sei nicht Teil des Islam, zu weit von der Basis in den lokalen Vereinen entfernen. Vertreter der Gegenposition schlugen dagegen vor, das Programm dahingehend abzuändern, dass es eindeutig das Alevitentums als selbständige Religion bezeichnet. Bei der Neuwahl des Vorstandes der Alevitischen Gemeinde Deutschland traten im Februar 2006 zwei Gruppen von Kandidaten gegeneinander an. Dabei vertrat die eine Gruppe, die vom bisherigen Vorsitzenden geführt wurde, die Position, dass das Alevitentum eigenständig sei, während die zweite Gruppe von der Zugehörigkeit des Alevitentums zum Islam ausging. Die erste Gruppe wurde mit großer Mehrheit gewählt. Trotz dieser Bestätigung der Position der Eigenständigkeit des Alevitentums wird seitdem in der Frage der Zugehörigkeit zum Islam eine gewisse Zurückhaltung an den Tag gelegt. So gibt es bislang keine Bemühungen, das Programm der Alevitischen Gemeinde zu ändern und damit die Differenz von Alevitentum und Islam eindeutig festzuschreiben.

Transnationale Identifizierung

Die Konzeptualisierung von Identität in den drei Dimensionen Differenz, Pluralität und Überschneidung betont die Kontextgebundenheit von Identifizierungen. Differenz, Pluralität und Überscheidung ergeben zusammen einen stets spezifischen Rahmen, in dem Identitäten formuliert und praktiziert werden. Identitäten müssen etwa gegenüber spezifischen anderen Identifizierungen positioniert werden. Ich kann daher argumentieren, dass die Identifizierung des Alevitentums als außerhalb des Islam stehend im deutschen diskursiven und institutionellen Kontext sinnvoll ist, während sie in der Türkei zahlreiche Probleme aufwirft. In der globalisierten Welt lassen sich nationale Kontexte der Identifizierung jedoch nicht immer auseinander halten. In spezifischen Ereignissen und Begegnungen können sich auch verschiedene nationale Kontexte überschneiden und in transnationale Räume transformiert werden, in denen Widersprüche offensichtlich werden. Im Folgenden werde ich zwei solche Ereignisse untersuchen, welche die Frage nach dem Verhältnis von Alevitentum und Islam betreffen. Das erste ist eine Begegnung zwischen dem türkischen Premierminister und dem Generalsekretär der Alevitischen Gemeinde Deutschland in Berlin und das zweite betrifft die Frage, wie die Aleviten in den Berichten der EU-Kommission über den Fortschritt der Türkei in Bezug auf ihren EU-Beitritt benannt werden sollen.

Im September 2003 besuchte der türkische Premierminister Tayyıp Erdoğan Berlin. Teil seines Besuchsprogramms war ein Treffen mit Vertretern verschiedener Immigrantenorganisationen, an dem auch Hasan Öğütcü, der damalige Generalsekretär der Alevitischen Gemeinde teilnahm. Hasan Öğütcü nutzte diese Gelegenheit, um von Erdoğan die formelle Anerkennung der Aleviten in der Türkei zu fordern. Unter Bezug auf Artikel 10 der türkischen Verfassung, der die Gleichberechtigung der Religionen garantiert, forderte er die Gleichstellung alevitischer *Cem*-Häuser, auch in finanzieller Hinsicht, mit sunnitischen Moscheen. Auf diese Forderung antwortete Erdoğan:

„Sie beziehen sich auf inner-türkische Fragen. Jeder Alevit, den ich treffe, sagt, wir sind Muslime. Das Gebetshaus der Muslime ist die Moschee. Das Alevitentum ist keine Religion [*din*]. Daher kann man das [Alevitentum mit dem Islam] nicht vergleichen. Wenn wir diese Unterscheidung machen würden, warum sollten wir die Türkei spalten. Das eine ist ein Gebetshaus, das andere ist ein Kulturhaus. *Cem*-Häuser können nicht dieselbe finanzielle Unterstützung bekommen wie Moscheen. Wenn jemand ein *Cem*-Haus unterstützen möchte, kann er nicht daran gehindert werden. Aber Sie sind auch ein Muslim, Sie sollten auch in die Moschee gehen."

Die Antwort des Premierministers war eine überdeutliche Zurückweisung der Forderung nach Gleichberechtigung. Sie wiederholte die häufig geäußerte Auffassung, dass Anerkennung des Alevitentums die Einheit der türkischen Nation in Frage stellen würde (vgl. Sökefeld 2004b). Im Wortwechsel zwischen dem Premierminister und dem Generalsekretär prallten zwei unterschiedliche Kontexte der Identifizierung aufeinander. Für den türkischen Premierminister, der aus der dominanten türkischen Perspektive sprach, sind Aleviten Muslime und das Alevitentum ist nicht mit dem Islam vergleichbar; das Alevitentum ist nicht einmal eine Religion. Die Einschließung des Alevitentums in den Islam negiert eine spezifische alevitische Identität. Indem er alevitische *Cem*-Häuser als „Kulturhäuser" definiert, kategorisiert er das Alevitentum als „Kultur". Auf den ersten Blick bestätigt er damit die Definition des Alevitentums als Kultur, das bei Aleviten in Deutschland vor allem zu Beginn der Bewegung sehr prominent – aber auch immer umstritten – war. Im türkischen Kontext ist die Klassifizierung des Alevitentums als Kultur jedoch keine neutrale Kategorisierung sondern eine Verweigerung von Anerkennung und Gleichberechtigung. Die Klassifizierung des Alevitentums als Kultur ist aus der Sicht des (dezidiert muslimischen) Premierministers die Verweigerung der weit höher gewerteten Kategorisierung als Religion. Während Aleviten als Muslime dabei in den Islam eingeschlossen werden, wird das Alevitentum als Kultur nicht nur aus dem Islam, sondern sogar aus dem Bereich der Religion ausgegrenzt. Die Stellungnahme des Premierministers drückt deutlich das Dilemma alevitischer Identität in der Türkei aus: Wenn sich Aleviten als Muslime identifizieren und als solche anerkannt werden, dann wird gleichzeitig die Anerkennung jeglicher spezifischen Differenz verweigert. Darauf zu bestehen, keine Muslime zu sein, birgt jedoch die Gefahr, auch aus der türkischen Nation ausgegrenzt und etwa als Separatisten betrachtet zu werden. Im deutschen Kontext sind die „Kosten" der Identifizierung als Nicht-Muslime weit geringer – wahrscheinlich übersteigt der Nutzen einer solche Identifizierung, wie wir gesehen haben, die Kosten bei weitem. Aleviten in Deutschland protestierten energisch gegen die Aussage des türkischen Premierministers und weigerten sich, an einem ähnlichen Treffen teilzunehmen, das im April 2004 in Köln stattfand. In dem transnationalen Raum, der in der Begegnung des türkischen Premierministers mit Migranten in Berlin entstand, wurde die Inkompatibilität nationaler Identitätskontexte offensichtlich.

Ein zweiter Zusammenprall der Kategorisierungen ereignete sich im Kontexet des intendierten EU-Beitritts der Türkei. Aleviten in Deutschland und insbesondere die Alevitische Gemeinde Deutschland unterstützen den EU-Beitritt der Türkei, aber sie betonen gleichzeitig, dass die Türkei als Voraussetzung für den Beitritt den Katalog der Kopenhagener Kriterien erfüllen muss. Die Alevitische Gemeinde betont hier insbesondere das politische Kriterium, das sich auf Menschen- und Minderheitenrechte bezieht. Für Aleviten schließt das die Anerkennung des Alevitentums in der Türkei ein. Seit dem Ende der 1990er Jahre hat die Alevitische Gemeinde eine signifikante Strategie transnationaler Politik der Anerkennung entwickelt, die Brüssel und die Institutionen der EU einbezieht. Die Strategie besteht darin, durch die EU Druck auf die Türkei auszuüben. Zu diesem Zweck hat die Alevitische Gemeinde in Brüssel mit Pressekonferenzen, Tagungen, Erklärungen und bei Gesprächen mit EU-Funktionären massiv auf die Nichtanerkennung des Alevitentums in der Türkei hingewiesen. Eine Konsequenz dieser Interventionen ist, dass seit 2000 die jährlichen Berichte der EU-Kommission über den Fortschritt der Türkei auf dem Weg zum EU-Beitritt auf die Situation der Aleviten im Land eingingen (Sökefeld 2007). Im Bericht von 2004 heißt es unter anderem:

> „Was die Lage nichtsunnitischer Muslimminderheiten betrifft, so hat sich deren Status nicht geändert. Die Aleviten werden als Religionsgemeinschaft offiziell nicht anerkannt, stoßen bei der Eröffnung von Gebetsstätten oft auf Schwierigkeiten, und der religiöse Pflichtunterricht in den Schulen erkennt nichtsunnitische Bekenntnisse nicht an [...]. Die meisten Aleviten fordern, dass die Türkei als säkularer Staat alle Religionen gleichbehandeln und keine bestimmte Religion (die Sunniten) direkt unterstützen soll wie das gegenwärtig in der Diyanet geschieht" (EU Kommission 2004: 45f.).

Mit der Kategorie der „nichtsunnitischen Muslimminderheiten" verdeutlicht der Bericht erneut die Schwierigkeit, die Aleviten zu kategorisieren. Der Bericht ordnet Aleviten als Muslime ein, bestimmt sie aber genauer als Nicht-Sunniten und als Minderheit. Dieser Bericht war die Basis für die Entscheidung, ob die EU Beitrittsverhandlungen mit der Türkei aufnehmen sollt oder nicht und wurde dementsprechend mit großer Aufmerksamkeit in der Türkei wahrgenommen. Der Absatz über die Aleviten rief Protest in der Türkei hervor, weil er die Aleviten als „Minderheit" bezeichnete. Der Begriff der Minderheit (Türkisch *azınlık*) wird in den meisten türkischen Kreisen zurückgewiesen, weil die Anerkennung von Minderheiten als Gefahr für die Einheit und Homogenität der türkischen Nation gesehen wird – oder gar als ihre Zerstörung. Als Reaktion auf den EU-Bericht sagte der Präsident des DİB, Ali Bardakoğlu, die Aleviten seien keine Minderheit, weil sie Muslime seien (und folglich zur Mehrheit in der Türkei gehörten). In Reaktion auf die Forderung, dass Aleviten einen Anteil am Budget des DİB erhalten sollten, fügte er hinzu, dass die Religionsbehörde nicht auf jede (muslimische) Gruppe eingehen könne, sondern dass ihre Aufgabe darin bestehe, ein gemeinsames, geteiltes Wissen über den Islam zu verbreiten.[14] Hier war die Inklusion der Aleviten in den Islam erneut gleichbedeutend mit der Verweigerung der Anerkennung und der Zurückweisung spezifischer Forderungen der Aleviten.

Interessanterweise lehnte auch die Aleviten selbst die Kategorisierung als Minderheit ab, wenn auch aus anderen Gründen. Die Alevitische Gemeinde Deutschland argumentierte natürlich nicht, dass die Aleviten Muslime und deshalb keine Minderheit seien. Aber sie fürchtete, eine Debatte über die Aleviten als Minderheit könne Bilder des Separatismus in der Türkei heraufbeschwören, Vorwürfe, die Aleviten wollten, genauso wie manche Kurden, ihren eigenen Staat.[15] Darüber hinaus wies die Alevitische Gemeinde Deutschland die Bezeichnung „nichtsunnitische Muslime" im EU-Bericht zurück, weil die Aleviten damit nur negativ benannt wurden, als Nicht-Sunniten, und weil dadurch der Islam zum Maßstab der Definition des Alevitentums gemacht wurde. Die Alevitische Gemeinde forderte, dass Aleviten statt dessen einfach als solche bezeichnet werden sollten, als Aleviten, ohne weitergehende Kategorisierung. In seiner Sitzung vom 16. November 2004 akzeptierte der Auswärtige Ausschuss des Europäischen Parlaments diese Forderung und übernahm gleichzeitig die Forderung der Aleviten an die Türkei, das Land solle *Cem*-Häuser als religiöse Stätten anerkennen und das Alevitentum unter den Schutz der türkischen Verfassung stellen.

Schluss

In diesem Beitrag habe ich die Frage diskutiert, ob Aleviten als Muslime oder als Angehörige einer eigenständigen Religion kategorisiert werden sollten. Ich habe gezeigt, dass dies für Aleviten selbst keine akademische Frage ist,

14 *Milliyet*, 11. November 2004.

15 Im Sommer 2001 hatte ein hoher Beamter des DİB die Aleviten die zweitgrößte separatistische Gefahr für die Türkei nach der PKK genannt (*Milliyet*, 21. August 2001).

sondern dass das Problem der Kategorisierung untrennbar mit Identitätspolitik und der alevitischen Politik der Anerkennung verknüpft ist. Die alevitische Bewegung, die seit dem Ende der 1980er Jahre entstanden ist, kann als eine Bewegung gefasst werden, die um Anerkennung kämpft (Sökefeld 2003, 2008). In der Türkei wurde den Aleviten die formelle Anerkennung bislang verweigert; in Deutschland wurden sie in der Masse der Einwanderer aus der Türkei lange nicht wahrgenommen. Identität und Anerkennung sind in ein komplexes Spiel von Inklusion und Exklusion verwickelt. Die Forderung nach Anerkennung erfordert die Beantwortung der Frage, als was man anerkannt werden will und setzt zu einem gewissen Maß die Bestimmung der Beziehung zu anderen, überschneidenden Identifizierungen voraus. Für Aleviten ist hier die Frage der Beziehung zum Islam von besonderer Bedeutung.

Anerkennung ist stets kontextspezifisch, da sie von einem konkreten Gegenüber geleistet werden muss. Während in Deutschland Bemühungen um Anerkennung und institutionelle Integration heute die Betonung des Unterschieds zwischen Alevitentum und Islam favorisieren, auch um sich vom negativen Islambild, das in Deutschland vorherrscht, abzusetzen, identifizieren sich Aleviten in der Türkei ganz überwiegend fraglos mit dem Islam, obwohl sie darauf bestehen, innerhalb des Islam in ihrer Besonderheit anerkannt zu werden. In der heutigen Welt, die durch transnationale Beziehungen, den grenzüberschreitenden Austausch von Menschen und Medien und fortschreitende supra-nationale Integration gekennzeichnet ist, können jedoch verschiedene nationale Kontexte nicht wirklich auseinander gehalten werden. Einander widersprechende Perspektiven wurden vor allem in Zusammenhang mit deutsch-türkischen Beziehungen und in den Beziehungen zwischen der Türkei und der Europäischen Union deutlich. Der intendierte EU-Beitritt der Türkei erfordert jedoch auch, dass divergierende Perspektiven – etwa in Bezug auf die armenische Frage, aber auch in Bezug auf die Stellung von religiösen und ethnischen Minderheiten – zu einem gewissen Grad miteinander in Einklang gebracht werden. Alevitische Organisationen in Europa haben es geschafft, die Frage der Anerkennung des Alevitentums in der Türkei auf die Tagesordnung der EU zu setzen. Der EU-Prozess der Türkei könnte so vielleicht dazu führen, dass die Situation der Aleviten in der Türkei neu definiert wird.

Die Tatsache, dass sich Aleviten in Deutschland zunehmend als außerhalb des Islam definieren, belegt Yasemin Soysals (1994) These, dass die Art und Weise, wie sich Migranten definieren und organisieren, weniger von dem „kulturellen Gepäck" abhängt, dass sie aus ihrem Herkunftsland mitbringen, als vom diskursiven und institutionellen Kontext im Einwanderungsland. Das Beispiel der Beziehung des Alevitentums zum Islam zeigt aber auch, dass solche Prozesse der Integration und Neu-Definition tiefgreifende und anhaltende Auseinandersetzungen über die Frage von Identifizierungen innerhalb der jeweiligen Migrantengemeinde selbst auslösen können. Im gegenwärtigen Kontext ist der Islam ein mächtiges Symbol der Identifizierung – sowohl für die, die sich mit dem Islam identifizieren, als auch für die die diese Identifikation zurückweisen.

Ich danke Béatrice Hendrich für zahlreiche wertvolle Kommentare zu diesem Beitrag.

Literatur

Avrupa Alevi Birlikleri Federasyonu (1998): *Avrupa Alevi Birlikleri Federasyonu Programı*, Köln: AABF.

Anger, Thorsten (2003): *Islam in der Schule. Rechtliche Wirkungen der Religionsfreiheit und der Gewissensfreiheit sowie des Staatskirchenrechts im öffentlichen Schulwesen*, Berlin: Duncker und Humblot.

Baumann, Urs (Ed.) (2001): *Islamischer Religionsunterricht: Grundlagen, Begründungen, Berichte, Projekte, Dokumentationen*, Frankfurt: Lembeck.

Cetinsaya, Gökhan (1999): „Rethinking Nationalism and Islam: Some Preliminary Notes on the Roots of ‚Turkish-Islamic Synthesis' in Modern Turkish Political Thought", *The Muslim World* 89: S. 350-376.

Davison, Andrew (2003): „Turkey, a ‚Secular' State? The Challenge of Description", *South Atlantic Quarterly* 102: S. 333-350.

Europäische Kommission (2004): *2004 Regelmäßiger Bericht über die Fortschritte der Türkei auf dem Weg zum Beitritt*, Brüssel: EU-Kommission.

Jugendgruppe des Alevitischen Kulturzentrums Stuttgart (2001): *Unser Weg – Yolumuz*, Stuttgart.

Kaplan, Ismail (1992): „Alevitentum, das unbekannte Gesicht des Islam". *Informationsdienst zur Ausländerarbeit*, Nr. 1/92: S. 56-60.

Kaplan, Ismail (2004): *Das Alevitentum. Eine Glaubens- und Lebensgemeinschaft in Deutschland*, Köln: Alevitische Gemeinde Deutschland.

Kiesel, Doron (Hg.) (1986): *Islamunterricht an deutschen Schulen*? Frankfurt am Main: Haag und Herchen.

Kılavuz, Hasan (2003): „Alevilerin inanç ve ibadeti çağdaş Dedeleri yol göstericidir", *Alevilerin Sesi* 69, Oktober 2003, S. 18-19.

Koç, Şinasi (1989): *Gerçek Islâm Dini*, Ankara: Güven Matbaası.

Mandel, Ruth (1989): „Turkish Headscarves and the ‚Foreigners Problem': Constructing Difference Through Emblems of Identity", *New German Critique* 46, S. 27-46.

Muckel, Stefan (2004): *Ist die Alevitische Gemeinde Deutschland e. V. eine Religionsgemeinschaft? Rechtsgutachten erstattet dem Ministerium für Schule, Jugend und Kinder des Landes Nordrhein-Westfalen*. Köln.

Özdil, Ali-Özgür (1999): *Aktuelle Debatten zum Islamunterricht in Deutschland*, Hamburg: E.B.-Verlag.

Schimmel, Annemarie (1969): „Islam in Turkey", in: Arberry, J. A. (Hg.), *Religion in the Middle East*, Vol. 2. Cambridge: Cambridge University Press, S. 68-95.

Seufert, Günter (1997): *Politischer Islam in der Türkei. Islamismus als symbolische Repräsentation einer sich modernisierenden muslimischen Gesellschaft*, Istanbul: Steiner.

Shankland, David (1999): *Islam and Society in Turkey*, Huntingdon: The Eothen Press.

Sökefeld, Martin (2001): „Reconsidering Identity", *Anthropos* 96, S. 527-544.

Sökefeld, Martin (2002a): „Alevi Dedes in the German Diaspora: The Transformation of a Religious Institution", *Zeitschrift für Ethnologie* 127: S. 163-186.

Sökefeld, Martin (2002b): „Alevism Online: Re-Imagining a Community in Virtual Space", *Diaspora* 11: S. 85-123.

Sökefeld, Martin (2003): „Alevis in Germany and the Politics of Recognition", *New Perspectives on Turkey* 28/29: S. 133-161.

Sökefeld, Martin (2004a): Religion or Culture? Concepts of Identity in the Alevi Diaspora. In: Kokot, Waltraud; Khachig Tölölyan; Carolin Alfonso (Hg.): *Diaspora, Identity and Religion. New Directions in Theory and Research*. London: Routledge, S. 143-165.

Sökefeld, Martin (2004b): Über die Schwierigkeit, dem türkischen Nationaldiskurs zu entkommen: Aleviten in Deutschland und Hürriyet. Sökefeld, Martin (Hg.): *Jenseits des Paradigmas kultureller Differenz: Neue Perspektiven auf Einwanderer aus der Türkei*. Hrsg. von Martin Sökefeld, Bielefeld: transcript, S. 163-180.

Sökefeld, Martin. (2004c): Das Paradigma kultureller Differenz: Zur Forschung und Diskussion über Migranten aus der Türkei in Deutschland. In: Jenseits des Paradigmas kultureller Differenz: Neue Perspektiven auf Einwanderer aus der Türkei. Bielefeld: transcript, S. 9-33.

Sökefeld, Martin (2007): Aleviten und Europa. In: Clemens, Gabriele (Hg.): *Die Türkei und Europa*.

Sökefeld, Martin (2008): *Struggling for Recognition: The Alevi Movement in Germany and in Transnational Space*, New York: Berghahn Books.

Soysal, Yasemin (1994): *Limits of Citizenship: Migrants and Postnational Membership in Europe*, Chicago: University of Chicago Press.

Spuler-Stegemann, Ursula (2003): *Ist die Alevitische Gemeinde Deutschland e. V. eine Religionsgemeinschaft? Religionswissenschaftliches Gutachten erstattet dem Ministerium für Schule, Jugend und Kinder des Landes Nordrhein-Westfalen*. Marburg.

Stock, Martin (2003): *Islamunterricht: Religionskunde, Bekenntnisunterricht oder was sonst?* Münster: Lit.

Tur, Derviş (2002): *Erkânname. Aleviliğin Islam'da Yeri ve Alevi Erkânları*, Rüsselsheim: Erenler Yayın.

Türkische Tageszeitungen

Hürriyet
Milliyet

Aleviten in Deutschland

DAVID SHANKLAND UND ATILA ÇETIN[1]

Es ist eine tragische Folge der Konfrontation zwischen dem Islam und dem Westen, dass unsere Wahrnehmung der großen Verschiedenartigkeit und des Wandels islamischer Gemeinschaften droht, verloren zu gehen. Der Islam ist von intensiven Debatten über die richtige Form religiöser Praxis bestimmt, die ein großes Spektrum unterschiedlicher Sichtweisen hervorbringen. Einige dieser Perspektiven beanspruchen in jeder Hinsicht, die göttliche Wahrheit zu repräsentieren. Andere sind moderater. Aleviten fallen in die zweite Gruppe. Ihre Toleranz ist bemerkenswert und bildet einen strikten Gegensatz zu vielen der Trends, die so oft in der Tagespresse thematisiert werden.

Ursprünglich stammen die Aleviten aus der Türkei. Es ist nicht genau bekannt, wie viele Aleviten es gibt, weil die Zugehörigkeit zu verschiedenen islamischen Untergruppen im nationalen Zensus des Landes nicht erhoben wird. Vernünftige Schätzungen gehen davon aus, dass ungefähr fünfzehn Prozent der türkischen Bevölkerung von insgesamt etwa siebzig Millionen Menschen Aleviten sind. Auch sehr konservative Schätzungen implizieren demnach, dass acht bis zehn Millionen Aleviten in der Türkei leben. Als Gruppe definieren Aleviten sich selbst in erster Linie im Kontrast zur dominanten sunnitischen Mehrheit. Diese Unterscheidung ist nicht unüberwindbar, denn bei vielen Gelegenheiten arbeiten die Angehörigen beider Glaubensrichtungen zusammen. Trotzdem ist die Unterscheidung markant, und wahrscheinlich wird sie immer wichtiger, je mehr die Türkei von einer wiedererwachenden Form des sunnitischen Islam dominiert wird.[2]

Bis vor wenigen Jahrzehnten waren die Aleviten in erster Linie eine ländliche Gemeinschaft. Es gibt keine allgemeinverbindliche traditionelle Organisation oder Doktrin, die alle Aleviten vereinen würde. Dennoch weisen sich

1 Dieser Beitrag wurde von Martin Sökefeld aus dem Englischen übersetzt.

2 Als Einführung zu den Aleviten in der Türkei siehe Shankland 2003 und Mélikoff 1998.

Aleviten tendenziell durch eine Gottesvorstellung aus, die Gott im Innern sucht. Sie sagen zum Beispiel, dass Gott für sie die Liebe ist und nicht der Hass. Gleichzeitig betrachten sie die Beachtung der „Fünf Säulen“ des Islam nicht als eine notwendige Voraussetzung für die Erfüllung der Religion. Stattdessen betonen sie ihre eigenen drei Bedingungen des Alevitseins (*Alevilik*): „Beherrsche deine Hände, deine Lende und deine Zunge“, was als „Stehle nicht, begehe keinen Ehebruch und lüge nicht“ übersetzt werden kann. Diese Regel, die kurz *edep* genannt wird, ist im mystischen Islam weit verbreitet,[3] aber Aleviten zeichnen sich dadurch aus, dass sie ihr besonders große, fast universelle Bedeutung geben.

Aleviten werden oft mit anderen, ähnlich moderaten Gruppen im Islam verglichen.[4] Sie haben jedoch im Verlauf des 20. Jahrhunderts eine Identität entwickelt, die sich nicht auf andere religiöse Gruppen bezieht, sondern ihre Position im Rahmen des neuen Nationalstaats in den Mittelpunkt stellt. Trotzdem gibt es Differenzen innerhalb der alevitischen Gemeinschaft. Insbesondere überschneidet sich die religiöse Zugehörigkeit mit ethnischer Differenz: Es gibt sowohl alevitischen Kurden als auch alevitische Türken.[5] Diese Unterscheidung ist nicht in jedem Zusammenhang von Bedeutung, sondern kann je nach sozialem Kontext mehr oder weniger wichtig werden. Wichtig wird die Unterscheidung vor allem im Rahmen des kurdischen Separatismus, manchmal aber auch in Zusammenhang mit türkischem Nationalismus. Hin und wieder kann sie zu Spannungen innerhalb der alevitischen Bewegung führen, wenn zum Beispiel kurdische Aleviten unter Bezug auf Stämme, die im Dienst der iranischen Safawiden gegen das Osmanische Reich kämpften, ihre Kızılbaş-Vergangenheit betonen, während sich türkische Aleviten stärker auf ihre spirituellen Wurzeln in der Sufi-Gemeinschaft der Bektaschis beziehen.[6] Dennoch leiden türkische und kurdische Aleviten gleichermaßen unter Diskriminierung, beide können von Sunniten in beleidigender Absicht als Kızılbaş bezeichnet werden, und beide Gruppen fühlen sich durch die gemeinsame Religion eng miteinander verbunden.

Aleviten und die Republik Türkei

Es ist schwierig, die sich wandelnden Beziehungen zwischen Aleviten und der türkischen Republik kurz zusammen zu fassen. Man kann sagen, dass die ursprüngliche säkulare Neugründung der Nation im Jahr 1923 für viele

3 Die beste Einführung zum mystischen Islam ist immer noch Schimmel 1975.
4 Siehe dazu die vergleichende Arbeit von Moosa (1998).
5 Zu ethnischen Gruppen in der Türkei siehe Andrews (1989), zur Ethnographie kurdischer Aleviten siehe die Werke von van Bruinessen (z.B. 2000).
6 Zu den Bektaschis siehe Birge 1937 und Mélikoff 1988.

attraktiv war, vor allem für türkische Aleviten, die dies als einen Weg zu gleichberechtigter Bürgerschaft ohne religiöse Diskriminierung betrachteten. Sie sind immer noch stolz auf ihren Anteil an der Gründung der Republik, und auf ihre Unterstützung für Atatürk. Viele Aleviten wurden Staatsbeamte. Viele unterstützten die Republikanische Volkspartei (CHP, Cumhuriyet Halk Partisi), die Partei, die Atatürk gründete, um seine Reformen umzusetzen und sie während der Ein-Parteien-Periode voranzubringen. Später, nach dem Übergang zu einem demokratischen Mehrparteiensystem um 1950 und der Entstehung eines politischen Spektrums, das von rechts nach links reichte, rückten die Aleviten mit der CHP nach links.[7]

Die starke Identifizierung mit einer immer noch mächtigen Linken trug beträchtlich dazu bei, dass Aleviten von den sozialen und wirtschaftlichen Entwicklungen der Republik profitierten. Nach gewaltsamen Unruhen zwischen der Linken und der Rechten, die im Jahr 1980 zum Staatsstreich führten, gerieten sie jedoch durch die Neuordnung der türkischen Politik unter Druck, weil eine religiös orientierte Rechte dominant wurde. Diese politische Veränderung wurde von einer wachsenden Betonung der Rolle der Religion im öffentlichen Leben begleitet. Im Jahr 2003 kam mit der AK-Partei[8] schließlich zum ersten Mal in der Geschichte der türkischen Republik für längere Zeit eine Regierung an die Macht, die sich auf den sunnitischen Islam stützte. Der Triumph der AK-Partei ging einher mit einer allgemeinen Schwächung der Linken und insbesondere damit, dass die CHP an Unterstützung verlor.[9]

Gegenwärtig sind sich die Aleviten über ihre Zukunft in der Republik sehr ungewiss. Sie können darauf verweisen, dass die politische Entwicklung negative Auswirkungen für sie hatte, etwa weil in den Schulen ausschließlich der sunnitische Islam unterrichtet wird und alevitische Schüler somit unter Druck geraten. Sie können auch auf die Dominanz der Moscheen verweisen, auf die Unterstützung, die der Staat den sunnitischen Imamen zukommen lässt, sowie auf die wachsende Bedeutung religiöser Motive im politischen Alltag. Trotz dieser und anderer Probleme haben Aleviten immer noch eine starke psychologische und emotionale Bindung an die Türkei und die Republik und äußern oft die Hoffnung, dass sich die Situation in der Zukunft verbessern wird.

Die Lage wird durch die ethnische Aufsplittung der Aleviten weiter kompliziert. Viele kurdische Aleviten spielten eine wichtige Rolle in der Anfangszeit der CHP. Die Situation in den überwiegend kurdischen Gebieten im

7 Für eine genauere Untersuchung dieses Themas siehe Shankland 2003, Kapitel 1.

8 „AK“ steht für „Adalet ve Kalkınma Partisi“, wörtlich: „Partei für Gerechtigkeit und Aufbruch“. „Ak“ bedeutet auf Türkisch jedoch auch „weiß“, was zur Folge hat, dass die Abkürzung in der Alltagssprache ständig präsent ist.

9 Zu dieser Entwicklung siehe Shankland 1999, zur AK-Partei auch White 2002.

Südosten der Türkei ist jedoch seit langem instabil und zeichnet sich durch periodische Rebellion gegen die Zentralregierung aus.[10] Es scheint, dass sich alevitische Kurden den ersten kurdischen Aufständen der 1920er Jahre kaum angeschlossen haben; aber sie erhoben sich in den späten 1930er Jahren in Dersim. Der Aufstand wurde niedergeschlagen und viele kurdische Stämme wurden in andere Gebiete der Türkei umgesiedelt. Auch heute noch erinnert man sich an die Gewalt, mit der die Stämme damals behandelt wurden, und diese Erinnerung trägt zum allgemeinen Unbehagen gegenüber dem türkischen Staat bei. Obwohl Aleviten in der späteren, von Abdullah Öcalan geführten PKK nicht übermäßig stark vertreten waren, spielten sie eine zentrale Rolle in kleineren links-revolutionären marxistischen Organisationen, besonders in der DHKP-C. Die Situation in den östlichen Provinzen der Türkei bleibt angespannt, auch in relativ friedlichen Zeiten, und ein normales Leben ist für die, die vom Konflikt betroffen sind, oft sehr schwierig.

Eine Folge dieser ungelösten Situation ist der Strom kurdischer Migranten nach Istanbul und in andere Großstädte wie Gaziantep, Antalya, Konya oder Izmir, eine Bewegung, die frühere, sehr schnelle Bevölkerungsverlagerungen aus den Dörfern in die Städte fortsetzt. Dies hat dazu geführt, dass sich viele etablierte Stadtbewohner über die „Überflutung“ beklagen. Die Konfrontation im Osten und generelle Neigung zu linker Politik haben dazu geführt, dass das Militär die Aleviten manchmal insgesamt als eine „schwierige“ Gruppe betrachtet. Die Wahrnehmung sozialer Unordnung wird durch gelegentliche Gewaltakte verstärkt, bei denen Aleviten zu Tode gekommen sind. Hervorzuheben ist hier besonders das Massaker an den Teilnehmern eines alevitischen Kulturfestivals in Sivas im Jahr 1993.1995 kam es zu einem Aufruhr in Gazi, einem Außenbezirk von Istanbul, der durch die Politisierung der Sicherheitspolizei verstärkt wurde und der mehrere Tote zur Folge hatte. Das Unbehagen der Aleviten gegenüber den Autoritäten wird sowohl durch das Gefühl bestärkt, dass der Militärcoup von 1980 entscheidend zum Zusammenbruch der Linken beigetragen hat, als auch durch die Schwierigkeiten, denen die säkulare Bewegung in jüngerer Zeit ausgesetzt ist.

Die Situation der Aleviten ist schwierig, man darf sie sich aber nicht als statisch vorstellen. Sie muss als ein dynamischer Prozess gedacht werden, in dem die Migranten in den Städten permanent damit beschäftigt sind, ihre Situation zu verbessern und geordnete Gemeinschaften an den Rändern der Städte aufzubauen. Sie sind von der sich entwickelnden Infrastruktur des Landes nicht ausgeschlossen und beteiligen sich engagiert an der Lokalpolitik, um sicherzustellen, dass sie in Zukunft an den verfügbaren Ressourcen teilhaben. Es sollte betont werden, dass Aleviten trotz aller Schwierigkeiten auf

10 Die beste Einführung in die Ethnographie der Osttürkei ist immer noch die brillante Arbeit von van Bruinessen (1992).

ihre türkische Staatsbürgerschaft und auf ihre Beteiligung am Bau einer modernen Nation stolz sind. Trotzdem scheint es, dass Aleviten wachsende Probleme haben, Stellen in der öffentlichen Verwaltung zu finden, oder im Verwaltungsapparat befördert zu werden. Es scheint außerdem, dass sie an den Rändern der von der AK-Partei kontrollierten Städte immer stärker unter Druck geraten oder sogar vertrieben werden, da sie Land besetzen, das für Projekte der Stadtentwicklung interessant wird.

Aleviten in Europa

Die Migration von Aleviten nach Europa fand ursprünglich im Rahmen der Verträge zur Arbeitsmigration statt, die die türkische Regierung in den 1960er Jahren abschloss. Viele Aleviten machten Gebrauch von der Möglichkeit in Europa und insbesondere in Deutschland zu arbeiten, so dass die Zahl der Migranten in Deutschland bis zum Anwerbestopp von 1973 ständig stieg. Danach verlangsamte sich die Migration zunächst abrupt, wuchs später aber vor allem durch Familienzusammenführung wieder an. Auch die Heirat mit einem Partner, der bereits in Deutschland lebte, wurde zu einer bedeutenden Form der Migration und stellt heute eine der wichtigsten Möglichkeiten dar, dauerhaft nach Deutschland zu kommen. Heute leben kleine Gruppen von Aleviten in vielen Teilen Europas, vor allem in Österreich, Frankreich, in der Schweiz, in Holland und in Großbritannien. Deutschland bleibt jedoch das wichtigste Zentrum für Aleviten in Europa.

Obwohl viele Aleviten als Arbeiter oder zum Zweck der Eheschließung migriert sind, haben viele auch Asyl gesucht, zunächst vor allem nach harten Durchgreifen gegen die Linke in der Türkei, später auch nach den wachsenden Unruhe im Osten des Landes. Dies hat zu einer wachsenden Zahl von kurdisch-alevitischen Asylbewerbern in Europa in den 1980er und 1990er Jahre geführt, erneut vor allem in Deutschland, aber auch in Großbritannien und in der Schweiz. Viele dieser Flüchtlinge bekamen Asyl und viele von ihnen haben Erfahrung in der Arbeit in zivilgesellschaftlichen Organisationen. Obwohl diese Migration keineswegs homogen war, ist ein großer Teil dieser Einwanderer an der kulturellen oder religiösen Exploration ihrer spezifisch ostanatolischen alevitischen Traditionen sehr interessiert. Es ist wahrscheinlich, dass sie bei der Neu-Formierung des Alevilik im Zuge der Integration der Aleviten in Europa eine wichtige Rolle spielen werden.

Leben in Europa

Angesichts der Diversität der Gruppe sind allgemeine Aussagen vermutlich unangemessen oder zumindest sehr schwierig. Trotzdem können auf der Basis unserer detaillierten Forschung, die von Aleviten ausging, die aus einem bestimmten anatolischen Dorf ausgewandert sind, einige Aspekte des Lebens in Deutschland hervorgehoben werden.[11] Der erste Aspekt ist eine große Zufriedenheit mit dem Leben in Deutschland. Möglicherweise erscheint das angesichts der Schwierigkeiten, mit denen Aleviten in der Türkei leben müssen, nicht weiter verwunderlich. Dies wäre jedoch eine nicht ganz zutreffende Sicht. Es ist angemessener zu sagen, dass es trotz aller Schwierigkeiten, mit denen die Immigranten zu kämpfen haben, eine große Bereitschaft zur Akzeptanz und Wertschätzung der deutschen Gesellschaft gibt. Anstatt danach zu streben, die Residenzgesellschaft zu verändern oder ihr eine bestimmte Identität aufzudrängen, besteht die vorherrschende Position der Aleviten darin, sich an diese neue Umgebung anzupassen, sich in ihr einzurichten und sich zu integrieren.

Diese allgemeine Schlussfolgerung muss jedoch sofort in verschiedener Hinsicht eingeschränkt werden. Es gibt natürlich viele Probleme im alltäglichen Leben. Die Angehörigen der ersten Generation, die nur Türkisch sprachen, als sie nach Deutschland kamen, haben manchmal immer noch Schwierigkeiten mit der deutschen Sprache. Spätere Generationen, deren Eltern das deutsche Schulsystem nicht kannten, haben in schulischer Hinsicht nicht unbedingt das erreicht, was sie unter anderen Umständen hätten erreichen können. Die jüngere Generation musste sich später mit dem Problem auseinandersetzen, dass sie sich weder in der Türkei noch in Deutschland voll dazugehörig fühlten. Diese Ungewissheit in der deutschen Gesellschaft mag ein beunruhigendes Ergebnis unserer Studie teilweise erklären, nämlich dass es bei der Gruppe, die wir untersucht haben, insgesamt nur eine geringe berufliche Mobilität zu geben scheint.

Dieses Problem wird jedoch weitgehend von anderen Faktoren aufgewogen. Wir haben bereits die große Wertschätzung der Aleviten für die deutsche Gesellschaft erwähnt. Sie wird durch die Art und Weise, in der sich Aleviten nach unseren Ergebnissen in Deutschland eingerichtet haben, untermauert: Sie ziehen sich nicht defensiv in „Gettos“ zurück, sondern siedeln über das ganze Land verstreut. Die Untersuchung von etwa neunzig Haushalten, die alle aus ein und demselben Dorf in der Türkei stammen, zeigt eine weite geographische Verteilung: Sie leben in Städten wie Berlin und Hamburg in Norden, München und Stuttgart im Süden oder Koblenz und Essen im Westen. Zum Teil kann dies dadurch erklärt werden, dass bei der ursprünglichen Arbeitsmigration die Zielorte durch die Arbeitsstätten festgelegt wurden. Unser Sample zeigt jedoch, dass es auch in den folgenden Jahrzehnten kein starkes Bedürfnis gegeben hat, näher zusammen zu ziehen. Die Haushalte sind verstreut geblieben. Sie haben Beziehungen zueinander bewahrt,

11 Dieses Forschungsprojekt ist in Shankland und Çetin (2006) genauer dargestellt.

sind aber auch neue Beziehungen in ihrem lokalen Umfeld eingegangen. Nun sind sie dort etabliert und haben gute Beziehungen sowohl zu ihren deutschen Nachbarn als auch zu Einwanderern aus anderen Ländern.

Dies wird auch dadurch unterstützt, dass sich Aleviten europäischen Konventionen gemäß kleiden: Die Frauen tragen kein Kopftuch oder Schleier, die Männer haben selten einen Bart. Obwohl sie zuhause Schweinefleisch meiden, würden sie aus diesem Grund kein Essen mit deutschen Kollegen ablehnen. Viele der Leute aus dem Dorf trinken gerne Alkohol, normalerweise Rakı, aber auch Bier oder Wein. Sowohl Männer als auch Frauen gehen außerhalb des Hauses der Arbeit nach. Aleviten erscheinen in ihren Gewohnheiten und in ihrer Erscheinung nicht als „Fremde" und nehmen für sich nicht in Anspruch, anders zu sein. Darüber hinaus muss festgehalten werden, dass die Aleviten in unserem Sample zwar keine große Neigung zu schneller beruflicher Verbesserung oder Spezialisierung zeigten, trotzdem aber einen beachtlichen Grad sozialer Mobilität erreicht haben. Dies ist vor allem durch den Erwerb von Wohneigentum geschehen.

In den ersten Jahrzehnten in Deutschland war es völlig normal, einen großen Teil des Lohns zu sparen. Diese Ersparnisse wurden entweder der Familie in der Türkei geschickt oder in Eigentum in Istanbul oder in der Stadt, die ihrem Dorf am nächsten liegt, investiert. Viele Angehörige der ersten Generation haben dadurch recht große Gebäude erworben, zum Teil auch ein oder zwei Geschäfte, die sie vermieteten. Nach und nach wurden die Ersparnisse der Gruppe, die wir untersuchten, jedoch vermehrt in Deutschland investiert, vor allem in den Kauf einer eigenen Wohnung oder eines eigenen Hauses. Viele haben gleichzeitig ihren Besitz in der Türkei verkauft oder schenken ihm jedenfalls weniger Aufmerksamkeit.

Dieses Muster zeigt sich am deutlichsten bei denjenigen, die in Süddeutschland leben, wo die Mieten hoch sind und dementsprechend ein starker Anreiz zum Erwerb von Wohneigentum gegeben ist. Es ist jedoch auch in anderen Landesteilen zu erkennen, wo es für ein junges Paar möglich ist, für eine nicht zu hohe Summe ein eigenes Haus zu erwerben. Bei den etwa dreißig Haushalten aus unserem Sample, die sich im Raum Stuttgart angesiedelt haben, hat sich außerdem ein gewisser Geschäftssinn entwickelt, der sich in erfolgreichen Läden, Transportunternehmen oder, in einem Fall, in einer Immobilienfirma zeigt. In den letzten Jahren haben viele Aleviten aus unserer Untersuchungsgruppe die deutsche Staatsbürgerschaft angenommen und andere einen Einbürgerungsantrag gestellt.

Viele Aleviten haben einen hohen Grad an sozialer Stabilität erreicht. Meistens finden sie schnell Arbeit und bleiben bei einer Arbeit, solange sie diese befriedigt. Der Anteil der Arbeitslosen war in unserem Sample sehr niedrig. Die Aleviten interagieren am häufigsten mit ihren Familien und der weiteren Verwandtschaft und besuchen sich an Wochenenden oft über beachtliche Entfernungen. Sie telefonieren, treffen sich zu Hochzeiten, zu Beschneidungszeremonien oder anderen Anlässen. Dies sind Gelegenheiten, Geschichten über ihre Erfahrungen mit dem Leben als Ausländer in Deutschland auszutauschen oder auch die Erinnerung an das Dorfleben wieder zu beleben.[12] Vielleicht schaut man sich bei solchen Anlässen auch ein Video aus dem Dorf an oder hört eine CD mit der dorftypischen Musik. Gleichzeitig ist bei den Familien, die es zu einem eigenen Haus und zur deutschen Staatsbürgerschaft gebracht haben, eine große Befriedigung über den eigenen Erfolg zu spüren. Gerade weil sie die nachbarschaftlichen Beziehungen gewohnt sind, die sich aus dem Leben in Familiengruppen ergeben, entwickeln sie oft enge Beziehungen zu ihren deutschen Freunden und Kollegen. Diese Geselligkeit ist eine wichtige Ressource, auch wenn sie ein gewisses Dilemma für diejenigen bedeutet, die lieber das anonymere Leben führen würden, das in der deutschen Gesellschaft immer normaler wird.

Religiöse Tradition

Die alevitische Interpretation des Islam besteht nicht auf dem Gebet in der Moschee, sondern stellt das *cem* genannte kollektive Ritual in den Vordergrund. In den Dörfern findet dieses von Männern und Frauen gemeinsam durchgeführte Ritual unter der Führung eines *dede* in den Wintermonaten statt. Das Ritual ist komplex und kann einige Stunden dauern. Der ursprüngliche Sinn des Rituals ist, die Form des Islam zu zelebrieren, die den Aleviten von Ali, dem Schwiegersohn des Propheten gegeben wurde. Der erbliche religiöse Spezialist, der *dede*, wird im Ritus von einem Sänger und Musiker, dem aşık, begleitet. Der aşık hat eine wichtige Funktion: Er begrüßt die Gläubigen zum Ritual, er spielt die Klage für den Tod von Hasan und Hüseyin, Alis Söhnen und er spielt auch zum *semah*, dem rituellen Tanz, mit dem *cem* seinen Höhepunkt erreicht. *Cem* ist einerseits eine rein religiöse Zeremonie, auf der anderen Seite hat das Ritual aber auch die Funktion, sicherzustellen, dass die, die am Ritus teilnehmen, miteinander versöhnt sind. *Cem* kann nicht stattfinden, wenn nicht alle Konflikte zwischen den Teilnehmenden gelöst sind. Daher muss der *dede* zu Beginn des *cem* in Beratung mit der Gemeinde dafür sorgen, dass alle Streitigkeiten beigelegt werden.[13]

Das traditionelle *cem*-Ritual bleibt Außenstehenden verschlossen. In der Region, aus der die Migranten stammen, muss *cem* mindestens einmal im Jahr stattfinden, und zwar in den Herbstmonaten. Abgesehen von diesem notwendigen, jährlichen Treffen, findet *cem* normalerweise dann statt, wenn der

12 In seinen späteren Forschungen zur Dorfmigration hat Stirling die Bedeutung solcher intensiver Diskussionen betont, siehe Stirling 1974.

13 Zum *cem*-Ritual siehe den Beitrag von Robert Langer in diesem Band.

Anhänger eines *dede*s diesen *dede* einlädt, um ein Opfer durchzuführen. Ansonsten gibt es keine Norm in Bezug auf die Häufigkeit von *cem*. Es scheint, dass in Zeiten, in denen die gesellschaftliche Situation in der Türkei generell sehr gespannt war, etwa aufgrund häufiger Konflikte zwischen Aleviten und Sunniten oder zwischen Linken und Rechten, im Dorf häufiger *cem* stattfand. Eine hohe Rate der Abwanderung aus dem Dorf sowie Konflikte innerhalb des Dorfes haben den gegenteiligen Effekt und führen dazu, dass *cem* seltener durchgeführt wird. Heute findet der Ritus häufiger im Sommer statt, denn viele Migranten halten den Ritus während des Sommerurlaubs ab, den sie im Dorf verbringen.[14]

Aus der Sicht des individuellen Gläubigen, der in Europa lebt, hat diese Flexibilität in Bezug auf die Häufigkeit von *cem* gewisse Vorteile. Sie ermöglichte der ersten Generation von alevitischen Einwanderern in Deutschland zu leben, ohne das Gefühl, den Ritus durchführen zu müssen. Dies bedeutet nicht, dass sie sich weniger als Teil der religiösen oder ethischen Tradition des Alevitentums betrachteten, sondern nur, dass für sie der ethische Kodex des *edep* das entscheidende Definitionskriterium einer alevitischen Person war, auch ohne die unmittelbare Sanktionierung durch das Ritual. Mit anderen Worten: Die Annahme des ethischen Gebots, das eine Person den ganzen Alltag hindurch begleitet, konnte zu einer Quelle der emotionalen Erfüllung werden, während der rituelle Nachvollzug des Gebots auf eine spätere und passendere Gelegenheit verschoben werden konnte.

Diese Möglichkeit wird auch durch ein weiteres Charakteristikum des alevitischen Denkens bestärkt: Was es bedeutet, Alevit zu sein und dem alevitischen Pfad zu folgen, kann auch außerhalb eines unmittelbaren, heiligen rituellen Rahmens herausgestellt und gefeiert werden. Während der ersten Zeit des Migrantenlebens in Deutschland fand *cem* nur selten statt, wenn überhaupt. Aber Gruppen von Männern trafen sich zu wechselseitigen Besuchen, um miteinander zu reden und zu trinken. Später wurden solche Besuchsmuster auf ganze Familien ausgedehnt. In der mystischen Tradition, aus der das Alevitentum entstanden ist, werden solche Treffen *muhabbet* genannt. *Muhabbet* bedeutet wörtlich „göttliche, religiös inspirierte Liebe“, aber der Begriff impliziert auch einen Gemeinschaftssinn, der entsteht, wenn sich Gleichgesinnte treffen, um zusammen zu essen und zu trinken.[15] Heute sind Hochzeiten und Beschneidungszeremonien häufig sehr groß, und die Musik, die bei ihnen gespielt wird, ist zu laut als dass noch eine Unterhaltung möglich wäre, aber es kommt immer noch oft vor, dass sich eine kleinere Gruppe von Männern und Frauen trifft und einen aşık einlädt, damit er ein Mahl auf dem saz, der Laute, begleitet. Diese stark formalisierten kleineren

14 Siehe dazu auch Shankland und Çetin 2005.

15 Siehe dazu ausführlicher Shankland, 2003, Kapitel 5.

Treffen können mehrere Stunden dauern. Sie bieten die ausführliche Gelegenheit, in der Gemeinschaft das Alevitentum und seine essentiellen Elemente zu diskutieren.

Die Bereitschaft, Tradition zu leben, ohne solche Aktivitäten ausdrücklich als „religiös“ zu bezeichnen, half den Aleviten sehr, sich von Beginn an in die türkische Republik zu integrieren, und sie kann erklären, warum sich so viele Aleviten in Atatürks säkularer Vision des sozialen Lebens zuhause fühlen. In den 1970er und 1980er Jahren, als sich eine jüngere und skeptischere Generation entwickelte, wurde Alevilik immer häufiger als kültür bezeichnet, als Kultur. Es wurde Brauch, die spezifische alevitische Musik auf Kassetten aufzunehmen und zu verbreiten und *semah*, den rituellen alevitischen Tanz, bei Folkloreanlässen aufzuführen. Die bis dahin strikt im Privaten stattfindenden alevitischen Rituale wurden immer mehr geöffnet, und besonders in Deutschland wurde sie in großen Veranstaltungssälen durchgeführt, wobei sich die Teilnehmenden nicht notwendigerweise untereinander kannten und vielleicht nicht einmal alle Aleviten waren. In ähnlicher Weise wurde das jährliche Festival in der zentralanatolischen Stadt Hacıbektaş zu einem Spektakel, bei dem etwa verschiedene Formen von *semah* vor einem zahlenden Publikum aufgeführt werden. Dieser performative Aspekt alevitischer Religion wurde zu einen wichtigen Mittel der Aleviten, mit den Residenzgesellschaften in Europa in Kontakt zu treten und sich in ihnen zu integrieren, zum Beispiel wenn alevitische Vereine gesellschaftliche Repräsentanten zu ihren Feierlichkeiten oder zum gemeinsamen Essen einladen.[16]

Alevitische Organisationen

Heute sind die Aleviten sehr deutlich von der europäischen und insbesondere der deutschen Tradition der Vereinsbildung beeinflusst. In begrenztem Ausmaß gab es solche Organisationen jedoch auch im ausgehenden osmanischen Reich und in der türkischen Republik, auch wenn Vereine hier eine offensichtlicher politische Orientierung hatten, als es normalerweise in Europa der Fall ist. Aleviten hatten in ländlichen Gebieten mit den „Volkshäusern“ zu tun, Bildungszentren, die in den Anfangsjahren der Republik von der CHP betrieben wurden. Nachdem diese von der rechtsgerichteten Menderes-Regierung in den 1950er Jahren geschlossen worden waren, gründete die Linke neue Organisationen, die abhängig von der politischen Meinung ihrer Mitglieder alle Orientierungen zwischen einem revolutionären Marxismus und einem gemäßigten Linksliberalismus vertraten. Auch die politische Rechte etablierte vergleichbare Vereinigungen, die häufig mit Parteien wie der rechtsextremen

16 Für Forschungen zum Transfer der Rituale aus der Türkei nach Deutschland siehe Langer et al. 2005.

MHP oder indirekt mit religiösen Bewegungen verbunden waren und eine wichtige Rolle bei der Re-Islamisierung der Republik spielten, indem sie etwa den Bau von Moscheen oder den Unterhalt religiöser Schulen organisierten.[17] Nach dem Militärcoup von 1980 verboten die Generäle jedoch alle Vereinsaktivitäten mit der Begründung, dass sie zu Instabilität und Gewalt in der Türkei beigetragen hätten.[18]

Nachdem in der zweiten Hälfte der 1980er Jahre unter Özal schrittweise eine zivile Regierung an die Stelle der Militärdiktatur getreten war, begannen Aleviten in der Türkei, aber auch in Deutschland, eine klarere Vorstellung von Vereinigungen zu entwickeln, die dezidiert „alevitisch" sein sollten. In Deutschland zumeist „Kulturzentren" genannt, begannen diese Vereine Veranstaltungen, Tagungen und Podiumsdiskussionen durchzuführen, bei denen die Frage nach einem alevitischen Lebensstil diskutiert wurde. Gleichzeitig wurden in der Türkei spezielle *cem*-Häuser gebaut. Der Ritus fand nun nicht mehr, wie zuvor, einfach in einem großen Raum eines Privathauses statt. Sehr schnell entwickelte sich außerdem eine umfangreiche Literatur, in der debattiert wurde, was es heißt, Alevit zu sein, und in der die Autoren alevitische Geschichte, Rituale und Kultur diskutierten. Aleviten in Deutschland spielten in dieser intellektuellen Entwicklung eine wichtige Rolle. So kann man Ende der 1980er Jahre die Anfänge eines transnationalen alevitischen Diskurses entdecken. Alevitische Intellektuelle aus der Türkei nahmen an Veranstaltungen teil, die von ihren Partnern in Deutschland organisiert wurden, und umgekehrt.[19] Die genauere Untersuchung dieses transnationalen Wechselspiels steht noch aus. Ein deutliches Beispiel für die Kooperation zwischen Aleviten in Deutschland und in der Türkei ist die sogenannten *Alevitische Erklärung*, eine Liste von Forderungen in Bezug auf die Situation der Aleviten in der Türkei, die zunächst vom alevitischen Kulturzentrum in Hamburg formuliert und dann in einer veränderten Fassung in der Türkei weit verbreitet wurde.[20]

Vereine und die alevitische Gemeinschaft

Die Aktivitäten der Vereine haben verschiedene Auswirkungen auf das Alltagsleben der alevitischen Migranten. Diejenigen, die selbst politisch aktiv sind, halten die (Selbst-)Organisation (örgütlenmek) für eine absolute Not-

17 Zur Entwicklung von Vereinen in der Türkei siehe Yücekök, 1971.

18 In Bezug auf die schwierige Situation dieser Zeit siehe Dodd (1983), für einen allgemeinen Überblick über die türkische Geschichte dieser Zeit Zürcher, 1988.

19 Siehe Olsson et al. 1998 zur Entwicklung des alevitischen Denkens in den 1980er Jahren.

20 Zur Entwicklung des Alevitischen Kulturzentrums in Hamburg siehe Sökefeld 2008.

wendigkeit. Die Frage ist jedoch, inwieweit dies im Rahmen des bestehenden Nationalstaates geschehen soll. Die Mitgliedschaft in einem Verein mit einer konkreten politischen Absicht ist für viele weniger problematisch als der Versuch, mittels solcher zivilgesellschaftlicher Organisationen eine eigenständige und überlokale öffentliche Kultur hervorzubringen. Manche Aleviten lehnen dies aus einer pragmatischen Perspektive ab: Sie verweisen darauf, dass die Diversität des traditionellen alevitischen Lebens sehr groß ist, und dass es unwahrscheinlich ist, dass ausgerechnet ihre spezifische Form der rituellen Praxis in irgendeiner übergeordneten alevitischen Organisation gelehrt werden würde. Für andere steht ihre Identität als Bürger eines Staates im Vordergrund, sei es in der Türkei oder in Deutschland, während sie ihre spezifische religiöse oder kulturelle Orientierung weniger betonen.

In soziologischer Hinsicht ist es für die alevitischen Vereine ebenso schwierig wie für andere Basisbewegungen auch, die Motivation ihrer Mitglieder zu bewahren. Normalerweise entstehen Vereine dadurch, dass eine lokale Gruppe von Aleviten, die in der Regel nahe beieinander wohnen, zusammenkommen und sich organisieren. Wenn sie sich über die Ausrichtung des Vereins einigen können, bemühen sie sich darum, eine Lokalität für ihre Aktivitäten zu mieten. Die Kontinuität dieser Aktivitäten hängt ab vom Engagement des Vorstandes, von harmonischen Beziehungen innerhalb des Vereins, von seinen spezifischen Angeboten und auch davon, dass er genügend Mitglieder anziehen kann. Hier kann wiederum die wahrgenommene Bedrohung durch sunnitische Fundamentalisten eine große Rolle spielen. So führte das Massaker von Sivas, bei dem mehrere Dutzend Teilnehmer eines alevitischen Kulturfestivals im Juli 1993 durch einen Brandanschlag zu Tode kamen, zu einem rasanten Anstieg der Mitgliederzahlen und der Aktivitäten der alevitischen Vereine. In Berlin etwa waren die Aleviten in der Folge von Sivas so sehr mobilisiert, dass es gelang, genügend Spenden für den Kauf eines eigenen Gebäudes zu sammeln. Bei der Eröffnung dieses *cem*-Hauses wurden die Ereignisse von Sivas dramatischer Form dargestellt. Das Gedenken an das Sivas-Massaker ist ein zentrales Leitmotiv der alevitischen Organisationen.

Es gibt derzeit in Deutschland etwa 150 alevitische Vereine. Die kleinsten sind lediglich in einer angemieteten Wohnung untergebracht. Die großen Vereine entwickeln so viele Aktivitäten, dass sie dafür größere Gebäudekomplexe benötigen. In der Regel handelt es sich dabei um bestehende Gebäude, die vom Verein, getragen von den Beiträgen der Mitglieder, erworben werden. Sie umfassen normalerweise einen großen Saal, in dem *cem* durchgeführt werden kann sowie weitere Räume wie eine Küche, eine Teestube, eine Bibliothek, einen Computerraum, und Veranstaltungsräume, in denen Vorträge und Diskussionen, aber auch Hochzeiten stattfinden können. In den meisten Gebäuden sind Bilder der Opfer von Sivas an prominenter Stelle aufgehängt.

Die am besten ausgestatteten Gebäude haben auch einen Raum, in dem die Toten gewaschen werden können. Sie werden in der Regel in die Türkei geschickt, weil viele Aleviten es vorziehen, in ihrem Heimatdorf bestattet zu werden.

Die Haltung der alevitischen Migranten zur türkischen Republik kann variieren. Allgemein gesprochen gilt für die türkischen Aleviten die Annahme, dass die Republik das beste politische System für die Türkei ist. Trotzdem gibt es häufig Konflikte über den Bezug zur Republik Türkei, die sich oft an Bildern von Atatürk entzünden. Während türkischsprachige Aleviten häufig ein Bild Atatürks im Verein aufhängen wollen, sind kurdische Aleviten in der Regel strikt dagegen, da sie mit Atatürk und der türkischen Republik die Unterdrückung der Kurden assoziieren. Türkischsprechende Aleviten betrachten sich selbst häufig als von den Bektaschis beeinflusst. (Kurdische Aleviten aus dem Osten der Türkei bestehen oft darauf, Alevilik als eine eigenständige Religion zu betrachten. Solche Gruppen folgen zum Teil einem eigenen rituellen Kalender mit eigener Liturgie und eigenen heiligen Texten, die sich zum Beispiel auf alte persische Motive beziehen.[21] Ihre Haltung zur Türkei ist weniger eindeutig und sie mögen im Gespräch vor allem die Schließung der religiösen Orden und Bruderschaften in den Anfangsjahren der Republik kritisieren.[22] Obwohl sie gegenüber den Verhältnissen in der Türkei sehr kritisch eingestellt sein können, bedeutet dies normalerweise nicht, dass sie offen einen alternativen Nationalismus vertreten. Dies macht jedoch eine weitere Gruppe, die sich explizit der Kurdenfrage und der PKK verschrieben hat, in deren Rahmen dem Alevitentum meist keine besondere Bedeutung gegeben wird.

Abhängig von ihren finanziellen Möglichkeiten und ihrer allgemeinen Orientierung können sich lokale Vereine der Dachorganisation Alevitische Gemeinde Deutschland e.V. anschließen, die nach ihrer türkischen Bezeichnung häufig nur „Föderation" genannt wird. Die Föderation betrachtete das Alevitentum weitgehend als „Kultur", räumt zurzeit aber auch dem Alevitentum als Religion wieder mehr Bedeutung ein. Lokale Vereine, die die Religion noch stärker betonen, bleiben in der Regel unabhängig und treten der Föderation nicht bei. Die Föderation entwickelt sich kontinuierlich weiter. Für die lokalen Vereine ist die Finanzierung des Dachverbands durch einen monatlichen Beitrag die einfachste Form, einen Beitrag zur Anerkennung des Alevitentums zu leisten. Publizität gehört zu den wichtigsten Aufgaben der Föderation: Sie gibt die Zeitschrift *Alevilerin Sesi* (Stimme der Aleviten)

21 Solche Gruppen können auch nach Ursprüngen in vor-islamischen Religionen wie etwa dem Zarathustrismus suchen, wie z.B. Bayrak 1997. Für eine kontrastierende Position siehe die von Franz und Engin (2000–2001) publizierten Bände.

22 Das Standardwerk zur Frühzeit der Republik ist immer noch Lewis 1961.

heraus, organisiert Großveranstaltungen wie ein Konzert mit tausend asıks und trägt spezifische Kampagnen, wie zum Beispiel zum Gedächtnis an die Opfer des Sivas-Massakers. Die Föderation spielt eine führende Rolle im Prozess der Kodifizierung und Organisation des Alevitentums in Europa, insbesondere in Zusammenhang mit der Diskussion über eine angemessene Form der Vermittlung des Alevitentums im Rahmen des Schulunterrichts.[23]

Bildung und Erziehung

Die meisten Aleviten – sowohl in der Türkei als auch in Deutschland – würden am liebsten ohne speziellen Religionsunterricht in den Schulen auszukommen. Angesichts der alevitischen Tradition ist die Einführung alevitischen Religionsunterrichts eine Innovation. In Anatolien gibt es keinen etablierten alevitischen „Klerus" oder eine kirchenähnliche Organisation. Es gibt eine gewisse Hierarchie der religiösen Spezialisten in der Hinsicht, dass sich viele *dede*s als dem Bektaschi-Orden verpflichtet betrachten. In der Praxis wirken die *dede*s jedoch nicht nur als rituelle Spezialisten, sondern auch als die wichtigsten Verbreiter der alevitischen Tradition. Sie geben die alevitische Tradition an ihre Anhänger weiter und lehren die nächste Generation von *dede*s. Im Osten überwiegen dabei in der Regel lokale Traditionen und die Verbindung zum Bektaschi-Orden ist weit weniger wichtig. Die Betonung liegt auf einer persönlichen Beziehung zwischen dem religiösen Führer und seinen Anhängern, auf ererbter Heiligkeit und auf der lokalen Tradierung von Kultur durch Musik, Lyrik und Gesang.[24]

Mit dem Fortschreiten der Modernisierung und der Migration in die Städte verändert sich die alevitische Bewegung. Es ist schwierig geworden, die traditionelle Verbindung zwischen den *dede*s und ihren Anhängern aufrechtzuerhalten. Das Auftreten alevitischer Intellektueller und die von ihnen veröffentlichten Bücher haben, wenigstens unter den Aleviten selbst, zu einer größeren Akzeptanz einer öffentlichen Kultur des Alevitentums geführt. In der Türkei hat dies jedoch nicht zur Vereinheitlichung der religiösen Praxis geführt. Verschiedene Faktoren sperren sich gegen eine solche Homogenisierung. Es besteht ein sehr starkes lokales Bestreben, die Lehre des Alevitentums in den Händen der durch ihre Abstammung geheiligten *dede*s zu belassen. Dies hat zur Folge, dass viele Aleviten in der Türkei die Neuformulierung des Alevitentums durch Intellektuelle, die nicht durch ererbte Heiligkeit ausgewiesen sind, nicht als religiöse Doktrin akzeptieren.

23 Auf ihrer Website gibt die Föderation einen guten Überblick über ihre Aktivitäten: http://www.alevi.com

24 Ein hervorragendes Beispiel dafür gibt Kiesers (2004) Beitrag über Meluli Baba.

Abgesehen von den sehr lokalspezifischen Interpretationen des Alevilik beeinflusst auch die Tendenz der Aleviten, sich entlang politischer oder ethnischer Linien aufzuspalten, jegliche uniforme Vorstellung von religiöser Praxis. Vereinfachend kann man sagen, dass es im Osten eine größere Bereitschaft gibt, das Alevilik als eine eigenständige Religion zu betrachten, während die Aleviten im Westen der Türkei mehr dazu neigen, das Alevitentum als eine liberale und tolerante Form des Islam zu sehen, deren Grundlage die mystische Liebe ist. In politischen Debatten führt unterschiedliche Sichtweise dazu, dass die Aleviten aus dem Osten diejenigen im Westen als durch den Staat und den sunnitischen Islam „assimiliert" betrachten, wohingegen die westlichen Aleviten die Flexibilität ihrer Ansichten betonen.

Die Situation wird dadurch verkompliziert, dass der wieder erstarkende sunnitische Islam eine wichtigere Rolle im öffentlichen Raum der Republik spielt, wovon viele Bereiche des Alltagslebens betroffen sind. Während beispielsweise früher die Schulen weitgehend säkularisiert waren und besonders die Lehrer häufig den Säkularismus betonten, gibt es heute obligatorischen Religionsunterricht in allen Schulen. Obwohl dieser Unterricht allgemein als „Ethik" (*ahlak*) bezeichnet wird, benutzen ihn viele Lehrer in der Tat um die Regeln des Islam zu lehren. Aleviten oder Kızılbaş werden dabei sehr häufig mit groben und aggressiven Ausdrücken als Beispiel für unangemessene Religionsausübung benannt, was alevitische Schüler unter Druck setzt. Das Ergebnis davon ist, dass sich die Vertreter der beiden verschiedenen Perspektiven der Aleviten jeweils bestätigt sehen: die radikaleren in ihrer Auffassung, dass das Alevitentum nur durch eine klare Unterscheidung vom Islam geschützt werden kann, und die mit der vorsichtigeren Perspektive darin, dass sie gefährdet sind, wenn sie die Möglichkeit, Anschluss an die sunnitische Mehrheit zu finden, nicht bewahren. Die Vertreter beider Positionen suchen nach einer Möglichkeit, dass ihre Kinder die Schule besuchen können, ohne von Sunniten unter Druck gesetzt zu werden zu konvertieren.

Bildung und der türkische Staat

Das Streben der Aleviten nach alevitischem Religionsunterricht in den Schulen wird durch das Verhältnis zwischen dem sunnitischen Islam und dem türkischen Staat weiter verkompliziert. Die graduelle Reintegration des Islam in das öffentliche Leben des Landes ist im Rahmen der bestehenden säkularen Verfassung geschehen. Dies bedeutet, dass das Rechtssystem nach wie vor auf der republikanischen Übernahme europäischer Gesetzbücher beruht. Trotzdem wurden sehr viele Ressourcen darauf verwandt, die offizielle Organisation und Lehre des Islam auszuweiten, sowohl durch das Erziehungsministerium als auch durch das Amt des Premierministers, das für die große Religionsbehörde, das „Direktorium für Religiöse Angelegenheiten" verantwortlich zeichnet. Das Direktorium ist dafür zuständig, alle Moscheen im Lande im Imamen zu versorgen, die Pilgerreise nach Mekka zu organisieren, den Koran und theologische Literatur zu publizieren, *fetva*s (Gutachten) über die korrekte Lebensführung abzugeben, und vieles mehr. Die Behörde war ursprünglich mit dem Argument gegründet worden, dass durch sie die Lehre des Islam im Land kontrolliert und somit ein „moderater Islam" gesichert werden könne. In gewisser Hinsicht gilt das immer noch, aber neben der Kontrollfunktion muss auch berücksichtigt werden, dass die Behörde enorme finanzielle und personelle Ressourcen zur Verfügung hat.

Der Name der Behörde gibt keinen Hinweis darauf, dass sie eine bestimmte Religion fördert und organisiert. Tatsächlich beruht die Tätigkeit des Direktoriums aber auf der Annahme, dass es eine unveränderliche offenbarte Wahrheit fördert, und es fördert keine andere Form von Religion als den sunnitischen Islam. So gibt es zwar hin und wieder Bemühungen, die alevitische Position zu berücksichtigen, die aber stets daran scheitern, das sich die alevitische Glaubensauffassung nicht immer mit sunnitischen Grundsätzen vereinbaren lässt, z.B. im Hinblick auf die Bedeutung, die das Alevitentum Ali gibt, dem Schwiegersohn des Propheten. Dieses Problem wird dadurch vergrößert, dass das Direktorium kaum dazu bereit ist, eine spezifische Variante des Islam explizit zu benennen. Es impliziert damit, dass die Aleviten, wenn sie denn Muslime sind, mit dem Programm der Behörde keine Schwierigkeiten haben können, und, im Umkehrschluss, dass sie andernfalls von den wahren Gläubigen nicht ernst genommen werden müssen.

Als Mikrokosmos spiegelt das Direktorium für Religiöse Angelegenheiten das Problem wieder, das der türkische Staat als Ganzer in dieser Hinsicht hat. Die säkulare Verfassung ermöglicht eine große Spannweite religiöser Aktivitäten, und hin und wieder mag es Möglichkeiten zur Förderung von Initiativen aus dem staatlichen Budget geben. Es gibt jedoch keine generell positive Haltung gegenüber religiösen Minderheiten, sei es die kleine Zahl der Orthodoxen, Katholiken oder Juden oder die noch verbliebenen Gruppen von Yezidis oder Nestorianern im Osten des Landes. Der wachsende Druck, den all diese Gruppen spüren, führt zu einer sehr schwierigen Situation für all die, die sich nicht der dominanten religiösen Tradition zugehörig fühlen. Daher gibt es zurzeit keine Aussicht auf Religionsunterricht für Aleviten an den türkischen Schulen.

Bildung in Deutschland

Die Entwicklung des alevitischen Denkens in Deutschland vollzieht sich parallel zu den Geschehnissen in der Türkei, ohne dass in Deutschland allerdings ein ähnlicher Druck zu spüren wäre. Unseren Gesprächspartnern zufolge gibt es zumindest am Arbeitsplatz keinen Druck durch Sunniten. Den größten Teil ihrer Freizeit verbringen die Aleviten innerhalb der eigenen Gemeinschaft. Diejenigen, die sich stärker öffentlich engagieren möchten, können einem alevitischen Kulturverein beitreten. Wenn sie über diesen Bereich hinausgehen wollten, konnten sie sich der Linken anschließen, etwa einer Auslandsorganisation der CHP. Andere, die sich stärker in der deutschen Gesellschaft engagieren möchten, können einer deutschen Partei beitreten, etwa der SPD oder den Grünen. Interesse an rein türkischen Organisationen ohne religiösen Hintergrund ist auch möglich.

Es scheint, dass sich diese Situation in den letzten Jahren durch eine Reihe von Faktoren verändert hat. Die meisten Aleviten haben, auch wenn sie im Residenzland gut integriert sind, enge Beziehungen in die Türkei und werden von den dortigen Verhältnissen beeinflusst, besonders wenn sie für die Aleviten problematischer werden. Aber auch Deutschland hat sich geändert. Nach dem Putsch von 1980, der zunächst mit einem Verbot von Vereinsaktivitäten einherging, begannen die Generäle die Lehre des sunnitischen Islam zu fördern, weil sie glaubten, dass die Abwendung von der Religion eine Ursache für die gesellschaftlichen Konflikte der 1970er Jahre war. Aus diesem Grund ermutigten sie das Direktorium für Religiöse Angelegenheiten, in Deutschland Moscheen einzurichten, und nahmen gleichzeitig Geld aus Saudi-Arabien an, mit dem religiöse Funktionäre im Ausland finanziert wurden. Der von den türkischen Konsulaten organisierte türkische Sprachunterricht beinhaltete oft auch sunnitischen Religionsunterricht. Dies hatte zur Folge, dass sich Aleviten auch in Deutschland weniger sicher fühlten und für sie die Frage nach alevitischem Religionsunterricht in den Vordergrund rückte.

Anerkennung

Jede Gruppe, die Unterricht für ihre Religion in deutschen Schulen anstrebt, muss sich damit auseinandersetzen, dass die rechtlichen Regularien des Religionsunterrichts von Bundesland zu Bundesland variieren. Dies bedeutet, dass in vielen verschiedenen Kontexten verhandelt werden muss, die jeweils einen eigenen Zeitplan implizieren und nach unterschiedlichen Verwaltungsprozeduren ablaufen. Hier soll nur auf zwei äußerst wichtige Faktoren hingewiesen werden: Der erste ist, dass sich Aleviten, um ihre Anerkennung zu erreichen, selbst als Religionsgemeinschaft definieren mussten und nicht einfach als kulturelle Gemeinschaft. Der zweite Punkt ist, dass mangels einer religiösen Hierarchie, welche die Aleviten in Deutschland repräsentieren könnte, diese repräsentative Funktion der Föderation zufiel, die als einzige

Organisation für sich in Anspruch nehmen kann, die Aleviten insgesamt zu vertreten.

Die praktische Umsetzung des alevitischen Religionsunterrichts in den Schulen wird einige Zeit erfordern, so dass die pädagogische Bedeutung dieser Entwicklung nicht unmittelbar sichtbar ist. Es gibt zum Beispiel derzeit sehr wenige Lehrer, die qualifiziert sind, Alevitentum an deutschen Schulen zu unterrichten. Die weite Zerstreuung der Aleviten in Deutschland kann hier ein Nachteil sein, da die Einführung des Unterrichts eine gewisse Mindestzahl alevitischer Schüler voraussetzt. Es ist jedoch jetzt schon deutlich, dass der Religionsunterricht substantielle Folgen für die Organisation der alevitischen Gemeinde in Deutschland hat. Er impliziert nämlich, dass der graduelle Prozess der Kodifizierung, der den Wandel von einer traditionellen Struktur zu einer Form, die eng mit dem urbanen Kontext verknüpft ist, erheblich beschleunigt wird. Die Föderation selbst entwickelte sich von einem wichtigen Dachverband, der viele lokale Vereine repräsentiert, zur potentiellen Vertretung aller Aleviten in Deutschland, und sie nimmt nun eine so wichtige Stellung ein, dass ihre ideologische Macht stark gewachsen ist. Da sich die Aleviten im Zuge des Strebens nach Anerkennung als eine Gemeinschaft, die zu eigenem Religionsunterricht berechtigt ist, formell als religiöse Gemeinschaft definieren mussten, wurde die alte Tendenz, sich auf der Basis einer Idee von alevitischer „Kultur“ zu organisieren, umgekehrt. Unbeabsichtigter Weise haben somit die Erfordernisse der deutschen Gesellschaft eine weitgehend säkularisierte Gemeinschaft dazu gebracht, sich als Religionsgemeinschaft neu zu definieren.

Die ersten Reaktionen der größeren alevitischen Gemeinschaft darauf scheinen positiv auszufallen. Die Aleviten in unserer Untersuchungsgruppe, die einzelnen lokalen Vereinen gegenüber oft sehr skeptisch eingestellt sind, beurteilen es als sehr positiv, dass es der Föderation gelungen ist, dem Alevitentum in Deutschland Gewicht zu verleihen. Jedoch hat die Prominenz der Föderation zwei komplexe Fragen aufgeworfen, die potentiell zu Spaltungen führen können. Die eine ist die alte Frage danach, wer berechtigt ist, das Alevitentum zu repräsentieren und zu lehren. Die große Mehrheit der alevitischen Einwanderer in Deutschland ist immer noch der Ansicht, dass diejenigen, die alevitische Riten leiten und die alevitische Lehre weiter tragen, aus einer Lineage von *dede*s stammen sollen. Diese Vorstellung lässt sich nur schwer damit vereinbaren, dass die Lehrverantwortung einer zivilgesellschaftlichen Organisation wie der Föderation zufallen soll. Es ist unwahrscheinlich, dass dieses Problem leicht gelöst werden kann. Der gegenwärtige Versuch einer Lösung besteht darin, dass einerseits zu einem gewissen Grad *dede*s in die Organisationsstruktur der Föderation eingebunden werden, und dass gleichzeitig betont wird, dass es in der Tradition der Bektaschi-Bruderschaft möglich war, durch Ausbildung und Initiation auch dann eine religiöse Funktion zu erlangen, wenn man selbst nicht aus einer heiligen Lineage stammte. Diese Lösung, die nicht alle befriedigt, scheint Abspaltungsbemühungen so weit begrenzt zu haben, dass sie die Föderation nicht behindern.

Schwieriger und viel konfliktträchtiger ist die Frage nach dem Verhältnis des Alevitentums zum Islam.[25] Wie schon gesagt, ist die Standardantwort auf diese Frage in der Westtürkei, dass das Alevitentum eine Form des Islam ist, die die „Fünf Säulen" nicht zurückweist, sie jedoch transzendiert.[26] Aleviten aus der Westtürkei würden daher die Auffassung, dass Aleviten nicht wirklich Muslime sind, klar zurückweisen. In der Föderation gibt es jedoch eine erbitterte Debatte darüber, ob man das Alevitentum nicht einfach zu einer eigenständigen Religion erklären soll, die nicht an den theologischen Überbau des Islam gebunden ist, obwohl sie einige Elemente aufweist, die an den Islam erinnern. Diese Perspektive würde zum Beispiel Untersuchungen fördern, die versuchen, Alevilik mit dem vorislamischen Zarathustrismus zu verknüpfen, oder die Verbindungen mit dem Christentum erforschen.[27] Der Vorstand der Föderation vertritt zurzeit die Auffassung, das Alevitentum sei eine eigenständige Religion, erfährt dafür jedoch auch sehr viel Widerspruch. Einige Male wurde uns gegenüber tatsächlich explizit das Ziel erwähnt, mit der Föderation eine eigenständige kilise (Kirche) zu bilden.

Auch wenn dieses Ziel verführerisch scheint, die Auswirkungen eines solchen Bruchs wären fundamental. Es würde vom größten Teil der traditionellen alevitischen Führer, den *dede*s, abgelehnt. Es würde auch die Mehrheit der alevitischen Migranten aus der Türkei ausschließen, die, obwohl sie über das Erstarken des sunnitischen Fundamentalismus sehr besorgt sind, dennoch nicht die Identifizierung des Alevitentums als eine Form des Islam aufgeben wollen. Dieser Schritt würde eine außerordentlich freie Neuinterpretation zahlreicher alevitischer Gebete und Hymnen erfordern, die sehr deutlich auf islamischer Überlieferung basieren. Er würde außerdem die Aleviten in der Türkei in eine sehr schwierige Lage versetzen. In einer religiös intoleranten Umgebung hat ihr *modus vivendi* bisher darin bestanden, die alltäglichen Regeln des Islam hinzunehmen, ohne ihnen im eigenen Leben Priorität einzuräumen. Die soziale Dominanz des Islam in der Türkei ist jedoch so groß,

---

25 Siehe dazu auch den Beitrag von Martin Sökefeld in diesem Band.

26 Diese Haltung mag als Weg des *tarikat* im Unterschied zum Weg der *şeriat* beschrieben werden. Damit meinen die Aleviten ein mystisches oder esoterisches Gottesverständnis, das sich vom stärker transzendenten Gottesbild, das sie den Sunniten zuschreiben, unterscheidet. Unter *şeriat* verstehen sie sowohl den orthodoxen Islam mit seinen Regeln, als auch einen religiösen Lebensstil, der den Moscheebesuch fordert und die Trennung von Männern und Frauen im Gebet impliziert. Siehe dazu Shankland (2003) und Gökalp (1980).

27 Zur Neuformulierung dieser Interpretation des kurdischen *Alevilik* siehe Bayrak (1997), für einen interessanten Artikel über Beziehungen zwischen christlichen Missionaren und östlichen Aleviten siehe Karakaya-Stump (2004).

dass einfach kein ausreichender sozialer Raum für eine solch klare Abspaltung bleibt. Es gibt auch jetzt schon regelmäßig Angriffe auf Aleviten. Das Alevitentum zu einer nicht-islamischen Religion zu erklären, würde aller Voraussicht nach die Gefahr vergrößern.

In der Praxis wird es vermutlich starken Widerstand gegen einen solchen Schritt der Föderation geben, sowohl von den eigenen Mitgliedern als auch von anderen Gruppen in Deutschland. Die lokalen Mitgliedsvereine der Föderation nehmen unterschiedliche Positionen ein. Moderne Kommunikationsformen und besonders das Internet ermöglichen es kleinen, jedoch sehr artikulierten Gruppen, die oft von jungen *dede*s geführt werden, sowohl in Deutschland als auch in der Türkei erhebliches Gewicht zu bekommen.[28] Auch wenn die Idee der Trennung vom Islam nicht willkommen sein mag, so wirft sie doch eine sehr wichtige Frage auf. In der Türkei hat die größere öffentliche Institutionalisierung des Alevitentums dazu geführt, dass sehr begrenzte Summen aus dem öffentlichen Haushalt zur Verfügung gestellt wurden, vor allem für eine Stiftung, die von einem prominenten Aleviten in Istanbul, Professor İzzettin Doğan, geleitet wird. Es ist sehr wahrscheinlich, dass er und andere Personen, die in Zukunft vielleicht ähnliche Positionen einnehmen, die Kompatibilität von Alevitentum und Islam weiter betonen.[29] Im Gegensatz dazu begünstigt die Integration der Aleviten in Deutschland eher die Vorstellung des Alevitentums als eigenständiger, vom Islam getrennter Religion. Möglicherweise kommt es zu diesem Bruch, der dann auch die Frage aufwerfen könnte, ob der moderne Islam tolerant genug ist, um die alevitische Interpretation dieses Glaubens zu akzeptieren.

Schluss

Im Zentrum unserer Studie steht vor allem eine menschliche Erfolgsgeschichte. Dorfbewohner aus Anatolien sind nach und nach, über mehrere Dekaden, nach Europa migriert und haben trotz aller Schwierigkeiten eine sehr erfolgreiche Beziehung zu ihrer Residenzgesellschaft etabliert. Auch wenn die Geschichten der Migranten im Einzelnen sehr komplex sind, so ist dies doch ein wesentlicher Faktor, der ihr Handeln und Denken in vieler Hinsicht beeinflusst. Ein besonders faszinierender Aspekt der Untersuchung der Aleviten ist, dass zum rapiden sozialen Wandel der Gruppe auch der Prozess der Kodifizierung einer ursprünglich oralen Tradition gehört. Dieser Prozess beeinflusst wiederum die kulturelle Entwicklung der Gruppe und die

28 Siehe Sökefeld (2002a, 2002b) zur Bedeutung des Internets für die alevitische Bewegung bzw. zu *dede*s in Deutschland.

29 Zu Izzettin Doğan und seiner CEM-Stiftung siehe die Website der Organisation: http://www.cemvakfi.org

Institutionalisierung ihrer Religion in der europäischen Gesellschaft. Wir werden dabei Zeugen der Entstehung einer schriftlichen Tradition.

Im Rahmen eines kurzen Beitrags kann nur ein kleiner Teil des Materials angeführt werden, das zur Verfügung steht. Wir müssen auch anmerken, dass wir die zukünftige Entwicklung der Situation der Aleviten nicht voraussagen können. Ein wichtiger Punkt, den wir hier nicht angesprochen haben, ist, inwiefern es missionierenden sunnitischen Gruppen gelingen wird, die Aleviten zu beeinflussen. Zurzeit definieren sich Aleviten in erster Linie im Kontrast zu den Sunniten, aber auf sie wird in vieler Hinsicht Druck ausgeübt. Tatsächlich können Aleviten zur politische Zielscheibe von vielen verschiedenen Gruppen werden: von türkischen Islamisten, die konkret politisch aktiv sind, sunnitischen Islamisten im weiteren Sinne, Separatisten, iranischen Missionsbewegungen, und so weiter. Sie alle haben einen gewissen Einfluss, es lässt sich aber nicht sagen, ob eine dieser Gruppen in Zukunft für die Aleviten wichtig werden kann.[30]

Schließlich sollte festgehalten werden, dass die Situation in der Türkei für die weitere Entwicklung der Aleviten von größter Bedeutung ist. Die Entwicklung des sunnitischen intellektuellen Denkens ist ebenso komplex wie die des alevitischen Denkens. Seit vielen Jahrzehnten diskutieren Schriftsteller, Denker und religiöse Führer die Frage des Verhältnisses des orthodoxen Islam zu anderen Gruppen und zur Welt insgesamt. Zurzeit besteht ein großes Problem darin, dass die Ideen solcher Autoritäten so leicht in Gewalt und ideologischen Druck auf die münden, die nicht mit ihnen übereinstimmen. Es besteht jedoch auch die Möglichkeit, dass sich eine spezifische, moderate Form des türkischen Islam entwickelt, gefördert vielleicht durch die Europäische Union, die beginnt, die Anerkennung religiöser Minderheiten in der Türkei einzufordern. Auch wenn dies zur Zeit vielleicht unwahrscheinlich erscheint, wäre die Entstehung eines Klimas der Toleranz gegenüber nichtorthodoxen islamischen Minderheiten die Lösung für eine Situation, die ein großes Potential an Tragödien und Konflikten in sich trägt.

Literatur

Andrews, P. (Hg.) (2003): *Ethnic Groups in Turkey*, Wiesbaden: Ludwig Reichart Verlag.

Bayrak, M. (1997): *Alevilik ve Kürtler (İnceleme-Araştırma-Belgeler)*, Wuppertal: Özge Yayınları.

Birge, John (1937): *The Bektashi Order of Dervishes*, London: Luzac & Co.

Dodd, C. (1983): *Crisis of Turkish Democracy*, Beverley: Eothen Press.

Engin, İsmail and Franz, Erhard (Hg.) (2000-2001): *Aleviler/Alewiten*, (drei Bände), Hamburg; Deutsches Orient-Institut.

30 Für eine interessante Studie zu Aleviten in Europa siehe auch Massicard (2005).

Gökalp, A. (1980): *Tetes Rouges et Bouches Noires*, Paris: Societé d'ethnographie.

Karakaya-Stump, A. (2004): „The Emergence of the Kizilbas in Western Thought: Missionary Accounts and their Aftermath", in: David Shankland (Hg.), *Archaeology, Anthropology and Heritage in the Balkans and Anatolia: The Life and Times of Hasluck, 1878-1920*, Istanbul: Isis: 329-354.

Kieser, Hans-Lukas (2004): „Alevilik as Song and Dialogue: The Village Sage Meluli Baba", in: David Shankland (Hg.): *Archaeology, Anthropology and Archaeology in the Balkans and Anatolia: The Life and Times of Hasluck, 1878-1920*, Istanbul: Isis, 355-368.

Langer, Robert/Raoul Motika/Michael Ursinus (Hg.) (2005): *Migration und Ritualtransfer*, Frankfurt am Main: Peter Lang.

Lewis, Bernard (1961): *The Emergence of Modern Turkey*, Oxford: Oxford University Press.

Massicard, Élise (2005): *L'Autre Turquie. Le mouvement aléviste et ses territoires*, Paris:

Presses Universitaires de France.

Mélikoff, Iréne (1998): *Hadji Bektach: un mythe et ses avatars*, Leiden: Brill.

Moosa, Matti (1998): *Extremist Shi'ites: The Ghulat Sects*, New York: Syracuse University Press.

Olsson, Tord/Elizabeth Özdalga/C. Raudvere (Hg.) (1998): *Alevi Identity: Cultural, Religious and Social Perspectives*, Istanbul: Swedish Research Institute.

Schimmel, Annemarie (1975): *Mystical Dimensions of Islam*, Chapel Hill, NC: University of North Carolina Press.

Shankland, David (1999): *Islam and Society in Turkey*, Huntington: Eothen Press.

Shankland, David (2003): *The Alevis in Turkey: The Emergence of a Secular Islamic Tradition*, London: RoutledgeCurzon.

Shankland, David/Atila Çetin (2005) „Ritual Transfer and the Reformulation of Belief amongst the Turkish Alevi Community in Europe", in: Robert Langer/Raoul Motika/Michael Ursinus (Hg.), *Migration und Ritualtransfer*, Frankfurt am Main: Peter Lang, S. 51-72.

Shankland, David/Atila Çetin (2006): „Culturalism and Social Mobility: An Alevi Village in Germany", in: David Shankland (Hg.), *Structure and Function in Turkish Society*, Istanbul: Isis Press, S. 167-184.

Sökefeld, Martin (2002a): „Alevism Online: Re-Imagining a Community in Virtual Space", *Diaspora* 11: 85-123.

Sökefeld, Martin (2002b): „Alevi *dede*s in the German Diaspora: The Transformation of a Religious Institution", *Zeitschrift für Ethnologie* 127: 163-186.

Sökefeld, Martin (2008): *Struggling for Recognition: The Alevi Movement in Germany and in Transnational Space*, New York: Berghahn Books.

Stirling, Paul (1974): „Cause, Knowledge and Change: Turkish Village Revisited", in: John Davis (Hg.) *Choice and Change: Essays in Honour of Lucy Mair,* London: Athlone, S. 191-229.

Van Bruinessen, Martin (1992): *Agha, Shaikh and State*, London: Zed Books.

Van Bruinessen, Martin (2000): *Mullas, Sufis and Heretics: The Role of Religion in Kurdish*
Society, Isis: Istanbul.
White, Jenny B. (2002): *Islamist Mobilization in Turkey: A Study in Vernacular Politics*,
Seattle: University of Washington Press.
Yücekök, A. (1971): *Türkiye'de Örgütlenmiş Dinin Sosyo-Ekonomik Tabanı*, Ankara: Siyasal Bilgiler.
Zürcher, Eric (1998): *Turkey: A Modern History*, London, New York: I.B. Tauris.

Glossar

Ali	Der erste Imam, Cousin und Schwiegersohn des Propheten Mohammad; für die Aleviten der legitime Nachfolger Mohammads; Vater der Imame Hasan und Hüseyin.
Aşure	Tag des Gedenkens an das Martyriums des Imam Hüseyin und seiner Getreuen, die im Jahr 680 bei Kerbela von den Anhängern des Kalifen Yezit getötet wurden. Fastenperiode für die Aleviten und gleichzeitig eine Süssspeise aus zwölf Zutaten, die am Aşure-Tag zubereitet wird.
Cem	Kollektives Ritual der Aleviten, von einem *dede* geleitet. Bis vor wenigen Jahrzehnten wurde *cem* nur im Geheimen durchgeführt.
Dede	Religiöser Spezialist der Aleviten. Die meisten *dede*s leiten sich genealogisch von den zwölf Imamen her; sie sind also *seyit*. Ein *dede* ist für die spirituelle und moralische Führung seiner *talip*s verantwortlich.
DİB	Diyanet İşleri Bakanlığı (Präsidium für Religiöse Angelegenheiten), staatliche Religionsbehörde der Türkei, die nur den sunnitischen Islam anerkennt.
Fetva	Rechtsgutachten eines Korangelehrten.
Haci Bektaş Veli	Alevitischer Heiliger, lebte im 13. Jahrhundert in der zentralanatolischen Kleinstadt, die heute Hacıbektaş genannt wird. Gilt als Autor wichtiger ethischer Maximen des Alevitentums. Der Bektaşi-Orden wird auf Haci Bektaş Veli zurückgeführt.

Hoca	Vorsteher einer (sunnitischen) Moschee.
Hüseyin	Dritter Imam, zweiter Sohn des Imam Ali, wurde im Jahr 680 bei Kerbela getötet.
Imame	Genealogisch verbundene Kette von zwölf Anführern des Alevitentums (und der Zwölfer-Schia); der erste Imam war Ali.
Kerbela	Ort im heutigen Irak, bei dem der Imam Hüseyin im Jahr 680 getötet wurde. Wird als Synonym für Martyrium gebraucht.
Kızılbaş	„Rotkopf", ursprünglich eine Bezeichnung für die Anhänger des Safawidenordens, die später zu einer abwertenden Bezeichnung für Aleviten wurde. Heute wieder vermehrt als positiv umgedeutete Selbstbezeichnung von Aleviten in Gebrauch.
Musahiplik	Wegbruderschaft im Alevitentum, rituelle Beziehung zwischen zwei Ehepaaren, die moralisch und ökonomisch füreinander Verantwortung tragen.
Pir Sultan Abdal	Alevitischer Dichter und Heiliger, der im 16. Jahrhundert in der Nähe von Sivas lebte und eine der wichtigesten Identifikationsfiguren der Aleviten darstellt. Pir Sultan Abdal wird vor allem als jemand verehrt, der der staatlichen (osmanischen) Macht widerstanden hat.
Sivas	Stadt in Zentralanatolien, Ort des Angriffs auf ein alevitisches Kulturfestival, bei dem am 2. Juli 1993 über dreißig Menschen starben.
Talip	„Schüler" eines *dede* und diesem durch eine erbliche Beziehung verbunden.
Takiye	Das Verbergen der eigenen religiösen Zugehörigkeit. Bis zu Beginn der alevitischen Bewegung gängige Praxis der Aleviten in der Türkei und in Deutschland.
Zülfikar	Schwert des Imam Ali, wichtiger symbolischer Schmuck der Aleviten.

Die Autorinnen und Autoren

Halil Can studierte Politikwissenschaften an der Freien Universität Berlin (Diplom-Arbeit: Politisierung der Aleviten in der Türkei) und promoviert am Institut für Europäische Ethnologie der Humboldt-Universität zu Berlin über „Identitätsprozesse im transnationalen Migrationsraum Deutschland-Türkei am Beispiel von Mehrgenerationenfamilien alevitischer Glaubens- und zazakischer Sprachherkunft". Er war Stipendiat der Hans-Böckler-Stiftung, Trainer, Referent und Autor. Forschungs-und Arbeitsschwerpunkte: Migration, Identität, Biographie, Rassismus, Diskriminierung, Empowerment.

Béatrice Hendrich hat Islamkunde, islamische Philologie und Publizistik an der Universität Mainz (Magisterabschluss 1992) und Europa-Wissenschaften an der RWTH Aachen (Abschluss 1995) studiert. Von 1996 bis 2000 war sie Stipendiatin der Hans-Böckler-Stiftung und promovierte 2002 mit einer Arbeit über „Milla - millet - Nation? Von der Religionsgemeinschaft zur Nation? Von der Veränderung eines Wortes und der Wandlung eines Staates" an der Justus-Liebig-Universität Gießen in Islamwissenschaft. Von 2000 bis 2004 war sie mit einer Forschung über Aleviten wissenschaftliche Mitarbeiterin im Sonderforschungsbereich „Erinnerungskulturen" an der Universität Gießen, wo sie erneut seit 2007 mit einem Projekt zur „Erinnerung an die multikulturelle Vergangenheit in der gegenwärtigen türkischen Literatur" tätig ist.

Kira Kosnick ist Juniorprofessorin für transnationale Anthropologie am Institut für Kulturanthropologie und Europäische Ethnologie der Johann Wolfgang Goethe-Universität Frankfurt am Main. Nach ihrem Studium der Soziologie und Kulturanthropologie an der New School for Social Research in New York (Ph.D. 2003) arbeitete sie in interdisziplinären Forschungsprojekten zu transnationaler Migration in Europa, und bis 2006 als Lecturer for Cultural Analysis an der Nottingham Trent University, England. Ihr Buch

Migrant Media: Turkish Broadcasting and Multicultural Politics in Berlin erschien 2007 bei Indiana University Press.

Robert Langer ist Mitglied des Sonderforschungsbereichs 619 „Ritualdynamik" der Ruprecht-Karls-Universität Heidelberg und als wissenschaftlicher Mitarbeiter in dessen islamwissenschaftlich-osmanistischen Teilprojekt „Ritualtransfer bei marginalisierten religiösen Gruppen in islamischen Gesellschaften des Vorderen Orients und in der Diaspora" (Feldforschung zu Aleviten, Nusairiern und Jesiden in der Türkei, Deutschland und Armenien) am Seminar für Sprachen und Kulturen des Vorderen Orients der Universität Heidelberg tätig. Zuvor war er Mitglied Forschergruppe zu zarathustrischen Ritualen in wechselnden kulturellen Kontexten am Institut für Religionswissenschaft derselben Universität (Doktorarbeit zu Wechselwirkungen muslimischer und zarathustrischer Schreinkultur mit Feldforschung in Iran). Er studierte Islamwissenschaft und Ethnologie in Heidelberg.

David Shankland ist Professor für Sozialanthropologie an der Universität Bristol und hat unter anderem *The Alevis in Turkey* (RoutledgeCurzon 2003) veröffentlicht. Gemeinsam mit *Atila Çetin* arbeitet er seit mehreren Jahren zur Ethnographie der Aleviten. Zunächst hat sich die Arbeit auf einige Dörfer in der Türkei konzentriert und wurde dann auf die Migration nach Europa ausgedehnt. Dabei steht die Frage nach der Kodifizierung des Alevitentums in transnationalen Traditionen im Zentrum des Interesses. Geplant ist, auch die Arbeit in der West-Türkei fortzusetzen, um das Wissen über traditionelle alevitische Gemeinschaften zu erweitern.

Martin Sökefeld ist Assistenzprofessor am Institut für Sozialanthropologie der Universität Bern. Er hat in Köln Ethnologie studiert und nach einer Feldforschung über Ethnizität in Gilgit/Nordpakistan an der Universität Tübingen promoviert. Danach war er wissenschaftlicher Assistent am Institut für Ethnologie der Universität Hamburg, wo er 2005 mit einer Arbeit über Aleviten habilitierte, die 2008 unter dem Titel *Struggling for Recognition: The Alevi Movement in Germany and in Transnational Space* bei Berghahn Books erscheint. Zur Zeit arbeitet er unter anderem über die Kaschmiri-Diaspora in England und ihre transnationale Politik.

Hülya Taşcı studierte Politische Wissenschaft an der Freien Universität Berlin. 2005 promovierte sie über „Identität und Ethnizität in der Bundesrepublik Deutschland am Beispiel der zweiten Generation der Aleviten aus der Republik Türkei". Forschungsschwerpunkte: Migration und interethnische Beziehungen, Islam. 2006 hatte sie einen Lehrauftrag am Fachbereich Politik- und Sozialwissenschaften an der Freien Universität Berlin.